COL

AC....TES
POUR
LE CADRE
COMMUN

C1-C2

Corinne KOBER–KLEINERT
Conseillère pédagogique,
Böblingen (Allemagne)

Marie-Louise PARIZET
Conseillère pédagogique
au Cavilam de Vichy

Sylvie POISSON-QUINTON
Maître de conférences
à l'université Paris VIII

INTERNATIONAL
www.cle-inter.com

NOS REMERCIEMENTS

à Elisa Chappey, responsable de Fréquence FDLM, supplément sonore de la revue *Le français dans le monde*,

à Gaël Letanneux pour les documents *Les cyclones* et *La disparition des abeilles*,

à Roger Arduin pour le document *Des combats pour l'eau*,

à Édouard Garzaro pour le document *Défi pour la Terre*,

à Sébastien Baer pour les documents *Le marché aux puces de Saint-Ouen* et *Le couteau de Laguiole*,

à Bernard Tirtiaux pour les photographies de ses œuvres (vitraux et sculptures de verre),

à Günter Nowak et à l'opéra de Karlsruhe,

à Dominique Doneux, pour sa participation à l'enregistrement CD audio (accent belge),
à Séverine Gourmelon et Chantal Claudel pour les enregistrements 18 et 19,

aux trois étudiants du CAVILAM pour leurs lettres.

Direction éditoriale : Michèle Grandmangin-Vainseine
Couverture : Maria Mercedes Salgado
Conception graphique : Sophie Godefroy
Édition et mise en pages : Jean-Pierre Delarue
Iconographie : Danièle Portaz
Infographie : Gero Bauer et Jean-Pierre Delarue
Photogravure : Nouvelle Norme Production

ISBN 978-2-09-035387-7
© CLE International, 2007

INTRODUCTION

Le Cadre européen commun de référence pour les langues (CECRL) occupe aujourd'hui une place prépondérante dans l'enseignement-apprentissage des langues.

Prolongement naturel des approches communicatives, il se situe dans une perspective actionnelle qui «considère l'usager et l'apprenant d'une langue comme des acteurs sociaux ayant à accomplir des tâches dans des circonstances et un environnement donnés».

Le niveau **C1** est dit «Niveau autonome». À ce niveau l'apprenant communique de façon aisée et spontanée, il a une bonne maîtrise d'un large répertoire lexical, des structures, des connecteurs et des articulateurs. Son discours se déroule naturellement, sans hésitations; il est clair et bien construit. Le niveau **C2** est dit de «Maîtrise». À ce niveau, l'apprenant ne saurait avoir pour ambition d'égaler la compétence du locuteur natif mais de faire preuve du degré de précision, d'adéquation et d'aisance de la langue qui est celui des apprenants de haut niveau. Il peut transmettre les subtilités de sens avec précision, a conscience des connotations présentes dans les expressions familières. Il est également en mesure de reformuler une difficulté de telle sorte que son interlocuteur s'en aperçoit à peine.

Conçu comme un ensemble d'activités et non comme un manuel d'apprentissage de la langue, il s'organise en deux parties : l'une consacrée à l'oral, l'autre à l'écrit. Dans chacune d'elles, soulignées par des couleurs différentes, les trois aptitudes de réception, production, interaction sont abordées successivement. Cependant elles sont liées et s'enrichissent mutuellement.

Destiné à un public multilingue, cet ouvrage ne peut développer la dernière des aptitudes envisagées par le Cadre, la médiation, puisque celle-ci implique le passage à une autre langue (langue 1). Toutefois, quelques notes matérialisées par le signe ⊕ incitent l'apprenant à réfléchir sur certaines spécificités de la médiation (notions difficilement traduisibles, charges culturelles des mots) et à s'entraîner à la reformulation de textes français dans sa langue maternelle.

L'ouvrage suit de près les descripteurs des compétences donnés dans le Cadre. Une place importante est consacrée aux particularités de la langue, à l'oral comme à l'écrit : les accents régionaux et ceux de la francophonie ainsi que leurs spécificités lexicales, les jeux de langue, les lexiques spécialisés. De nombreuses activités permettent de s'orienter rapidement dans des textes longs et complexes, d'en comprendre les détails et les nuances, et, grâce à des apports linguistiques et à des conseils liés au contenu, d'en produire du même type. L'accent a également été mis sur la créativité et la capacité à jouer avec la langue et sur le plaisir qu'on en retire.

S'adressant à un public essentiellement d'adultes, l'ouvrage peut être utilisé en classe ou en autonomie seul ou en complément d'un matériel constitué.

Les auteures

«Quant aux fautes qui se pourraient trouver en l'impression, comme de lettres transposées, omises, ou superflues, la première édition les excusera, et la discrétion du lecteur savant qui ne s'arrêtera à si petites choses.» Joachim du Bellay (Adresse au lecteur en postface de la *Défense et Illustration de la Langue française*).

SOMMAIRE GÉNÉRAL

INTRODUCTION 3

Oral - Sommaire 6

■ COMPRÉHENSION ORALE

1 ■ RECONNAÎTRE UN ACCENT 8
2 ■ RECONNAÎTRE UNE INTONATION 9
3 ■ RECONNAÎTRE UN REGISTRE 10
4 ■ DÉCODER UN MESSAGE 12
5 ■ COMPRENDRE UNE INTERACTION ENTRE LOCUTEURS NATIFS 16
6 ■ COMPRENDRE EN TANT QU'AUDITEUR 21
7 ■ COMPRENDRE DES ANNONCES, DES INSTRUCTIONS 26
8 ■ COMPRENDRE DES ÉMISSIONS DE RADIO 27

■ PRODUCTION ORALE

1 ■ PRODUCTION ORALE GÉNÉRALE 37
    1. Intonation 37
    2. Mots de rappel et chronologie 38
2 ■ MONOLOGUE SUIVI 40
    1. Décrire l'expérience 40
    2. Argumenter 50
3 ■ S'ADRESSER À UN AUDITOIRE 54
    1. L'exposé 54
    2. Présenter des aspects de la France 60

■ INTERACTION ORALE

1 ■ COMPRENDRE UN LOCUTEUR NATIF 64
    1. Comprendre des jeux de mots 64
    2. Comprendre un témoignage 66
2 ■ CONVERSATION 68
3 ■ DISCUSSION 69
    1. Discussion informelle 69
    2. Discussions et réunions formelles 69
4 ■ COOPÉRATION À VISÉE FONCTIONNELLE 72
5 ■ ÉCHANGE D'INFORMATIONS 74
6 ■ INTERVIEWER ET ÊTRE INTERVIEWÉ 76

ORAL

SOMMAIRE GÉNÉRAL

Écrit - Sommaire 82

■ COMPRÉHENSION ÉCRITE

1 ■ COMPRENDRE LE LEXIQUE D'UN TEXTE 84
2 ■ COMPRENDRE LA STRUCTURE D'UN TEXTE 103
3 ■ COMPRENDRE LA CORRESPONDANCE 115
4 ■ LIRE POUR S'ORIENTER DANS UN DOCUMENT ADMINISTRATIF 121
5 ■ LIRE POUR S'INFORMER ET DISCUTER 128
    1. Lire pour discuter 128
    2. Lire pour s'informer 132
    3. Lire pour s'informer et discuter 136
6 ■ LIRE DES INSTRUCTIONS 142

■ PRODUCTION ÉCRITE

1 ■ PRODUCTION ÉCRITE GÉNÉRALE 146
    1. Reformuler pour alléger 146
    2. Reformuler un entretien oral à l'écrit 148
    3. Les façons d'exprimer son opinion, ses sentiments 150
2 ■ ÉCRITURE CRÉATIVE 159
    1. Jeux de langue 159
    2. Écrire sur une trame, un modèle 166
    3. Continuer une histoire 169
    4. Écrire un conte 170
3 ■ PRODUCTION DE TEXTES LONGS 173
    1. Rédiger un éditorial 176
    2. Rédiger un article 179
    3. Faire une synthèse 183
    4. Rédiger un essai 187
    5. Rédiger un rapport 190

■ INTERACTION ÉCRITE

■ CORRESPONDANCE 194
    1. Correspondance familière 194
    2. Correspondance littéraire 197
    3. Correspondance administrative 201

Faisons le point 210
Transcription des enregistrements 212

ÉCRIT

ORAL - SOMMAIRE

■ COMPRÉHENSION ORALE

1 ■ RECONNAÎTRE UN ACCENT 8
2 ■ RECONNAÎTRE UNE INTONATION 9
3 ■ RECONNAÎTRE UN REGISTRE 10
4 ■ DÉCODER UN MESSAGE 12
5 ■ COMPRENDRE UNE INTERACTION ENTRE LOCUTEURS NATIFS 16
6 ■ COMPRENDRE EN TANT QU'AUDITEUR 21
7 ■ COMPRENDRE DES ANNONCES, DES INSTRUCTIONS 26
8 ■ COMPRENDRE DES ÉMISSIONS DE RADIO 27

■ PRODUCTION ORALE

1 ■ PRODUCTION ORALE GÉNÉRALE 37
    1. Intonation 37
    2. Mots de rappel et chronologie 38
2 ■ MONOLOGUE SUIVI 40
    1. Décrire l'expérience 40
    2. Argumenter 50
3 ■ S'ADRESSER À UN AUDITOIRE 54
    1. L'exposé 54
    2. Présenter des aspects de la France 60

■ INTERACTION ORALE

1 ■ COMPRENDRE UN LOCUTEUR NATIF 64
    1. Comprendre des jeux de mots 64
    2. Comprendre un témoignage 66
2 ■ CONVERSATION 68
3 ■ DISCUSSION 69
    1. Discussion informelle 69
    2. Discussions et réunions formelles 69
4 ■ COOPÉRATION À VISÉE FONCTIONNELLE 72
5 ■ ÉCHANGE D'INFORMATIONS 74
6 ■ INTERVIEWER ET ÊTRE INTERVIEWÉ 76

Quelques conseils pour améliorer vos performances

À ce niveau d'autonomie (C1) ou de maîtrise (C2) du français, vous avez déjà acquis ou développé un grand nombre de stratégies de communication orale permettant de mettre en œuvre et de renforcer des savoirs et des savoir-faire ou, si nécessaire, de remédier à leur insuffisance ou à leur absence.

Pour plus d'efficacité, à ce niveau, veillez toutefois,

En réception :
- à vous assurer d'avoir bien cerné la situation de communication, et, éventuellement ses enjeux,
- à «utiliser les indices contextuels [...] pour en déduire une attitude, une humeur, des intentions et anticiper la suite»[1],
- à reconnaître le registre de langue, les tournures et les expressions idiomatiques ainsi que les intonations utilisées pour en apprécier les implicites et les implications sociolinguistiques et socioculturelles.

En production :
- à produire un discours «suivi», avec (très) peu d'hésitations, «sans en interrompre complètement le fil»[2],
- à «revenir sur une difficulté et reformuler» ce que vous voulez dire, ou encore
- à substituer «à un mot qui (vous) échappe un terme équivalent de manière si habile que l'on s'en rende à peine compte»[3].

En interaction :
- à recourir de façon appropriée aux stratégies de discours et de coopération vous permettant de prendre, de garder si vous le désirez, ou de donner la parole,
- à vous exprimer avec spontanéité,
- à surmonter vos «lacunes par des périphrases avec apparemment peu de recherche d'expressions ou de stratégies d'évitement»[4],
- à utiliser des «expressions idiomatiques et (des) tournures courantes avec une conscience du sens connotatif», à «exprimer avec précision des nuances fines de signification»[5].

En médiation :
- à bien observer les situations de communication afin, si nécessaire, de «jouer efficacement (un) rôle de médiateur entre des locuteurs de (langue française) et de celle de (votre) communauté d'origine en tenant compte des différences socioculturelles et sociolinguistiques»[6],
- à anticiper, si possible, les sources de confusion ou d'incompréhension,
- à recourir à l'interprétation, ou encore à l'explication culturelle des concepts ou des faits afin de rétablir une communication claire entre les interlocuteurs.

---

1. CECRL page 60 – 2. CECRL page 54 – 3. CECRL page 54 – 4. CECRL page 61 – 5. CECRL page 61 – 6. CECRL page 95

1 ■ RECONNAÎTRE UN ACCENT

Il n'y a pas un français mais <u>des</u> français. Chaque région se distingue, plus ou moins nettement, par un accent particulier. Il faut remarquer cependant que cette variation est de moins en moins perceptible, à cause de la prédominance du « parler parisien », le français de l'école, de la radio et de la télévision.
Il n'est pas moins vrai que tout Français peut identifier tel ou tel accent régional ou, *a fortiori*, peut reconnaître de quelle région de la francophonie vient son interlocuteur.

1 Écoutez ces locuteurs. Cochez dans le tableau les caractéristiques de chaque accent.

Locuteurs	Prononciation des e muets	[e] = [ɛ]	[ɛ] proche de [a]	[v] = [f]	[b] = [p]	parler très rapide
1 (Midi)						
2 (Antilles)						
3 (Paris)						
4 (Alsace)						

2 Répondez aux questions.

1. La première locutrice vient du sud de la France ; elle mentionne une plante caractéristique des pays méditerranéens. Laquelle ? ....

2. La seconde locutrice est antillaise ; quel est le mot qui permet de le deviner ? ....

3. Le troisième locuteur est parisien ; il évoque un problème quotidien pour les Parisiens. Lequel ? ....

4. Pour le dernier locuteur, qu'est-ce qui caractérise le plus sa région ? ....

3 Écoutez ces locuteurs.
Cochez dans le tableau les caractéristiques de chaque accent.

Locuteur	[i] = [wi]	[ɛ] très long	[r] roulé	parler très rapide
1 (Québec)				
2 (Belgique)				
3 (Suisse)				

4 Répondez aux questions.

1. Ce que le premier locuteur n'aime pas à Paris, est-ce le froid ? Justifiez votre réponse.

....

Que dit-il des garçons de café ? ....

2. La deuxième locutrice parle d'un plat typique de son pays. Lequel ? ....

Son pays est-il loin de la France ? Au bord de la mer ? Comment le sait-on ?

....

3. Est-ce que le troisième locuteur habite à Paris depuis longtemps ? ....

Qu'est-ce qu'il regrette le plus depuis qu'il vit à Paris ? ....

2 ▪ RECONNAÎTRE UNE INTONATION

En français, il est possible de percevoir l'intonation d'une phrase et donc le type de message qu'elle véhicule par la seule écoute de son début. En effet l'intonation des premiers mots révèle s'il s'agit d'une phrase déclarative, interrogative ou injonctive.

5 Écoutez ces débuts de phrases. Quelles intonations «annoncent»-ils ?

	0	1	2	3	4	5	6	7	8
Phrase déclarative									
Phrase interrogative									
Phrase injonctive/ exclamative	✕								

6 1. **Lisez les fins de phrases ci-dessous. Écoutez de nouveau les débuts de phrases de l'activité précédente. À quelles fins correspondent-ils ?**

Fins de phrases	Débuts de phrases
A. auront lieu en avril prochain.	
B. vous ne croyez pas qu'il y a d'autres urgences ?	
C. soyez là à l'heure !	○
D. apportez-le moi tout de suite !	
E. c'est vraiment mieux l'ADSL ?	
F. vous ne pensez pas que c'est une bonne idée ?	
G. encore de nouveaux impôts !	
H. que c'est l'avenir.	
I. elle est vraiment appliquée ?	

2. Écoutez les phrases complètes. Vérifiez votre choix.

7

> L'intonation d'une phrase en suspens révèle l'implicite de celle-ci, le sens que le locuteur donne ou va donner à son discours, mais aussi exprime son sentiment.

À l'annonce de la candidature d'une femme à la présidence de la République, en novembre 2006, des passants répondent aux questions d'un journaliste.

Observez le tableau. Écoutez les phrases en suspens.
À quels sens, quels sentiments correspondent-elles ?

	0	1	2	3	4	5	6	7	8
L'ironie									
Le doute									
La satisfaction									
L'étonnement									
L'hésitation									
L'irritation									

8 Écoutez les phrases complètes. Vérifiez votre choix.

Selon vous, d'après leurs réponses, et ce, malgré leur intonation, les passants interrogés sont-ils :
- plutôt pour,   • plutôt contre,
- ou indifférents à l'élection d'une femme à la présidence de la République ?

	0	1	2	3	4	5	6	7	8
Plutôt pour									
Plutôt contre									
Indifférent(s)									

3 ■ Reconnaître un registre

> En Français, comme dans toute langue, on distingue essentiellement trois registres, à l'oral comme à l'écrit : le *registre familier*, le *registre standard* et le *registre soutenu*.
> À l'oral, la différence entre ces registres se manifeste dans l'articulation mais aussi dans le choix du lexique.
> **Le registre familier** se caractérise par de nombreuses élisions du « e » – qu'elles soient normalement possibles ou non, la suppression de certains phonèmes, l'emploi d'enchaînements (vocaliques ou consonantiques) plutôt que de liaisons, et le recours à un lexique familier.
> **Le registre standard** se caractérise par le respect des règles phonétiques, que celles-ci concernent l'élision du « e », les enchaînements ou les liaisons, et le recours à un lexique standard.
> **Le registre soutenu** se caractérise par de plus rares élisions, de fréquentes liaisons, souvent artificielles et le recours à un lexique recherché, très précis.

9 À l'occasion de la Journée contre le sida qui a lieu chaque année le 1er décembre, des passants ont réagi aux questions d'un journaliste.

Écoutez attentivement les réponses données.
Identifiez le registre de chaque personne. Attention à l'articulation !

	0	1	2	3	4	5	6	7	8	9	10
Registre familier	✕										
Registre standard											

10 Début décembre, le Téléthon est un autre grand événement de solidarité qui fait appel à la générosité des Français afin de financer la recherche scientifique et médicale sur les maladies génétiques orphelines.

1. **Écoutez les réactions de quelques participants à cette manifestation.**
Identifiez le registre de chaque personne. Attention tout particulièrement aux liaisons.

	0	1	2	3	4	5	6	7	8	9	10
Registre standard											
Registre soutenu	✕										

2. **Écoutez de nouveau le document. Comparez les phrases. Que constatez-vous ?**

Phrases 1 et 3 : ....

Phrases 5 et 7 : ....

Phrases 2 et 8 : ....

Phrases 4 et 6 : ....

11 Toute station de radio choisit son registre de langue en fonction du public qui est majoritairement le sien.

Lorsque vous écoutez les annonces ou informations suivantes, quelle radio écoutez-vous :
– Teen Radio, la radio des jeunes, au registre familier ?
– Notre Info, la radio « grand public », au registre standard ?
– Cult'écoute, la radio « culturelle », au registre soutenu ?

Écoutez.
1. **À quelle radio correspond chaque annonce ou information ?**

	0	1	2	3	4	5	6	7	8
Teen radio (familier)									
Notre info (standard)									
Cult'écoute (soutenu)									

2. Quel(s) mot(s) et/ou expression(s) vous ont permis d'identifier le registre de langue de chaque annonce ?

N°	Mot(s)/expression(s)	N°	Mot(s)/expression(s)	N°	Mot(s)/expression(s)
0	furax, c'est une blague, ont pris la pâtée	3		6	
1		4		7	
2		5		8	

4 ■ DÉCODER UN MESSAGE

> La métonymie est une figure de style qui consiste à désigner une chose par le nom d'une autre qui lui est habituellement associée. On recourt, pour ce faire, à une opération de connotation. On peut ainsi exprimer l'effet par la cause ou encore le contenu par le contenant (*Ex : Boire un verre*).

12 (C2) Certains titres d'informations, du fait des métonymies employées, sont difficiles à interpréter.

Observez les « résumés » de titres. Écoutez les titres.
À quel « résumé » correspond chaque titre ?

« Résumé » du titre	N° du titre
A. Les responsables de la sécurité cherchent ensemble une solution.	
B. Un célèbre cuisinier est récompensé pour ses œuvres littéraires.	
C. Activité boursière intense à Paris.	
D. Les vacanciers se succèdent au bord de la mer.	
E. Des sportifs en encouragent d'autres.	
F. Intervention en haut lieu concernant un impôt.	
G. Embauche de diplomates.	
H. Les élus reprennent leur travail.	
I. Manifestation des personnels de santé.	
J. D'une mairie à une autre.	

13 (C2) Écoutez de nouveau les titres.

Retrouvez dans le tableau les métonymies employées.

À quelles « traductions » correspondent-elles ?

Titre	Métonymies	« Traductions »	Titre	Métonymies	« Traductions »
1	1. L'Élysée 2. Matignon 3. Bercy	**a.** Résidence du Premier ministre **b.** Siège du ministère de l'Économie et des Finances. **c.** Résidence du Président de la République	6	1. Le Palais Bourbon. 2. Le (Palais du) Luxembourg	**a.** Le Sénat. **b.** La Chambre des députés.
2	1. Un juillettiste 2. Un aoûtien 3. La grande bleue	**a.** Un vacancier du mois d'août. **b.** La mer Méditerranée. **c.** Un vacancier du mois de juillet.	7	1. La Corbeille. 2. Le Palais Brognard	**a.** Lieu des cotations. **b.** La Bourse de Paris.
3	1. Un homme en blanc 2. Une blouse blanche	**a.** Une infirmière **b.** Un médecin	8	1. La ville rose. 2. Le petit écran. 3. La ville lumière	**a.** Paris **b.** Toulouse **c.** La télévision
4	1. Le Garde des Sceaux. 2. Le Quai des Orfèvres. 3. La Place Beauvau.	**a.** Le ministre de la Justice. **b.** Siège du ministère de l'Intérieur. **c.** Siège de la Brigade criminelle	9	1. La Grande Boucle. 2. Les Tricolores 3. La Petite Reine	**a.** L'équipe de France (de football, de rugby…). **b.** La bicyclette **c.** Le Tour de France
5	1. Une grande plume. 2. La Coupole. 3. Une toque.	**a.** L'Académie française. **b.** Un grand écrivain. **c.** Un grand cuisinier.	10	1. Le Quai d'Orsay. 2. L'Hexagone	**a.** La France **b.** Lieu du siège du ministère des Affaires étrangères.

14 C'EST OUI OU C'EST NON ?

Écoutez et cochez la phrase qui a le même sens.

1. - **a)** Christophe ne le sait pas, évidemment. ❏
   b) Christophe le sait, évidemment. ❏

2. – **a)** Elle a trouvé le scénario intéressant. ❏
   b) Elle n'a pas trouvé le scénario intéressant. ❏

3. – **a)** Pour Thierry Lepage, cette question a peu de sens. ❏
   b) Pour Thierry Lepage, cette question est pertinente. ❏

4. - **a)** Il la juge peu talentueuse. ❏
   b) Il dit qu'elle a du talent. ❏

5. - **a)** Il est content de cet échec. ❏
   b) Il n'est pas content. ❏

6. - **a)** Il se disputait souvent avec sa femme. ❏
   b) Ils s'entendaient plutôt bien ensemble. ❏

7. - **a)** Elle la trouve trop jeune pour partir. ❏
   b) Elle trouve normal qu'elle parte. ❏

8. - **a)** Il est d'accord avec elle. ❏
   b) Il n'est pas d'accord. ❏

15 (C2)

La litote est la négation de l'idée contraire à celle que l'on souhaite exprimer.
Fausse atténuation, il s'agit d'une figure de style qui consiste à dire peu pour suggérer beaucoup.

Observez les propositions.
Quelles phrases correspondent exactement au sens du texte ?

1. Les Français,
   ┌ne sont jamais compréhensibles. ❏
   └sont parfois difficiles à comprendre. ❏
   ┌aiment beaucoup employer la litote. ❏
   └ont du mal à l'employer. ❏
   ┌l'emploient volontiers. ❏
   └l'emploient, mais assez peu. ❏

2. Les politiciens,
   ┌ne sont pas nombreux à l'utiliser. ❏
   └sont parmi les plus nombreux à l'utiliser. ❏
   ┌savent pertinemment que ❏
   └ne savent pas à quel point, ❏
   ┌leurs paroles seront sans aucun doute mieux acceptées. ❏
   └pourront ne pas être acceptées. ❏

3. ┌La litote est très présente dans les propos des personnes de pouvoir. ❏
   └La litote est source de fautes dans les propos des personnes de pouvoir. ❏

4. Les personnes de pouvoir,

- tiennent pleinement leur rôle de décideurs. ❏
- hésitent à tenir leur rôle de décideurs. ❏
- aiment bien donner l'impression d'être proches de leurs employés. ❏
- se résignent à donner cette impression. ❏
- n'avoueront pas vraiment que leur décision a été difficile à prendre. ❏
- n'avoueront pas vraiment qu'ils ont pris aisément leur décision. ❏
- reconnaîtront tout à fait que leur décision a été difficile à prendre. ❏
- reconnaîtront tout à fait qu'ils ont pris aisément leur décision ❏
- afin d'éviter la catastrophe. ❏
- afin d'affronter la catastrophe. ❏

5. - Tout le monde sait que l'emploi de la litote est plus adroit. ❏
- Rares sont ceux qui savent que cela est plus adroit. ❏

6. Il vaut mieux dire que
- Cet enfant a de réelles aptitudes, ❏
- Cet enfant doit beaucoup apprendre, ❏

7. ou que
- Cet étudiant manque d'intelligence. ❏
- Cet étudiant n'est pas très intéressant. ❏

8. ou encore que
- Ce collaborateur est un excellent assistant. ❏
- Ce collaborateur est plutôt nul. ❏

9. - Les Français et les francophones sont nombreux à l'utiliser. ❏
- Seuls les militaires français ou francophones ignorent son emploi. ❏

10. - Cette figure de style sera encore longtemps employée. ❏
- Cette figure de style ne disparaîtra que peu à peu. ❏

16 SIGLES ET ACRONYMES

> Un **sigle** est l'abréviation d'un groupe de mots formée en prenant la première lettre de chacun de ces mots. (*Dictionnaire du français*, Josette Rey-Debove – CLE International)
> En français les sigles sont invariables et ne prennent donc pas la marque du pluriel.

1. **Écoutez le document.**

2. **Notez les sigles / acronymes que vous connaissez déjà :** ....

....

3. **Notez les sigles / acronymes que vous entendez, mais ne connaissez pas :**

....

4. A. **Cochez ci-dessous la réponse qui correspond au sens de la phrase.**

1. SDF : a) Sans Domicile Fixe ❏   **4. PS :** a) Parti Socialiste ❏
        b) Sans Droit Fiscal ❏   b) Parti Séparatiste ❏

2. RMI : a) Revenu Minimum d'Insertion ❏   **5. PC :** a) Parti Communiste ❏
        b) Revenu Moyen Imposable ❏   b) Parti Contestataire ❏

3. UMP : a) Union Monétaire Parisienne ❏   **6. UDF :** a) Unité Des Français ❏
        b) Union pour la Majorité   b) Union pour la Démocratie
          Présidentielle ❏   Française ❏

7. TF1 : a) Télévision Française ❏
   b) Télévision Francophone ❏

8. JT : a) Journal Trimestriel ❏
   b) Journal Télévisé ❏

9. PPDA : a) Patrick Poivre D'Arvor ❏
   b) Pierre-Paul D'Armor ❏

10. CNRS : a) Centre National de
    la Recherche Scientifique ❏
    b) Conseil National des
    Représentants Scientifiques ❏

11. RTT : a) Réduction du Temps de Travail ❏
    b) Revalorisation du Travail
    Temporaire ❏

12. PSG : a) Paris-Saint-Germain ❏
    b) Parti Sans Gamins ❏

13. OM : a) Organisation Milanaise ❏
    b) Olympique de Marseille ❏

14. DAL : a) Droit Au Logement ❏
    b) Demain À l'Aube ❏

15. JDD : a) Journal De Demain ❏
    b) Journal Du Dimanche ❏

16. MSF : a) Médecins Sans Frontières ❏
    b) Malades et Sans Fric ❏

17. CHU : a) Centre Hospitalier Universitaire ❏
    b) Chambres d'Hôtel d'Urgence ❏

Un **acronyme** est un sigle écrit tel qu'on le prononce, devenant ainsi un nom commun. En français les acronymes s'accordent en genre et en nombre.

B. **Écoutez le document et notez les acronymes que vous connaissez déjà.**

Cochez la réponse qui correspond au sens de la phrase.

1. Énarques : a) Diplômés de l'École
   Nationale d'Administration ❏
   b) Diplômés de l'École Normale
   d'Agriculture ❏

2. Capésiens : a) Habitants du Cap Est ❏
   b) Détenteurs du CAPES ❏

3. DELF : a) Diplôme Européen de Langue
   Française ❏
   b) Diplôme d'Études en Langue
   Française ❏

4. DALF : a) Diplôme Approfondi de Langue
   Française ❏
   b) Diplôme d'Aptitude en Langue
   Française ❏

5. Bédé : a) Bande Dessinée ❏
   b) Boîte de Délices ❏

6. FLE : a) Français, Latin, Espagnol ❏
   b) Français Langue Étrangère ❏

7. Sida : a) Syndrome d'Immuno-Déficience
   Acquise ❏
   b) Syndrome d'Infection
   Des Amygdales ❏

8. UNESCO : a) Union Nationale des
   Espagnols Communistes ❏
   b) United Nations Educational,
   Scientific and Cultural
   Organization ❏

Notes : • Le CAPES est le Certificat d'Aptitude au Professorat de l'Enseignement Secondaire.
• Les Sidéens sont les personnes atteintes du Sida.

5 ■ COMPRENDRE UNE INTERACTION ENTRE LOCUTEURS NATIFS

17 En vacances chez un ami dans une petite ville de l'est de la France, vous l'accompagnez à une réunion du conseil municipal.

Lisez les questions.

Écoutez le document en prenant des notes.

Répondez aux questions.

1. Qui sont les personnes qui interviennent lors de cette réunion ?

....

2. Cette réunion est : – publique.   Oui ❑   Non ❑
                   – réservée aux conseillers municipaux.   Oui ❑   Non ❑

3. Combien y a-t-il de sujets abordés ?   Un.   Oui ❑   Non ❑
                                        Deux.   Oui ❑   Non ❑
                                         Plus de deux.   Oui ❑   Non ❑

4. Quel(s) est(sont) le(s) sujet(s) abordé(s) ? ....

....

5. La biomasse est une technologie écologique   Oui ❑   Non ❑
   qui produit de l'énergie à partir de la combustion
                    – du charbon,   Oui ❑   Non ❑
                    – des végétaux,   Oui ❑   Non ❑
                    – du pétrole,   Oui ❑   Non ❑
                    – des résidus agricoles,   Oui ❑   Non ❑
                    – tous produits issus du bois.   Oui ❑   Non ❑

6. Qu'est-ce qu'une énergie verte ? ....

....

7. Quels sont les avantages de la biomasse ? ....

....

8. Pourquoi ne favorise-t-elle pas l'effet de serre ? ....

....

9. Quels sont les trois critères du développement durable cités ? ....

....

10. Pour le financement,
quels types de subventions
sont-ils possibles ? ....

18 Ecoutez ce document et répondez aux questions :

1. À votre avis, à quelle période de l'année se situe cet entretien ? ....

2. Qu'est-ce que l'étudiante demande au professeur ? ....

3. Le professeur connaît-il bien cette étudiante ? Justifiez votre réponse. ....

4. Quelles sont les raisons invoquées par l'étudiante ? ....

5. Où va-t-elle passer le mois de septembre ? ....

6. Pour quoi faire ? ....

7. Pourquoi est-ce important pour elle d'accepter cette proposition ? ....

8. Que lui reste-t-il à rédiger pour terminer son master ? ....

19 Lisez les assertions suivantes. Cochez la case qui convient : elles sont vraies (V), fausses (F), on ne le sait pas (?). Justifiez, si possible, votre réponse.

	V	F	?	Justification
1. La rencontre entre les deux professeurs a lieu le même jour que la rencontre professeur - étudiante.				
2. Les deux professeurs travaillent dans la même université.				
3. Elles se connaissent depuis très longtemps.				
4. Les professeurs ne sont pas d'accord sur la date de la soutenance.				
5. Le second professeur connaît aussi cette étudiante.				
6. Le second professeur accepte de faire partie du jury.				

20 1. Écoutez l'enregistrement.
2. Lisez les questions.
3. Réécoutez le document.
4. Répondez aux questions

a) Qui sont les interlocuteurs?

....

....

....

b) À quelle occasion Lucie a-t-elle reçu ce cadeau?

....

c) Pourquoi sont-ils allés à l'opéra de Karlsruhe et pas à celui de Stuttgart?

....

d) Quel spectacle ont-ils vu? ....

e) D'après quelle œuvre de Goethe le livret a-t-il été écrit? ....

f) Qui ont-ils rencontré à la cantine? ....

....

g) Citez quelques-uns des instruments de musique: ....

....

h) En quelle langue l'opéra a-t-il été chanté? ....

i) Le spectacle a plu au public. Qu'est-ce qui l'indique? ....

....

j) Pourquoi sont-ils retournés à la cantine après le spectacle?

....

....

21 Vous vous trouvez à la terrasse d'un café parisien. Une jeune femme est assise à la table voisine de la vôtre. Un homme jeune s'approche. Vous entendez ce qu'ils disent.

Observez les différentes étapes de l'activité.

1. **a) Lisez les questions:**

• Qui sont ces personnes: de qui s'agit-il?

....

• Quels sont leurs trois principaux sujets de conversation?

....

....

....

b) **Écoutez leur conversation.**

   c) **Répondez en quelques mots aux deux questions précédentes.**

  2. a) **Lisez maintenant les questions.**

b) **Essayez d'y répondre sans réécouter le document.**

1. La conversation est perturbée, interrompue :

• combien de fois ?

....

• par qui / quoi ?

....

• Relevez les mots ou expressions de « reprise » de la conversation :

....

2. Pourquoi ces deux personnes se trouvent-elles à Paris ?

• Jacky : ....

....

• La jeune femme : ....

....

3. Selon vous, de quelle région de France viennent-elles ? Qu'est-ce qui vous permet de le dire ?

....

4. À quel moment comprenez-vous quelles sont les relations entre Jacky et la jeune femme ?

....

Quel(s) éléments de la conversation confirme(nt) ensuite votre hypothèse ?

....

5. Quel est le résultat du rendez-vous de :

• Jacky ? ....

• La jeune femme ?..

6. À qui la jeune femme a-t-elle téléphoné ? Qui est cette personne ? Comment le savez-vous ? ....

Pourquoi la jeune femme avait-elle fait appel à cette personne ? ....

....

7. Jusqu'à quand ces deux personnes vont-elles rester à Paris ? ....

Par quel moyen vont-elles rentrer chez elles ? À quelle heure arriveront-elles ?

....

8. Que vont faire ces deux personnes après leur conversation ? ....

....

6 ■ COMPRENDRE EN TANT QU'AUDITEUR

22 1. Observez le tableau. Écoutez.
Complétez le tableau.

L'info	concerne			
	quel pays ?	qui ? / quoi ?	qui a décidé / veut...	dans quel but ?
n°1				
n°2				
n°3				

2. Lisez les questions.

Écoutez une seule fois les trois infos : – sans marquer de pause,
– en prenant des notes si vous le désirez.

Répondez aux questions.

Info n°1

a) Qu'est-ce que Brussels Airlines ? ....

b) La modification du logo est due à l'observation de passagers.   Oui ❏   Non ❏
La modification du logo a entraîné la réfection des uniformes.   Oui ❏   Non ❏

c) Où le chiffre 13 est-il surtout absent :
• aux États-Unis ? : ....
• en Europe ? : ....

d) Quel est le sens de « nouvelle bannière » ? : ....
Quel autre terme est utilisé dans le document ? : ....

Info n°2

a) Quelle est l'identité de l'artiste ?
Nom : .... Prénom : ....
Âge : .... Nationalité : ....
Origine : .... Lieu de résidence : ....

b) Le projet de l'artiste concerne le plus haut sommet du massif du mont Blanc.   Oui ❏   Non ❏
Quelle surface son œuvre couvrirait-elle ? : ....
Combien coûterait-elle ? : ....
Que nécessiterait-elle ? : ....

c) À l'aide des exemples de l'info, en quoi les œuvres de l'artiste sont-elles provocantes ?
• Par leurs « supports » : ....
• Par leur coût : ....
• Par leurs « messages » : ....

d) Deux termes proches désignent ce que les œuvres suscitent. Quels sont-ils ? :
....

Info n°3

a) Établissez une fiche signalétique de la compagnie d'assurance.

Nom : ....   Siège : ....

Âge : ....   Chiffre d'affaires : ....

Nombre d'employés : ....   Originalité : ....

b) Que couvre le nouveau contrat proposé ? : ....
....

c) Que coûte-t-il ? : ....

d) Quel autre terme désigne un assureur ? : ....

23 **Écoutez le document et répondez aux questions.**

1. Qui parle ? ....

2. Où a lieu cet exposé ? ....

3. Qui a radiographié le tableau de Léonard de Vinci ? ....
....

4. Comment s'appelle la technique qui a été utilisée ? ....
....

5. Qu'a-t-on découvert ? ....
....

6. Pourquoi cette découverte est-elle importante ? ....
....

7. Comment était coiffée Monna Lisa lorsque Léonard de Vinci a fait son portrait ?
....

8. Pourquoi, à votre avis, la dame dit-elle : « Ne soyons pas trop déçus » ?
....

24 Écoutez et répondez aux questions.

Compréhension globale

1. Que contient ce rapport de l'INSERM ? ....

....

2. Qui proteste contre ce rapport de l'INSERM ? ....

3. Que reproche-t-on à ce rapport ? ....

4. Comment comprenez-vous la dernière phrase du texte ? ....

....

Compréhension détaillée

5. Comment interprétez-vous l'expression : « Le feu couve sous la cendre » ?

....

6. Que veut dire INSERM ? Cochez la bonne réponse :

a) Institut national de la santé et de la recherche médicale.   ❑

b) Institut des études et des recherches médicales.   ❑

c) Institut national des services en médecine.   ❑

7. Les travaux de Boris Cyrulnik portent sur :

a) les capacités d'obéissance de l'enfant.   ❑

b) les capacités de résilience de l'enfant.   ❑

c) les capacités de résistance de l'enfant.   ❑

8. Que pense Boris Cyrulnik de l'opposition de l'enfant aux adultes ?

....

25 LA FORMATION PAR ALTERNANCE (1)

Écoutez l'enregistrement et répondez aux questions.

1. Que faisait Élodie Lesueur avant de faire cette formation par alternance ?

....

2. Que signifie « BTA » ? ....

3. Expliquez en quelques mots ce qu'est la formation par alternance.

....

....

4. La décision a-t-elle été facile à prendre ? Pourquoi ?

....

5. En quoi cette formation a-t-elle été un enrichissement personnel ?

....

6. Pourquoi la personne interviewée dit-elle que c'est une chance de changer souvent de structure ? ....

7. D'après elle, quels sont les avantages de la formation par alternance ?

....

26 LA FORMATION PAR ALTERNANCE (2)

Réécoutez l'enregistrement de l'activité 25 et répondez aux questions.

1. Qu'a ressenti Élodie Lesueur après l'obtention de son diplôme ?

....

2. Qu'est-ce que le vétérinaire lui a proposé ?

....

3. Où a-t-elle posé sa candidature ?

....

4. Que fait-elle à présent ? ....

5. Que dit Élodie Lesueur ? ....

6. Quel conseil la personne interrogée désire-t-elle donner aux autres ?

....

7. Y a-t-il un âge limite pour la formation par alternance ?

....

8. Pourquoi parle-t-elle d'audace et de passion ?

....

Note : CNFA signifie Centre National de Formation par Alternance

Existe-t-il dans votre pays une formation semblable ?

27 LA FORMATION À DISTANCE (1)

1. Qu'est-ce que la formation à distance ? Connaissez-vous des gens qui ont obtenu un diplôme tout en travaillant ? Quelle a été leur expérience ?

....

....

2. Lisez les questions ci-après.

3. Écoutez l'enregistrement et prenez des notes.

4. Répondez aux questions.

a) Quelle était la profession de Gilles Royer (45 ans)? ....

b) Comment faisait-il ses présentations? ....

....

c) Grâce à quoi a-t-il évolué? ....

....

d) On lui a demandé de participer à l'élaboration d'une formation en ligne. Pouvez-vous expliquer ce que cela veut dire?

....

....

e) Combien de temps a duré la formation? ....

f) Comment s'est déroulée la formation?

....

g) Quel diplôme a-t-il obtenu? ....

28 LA FORMATION À DISTANCE (2)

Réécoutez si nécessaire l'enregistrement de l'activité 27 et répondez aux questions.

1. Dans le document il est aussi question des conséquences de cette formation à distance sur la vie de famille.

a) Quelles ont été ces conséquences sur la vie personnelle de Gilles Royer?

....

b) Quelles ont été les incidences sur sa vie professionnelle?

....

c) Pouvez-vous expliquer ce que le narrateur veut dire par «ça crée une émulation»?

....

d) Comment ont réagi ses enfants? Donnez des exemples.

....

....

e) Quel conseil voudrait-il donner à quelqu'un qui aurait envie de faire une formation?

....

f) Cette formation a-t-elle, à son avis, des côtés négatifs?

....

2. Que signifient ces expressions?

● J'ai chopé le virus. : ....

● Lier l'utile à l'agréable. : ....

● Ça lui a donné un coup de fouet. : ....

7 ■ COMPRENDRE DES ANNONCES / DES INSTRUCTIONS

29

Note : La taxe d'habitation est un impôt local perçu au profit des communes, de leurs groupements et des départements. Toute personne qui dispose, au 1er janvier de l'année d'imposition, d'un logement meublé à usage d'habitation est imposée pour l'année entière. Depuis 2005, tout particulier qui paye une taxe d'habitation et détient au 1er janvier, pour son usage privatif, un poste de télévision ou tout dispositif assimilé permettant la réception de la télévision est redevable de la redevance audiovisuelle. Celle-ci doit être réglée en même temps que la taxe d'habitation.

Si un contribuable a sa résidence principale à l'étranger et sa résidence secondaire en France, il doit payer la redevance si cette résidence secondaire est équipée d'un poste de télévision.

Gero, un ingénieur allemand, est propriétaire d'une résidence secondaire près de Cusset, dans l'Allier, où il vient souvent passer des vacances.
Lorsqu'il reçoit son avis d'imposition pour la taxe d'habitation, il s'étonne de recevoir en même temps un avis d'imposition pour la redevance audiovisuelle.

IDENTIFICATION DE VOTRE IMPOSITION

AVIS D'IMPOSITION
TAXE D'HABITATION
votée et perçue par la commune, le département et divers organismes

2005

DÉPARTEMENT 03200 VICHY		758
COMMUNE LE VERNET		105
LIEU DE L'IMPOSITION RUE PAUL DELVAUX		3098

OCCUPANT(S)

Identifiant 0283554721698 ÉM. BAUER GERO — Nature S — Revenu (RFR) 17538 — Parts-Année 1,00 4

DÉTAIL DU CALCUL DES COTISATIONS

Éléments de calcul	Commune	Syndicat de communes	Inter-communalité	Département	Taxe spéciale d'équipement	Total des cotisations
Valeur locative brute	5222			5222		
Valeur locative moyenne	5199			5199		
général à la base	F 1652	%	%	F 1652	F %	
personne(s) à charge – par personne rang 1 ou 2 pour personne(s)	F	%	%	F	%	
– par personne rang 3 ou + pour personne(s)	F	%	%	F	%	
spécial à la base	15	%	%	15	%	
Base nette d'imposition	3570			3570		
Taux d'imposition 2005	8,8 %	%	%	2,19 %	%	
Cotisations 2005	314			78		392
Rappel taux d'imposition 2004	8,8 %	%	%	2,19 %	%	
Rappel cotisations 2004.	309			77		
Variation en valeur	+5			+1		
en pourcentage	+1,62 %	%	%	+1,3 %	%	

Abattements de référence 2003 / 2005	Commune	Syndicat	Inter-Communalité	Département	TSE
général à la base					
personnes à charge (rang 1 ou 2)					
personnes à charge (rang 3 ou+)					
spécial à la base					

ÉVOLUTION DES IMPOSITIONS ENTRE 2004 ET 2005

	ANNÉE 2004	ANNÉE 2005	EN VALEUR	En pourcentage		
(a) Cotisations	403	409	+6	+1,49 %	Frais de gestion	+ 17
(b) Allégements				%	Prélèvement pour : base élevée	
(c) = (a) – (b) Somme à payer	403	409	+6	+1,49 %	Plafonnement / selon le revenu	

LOCAUX TAXES : NOMBRE 01 RÉGIME P

Taux global 2000 10,99 %	Identifiant 1050384274V	Nature APPARTEMENT	DF	AFF H	VL revalorisée 5222	
Cotisation-référence 2003					Montant de votre impôt	409

LE VERSEMENT DE VOTRE COMMUNE AU FONDS DE SOLIDARITE DE LA RÉGION ILE DE FRANCE S'ELEVE A 97951267 €.

MINISTERE DE L'ÉCONOMIE DES FINANCES ET DE L'INDUSTRIE

A. Ce lundi 23 octobre 2006, il décide de se renseigner et donc d'appeler l'hôtel des Impôts. Il est 16 h 40.

Lisez les questions. Écoutez la réponse à l'appel de Gero.
Répondez aux questions.

1. Pourquoi Gero ne peut-il obtenir de renseignements ? ....

2. Quand doit-il appeler pour les obtenir ? ....

3. S'il veut se rendre à l'hôtel des Impôts, quand peut-il le faire ? ....

....

Doit-il prendre rendez-vous ?..

B. Le lendemain, dès 14h00, Gero rappelle l'hôtel des Impôts.

Lisez les questions.

Écoutez l'entretien téléphonique de Gero.

Répondez aux questions.

1. Avec quel service Gero est-il d'abord mis en relation ? ....
Pourquoi ? ....

2. Pour quelle raison exactement Gero a-t-il été surpris de recevoir l'avis d'imposition de la redevance audiovisuelle ? ....

3. S'agit-il d'une erreur du service de la taxe d'habitation ? Pourquoi ?
....

4. Que demande-t-on à Gero de préciser ? Pourquoi ? ....
....

5. Le responsable du service dit à Gero qu'il n'aura pas à payer la redevance à une condition. Laquelle ? ....

6. Quel terme est utilisé pour désigner la dispense d'imposition ? ....

7. Où doit payer Gero ? Que doit-il faire pour payer sa taxe d'habitation sans pour autant verser la redevance audiovisuelle ?
....

8 ■ COMPRENDRE DES ÉMISSIONS DE RADIO

30 LE MARCHÉ AUX PUCES DE SAINT-OUEN

Vous allez entendre un reportage sur le marché aux puces de Saint-Ouen.

Savez-vous d'où vient le nom « marché aux puces » ?

....

....

....

Écoutez l'enregistrement et répondez aux questions.

1. De quand datent les marchés aux puces ?

....

....

2. Qui appelait-on « les pêcheurs de lune » ?

....

....

3. Comment est née la mode des puces ?

4. Pourquoi appelle-t-on la rue Paul Bert « le plus grand grenier du monde » ?

5. Où les marchands se fournissent-ils en marchandise ?

6. Expliquez ce qu'est un bric-à-brac.

7. Quelles sont les « clés » pour réussir son passage aux puces ?

8. Qu'est-ce qui fait le charme de la visite ?

9. Avez-vous déjà participé à un vide-grenier ?

10. Décrivez l'atmosphère du marché de Saint-Ouen un dimanche matin.

31 LE LAGUIOLE

1. Regardez la photo et citez quelques produits de la ville de Laguiole.

2. Cherchez sur une carte de France dans quel département se trouve Laguiole.

3. Dans l'interview que vous allez entendre on parle de l'Aveyron. Connaissez-vous cette région ?

Écoutez l'enregistrement.
Lisez les questions.

Réécoutez l'enregistrement et répondez aux questions.

1. En quelle année est né le couteau de Laguiole? ....

2. Dans quoi est taillé le manche? ....

3. Quelle est la caractéristique de ce couteau? ....

4. À quoi était destiné le poinçon? ....

5. Pourquoi les Aveyronnais ont-ils rajouté un tire-bouchon à leur couteau?

....

6. Décrivez brièvement les différentes opérations nécessaires à la fabrication d'un Laguiole.

....

7. Virgile Muñoz Caballero a été sacré Meilleur Ouvrier de France. Donnez quelques détails sur son couteau.

....

8. Que faut-il faire quand on offre un couteau à un proche? Pourquoi?

....

9. Y a-t-il aussi dans votre pays des traditions semblables?

....

32 LES CYCLONES

1. Que sont les cyclones? Qu'en savez-vous?

....

....

Lisez les questions.
Écoutez l'enregistrement.
Prenez des notes et répondez.

2. Quels sont les autres noms donnés aux cyclones?

....

....

3. Comment les cyclones sont-ils classés?

....

4. Comment s'appelle le centre d'un cyclone? Quelle en est la particularité?

....

5. Quels étaient les noms donnés aux cyclones en 2005?

....

• Où se sont-ils manifestés?

....

• Quelles ont été leurs conséquences ?

6. Quelles sont les conditions nécessaires pour qu'un cyclone se développe ?

• Quand peut-il cesser ?

7. La violence des cyclones de ces dernières années est-elle exceptionnelle ? Pourquoi ?

8. Quelles explications les scientifiques donnent-ils à l'augmentation de leur nombre ?

33 UN DÉFI POUR LA TERRE

Lisez les questions.
Écoutez l'enregistrement et répondez aux questions.

1. Qui a créé le « Défi pour la Terre » ?
• Quel organisme a également participé à sa création ?
2. En quoi consiste le « Défi pour la Terre » ?

3. Qui peut s'engager ?
4. Comment appelle-t-on une personne qui s'engage ?
• Comment et à quoi s'engage-t-elle ?

5. Quels sont les exemples d'engagements donnés ?

6. Combien de personnes se sont-elles déjà engagées ? Par quel moyen ?

• À quoi correspond leur engagement ?

7. Quels sont les gestes conseillés :
a) pour les appareils électriques ?

b) pour les lampes ?

c) pour les congélateurs ?

d) pour l'eau ?

8. Quelles économies permettent-ils de faire ?

....

....

34 UN DÉFI POUR LA TERRE

Lisez les questions.

Écoutez l'enregistrement et répondez aux questions.

1. Quel organisme a-t-il été créé pour la défense de l'eau ?...............................

• Où ? ....

2. Quel est le rôle de cet organisme ? ....

3. Que se passe-t-il tous les trois ans ? ....

4. Quel rapport les chiffres suivants ont-ils avec l'eau ?

• 65 % ? : ....

• 70 % ? : ....

• 25 000 ? : ....

5. Quels sont les trois grands problèmes liés à l'eau ? ....

....

6. En quoi la quête de l'eau est-elle un frein au développement ? ....

7. Quelle a été la proposition concrète de l'un des appels lancés à Mexico ?

8. Quelle initiative a-t-elle également été présentée ? Quel domaine concerne-t-elle et en quoi consiste-t-elle ? ....

....

9. Quelle action serait-elle considérée comme un rêve si elle se réalisait ? Pourquoi ?

....

....

35 LA DISPARITION DES ABEILLES

1. Quelles sont les causes de la disparition des abeilles ? ....

2. Qu'est-ce que le Gaucho ? ....

3. Où les abeilles ont-elles trouvé refuge ? Pour quelle raison ? ....

....

4. Comment agissent les traitements que l'on appelle «systémiques»? ....

5. Dans quels départements l'hécatombe a-t-elle été la plus catastrophique? ....

6. *L'abeille est au cœur de l'écosystème.* Expliquez ce que cela veut dire en donnant des exemples. ....

7. Quelles sont les conséquences directes de la disparition des abeilles sur le monde animal et végétal? ....

8. Que demandent les apiculteurs au gouvernement? ....

9. Où peut-on découvrir le monde merveilleux des abeilles? ....

36 VA-T-ON VERS UNE DISPARITION TOTALE DES POISSONS?

Écoutez ce document et répondez aux questions.

1. Ce document fait référence à une revue américaine célèbre. Laquelle? ....
2. Pouvez-vous préciser quel jour a eu lieu cette émission? ....
3. Les scientifiques ont réussi à établir une relation indiscutable entre deux faits. Lesquels? ....

4. À quoi est due, selon eux, la baisse constante de la biodiversité dans les océans? ....

5. Pouvez-vous expliquer avec vos propres mots ce qu'est le «chalutage»? Aidez-vous du contexte. ....

6. Dans quels lieux les stocks de certaines espèces diminuent-ils le plus vite? ....

7. *Pour les scientifiques, en 2050,* ....

Cochez la phrase ayant le même sens que ce que vous avez entendu.

a) certaines espèces de poissons pourraient avoir totalement disparu. ❏

b) il n'est pas impossible qu'il n'y ait plus un seul poisson dans les océans. ❏

c) tous les stocks de poissons de toutes les espèces seront totalement épuisés. ❏

8. Quelles solutions proposent-ils pour remédier à cette situation catastrophique ?

37 LA VÉRITABLE HISTOIRE DES FOURMIS

Écoutez ce document extrait des «Matins» de France-Culture, (émission du 10-11-2006, 7 h-9 h) et répondez aux questions.

1. D'après Luc Passerat, qu'est-ce que les fourmis savent faire mieux que nous ne savons le faire ?

2. Dans les régions désertiques, où il n'y a pas de végétation pour se repérer, comment s'orientent les fourmis ?

3. Dans le Sahara, quelle est la nourriture des fourmis ?

4. Les fourmis «défendent leur pré carré». D'après le contexte, comment comprenez-vous cette expression ?

5. Chez les fourmis, il n'est pas sans doute pas très agréable de vieillir. Pourquoi ?

6. Pourquoi les «fourmis champignonnistes» sont-elles condamnées à finir leur vie dans leur dépôt d'ordures ?

7. Que font les «fourmis kamikazes» ?

8. On dit souvent que «la fonction crée l'organe». Luc Passerat donne deux exemples de cette maxime. Citez-en une.

38 DICTONS ET PROVERBES

Écoutez cet extrait d'une émission de radio et répondez aux questions.

1. Cette émission a été enregistrée   **a)** à Noël ☐   **c)** en juin ☐

       b) en mars ☐   **d)** en septembre ☐

2. Quels sont les thèmes essentiels des dictons ? ....

3. Quel est le point commun entre une maxime et un aphorisme ?

4. Que signifie le mot « morale » quand on parle de la « morale » d'une histoire, d'une fable ?

5. Pourquoi la plupart des proverbes sont-ils faciles à mémoriser ?

6. La fable de La Fontaine *Le Lion et le Rat* se termine par cette morale : « On a toujours besoin d'un plus petit que soi ». Une publicité l'a reprise. Vous l'avez entendue dans l'enregistrement. C'était une publicité pour quel produit ?

7. « Les chiens ne font pas des chats ». Quel proverbe parmi ceux que vous avez entendus a à peu près le même sens ?

a) À bon chat bon rat ☐   **d)** Aide-toi, le ciel t'aidera ☐

b) À père avare, fils prodigue ☐   **e)** Tel père, tel fils ☐

c) Qui vole un œuf vole un bœuf ☐

8. Certains proverbes mettent en scène des animaux : des chiens, des chats, des rats.
À votre avis, quel sens ont les quatre proverbes suivants :

a) Chat échaudé craint l'eau froide. ....

b) Qui veut noyer son chien l'accuse de la rage. ....

c) Ce n'est pas à un vieux singe qu'on apprend à faire la grimace. ....

d) Qui se couche avec les chiens se lève avec des puces. ....

Ces proverbes ont-il un équivalent dans votre langue, votre culture ?

39 LE PRIX GONCOURT

Lisez les questions.
Écoutez le document. Répondez aux questions.

《 Alphonse Daudet, exécuteur testamentaire d'Edmond Goncourt (1822-1896), auteur
《 de romans naturalistes, fonda, selon les vœux de celui-ci, l'académie Goncourt qui
《 décerne à chaque automne un prix destiné à un ouvrage d'imagination en prose paru
《 dans l'année.
《 Le premier prix Goncourt, en 1903, fut attribué à John-Antoine Nau pour «Force
《 ennemie», paru aux éditions La Plume.
《 Qu'en a-t-il été en 2006?

1. Où se réunit le jury du Goncourt?
....

2. À quelle heure le nom du lauréat
a-t-il été révélé à la radio?
....

3. Quel est le nom du lauréat?
....

Quel est le titre de son roman?
....

PRIX GONCOURT 2007

4. Établissez une fiche d'identité du lauréat:
Nom : ....   Prénom : ....
Âge : ....   Occupations antérieures : ....
....

5. **Lisez les affirmations suivantes.**
Dites si elles sont vraies (V) ou fausses (F).

	Vrai	Faux
a) L'annonce du nom du lauréat n'est pas une surprise.	❏	❏
b) Le jury a beaucoup discuté avant d'attribuer le prix.	❏	❏
c) Le prix récompense un roman sans succès.	❏	❏
d) Tous les auteurs et historiens partagent le même avis sur le roman.	❏	❏
e) Ce roman ne se lit pas facilement.	❏	❏

6. Rassemblez sous forme de fiche tous les renseignements concernant le livre.
Titre : ....
Auteur : ....
Nombre de pages : ....
Nombre de lecteurs au moment de l'attribution du prix : ....
Thème : ....
Le héros : vie et caractère : ....
....

40 **Écoutez ce discours du général de Gaulle et répondez aux questions.**

1. Quelle définition donneriez-vous de l'expression « mettre en ballottage » ?

....

....

....

2. Pourquoi de Gaulle n'a-t-il pas voulu faire campagne avant le premier tour de ces élections ?

....

....

....

....

....

....

3. Que signifie l'expression « être élu dans un fauteuil » ? ....

4. De Gaulle compare la France à une maîtresse de maison. Qu'est-ce qu'elle ne peut pas tolérer chez elle ? ....

....

5. Que pensez-vous de cette comparaison ? ....

....

6. Quel registre de langue utilise-t-il ? À votre avis, pourquoi ? ....

....

7. À votre avis, le verbe « bambocher » signifie :
a) faire des heures supplémentaires dans une entreprise ❑
b) faire la fête en mauvaise compagnie ❑
c) faire la tête, être de mauvaise humeur, bouder ❑

8. Attention aux mots qui se ressemblent. Le contraire de l'ordre, c'est :
a) la pagaille ❑   b) la pagaie ❑   c) la racaille ❑

1 ■ PRODUCTION ORALE GÉNÉRALE

■ 1. INTONATION ■

41 Le 19 décembre 2006, vous lisez ces quelques lignes dans la presse :

SOLIDARITÉ : UNE NUIT AUX CÔTÉS DES SANS-ABRI

L'hiver arrive, le froid s'installe, et la précarité des SDF devient un danger. Trois d'entre eux sont déjà morts de froid cette année. C'est pour mobiliser l'opinion sur leur sort que l'association « les enfants de Don Quichotte » invite des citoyens à venir passer la nuit dehors, dans des tentes installées des deux côtés du canal Saint-Martin.

Objectif : faire prendre conscience aux bien logés, qu'ils soient inconnus ou célèbres, de la condition dramatique de toutes ces personnes qui vivent dans la rue tous les jours.

Parmi ces sans-abri d'un soir, des anonymes et quelques personnalités.

(M6.fr)

Réagissez à la proposition faite dans l'article ci-dessus.

Exprimez votre :
- doute,
- ironie,
- étonnement,
- satisfaction,
- hésitation,
- irritation.

Vous pouvez écouter de nouveau les enregistrements des activités 7 à 10 afin de vous remémorer les expressions utilisées.

 Que représente pour vous le terme SDF ? L'assimilez-vous au terme clochard ?

42 Étés trop chauds, sécheresse anormale, ou pluies torrentielles, hivers trop doux, absence de neige, fonte des icebergs, effet de serre ou encore disparition de certaines espèces animales... Depuis quelques années, ce sont là des thèmes fréquents de discussion.

Écoutez les amorces de phrases ci-après.
Complétez-les en tenant compte de l'intonation.

Pour compléter la phrase vous pouvez :
- adopter un ton sérieux ou ironique,
- rester calme ou vous emporter,
- vous montrer hésitant ou affirmatif,
- prendre ou non à témoin votre interlocuteur...

Quoi qu'il en soit, essayez de réagir spontanément, sans préparer votre réponse.

■ 2. MOTS DE RAPPEL ET CHRONOLOGIE ■

43 LE RADEAU DE LA MÉDUSE (1)

Écoutez et répondez aux questions.

1. *La chronologie*

Notez ce qui s'est passé aux dates suivantes.

a) 17 juin 1816 : ....

b) 2 juillet 1816 : ....

c) 6 juillet 1816 : ....

d) 17 juillet 1816 : ....

e) 8 septembre 1816 : ....

f) 1er décembre 1816 : ....

g) février 1817 : ....

h) fin 1817 : ....

i) janvier 1824 : ....

2. *Les personnages*

Cochez les quatre noms que vous avez entendus dans l'enregistrement et dites quelle était leur profession.

1. Théodore Géricault ☐   **6.** Jeanne Le Hir ☐

2. Lucas Bernier ☐   **7.** Jean-Baptiste Savigny ☐

3. Amédée de Thionville ☐   **8.** Henri de Girardin ☐

4. Monsieur Chaumareys ☐   **9.** Monsieur Mauvoisin ☐

5. Alexandre Corréard ☐   **10.** Monsieur de Navarreinx ☐

3. Où et pourquoi *La Méduse* s'est-elle échouée ?

4. Pourquoi l'attitude du commandant de *La Méduse* est-elle honteuse ?

5. Combien de survivants reste-t-il lorsque *L'Argus* retrouve le radeau ?

6. Comment peut-on expliquer que le commandant du navire rentre en France sans inquiétude sur son sort ?

7. Quel moment exact choisit de représenter le peintre Géricault ?

8. À votre avis, pourquoi a-t-il choisi cet instant précis ?

44 LE RADEAU DE LA MÉDUSE (2)

En vous aidant de la chronologie que vous venez d'établir et de vos réponses aux questions de l'activité 43, vous racontez à votre tour, en simplifiant, l'histoire du radeau de *La Méduse*.

Pour vous aider

1. Commencez par une phrase ou deux d'introduction pour situer très brièvement cet événement (quoi ? quand ? où ?) et indiquer l'ampleur du drame.
Par exemple : *Je vais vous raconter une histoire terrible, celle du naufrage d'un bateau français, La Méduse. Ça s'est passé il y a longtemps, en 1816, au large de l'Afrique...*

2. Vous devrez supprimer tous les détails qui ne sont pas strictement utiles.
Par exemple :

a) inutile de préciser le nom des trois autres ➡ vous direz seulement qu'il y avait quatre navires, dont *La Méduse*.

b) vous expliquerez simplement que ces bateaux allaient au Sénégal, une colonie française.

c) inutile d'entrer dans les détails de la carrière du capitaine (dont vous n'avez pas besoin de mentionner le nom) : dites seulement qu'il était inexpérimenté, ce qui explique son erreur de navigation.

d) il faut indiquer que le capitaine a agi de manière déshonorante en abandonnant son navire.

e) centrez votre récit sur le radeau ; passez rapidement sur les autres embarcations de sauvetage.

f) inutile d'indiquer les dates précises. Il suffit de savoir que c'était l'été (la chaleur suffocante a aggravé la situation des naufragés) et qu'ils ont dérivé 15 jours.

3. En revanche, insistez sur le calvaire subi par les naufragés qui se trouvent sur le radeau :

- 152 personnes entassées sur un radeau mal équilibré qui a dérivé quinze jours
- pas d'eau ni de nourriture (mais du vin)
- chaleur intense, mer démontée, orages...
- folie collective, suicides, crimes, scènes de cannibalisme.
- 15 survivants le jour où le radeau est enfin repéré.

Vous pouvez faire appel au sentiment d'empathie de vos auditeurs.
Imaginez... / Mettez-vous à la place de ces malheureux...

4. Terminez votre récit avec la condamnation du capitaine, à son retour en France. Vous pouvez mentionner pour finir qu'un tableau célèbre a immortalisé cette histoire.

2 ■ MONOLOGUE SUIVI

■ 1. DÉCRIRE L'EXPÉRIENCE ■

45 PRÉSENTER L'ITINÉRAIRE DE QUELQU'UN

À l'occasion d'une soirée littéraire, vous devez présenter Bernard Tirtiaux. Faites-le sous forme d'exposé.

Vous avez 10 minutes pour faire cette présentation.

Pour vous aider

1. Parcours verrier :
a) Études
b) Formation de verrier
c) Œuvres réalisées / thèmes
d) Expositions

2. Parcours littéraire :
a) Premières expériences d'écriture
b) Œuvres littéraires
c) Récompenses

3. Parcours théâtral :
a) Martinrou
b) Son objectif
c) Ses autres talents

Vous pouvez :
- supprimer des éléments pour alléger votre exposé.
- vous reporter également à l'enregistrement correspondant aux activités 63, 64 et 65.

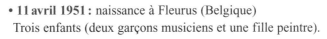

Bernard Tirtiaux

- **11 avril 1951 :** naissance à Fleurus (Belgique)
Trois enfants (deux garçons musiciens et une fille peintre).

Parcours verrier

Dès ses dix-sept ans, Bernard Tirtiaux est attiré par la magie du vitrail.
Premier travail : la chapelle de Martinrou construite en 1938 par son grand-père.

Humanités gréco-latines.

Études de Droit. Parallèlement, Académie des Beaux-Arts de Louvain (dessin, peinture et gravure).

Institut Supérieur Artistique de la Cambre, Bruxelles. Atmosphère peu propice.

Formation en France. Apprentisage du métier de maître-verrier dans différents ateliers.

Sept mois au village médiéval de La Hume, près d'Arcachon.

Réalisation d'une grande verrière pour le château classé de Couzeix, près de Limoges à la demande des Monuments Historiques du Limousin.

Vitraux de la synagogue de Livry-Gargan, près de Paris.

Expose au Salon des Artisans d'Art à Paris.

1975 : retour en Belgique. Installation de son atelier à Fleurus, dans la ferme familiale de Martinrou.

Participation aux animations des Fêtes de Wallonie à Charleroi en 1979 et 1980.

Expose avec les verriers belges aux Métiers d'Art du Brabant à Bruxelles et à l'Abbaye de Dieleghem.

Monte un atelier dans les Jardins du Maïeur à l'occasion des fêtes de Mons passé-présent.

Mai 1984 : retenu pour le prix Jules-Marie Destrée au Musée du Verre de Charleroi.

Importante commande de grands vitraux pour des bâtiments privés en Suisse.

Novembre 1984 : exposition en solo au Musée du Verre de Charleroi.

Rompu aux techniques anciennes, Bernard Tirtiaux développe aussi bien d'autres formes d'assemblage et d'utilisation du verre comme la maçonnerie, le collage, le sablage, le travail sur miroirs.

1985 : une de ses œuvres, alliant verre, miroir et inox participe à l'exposition « Art verrier en Wallonie de 1802 à nos jours », à Paris au Centre Wallonie-Bruxelles.

Exposition présentée à Mons, Charleroi, Liège, Namur en 1987, ainsi qu'au Québec et en Finlande.

Dessin et réalisation de plus de 500 vitraux, tous originaux pour des maisons particulières, des édifices religieux, des bâtiments publics.

Vitraux du Casino de Namur : 1986, sur le thème des cartes à jouer. 1994, fresque de 60 mètres carrés représentant une course de chevaux

Vitraux réalisés pour l'église Saint-Rémy de Montignies-sur-Sambre, ceux de la communauté de La Poudrière à Bruxelles, ceux de la chapelle de la Clinique Notre-Dame de Gosselies (1987), ceux de la chapelle de la Colline de Penuel à Mont-Saint-Guibert (décembre 1992).

Mai 1996: implantation d'une «cathédrale de lumière» de sept tonnes au Centre de l'Europe des Quinze, à Viroinval.

1997: exposition à Viroinval, à Namur et à Bruxelles, des sculptures de verre.

1999: réalisation des vitraux pour le Château du Val Saint-Lambert (parcours-spectacle sur l'art du verre et du cristal).

2000: création des vitraux pour l'église romane d'Esquelmes.

2001: installation de cinq sculptures de verre musicales (Orgues, harpe-carillon, fontaine, sphère géante, kaléidoscope) dans le parcours ludique du Val Saint-Lambert.

PARCOURS LITTÉRAIRE

1972: Première expérience d'écriture *La Profanation*, pièce co-écrite avec son frère, François Emmanuel.

Pendant près de vingt ans, création de poèmes, de chansons (une soixantaine), de pièces de théâtre (une huitaine). Plusieurs disques (chansons tirées de «La loge», «Gris-vert, gris-bleu», «Allumette», «Entre le ciel et l'ombre»).

Pièces montées: *La Loge* (créée en 1981, reprise en 2001), *Westerbork 43* (créée en 1991), *Parole de pierre* (créée en 1996 à Tourinnes-la-Grosse et publiée aux Éditions Nauwelaerts), *Vol d'éternité* (créée en 2000 et publiée aux Éditions Ancrage).

1993: Premier roman, *Le Passeur de lumière*, chez Denoël. Consacré «Livre de l'été» à Metz en juin de la même année. Prix «Lire Élire», Prix des Lycéens. Traduit en allemand, en roumain et en croate.

Février 1995: *Les Sept Couleurs du vent* (Prix littéraire du quartier latin, Prix «Relais H» du roman d'évasion, Prix des auditeurs de la RTBF, Prix de la Bibliothèque Centrale du Hainaut 1996). Traduit en allemand.

Mai 1998: *Le Puisatier des abîmes*, chez Denoël.

Mars 2002: *Aubertin d'Avalon*, aux Éditions Jean-Claude Lattès.

2006: *Pitié pour le mal*, aux Éditions Jean-Claude Lattès. Prix Exbrayat.

PARCOURS THÉÂTRAL

La Ferme de Martinrou (Fleurus).

Espace théâtral (deux salles de 100 et 260 places. Espaces pour réceptions, expositions, organisations de stages, atelier polyvalent où furent construits de nombreux décors).

Martinrou: Lieu de création, de diffusion et de formation (une cinquantaine de stages créatifs y sont organisés chaque année).

Y éprouve ses textes et ses musiques et y accueille chaque année une quinzaine de spectacles originaux.

Son objectif: «Fidéliser un public et partager avec lui émotion et passion».

Metteur en scène: a monté *Tais-toi et chante, Bas les masques..., Sanguines, Westerbork 43, Scène de méninges* de et avec Bruno Coppens, *Tout nous sourit, Vol d'éternité, Hugo dans tous ses états...*

Travail de Comédien: avec J.C. Idee, H. Ronse, M. Dorsel, F. Emmanuel, P. Jaccaud, M. Tanner, D. Donies...

Scénographe de ses propres spectacles, a construit et imaginé plusieurs décors pour, entre autres, le Théâtre de la vie.

46 L'EUROPÉEN PRÉFÈRE SURFER SUR INTERNET QUE LIRE LA PRESSE

Après avoir écouté l'enregistrement, présentez l'étude publiée dans le *Financial Times* **à l'aide des thèmes suivants.**

1. Les Européens et Internet.
2. Les Européens et la presse.
3. Les Européens et la télévision.
4. Les Américains, Internet et la télévision.
5. La connexion à haut débit et ses conséquences.

Et vous, quel est votre comportement ? À l'aide des questions suivantes, parlez de votre propre expérience sous forme d'exposé. Vous pouvez en changer l'ordre.

1. Passez-vous beaucoup de temps à surfer ou lisez-vous plutôt les journaux ? Expliquez pourquoi.
2. Regardez-vous souvent la télévision ? Quelles sont les émissions qui vous intéressent le plus ?
3. Lisez-vous aussi autre chose que la presse ? Précisez votre réponse.
4. Donnez votre avis concernant cette évolution.
5. Pensez-vous qu'on puisse y changer quelque chose ? Donnez des exemples.
6. Que conseilleriez-vous à des amis qui passent des heures entières devant leur ordinateur ?
7. Y a-t-il, à votre avis, un danger de dépendance ? Si oui, pourquoi ?
8. Quelle est la situation dans votre pays ?

47 Le « Voyage au centre de la terre », décrit dans le célèbre roman de Jules Verne, paru en 1864, va-t-il pouvoir se réaliser ?

Passionné de géologie, vous faites partie d'un club de géologues amateurs.

Vous apprenez, dans un magazine scientifique, qu'en 2007 un navire japonais va creuser un puits au fond de l'océan pour traverser la croûte terrestre.

Vous faites part de cette nouvelle aux membres de votre club qui vous demandent de leur présenter le projet japonais.

Élaborez votre exposé à l'aide du schéma ainsi que des notes prises lors de la lecture de l'article.

LE SCHÉMA :

Croûte
de 5 à 50 km
d'épaisseur

Manteau
2 870 km
d'épaisseur

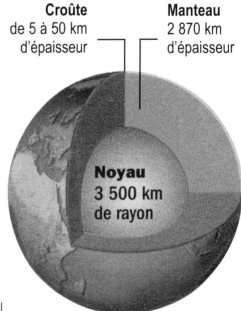

Noyau
3 500 km
de rayon

Courrier international

VOS NOTES :

● LE NAVIRE :
Nom : Chikyu
Type : de forage / train de tige de 10 km de long maximum / conçu pour puits sous-marins de 6000 m
Poids : 57500 tonnes
Prix : 540 millions de dollars

● ACTUELLEMENT : progression dans la croûte une dizaine de km / reste à faire environ 6361 km.

● PROJET : Buts : atteindre (1re fois) la couche profonde : le manteau
- manteau = 80 % masse de la planète, transition entre couche superficielle et noyau en fusion
- découvrir nouveaux indices sur origine de la vie (traces organismes primitifs ?)

Cadre : Integrated Ocean Drilling Program, programme international de forages océaniques (21 pays dont France + 16 pays européens) sous les auspices du Japan's Center for Deep Earth Exploration dirigée par Asahiko Taira
- Dates : début fin 2007, souhait atteindre le manteau d'ici 2012

● PROBLÈMES / AVANTAGES :
forages dans croûte océanique + difficiles que dans croûte continentale : risques d'effondrement à partir de 2000 m de profondeur (cause = pression jusqu'à 500 kg /cm2) solution : injecter de la boue pour évacuer les débris - croûte sous océan (5 à 7 km) + mince que sous les continents (50 km) donc + facile atteindre le manteau.

- Avant l'exposé :
* Classez vos notes de façon à faire comprendre l'importance et les enjeux innovateurs du projet, mais aussi ses difficultés.
* Décidez de l'utilisation que vous voulez faire du schéma :
➤ Vous pouvez choisir de ne pas le présenter mais d'intégrer ses données à votre discours. Ce serait toutefois vous priver de ses atouts : il permet d'illustrer, d'expliciter le projet, le processus du forage, de faciliter le suivi et la compréhension de votre exposé.
➤ Vous pouvez préférer utiliser une reproduction du schéma photocopiée pour chaque auditeur ou projetée (ce qui est préférable : vous « canalisez » ainsi l'attention de votre public).
➤ Vous pouvez enfin reproduire vous-même le schéma au fur et à mesure de votre exposé, sur un tableau, ce qui confère un ton plus dynamique à votre intervention.

- Pendant votre exposé :
* veillez à regarder votre auditoire,
* faites de courtes pauses afin de vous assurer que tout le monde suit et ainsi observer les réactions des auditeurs et anticiper leurs éventuelles questions en y répondant à l'avance.

- Après l'exposé :
* pensez à remercier votre auditoire,
* vérifiez que personne n'a de question(s) à vous poser.

48 (C2) En France, la religion n'est pas inscrite au programme scolaire, sauf en Alsace où elle fait partie de l'horaire normal.

« Le 5 mai 1905 est votée par le gouvernement sous la présidence d'Émile Loubet la loi de la Séparation de l'Église et de l'État, selon laquelle « la République ne salarie, ni ne subventionne aucun culte ». Cette loi abroge le Concordat de 1801 entre Bonaparte et Pie VIII. Le budget des cultes qui faisait des évêques et des curés, des pasteurs et des rabbins, des fonctionnaires publics, payés par l'État, est supprimé. L'entretien du clergé est désormais entièrement à la charge des fidèles. On notera cependant que depuis 1919, le clergé alsacien-lorrain reçoit un traitement de l'État. En 1907, Pie X institue le Denier du Culte que les catholiques sont tenus en « conscience » de verser pour participer à la vie matérielle de l'Église.
En France, les diocèses versent également à leurs prêtres une certaine somme mensuelle.

Observez le sondage suivant et présentez-le sous forme d'exposé.

Pour vous aider

1. Notez les informations principales.
2. Organisez votre exposé dans un ordre logique.
3. Vous pouvez supprimer les éléments qui ne vous semblent pas utiles, comme par exemple les nombreux pourcentages.

1 Depuis 1996, dans les collèges et lycées publics, un certain nombre de faits religieux sont abordés dans les programmes, en histoire notamment. Si l'on créait un enseignement spécifique d'histoire des religions, y seriez-vous personnellement très favorable, plutôt favorable, plutôt défavorable, ou très défavorable ?

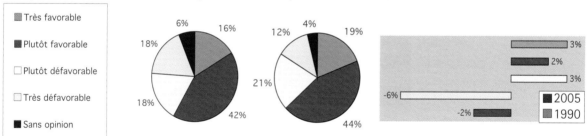

En septembre 1990, la question posée était la suivante : « Il est actuellement question de créer un enseignement d'histoire des religions pour l'ensemble de la France dans les collèges et lycées publics. Seriez-vous personnellement très favorable, plutôt favorable, plutôt défavorable, ou très défavorable à la création d'un enseignement d'histoire des religions ? »

2 Si cet enseignement spécifique est créé, quel devrait être, selon vous, son contenu ?

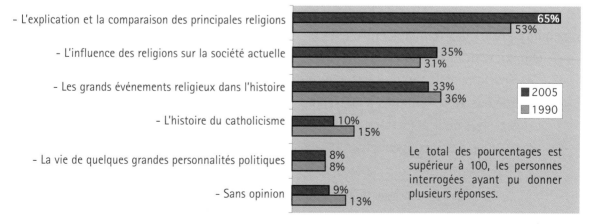

3 Quels avantages verriez-vous principalement à un enseignement de l'histoire des religions?

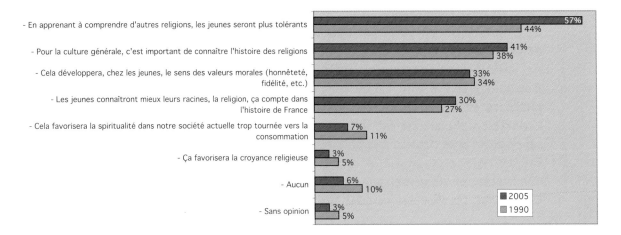

4 Quels inconvénients verriez-vous principalement à un enseignement de l'histoire des religions?

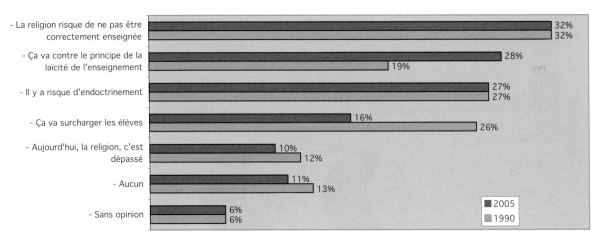

D'après *Télérama*, n° 2917, 7 décembre 2005

Et maintenant, à vous de donner votre opinion:

1. Pensez-vous qu'un enseignement spécifique devrait privilégier «l'explication et la comparaison» des religions entre elles?

2. Quel devrait être, selon vous, le contenu de cet enseignement?

3. Cet enseignement ferait, à votre avis, partie de la culture générale?

4. Voyez-vous des avantages à l'enseignement de l'histoire des religions?

5. Croyez-vous qu'il permettrait aux jeunes d'être plus tolérants?

6. Voyez-vous des inconvénients à cet enseignement?

 La religion fait-elle partie des programmes scolaires dans votre pays?

49

Dix par jour, mode d'emploi

Consommer une dizaine de fruits et légumes variés par jour. C'est là l'objectif à atteindre pour maintenir notre capital santé. Car diverses études ont mis en évidence les bienfaits des fruits et légumes frais dans la prévention de certaines pathologies, comme les maladies cardio-vasculaires et les cancers.

Ils contiennent, en outre, une quantité importante de micronutriments protecteurs, nécessaires au bon fonctionnement de notre corps au quotidien : vitamine C, vitamine E, vitamine B 9, caroténoïdes, mais aussi potassium, magnésium, calcium et polyphénols.

Autre avantage de taille, ils permettent de rassasier l'estomac en apportant peu de calories. Idéal donc pour lutter contre l'obésité galopante.

Mais que faut-il comprendre derrière l'idée, un peu vague, de « 10 par jour » ? S'agit-il de trois fruits et sept légumes, dix choux-fleurs ou neuf cerises et une courgette ronde ? Quelles sont les rations recommandées derrière le chiffre rond ?

« Avec ce slogan, "Dix par jour", nous voulions mettre en avant l'importance de la diversité », explique Philippe Comolet, membre de l'Aprifel, l'Agence pour la recherche et l'information en fruits et légumes frais qui a lancé le concept de "fraîch'Attitude".

[…] Parler en nombre de fruits et légumes et non pas en grammes vient *« de l'envie de rester ludique*, ajoute Philippe Comolet. *Peser ses aliments est contraignant, incompatible avec une vie en plein air et renvoie à l'idée de régime, tandis que le nombre débride l'imagination, incite à varier les plaisirs et à mélanger les genres dans des salades, des soupes, des compotes ou des coulis. »*

[…] Dans la pratique, comment atteindre l'objectif de 10 fruits et légumes frais par jour ? *« Avec un jus de fruit fraîchement pressé au petit-déjeuner, deux crudités en entrée, une ratatouille en accompagnement, des herbes aromatiques et une pomme au goûter, on dépasse déjà les 400 g. Ce n'est donc pas si difficile de s'approcher de l'objectif ».*

Le Figaro, 28 mai 2006

---

1. **Lisez le texte et décrivez oralement de façon brève ce que veut dire « avoir la Fraîch'attitude ».**

2. **Construisez votre description :**
- choisissez un ordre pour présenter :
  • l'objectif à atteindre afin de maintenir son capital santé,
  • les bienfaits des fruits et des légumes,
  • la façon d'atteindre l'objectif de 10 fruits et légumes par jour.

3. Ce retour à une plus grande consommation de fruits et de légumes est-il aussi un thème de société dans votre pays ?

4. « L'envie de rester ludique » est une philosophie bien française. Qu'en pensez-vous ?

50 LA MÉDIATHÈQUE DE L'ORANGERIE DU PÔLE UNIVERSITAIRE ET TECHNOLOGIQUE DE VICHY : DE LA PROTECTION DES VÉGÉTAUX À LA CULTURE DES ESPRITS.

Architecte étranger, vous êtes venu faire un stage d'urbanisme en France. Vous suivez auparavant un cours de perfectionnement linguistique au CAVILAM, à Vichy. Appréciant particulièrement la médiathèque pour son environnement et son aménagement, vous vous documentez sur son histoire afin de la présenter à vos camarades du cours de français.

Voici les notes que vous avez prises et classées pour votre intervention.

Relisez vos notes.

Présentez votre exposé.

31 mars 1900 : Déclaration en mairie de Vichy de la construction d'une orangerie ; déclaration faite par Monsieur Brèle, Directeur de la Compagnie fermière de Vichy.

• Compagnie fermière de Vichy : concessionnaire des thermes = chargée de l'exploitation des eaux et des thermes, de la construction et de l'aménagement des bâtiments.

• Orangerie : architecte : Gustave Simon, architecte des travaux « secondaires » de la Compagnie fermière à cette époque (dont l'ancienne source de l'Hôpital, la marquise de l'Opéra)

• Situation : dans le Parc des Célestins, au bas de la rue Lardy, en face de la Source Lardy, puis à partir de 1937 en face des Bains Lardy.

• Bâtiment :
- Destiné à abriter en hiver (sorte de serre chauffée) les arbres et plantes exotiques (dont des orangers) utilisés pour la décoration des bâtiments, des rues et des parcs de la ville.
- En « L » - Rez-de-chaussée couvert d'une terrasse (grand côté du « L ») où placer les orangers
- Serre au fond de la terrasse (petit côté du « L » - Style Art Nouveau.
- Hautes et larges ouvertures terminées en arc de cercle (12 fenêtres – deux portes dont une large – vasistas pour aération)

1900 – années 60 : utilisé comme orangerie, serre et « atelier » par les jardiniers de la ville.

Jusqu'à 1998 : sert de magasin, d'entrepôt à la ville, notamment pour les nombreuses chaises métalliques des parcs, aujourd'hui disparues. (Ces chaises en fer forgé blanc, disséminées dans les parcs étaient payantes, à la journée. Des chaisières encaissaient le montant du ticket remis aux curistes).

1998 : Construction du Pôle Universitaire et Technologique de Vichy :
• fermeture de la rue Lardy, transformée en impasse,
• démolition de la serre en terrasse et d'une villa jouxtant l'Orangerie pour construire le hall, deux grandes salles (une à la place de la serre), un amphithéâtre et un laboratoire multimédia
• restauration de la façade et aménagement du bâtiment. Création d'une mezzanine. Vasistas et portes extérieures condamnés (climatisation).

24 septembre 2001 : inauguration des nouveaux locaux (en fonction depuis le printemps).

Rez-de-chaussée : prêt, coin lecture des périodiques (40), fonds documentaire (environ 6000 documents), salle de travail très largement éclairée par les grandes verrières.

Fonds : Sciences techniques, Sciences économiques, Santé, Langues étrangères et Linguistique.

Mezzanine : grand espace occupé par 20 postes informatiques (accès Internet, documentation électronique, Cd-Roms. Salle de travail équipée de 10 magnétoscopes et lecteurs DVD : utilisation en « libre service » de la collection de cassettes.

Médiathèque fréquentée par les étudiants du Pôle, les enseignants, les chercheurs et les stagiaires du Cavilam.

Présence décorative d'orangers…

* Il s'agit d'un exposé retraçant l'histoire d'un bâtiment : vous allez donc devoir suivre l'ordre chronologique des « événements » qui ont jalonné la « vie » de ce bâtiment et vous appuyer sur les dates indiquées. Vous pouvez toutefois :
➡ « commencer » par sa situation actuelle pour ensuite « remonter » le cours du temps,
➡ ou bien présenter, pas à pas, les différentes étapes de son évolution.
* Dans la mesure où vos auditeurs fréquentent également la médiathèque, il serait possible, et sans doute plus vivant de leur poser quelques questions préalables, par exemple :
➡ Connaissez-vous la médiathèque de l'Orangerie ? (Ils ignorent peut-être son nom)
➡ Y allez-vous souvent ?
➡ Pour y faire quoi ?
➡ Quelle « zone » de la médiathèque préférez-vous ?
➡ Que pensez-vous de son architecture, son cadre ?
➡ Savez-vous pourquoi elle s'appelle ainsi ?
Ces questions vous offriraient une excellente « entrée en matière », présentant l'avantage de piquer la curiosité de vos camarades.

■ 2. ARGUMENTER ■

51 LES SURDOUÉS SONT-ILS DES ENFANTS À PROBLÈMES ?

En vous aidant des éléments qui suivent, vous expliquez à un groupe de parents quelles difficultés peuvent rencontrer les enfants surdoués et comment réagir.

1. Qu'est-ce qu'un enfant surdoué ?
◌ pas de définition vraiment scientifique
◌ test de QI : supérieur à 130
◌ capacités déductives et logiques supérieures à la moyenne

Mais : surdoué ≠ intelligent
(surdoué = intelligence différente).

2. Combien ? Difficile à dire
(2 à 3% des enfants, pas plus).

3. Être un enfant surdoué présente des avantages : haut potentiel intellectuel, rapidité dans l'apprentissage (près de 60% ont un an d'avance ou plus à l'école)…
Mais :
4. Ce sont souvent des enfants qui présentent des troubles psychologiques :
(deux fois plus souvent que les autres enfants selon l'enquête TNS-SOFRES de mai 2004)

◌ À la maison • agressivité
• troubles du sommeil, troubles alimentaires…
◌ À l'école • décalage intellectuel > ennui > attitude apathique ou perturbatrice > échec scolaire (1/3 d'entre eux) > peu ou pas d'amis de leur âge
Attention : plus le QI est élevé, plus les troubles sont graves.

5. Que faire ? • repérer le plus tôt possible ces enfants précoces
• en parler aussitôt avec les enseignants
• aménagement de la scolarité (sauter une classe, par exemple)
• surveillance médicale et psychologique

6. Il existe des associations de parents d'enfants précoces (l'ANPEIP, par exemple).
Échanger des expériences est toujours salutaire.

Pour vous aider

1. Commencez par une phrase un peu « accrocheuse ». Par exemple : Bien sûr, tout le monde rêve d'avoir des enfants super intelligents ; vous aussi !
Et, immédiatement après, introduisez le thème principal. Par exemple : Et pourtant, attention ! Le sort des enfants surdoués n'est pas toujours enviable.

2. Vous pouvez ensuite adopter l'ordre suivant :
    a) Bien sûr, il est certain que… ☛ présentation des avantages
       (vous passerez assez rapidement sur cet aspect)
    b) Mais, il est vrai aussi que… ☛ les troubles des enfants surdoués
       (en détaillant ces troubles)
    c) Que faire face à ces troubles ?
    d) Vous donnerez pour finir quelques précisions sur :
    ☛ la définition d'un enfant surdoué (en rappelant que ce n'est pas totalement fiable)
    ☛ le pourcentage d'enfants surdoués (= un phénomène rare)

3. Dans votre conclusion, vous pouvez par exemple rappeler qu'un diagnostic précoce permet d'agir très tôt au mieux des intérêts de ces enfants « pas comme les autres ».

52 LE TOURISME, CULTURE OU DIVERTISSEMENT?

Lisez le texte.

Lieu de culte, Notre-Dame de Paris est envahie par des « hordes » touristiques, se plaignent fidèles et esthètes. Cet exemple parmi d'autres met en évidence un antagonisme peut-être dépassé.

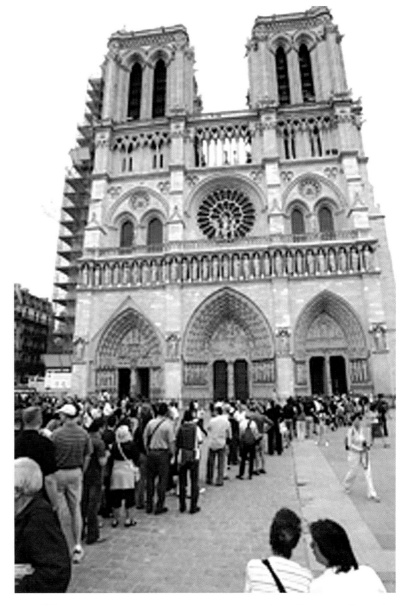

À Paris, sur le parvis de Notre-Dame, la file des touristes s'allonge. Pour visiter les tours de la cathédrale, il faut patienter quarante bonnes minutes le matin et près de deux heures et demie à la mi-journée. Toutes les dix minutes, vingt personnes sont autorisées à gravir l'escalier en colimaçon. En haut des tours, il n'est pas conseillé de s'attarder trop longtemps devant le pano-rama parisien. En bas, les touristes de toutes les nationalités s'impatientent au milieu des revendeurs à la sauvette. « On a déjà attendu plus d'une heure à la tour Eiffel... » regrette un couple belge avant de renoncer. En revanche, deux New-Yorkaises trouvent que « c'est une attente raisonnable » et que, de toute façon, « ça vaut le coup. »

Pour pénétrer à l'intérieur même de l'édifice, la file se transforme en un petit train continu, car l'entrée y est libre. De 10 à 12 millions de personnes s'y pressent chaque année. Ce ne sont pas tous de fervents catholiques. Pendant la messe, la visite autour du chœur est à peine interrompue. Les touristes continuent de photographier en rafales. Un amateur essaie de cadrer le plus précisément possible son épouse au premier plan, le prêtre derrière et la rosace au fond : un beau souvenir de Notre-Dame de Paris. En revanche, le murmure des prières est couvert par un bruit de fond permanent qui résonne sous les voûtes : le piétinement des visiteurs.

« C'est un peu compliqué, reconnaît Mgr Paul Guiverteau, le chapelain de l'église. Notre-Dame n'est pas un musée, c'est un lieu de culte. Nous devons parfois faire respecter le calme réclamé par les fidèles. » La présence d'une centaine d'entre eux, assis sur des chaises, dans la nef, ne perturbe pas les touristes : ils font partie du décor, et la messe est un bien beau spectacle... [...]

B.R. et E.de R.,
Le Monde, 12/08/2005

1. Vous faites partie d'une association pour la défense du patrimoine. Vous êtes contre ces « hordes » de touristes qui envahissent les villes et les villages.

Trouvez au moins un argument et un exemple pour expliquer pourquoi vous êtes contre le tourisme dit de « divertissement ».

2. Développez également l'argumentation contraire.

Pour vous aider

Pour :
1. Il est important que les gens puissent sortir de chez eux, visiter des pays
2. En groupe, c'est plus enrichissant
3. C'est un secteur de l'économie
4. Cela permet d'être plus tolérant vis-à-vis d'autres cultures, d'autres religions
5. Cela permet d'apprendre d'autres langues
6. Cela ouvre de nouveaux horizons

Contre :
1. Les gens ne respectent rien
2. Ils ne s'intéressent à rien
3. La culture ? La plupart des touristes ne s'y intéressent pas
4. Les touristes ne veulent que s'amuser, surtout en groupe
5. Les cars de touristes polluent les villes et les villages
6. Ils se croient chez eux partout

Vous pouvez, bien sûr, trouver d'autres arguments.

53 DÉLINQUANTS EN CULOTTES COURTES

Reportez-vous à l'activité 24. Vous êtes l'un des rédacteurs du rapport émanant de l'INSERM. Vous réagissez à la pétition protestant contre ce rapport. Pour vous, il est très utile de dépister le plus tôt possible les troubles du comportement de l'enfant.

Vous répondez à la question d'un journaliste radio.

QUESTION : — Bonjour. Vous travaillez à l'INSERM et vous êtes l'un des rédacteurs du rapport concernant le dépistage précoce des enfants présentant des troubles du comportement. Or, ce rapport a été sévèrement accueilli par de nombreux spécialistes de la petite enfance. Qu'est-ce que vous pouvez leur répondre ?

Vous pouvez utiliser les arguments suivants :
• il vaut mieux prévenir les troubles que les soigner plus tard (selon l'adage : « Mieux vaut prévenir que guérir »)
• c'est pour le bien des enfants qu'on cherche à prendre en compte leurs troubles.
• certains troubles du comportement sont traitables par des médicaments même chez les très jeunes enfants.
• les personnes opposées au rapport l'ont mal lu (« C'est un procès d'intention »).
• nous ne cherchons pas à instaurer une société policière.
• il ne faut pas confondre attitude compréhensive et laxisme.
• le sérieux des études de l'INSERM a toujours fait l'unanimité.
• l'INSERM est internationalement connu.
• de nombreux scientifiques parmi les plus grands nous ont apporté leur caution.

Libre à vous, bien sûr, d'apporter tous les autres arguments que vous jugerez utiles.

(C2) Au cours de vos vacances dans le sud de l'Espagne, vous êtes allé(e) passer une journée à Gibraltar. Vous y avez visité le Musée et sa section archéologique.

Vous parlez de cette visite à des amis. Vous leur faites part de ce que vous y avez appris :
Les hommes de Néandertal vivaient encore il y a 24 000 ans alors qu'on les croyait disparus depuis 35 000 ans.

Défendez cette affirmation à l'aide des données et des arguments proposés ci-dessous.

DONNÉES :

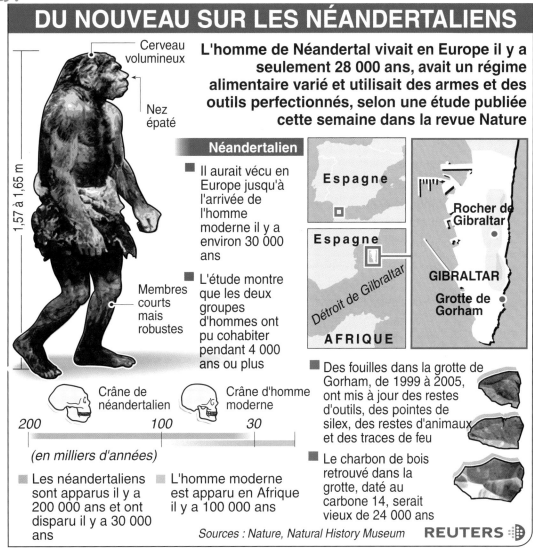

DU NOUVEAU SUR LES NÉANDERTALIENS

Cerveau volumineux

Nez épaté

1,57 à 1,65 m

Membres courts mais robustes

L'homme de Néandertal vivait en Europe il y a seulement 28 000 ans, avait un régime alimentaire varié et utilisait des armes et des outils perfectionnés, selon une étude publiée cette semaine dans la revue Nature

Néandertalien

■ Il aurait vécu en Europe jusqu'à l'arrivée de l'homme moderne il y a environ 30 000 ans

■ L'étude montre que les deux groupes d'hommes ont pu cohabiter pendant 4 000 ans ou plus

Espagne

Espagne

Détroit de Gibraltar

AFRIQUE

Rocher de Gibraltar

GIBRALTAR

Grotte de Gorham

■ Des fouilles dans la grotte de Gorham, de 1999 à 2005, ont mis à jour des restes d'outils, des pointes de silex, des restes d'animaux et des traces de feu

Crâne de néandertalien

Crâne d'homme moderne

200   *100*   *30*

(en milliers d'années)

■ Les néandertaliens sont apparus il y a 200 000 ans et ont disparu il y a 30 000 ans

■ L'homme moderne est apparu en Afrique il y a 100 000 ans

■ Le charbon de bois retrouvé dans la grotte, daté au carbone 14, serait vieux de 24 000 ans

Sources : Nature, Natural History Museum   **REUTERS**

Pour vous aider

1. Relevez et classez les arguments attestant :
   - *leur présence à Gibraltar,*
   - *la migration des premiers Néandertaliens par le détroit de Gibraltar.*

2. Construisez votre exposé :
   - *Introduisez la thèse que vous allez défendre.*
   - *Développez votre argumentation.*
   - *Concluez*

ARGUMENTS :

• Si confirmation : la boucle serait bouclée : les premiers et les derniers Néandertaliens auraient vécu dans l'extrême sud du vieux continent sur lequel ils ont régné pendant 250 millénaires, avant de laisser la place à d'autres hommes, nos ancêtres.

• Grotte de Gorham (du nom de l'officier anglais qui l'a découverte en 1907) proche de la carrière de Forbes où ont été trouvés en 1848 les restes d'une femme néandertalienne.

• Datation de pièces archéologiques trouvées à Gorham = confirmation de la présence de néandertaliens jusqu'à moins 28 000 ans, probablement 24 000, selon Clive Finlayson et ses collègues du Musée de Gibraltar.

• Gibraltar a fourni un environnement privilégié : flore et faune variées, milieu constitué d'une alternance de plaines sablonneuses, zones boisées, marécages et falaises. Cette diversité a sans doute facilité la longue survie des Néandertaliens dans cette région.

• Fossile de Gibraltar précédé par ossements fossiles trouvés en août 1856 dans la vallée de Neander (Allemagne) et par fossile d'un enfant en Belgique, en 1830.

• Théorie récente des chercheurs espagnols : les Néandertaliens archaïques, venant d'Afrique, sont arrivés sur le continent en traversant le détroit de Gibraltar à la nage ou dans des embarcations primitives.

• Pour d'autres scientifiques : arrivée des Néandertaliens par le Moyen-Orient.

• Anthropologues espagnols soulignent la similitude entre vestiges de la période supposée de la migration et ceux trouvés autour du détroit : à Ceuta (enclave espagnole au nord du Maroc) et dans le sud de l'Espagne.

* Vous pouvez classer vos arguments selon leur degré de persuasion :
  ‒ du plus faible au plus fort, procédé généralement choisi,
  ‒ ou encore, surtout si vous pensez que votre public n'est pas vraiment « acquis » à votre thèse, choisir de présenter d'abord l'argument le plus irréfutable pour terminer par le moins important.

* N'hésitez pas à noter au tableau (si vous en disposez d'un), ou à projeter les noms ou mots spécifiques qui pourraient gêner les auditeurs.

* Veillez à ménager quelques brèves pauses dans votre discours afin de mieux percevoir l'attention (ou l'absence momentanée d'attention) de l'auditoire afin de lui permettre de mieux suivre votre intervention.

3 ■ S'ADRESSER À UN AUDITOIRE

■ 1. L'EXPOSÉ ■

A. L'exposé informatif

55 (C2)

《 On compte environ 6800 langues dans le monde, dont 2011 en Afrique, 2165 en Asie, 1000 en Amérique, 1302 dans le Pacifique, 225 en Europe.
À ces langues parlées, il faut ajouter les 121 langues des signes recensées par les experts. Les langues des signes sont des langues naturelles que les personnes sourdes ont développées pour communiquer entre elles.

Vous êtes étudiant(e) dans une école d'interprètes de langue des signes.

Vous informez vos camarades de la découverte d'une nouvelle langue des signes au Moyen-Orient.

Lisez les notes suivantes.

Classez-les afin d'élaborer votre exposé de la façon qui vous semble la plus pertinente, la plus judicieuse. N'oubliez pas d'introduire votre sujet et de le conclure.

Les scientifiques savaient déjà :

Les langues des signes : • structure aussi complexe que les langages parlés,

• sont fondées sur les mêmes mécanismes cérébraux (sauf phonation)

Débat scientifique :

Quelles sont les parties innées du langage ?

Dans quelle mesure une nouvelle langue = ancrage sur capacité innée ?

L'étude :

• Concerne la 2ᵉ génération des Al-Sayyid

• Menée par Wendy Sandler (Université de Haïfa en Israël) principal auteur et Carol Paden (Université de Californie à San Diego) coauteur.

• Publiée dans la revue *Proceedings of the National Academy of Sciences*

Qui sont les Al-Sayyid ?

• Groupe de 3500 Bédouins – vivent dans le désert du Néguev, dans le sud d'Israël.

• Origine : un homme venu d'Égypte épouse une femme de la région – 5 enfants – à partir de la 3ᵉ génération, mariage des cousins entre eux (= mariages endogames) - Particularité : naissance de sourds profonds à partir de la 5ᵉ génération – Maintenant : 150 enfants et adultes souffrent de ce handicap – Cause : gène défectueux situé sur le chromosome 13 quand un enfant hérite par endogamie de deux copies défectueuses - gène probablement introduit par le fondateur du clan.

Étonnement des scientifiques :

• La langue des signes des Al-Sayyid :

➤ inventée de A à Z il y a 70 ans

➤ ne ressemble à aucune autre langue de la région

➤ a une syntaxe complexe semblable à n'importe quel langage évolué de la planète

➤ la fonction grammaticale d'un mot est marquée par sa place dans la phrase

➤ ordre de la phrase = ordre le plus courant dans les langues du monde ; ≠ ordre des langues de la région ; ≠ de celle des Bédouins de leur clan et ≠ ordre de la langue des signes en Israël et en Jordanie.

• La ponctuation : se serrent la main et répètent le dernier signe.

• L'intonation : version silencieuse = inclinaison de la tête ou changement d'expression du visage.

Résultats de l'étude :

• Le cerveau humain = équipé pour donner une structure formelle à n'importe quel système de communication humain.

• Le système apparaît presque tout de suite dans la vie d'un nouveau langage (parlé ou de signes) / Seule nécessité : existence d'une petite communauté de locuteurs ou de personnes communiquant par signes.

• Pour distinguer de façon systémique les diverses fonctions grammaticales (sujet – verbe – complément) et établir un lien entre elles : plusieurs générations d'élaboration de normes culturelles = pas nécessaires.

• L'étude montre : **a)** comment se développe une nouvelle langue,
   b) distinction sujet/complément et ordre des mots apparaissent très tôt,
   c) inflexions et désinences + tard.

• Conclusion pas évidente : (b) = innés et (c) = acquis : pas nécessairement car (b) peut-être + faciles à apprendre.

• Langage des Al-Sayyid = occasion unique d'étudier en direct la naissance d'une langue / comparaison 2e et 3e génération : différences importantes.

• les langues peuvent évoluer très vite même sans influences extérieures importantes.

> * Il serait bon, en introduction, de vous « appuyer » sur les savoirs de vos condisciples et pour ce faire, de leur poser des questions relatives au sujet abordé, par exemple :
>   ➤ Quelle définition donnent-ils d'une langue qu'elle soit parlée ou « signée » ?
>   ➤ Avez-vous une idée du nombre de langues des signes existant dans le monde ?
>   ➤ Que savent-ils sur leur système ? Les processus de leur acquisition ?
> * Pensez à situer (si possible à l'aide d'une carte) la région du Moyen-Orient où se trouve le clan des Al-Sayyid.
> * Si, vous-même, vous connaissez la langue des signes, vous pouvez « illustrer » votre exposé à l'aide d'exemples en langue des signes car vous vous adressez à des personnes qui l'étudient ou encore la possèdent.

Existe-t-il le terme de « malentendant » dans votre langue ?
Que savez-vous de la langue des signes dans votre pays ?

B. L'exposé argumentatif

56 UN PÉAGE AUX PORTES DE PARIS ?

Vous êtes chargé de présenter un projet concernant l'instauration à Paris d'un péage pour les automobiles. Vous en présentez les avantages et insistez sur les expériences à l'étranger. Vous savez très bien que ce projet soulève beaucoup d'objections. Vous présentez des contre-arguments.

LE THÈME ■ **Projet d'instaurer à l'entrée de Paris un péage urbain.**
- Plusieurs options envisagées :
a) Zone concernée : le centre de Paris.
b) Zone concernée : tout Paris intra-muros.
c) Zone concernée : les voies rapides.
- Tarif : environ 10 €
- Pour les résidents parisiens, tarif très préférentiels.

AVANTAGES ■
- Ce péage serait une source de financement qui permettrait d'accroître l'offre de transports en commun (tramways – bus…)
- Ce péage inciterait les personnes vivant en banlieue et travaillant à Paris à prendre le RER et le métro.

AILLEURS ■
Ce péage existe déjà à Londres (depuis 2003) et à Stockholm. Dans ces deux villes, les habitants se sont déclarés très satisfaits.
À Londres, est à l'étude un tarif modulé en fonction de la teneur en CO_2/km des véhicules.

OBJECTIONS DES OPPOSANTS ■
- La banlieue est encore une fois pénalisée.
- À Londres, la situation s'est très vite dégradée à nouveau.
- L'État doit trouver d'autres moyens de financer les transports publics.

Pour vous aider

1. **Attention, vous n'êtes pas neutre.** Vous prenez position. Vous allez donc devoir convaincre. Vous faites appel à divers types d'argumentation :

a) appel au bon sens, à une opinion largement partagée, à l'évidence supposée. Par exemple : *Vous savez bien que … / Tout le monde sait que … / Vous n'êtes pas sans savoir que … / Vous n'ignorez pas que … / Il est évident (indéniable, indiscutable) que…*

b) exemples réussis ailleurs (surtout venant de pays prestigieux ou avancés au plan écologique : Grande-Bretagne, pays scandinaves). Par exemple : *Et d'ailleurs, regardez ! En Angleterre…*

c) vous allez minimiser les inconvénients mais il vous faut cependant les mentionner. Par exemple : *Bien sûr, je sais bien que certains pensent que … / On nous fait souvent un procès d'intention, celui de … / On sait bien que certains mettent en doute …*

2. **Comment commencer ?** Vous pouvez par exemple :

a) replacer cette question dans le contexte européen. Par exemple : *À Paris, comme dans la plupart des capitales européennes, se pose la question de savoir comment résoudre les difficultés de circulation ...*

b) la replacer dans la question plus vaste de la politique de la Ville : *Après les couloirs réservés aux bus, après les pistes cyclables, après les Journées sans voiture, le Maire de Paris envisagerait...*

c) faire référence à un Conseil municipal récent. Par exemple : *Lors du dernier Conseil municipal de Paris, il a été question, une fois encore, de l'éventualité de...*

3. **Quel plan adopter ?** Lorsqu'on veut convaincre, il est toujours préférable de terminer par SES arguments. On adoptera donc plutôt le plan suivant :

a) Présenter les différentes options possibles (A, B, C)

b) mentionner les objections des opposants et y répondre.

c) insister sur les avantages de ce projet.

d) en conclusion, expliquer que ce n'est qu'un début et qu'une telle politique, à terme, profitera à tous (Paris et banlieues).

B. L'exposé chronologique

57 HISTOIRE DE L'ORDINATEUR

Vous devez faire un exposé chronologique sur l'histoire de l'ordinateur.
Votre exposé sera organisé autour de dates.

Lisez les notes ci-contre. Elles sont classées dans le désordre. **Remettez les événements dans un ordre chronologique.**

En 1981 c'est au tour d'IBM de sortir un PC composé d'un processeur 8080 cadencé à 5 Mhz.

En 1623, William Schickard invente la première machine à calculer mécanique.

En 1673, Gottfried Wilhelm Von Leibniz ajoute à la Pascaline la multiplication et la division.

C'est en 1820 qu'apparaissent les premiers calculateurs mécaniques à quatre fonctions : addition, soustraction, multiplication, et division.

En 1976, Steve Wozniak et Steve Jobs créent le Apple I dans un garage. Cet ordinateur possède un clavier, un microprocesseur d' 1 Mhz, 4 Kilo octet de RAM et 1 Kilo octet de mémoire vidéo.

En 1642, Blaise Pascal invente la Pascaline, machine capable d'effectuer des additions et soustractions.

Le Mark I d'IBM voit le jour en 1944, sous l'impulsion de Howard Aiken qui met au point cet ordinateur programmable mesurant 17 mètres de long et 2,50 mètres de hauteur, permettant de calculer 5 fois plus vite que l'homme.

En 1948, la firme Bell Labs (les ingénieurs John Bardeen, Walter Brattain et William Shockley) créé le transistor. Il permet, dans les années 50, de rendre les ordinateurs moins encombrants, moins gourmands en énergie et donc moins chers : c'est la révolution dans l'histoire de l'ordinateur. Ils reçoivent le Prix Nobel de physique en 1956 pour cette découverte.

En 1834, Charles Babbage met au point une machine inspirée du principe des cartes perforées du métier à tisser de Joseph-Marie Jacquard. Il se lance donc dans la construction d'une machine à calculer exploitant cette idée révolutionnaire qui va rester longtemps dans les mémoires.

En 1971, le premier microprocesseur, l'Intel 4004, voit le jour. Il permet d'effectuer des opérations sur 4 bits en même temps. Presque simultanément, la calculatrice
HP-35 est inventée et le processeur 8008 d'Intel apparaît en 1972.

En 1958, Texas Instruments met au point le circuit intégré, lequel permet de réduire encore la taille et le coût des ordinateurs en intégrant sur un même circuit électronique plusieurs transistors sans utiliser de fil électrique.

La petite histoire dit que ne sachant pas comment appeler l'ordinateur, Steve Jobs voyant un pommier dans le jardin décide d'appeler l'ordinateur *pomme* (en anglais *apple*) s'il ne trouvait pas de nom pour celui-ci dans les cinq minutes suivantes...

En 1960, on trouve l'IBM 7000, le premier ordinateur à base de transistors.

En 1964, IBM conçoit une série d'ordinateurs de tailles variées : le 360 fait son apparition.

Mais la première véritable révolution du monde informatique nous vient de l'Allemand Konrad Zuse qui, en 1938, invente un ordinateur fonctionnant avec des relais électromécaniques, le Z3, qui est le premier à utiliser le binaire au lieu du décimal comme mode de calcul. C'est à partir de là que tout va se précipiter.

En 1973, le processeur 8080 d'Intel garnit les premiers micro-ordinateurs : le Micral et le Altair 8800, avec 256 octets de mémoire (le premier ordinateur de Bill Gates...).

Pour vous aider

Notez :

1. L'origine de l'ordinateur.
2. Les dates qui vous paraissent les plus importantes (vous pouvez aussi en supprimer).
3. Les événements qui se rattachent à ces dates.
4. Quelques personnages célèbres.
5. Une anecdote.
6. Faites votre exposé au passé.

➤ Pour introduire votre exposé vous pouvez expliquer pourquoi vous avez choisi ce sujet (parce qu'il est, par exemple, d'intérêt général).

➤ Vous pouvez aussi chercher d'autres détails sur internet.

■ 2. PRÉSENTER DES ASPECTS DE LA FRANCE ■

A. Présenter un sport

58 LA BOULE DE FORT

Présentez la boule de fort à l'aide des notes suivantes.

Les questions ci-dessous vous aideront à construire votre exposé dans un ordre logique.

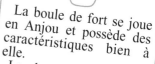

1. Dans quelle région joue-t-on à la boule de fort ? ....

2. D'où vient le nom « boule de fort » ?

3. Qu'appelle-t-on le « jeu » ? ....

4. Quelles sont les caractéristiques de la piste ? ....

5. Comment appelle-t-on le cochonnet* ? ....

6. Expliquez en quelques mots les règles du jeu ? ....

....

7. Quel a été le rôle de la Loire ? ....

8. Qu'est-ce qu'une « société » ? ....

*Le cochonnet est une petite boule en bois ou en acier qui sert de but au jeu de boules.

On appelle **jeu** le terrain de jeu. Il est en forme de gouttière, les bords appelés « pentes » sont relevés. Il mesure de 25 à 30 mètres de long sur 6 à 7 mètres de largeur. Il est terminé aux deux extrémités par des madriers pour arrêter les boules. Autrefois, les jeux étaient réalisés en terre battue, solidement damée, que recouvrait un mince saupoudrage de très fin sablon, et se trouvaient à l'extérieur exposés aux intempéries qui les dégradaient rapidement. Mais à partir de 1965, les jeux sont couverts et quasiment tous en plastique. Son entretien en est plus simple. Cependant le port des **chaussons** y est obligatoire

L'origine de la boule de fort est des plus obscures. Les mariniers auraient inventé le jeu en jouant à la boule dans le fond de leur bateau. La Loire étant plus mouvante que la terre ferme, il a bien fallu inventer un système de lest dissymétrique de façon à pouvoir corriger la trajectoire des boules soumises au roulis : de là, la curieuse ligne des boules que l'on connaît.

On date la naissance de la boule de fort entre 1715 et 1719. C'est la version la plus répandue de l'origine de ce sport.

La véritable boule de fort, tel que nous la connaissons, a bien pour origine l'Anjou.

À Mazé, en 1865, un certain Pineau, forgeron de son état, tourna la première boule ferrée

S'inspirant de la très rare maintenant, boule en gaïac, bois de la cordillère des Andes. Celle-ci présentait, en effet, un côté fort et un côté faible.

La boule de fort se joue en Anjou et possède des caractéristiques bien à elle.

La plupart des boules de fort sont faites en bois de cormier ou de buis. La boule, qui pèse 1 500 grammes, a un diamètre d'environ 15 centimètres et une épaisseur de 10 centimètres. Elle est cerclée de fer sur le tiers de sa largeur. Sa forme particulière a pour nom **« méplate »**, c'est-à-dire qu'elle possède un côté faible légèrement évidé et un coté fort – d'où le nom du jeu – chargé d'une petite masse de plomb. La boule est donc constamment en déséquilibre et tombe toujours sur son fort. On l'utilise par paires que l'on transporte dans les bourses.

La première société fut créée à Saint-Mathurin-sur-Loire en 1729.
Une **société** est une réunion de copains, se regroupant pour jouer à la boule de fort mais aussi et surtout pour se détendre. C'est surtout un lieu de convivialité avec ses traditions et ses propres règles.

Les règles et les points sont les mêmes qu'à la pétanque. Le but du jeu est de s'approcher le plus près du cochonnet que l'on appelle ici « **maître** » et qui est une petite boule ronde en plomb. Il existe deux sortes de joueurs : tout d'abord, les **rouleurs** approchent leur boule du maître en finesse ; en effet, une boule met en moyenne **45 secondes** pour atteindre le maître. Cette durée peut atteindre une minute sur les jeux les plus longs. Puis les **tireurs** sont chargés de dégager les boules gênantes en expédiant leur coup à toute vitesse. Les équipes sont généralement constituées de 2 joueurs. Un rouleur et un tireur. Deux équipes s'affrontent sur une partie de 10 ou 12 points.
Contrairement à la pétanque, le lancer de la boule de fort se fait la paume vers l'avant.

Les sociétés de jeu de boules de fort restent encore essentiellement des sociétés d'hommes, mais depuis quelques années des femmes jouent à la boule de fort.

B. Présenter un produit

59 (C2) LE CHAMPAGNE

Vous avez visité la région de Champagne où vous avez appris à connaître son célèbre produit : le vin de champagne, c'est-à-dire le champagne.

De retour chez vous, vous faites part de vos connaissances à vos amis.

Présentez le champagne à l'aide des informations suivantes :

PRIX : Vin de prestige, son prix, en fonction des dénominations peut varier de 1 à 10 ou plus. Mais « cher » ne veut pas toujours dire « bon ». Le savoir faire du caviste fait la différence et non le prix, la bouteille ou l'étiquette.
Rosé : moins de quantités produites, parfois un peu plus cher. De 11 à 20 €. Millésimé et cuvée spéciale : rares et fins, de grande qualité. Pas moins de 20 €.

QUALITÉS : Millésimé = vieillissement minimum 3 ans. Vins d'une seule et même année, considérée comme exceptionnelle. Pour grandes occasions et connaisseurs. – Cuvée spéciale : Millésimé ou non, assemblage de vins raffinés. Pour amateurs éclairés. – Brut : vieillissement minimal 15 mois. Préparé avec des vins de différentes années, issus des trois cépages autorisés. – Demi-sec : saveur plus sucrée. – Rosé : couleur et saveur subtiles, plutôt féminin.

TERROIR : Vin produit sur 35000 hectares autour de Reims, Épernay, Château-Thierry et Bar-sur-Aube. Limites fixées depuis 1927 sur 324 villages viticoles nommés « crus ». En dehors de ce périmètre : imitation qui ne mérite pas l'appellation de Champagne.

CÉPAGES : Pinot noir : jus blanc, apporte corps et puissance – Pinot meunier : plus doux, plus rond : apporte onctuosité et souplesse – Chardonnay : cépage blanc, notes florales, subtiles.

FABRICATION : 1 : fermentation classique du jus de raisin. 2 : Vin brut soutiré et filtré. 3 : le chef de cave assemble plusieurs vins pour obtenir le meilleur équilibre des saveurs. 4 : mise en bouteille avec des levures et du sucre de canne. 5 : les bouteilles, fermées, vieillissent au moins 15 mois : formation des bulles. Les bouteilles sont placées col vers le bas pour permettre au dépôt qui se forme naturellement de s'accumuler facilement. Les bouteilles sont régulièrement tournées une par une à la main. 6 : ajout d'une « liqueur d'expédition », un « élixir magique » (au secret jalousement gardé).

Deux mentions : Blanc de blancs = élaborés seulement avec du cépage blanc, le Chardonnay : champagnes très fleuris, légers. – Blanc de noirs = élaborés avec les deux cépages noirs (Pinot noir et Pinot Meunier) : champagnes puissants, complexes et raffinés.

CONSOMMATION : Température = entre 8° et 10°, pas moins. Se boit frais, jamais glacé. Placer la bouteille 4 heures dans le bas du réfrigérateur, cela suffit. – Verre = jamais glacé non plus. Verre idéal : verre « tulipe » aux bords très fins. – Dégustation = faire couler le champagne sur les parois du verre, ne le remplir qu'à moitié, humer, déguster en gardant en bouche quelques instants.

ACCORD AVEC LES METS :

	Brut	Demi-sec	Millésimé	Cuvée spéciale	Rosé
À déguster seuls	↑	↑	✳	✳	↑
Fruits de mer	✳	↘	→	→	✳
Foie gras	↘	✳	→	→	→
Poissons	✳	↘	→	→	→
Viandes / Volailles	↑	↘	→	→	→
Desserts	↑	✳	→	→	✳

Légende : ✳ Superbe ↑ Pour ne pas se tromper → Dommage ↘ À éviter

* Lorsque vous présentez un produit, vous pouvez commencer votre intervention en le nommant, mais vous pouvez aussi essayer de faire deviner son nom :

➥ à l'aide de questions. Par exemple : Quel est le vin français le plus célèbre ? / Il s'agit d'un vin qui est de toutes les fêtes, toutes les grandes occasions, quel est-il ? / Il pétille et fait pétiller les yeux de ceux et celles qui boivent ce vin. Quel est-il ?

➥ à l'aide de devinettes : les questions précédentes sous forme de devinette : Je suis le vin français le plus célèbre. Qui suis-je ?

➥ ou encore à l'aide d'une charade : Mon premier désigne un terrain cultivé ou non à la campagne. Mon second est une pièce de tissu nouée autour des hanches pour couvrir le corps de la taille aux genoux. Mon tout est le plus célèbre des vins. Qui suis-je ?

* Vous pouvez décrire le produit puis parler de la façon de le consommer et enfin de son prix, mais vous pouvez aussi choisir un ordre différent.

* N'oubliez pas que la meilleure façon de faire connaître un produit est de le montrer (dans ce cas, apportez au moins une bouteille, même vide) ou, mieux encore, de le faire déguster !

L'utilisation abusive du nom de certains produits comme par exemple en France le champagne, le cognac ou le roquefort est strictement interdite.

En est-il de même pour certains produits de votre pays ?

C. Présenter une tradition

60 UNE TRADITION FRANÇAISE : LE MUGUET DU 1ᵉʳ MAI

À l'aide des éléments ci-dessous, présentez oralement la tradition du muguet du 1ᵉʳ mai.

Le 1er mai, fête du muguet

• cette fleur symbolise le printemps, le bonheur, l'amour et la chance (c'est un porte-bonheur).
• sauvage, il se cueille en famille en forêt.
• cultivé, il s'achète dans toutes les villes, au coin de la rue.
• il se cultive essentiellement dans l'ouest de la France (région de Nantes).
• on l'offre aux amis, aux voisins, à la personne aimée…

Origine • fleur porte-bonheur depuis les Celtes
• dès la Renaissance, à la Cour de France, on offre du muguet aux dames le 1er mai

Le 1er mai, fête du travail

• manifestations des travailleurs (cortèges…)

Origine • Fête du travail, fêtée le 1er mai en France depuis 1889 en hommage au mouvement ouvrier du 1er mai 1886 à Chicago (revendiquant la journée de travail de 8 heures) mais officialisée en1941 seulement.

• Jusqu'en 1907, les manifestants mettent à la boutonnière chaque premier mai une fleur d'églantier (une églantine). Après 1907, ils mettent un brin de muguet.

Pour vous aider

On peut commencer par une question : *Est-ce que vous connaissez une fleur qui s'appelle le muguet ?* Ou attendre une date proche du 1er mai. *Dans deux jours, c'est le 1er mai. Qu'est-ce cela évoque pour vous ? Vous savez ce qu'on offre en France le premier mai ? Une fleur, oui. Mais laquelle ? Et pourquoi ?*
Pour un petit exposé de ce type, le plan chronologique est le plus simple :

      Fête du travail ➠ muguet «syndical» ➠ muguet «printanier», porte-bonheur

1. En France, le 1er mai, depuis 1889 c'est d'abord la fête du travail. En hommage à ➠ défilés de travailleurs – cortèges syndicaux…

2. Et le muguet ? ➠ D'abord, il orne les boutonnières des manifestants (c'est presque une fleur «politique»)

      ➠ Maintenant, il a perdu ce sens politique. C'est la fleur qui marque l'arrivée du printemps, c'est aussi une marque d'amitié : on offre un brin de muguet aux amis, aux voisins, comme porte-bonheur

3. On peut dire en conclusion que cette valeur «porte-bonheur» du muguet est très ancienne, tout comme l'habitude d'en offrir le jour du 1er mai.

« Certaines fleurs ou certaines plantes sont censées porter bonheur ou malheur. Bien entendu, tous les gens ne sont pas superstitieux mais… attention quand même aux malentendus interculturels !
Le muguet ? Très bien, cela porte bonheur ! Mais les autres fleurs ?
- Le chrysanthème, par exemple, est la fleur que l'on place traditionnellement sur les tombes au moment de la Toussaint (1er et 2 novembre). C'est donc une fleur étroitement liée à l'idée de la mort. N'en offrez pas !
- Offrir des roses rouges ressemble fort à une déclaration d'amour. Réfléchissez bien avant d'en offrir !
- Traditionnellement, le jaune est une couleur peu appréciée. On pense qu'elle peut porter malheur. Evitez d'offrir des fleurs jaunes.

 Y a-t-il dans votre pays, dans votre culture, des plantes, des fleurs qui portent bonheur ou d'autres qu'il est préférable de ne pas offrir ?

1. COMPRENDRE UN LOCUTEUR NATIF

■ 1. COMPRENDRE DES JEUX DE MOTS ■

61 COMPLAINTE AMOUREUSE

« Alphonse Allais. Écrivain français (1854 – 1905). Il fut journaliste et humoriste.
« Maître de l'anecdote, du calembour et du canular, Alphonse Allais a composé de
« nombreuses nouvelles fantaisistes et fut poète autant qu'humoriste.

Écoutez le poème d'Alphonse Allais.

1. **Les verbes suivants sont-ils au passé simple ou à l'imparfait du subjonctif ?
Cochez la bonne réponse.**

	Passé simple	Subjonctif imparfait
1. Je vis	❑	❑
2. Vous plûtes	❑	❑
3. Je pris	❑	❑
4. Vous aperçûtes	❑	❑
5. Vous reçûtes	❑	❑
6. Je vous offris	❑	❑
7. Je rendis	❑	❑
8. Vous fûtes	❑	❑
9. Vous eûtes	❑	❑
10. Je souffris	❑	❑
11. Je gémis	❑	❑
12. Vous sûtes	❑	❑
13. Je fis	❑	❑
14. Je vous écrivis	❑	❑
15. Vous lûtes	❑	❑
16. Vous pûtes	❑	❑
17. Je visse	❑	❑
18. Je disse	❑	❑
19. Vous vous tussiez	❑	❑
20. J'aimasse	❑	❑
21. Je m'opiniâtrasse	❑	❑
22. Je me prosternasse	❑	❑
23. Vous assassinassiez	❑	❑

M. ALPHONSE ALLAIS.

2. **Donnez l'infinitif de ces verbes.**

3. **Expliquez pourquoi le fait d'utiliser l'imparfait du subjonctif et le passé simple pour
faire une déclaration d'amour est-il drôle ?**

4. Comment réagiriez-vous en écoutant une telle déclaration?

5. Il existe en France une association pour la défense du subjonctif. Pensez-vous que de telles associations soient utiles? Aimeriez-vous y adhérer? Pour quelles raisons?

《 Raymond Devos est un humoriste, né en 1922 à Moucron, en Belgique, mort en 2006 à Saint-Rémy-lès-Chevreuse dans les Yvelines. Il fut célèbre pour ses jeux de mots, ses qualités de mime, son goût pour les paradoxes cocasses, le non-sens et la quête de sens.

A. Avant d'écouter le sketch

1. **Reliez les mots de la première colonne avec ceux de la deuxième colonne qui leur correspondent.**
Un organe – un sens

1. L'œil	a) l'odorat
2. La bouche	b) la vue
3. L'oreille	c) le toucher
4. Le nez	d) l'ouïe
5. La main	e) le goût

2. **Quelle est l'expression correcte pour dire:**
écouter quelqu'un attentivement / essayer d'entendre quelque chose?
a) Emprunter l'oreille à quelqu'un ☐
b) Prêter l'oreille à quelqu'un ☐
c) Rendre l'oreille à quelqu'un ☐
d) Donner l'oreille à quelqu'un ☐

3. **Une chose que vous ne pouvez pas ou plus supporter vous sort par:**
a) La bouche? ☐
b) Les oreilles? ☐
c) Le nez? ☐
d) Les yeux? ☐

4. **Cherchez l'intrus. Quel(s) mot(s) ne fait/font pas partie de l'oreille?**
a) Le pavillon ☐
b) La trompe (d'Eustache) ☐
c) L'oreiller ☐
d) Le perce-oreille ☐

5. **«Il est tout ouïe» signifie:**
a) Il a l'oreille musicale? ☐
b) Il a les oreilles décollées? ☐
c) Il écoute avec attention? ☐
d) Il fait semblant d'écouter? ☐

6. **«un ouï-dire» est:**
a) Une information confirmée? ☐
b) Une information non confirmée? ☐
c) Une information démentie? ☐
d) Une information confidentielle? ☐

7. **Qu'est-ce qu'on ne peut pas dresser?**
a) La table ☐
b) L'oreille ☐
c) Un monument ☐
d) Un cri ☐

B. Écoutez le sketch et répondez aux questions.

1. Quelle est la définition d'une rengaine donnée dans le sketch de Raymond Devos ?

2. Expliquez les jeux de mots suivants :

a) «J'entends bien» : ....

b) «Des choses entendues» : ....

c) «Viens dans mon joli pavillon» : ....

3. Expliquez brièvement en quoi consiste l'humour de ce sketch.

....

....

■ 2. COMPRENDRE UN TÉMOIGNAGE ■

63 **Écoutez le document jusqu'à** *«Mon Dieu, l'église a sa petite part là-dedans».*

1. **Qu'apprend-on sur Bernard Tirtiaux ?**

a) À quelle occasion est-il invité à l'émission «À plus d'un titre» ?

....

b) Qu'est-ce qui fait dire au présentateur que Bernard Tirtiaux a une vie un peu hors du commun ? ....

....

c) Où est-il né ? ....

d) Qu'apprend-on sur la ferme de Martinrou ? ....

....

e) Quels sont les différents parcours de Bernard Tirtiaux ? ....

....

f) Quel événement a incité Bernard Tirtiaux à devenir maître verrier ? ....

....

g) Où a-t-il fait des vitraux ? ....

....

h) Que représente le vitrail du casino de Namur ? ....

64 **Écoutez la suite du document jusqu'à** *«Jusqu'à l'âge de faire une thèse, Madame».*

2. **Qu'apprend-on sur le parcours littéraire de Bernard Tirtiaux ?**

a) Quelle a été la première œuvre de Bernard Tirtiaux ? : ....

....

b) Que nous apprend-il sur François Emmanuel ? ....

....

c) Quel est le sujet de son premier roman ? ....

d) Les verriers de Saint-Just lui ont offert un bleu, proche du bleu de Chartres. Comment ont-ils obtenu cette couleur bleue ? ....

....

e) Bernard Tirtiaux a également écrit des chansons, mais il nous parle surtout de 2 CD autour de la musique du verre. Qu'en dit-il ? ....

....

f) Bernard Tirtiaux a également écrit des pièces de théâtre. Où sont-elles jouées ?

....

g) Quelle est la particularité de ces théâtres ?

....

h) Que s'est-il passé le jour de l'inauguration de l'autoroute de Wallonie ? Pourquoi le père de Bernard Tirtiaux a-t-il été « embarqué » par la police ?

....

65 **Écoutez la fin du document.**

3. **Bernard Tirtiaux nous parle à présent de son livre** *Pitié pour le mal.*

a) Quels sont les personnages principaux de ce roman ?
....
....

b) Quel en est le sujet ? ....
....

c) Pourquoi Bernard Tirtiaux a-t-il choisi le thème de la guerre et de l'Allemagne ?
....

d) Comment peut-on caractériser les deux garçons ?
....

e) Que signifie pour Bernard Tirtiaux « Revenir à l'humain » ? ....
....

f) Que dit-il de son ami allemand ?
....

g) La présentatrice a beaucoup aimé le livre. Pour quelle raison ? ....

4. **Après avoir entendu ce témoignage, aimeriez-vous lire ce livre ? Justifiez votre réponse :** ....
....

5. **Que pensez-vous de Bernard Tirtiaux ? Auriez-vous envie de faire sa connaissance ? Pourquoi ?** ....

2 ■ CONVERSATION

66 Écoutez et répondez aux questions.

1. Quelles sont les relations entre les deux interlocuteurs ? Justifiez votre réponse.

2. Pourquoi Clara ne va pas bien ?

3. Qu'est-ce qu'elle reproche à son mari ?

4. Quel est l'état d'esprit de l'homme qui parle ?

5. Quelles personnes de la famille pourraient aider Clara ?

6. Pourquoi est-ce impossible ?

7. Qu'est-ce qui va se passer le 15 janvier ?

8. Vous êtes l'homme ou la femme que vous avez entendu(e). Vous appelez votre mère pour lui donner des nouvelles. Vous voulez surtout ne pas l'inquiéter. Vous essayez de la persuader que Clara n'a pas besoin de son aide et vous cherchez à la dissuader de venir.

67 SI ON FAISAIT LE POINT ?

Écoutez et répondez aux questions.

1. Quel est l'objet de cette conversation ?

2. Quelles sont les relations entre les deux hommes ?

3. Quels adjectifs peuvent qualifier l'attitude du plus âgé envers le plus jeune ?

4. Combien de temps dure le stage du jeune homme ?

5. Est-il satisfait de son stage ? Pourquoi ? Précisez votre réponse.

6. À votre avis, que s'est-il passé entre Monsieur Perruchot et lui ?

7. Que pensez-vous de l'attitude de chacun des interlocuteurs par rapport à Monsieur Perruchot ?

8. Le jeune homme doit faire un rapport de stage. Quelle difficulté rencontre-t-il dans cette tâche ?

3 ▪ DISCUSSION

▪ 1. DISCUSSION INFORMELLE ▪

68 BON, ALORS, ON SERA COMBIEN?

Écoutez cette conversation et répondez aux questions.

1. Combien de locuteurs différents avez-vous entendus? ....

2. Pouvez-vous citer le prénom d'un des locuteurs? ....

3. Quel est le sujet de la conversation? ....

4. Le dîner aura lieu quel jour exactement? ....

5. Deux des locuteurs n'ont pas très envie d'y participer: Pourquoi?

a) ....

b) ....

6. Pourquoi l'un des locuteurs dit-il: «Ah non, treize, ça ne va pas» ....

....

7. Quelle solution trouve-t-il pour éviter cette difficulté? ....

....

8. Quel sera le menu du dîner? ....

....

▪ 2. DISCUSSIONS ET RÉUNIONS FORMELLES ▪

69 Votre ville est jumelée à une petite ville française.

En ce début d'année, les deux comités organisent le calendrier de leurs activités. Vous participez à la réunion des deux comités de jumelage, en France.

Chaque ville a déjà envoyé à sa «jumelle» la liste de ses projets. En raison de vos connaissances en français, vous êtes chargé(e) de représenter le comité de votre ville.

LE COMITÉ DE VOTRE VILLE PROPOSE:	LE COMITÉ FRANÇAIS PROPOSE:
• un échange scolaire,	• un voyage pour le «3e âge»,
• un marché artisanal,	• une foire commerciale,
• des stages professionnels.	• une classe verte,
• un loto	• une rencontre sportive

POUR PRÉPARER VOTRE PARTICIPATION À CETTE RÉUNION

Vous pouvez prévoir en partie le déroulement de la réunion :

◆Vous connaissez déjà ou non les membres du comité français : l'accueil se fera en conséquence : on vous demandera sans doute de vos nouvelles dans le premier cas, on vous présentera ou vous vous présenterez dans le deuxième cas.

◆En ce début d'année, vous pouvez vous attendre à un échange de vœux : ils s'adresseront, bien sûr, à la ville jumelle et ses habitants mais aussi aux membres des deux comités, de façon plus ou moins personnelle selon vos relations.

◆Vous ferez part de vos projets et écouterez la présentation des projets du comité français.

◆Chaque projet sera sans doute ensuite repris : certains seront réalisés tels quels, d'autres feront peut-être l'objet d'un aménagement.

◆Des dates devront être arrêtées.

◆D'autres réunions seront probablement programmées.

Au plan linguistique, préparez-vous à :

◆Présenter, défendre vos projets : *Nous avons pensé, décidé... / Nous vous soumettons un projet.../ Il s'agit de.../ Cela présente l'avantage de.../ cela permettrait.../ Ainsi nous renforcerons.../ Nos structures permettent...*

◆Accepter, manifester votre intérêt pour les projets de la ville jumelle : *C'est une excellente idée ! / Au comité nous sommes enthousiastes ! / Vous nous avez devancé.../ Aucun problème pour la réalisation.../*

◆Demander des précisions : *Pouvez-vous nous dire.../ Qu'entendez-vous par.../ Que pensez-vous faire.../ Qu'avez-vous prévu pour.../ Quel serait le budget pour...*

◆Faire des propositions : *Nous pourrions.../ Pourquoi ne pas.../ Et si nous.../ Il serait peut-être bon de.../ Ce qui serait bien c'est de.../*

◆Argumenter : *Cela présenterait l'avantage de.../ Cela éviterait.../ Il y aurait des conséquences, des retombées (positives / négatives / intéressantes / immédiates) /*

LA RÉUNION ELLE-MÊME

Que dites-vous à chacune de ces étapes ?

1. Accueil :

Le Président du comité français : Je ne vous présenterai pas Monsieur... (Madame...) qui représente nos amis de... et que vous connaissez tous. Chers amis, en ce début d'année je voudrais vous présenter mes meilleurs vœux...

Vous : ....

2. Les projets :

Le Président du comité français : Je vous proposerai de commencer par les manifestations culturelles ou sportives... Le voyage pour nos adhérents du 3e âge pourrait avoir lieu courant mai... On pourrait organiser notre match amical de football à la même époque...

Vous : . (Demandez des précisions – vous êtes d'accord) ....

Le Président du comité français : Vous projetez d'organiser un loto ?

Vous : . (Expliquez : date, lots...) ....

Le Président du comité français : Les manifestations commerciales ....

Vous : (Participation réciproque – modalités ?) ....

Le Président du comité français : Les échanges scolaires se feraient simultanément ? Qu'en pensez-vous ?

Vous : (Non : successivement > arguments ?) ....

Le Président du comité français : Vous souhaitez mettre en place des échanges professionnels ? Pouvez-vous préciser votre idée ?

Vous : (Stages pour étudiants....) ....

2. Fin de la réunion :

Vous : (Remerciements, rendez-vous...) ....

 Les jumelages existent-ils dans votre pays ? Avec quel(s) autre(s) pays ? Jouent- ils un grand rôle ? Ont-ils changé quelque chose à la mentalité des gens ?

70 Vous habitez la petite ville étrangère de l'activité 69.

Vous avez eu connaissance de l'idée de la ville de Cesson-Sévigné.

Étudiant en informatique, dans le cadre de votre formation de webmestre, vous voulez proposer au maire de la ville française l'idée que vous avez soumise au maire de votre ville et que celui-ci a accueillie favorablement :

◆ créer des i-panneaux à l'entrée des deux villes,

◆ faire figurer sur ces panneaux les sites Internet des villes jumelles,

◆ restructurer les sites Internet :

    ◎ harmoniser leur présentation : accès facilité à la rubrique « jumelage ».

    ◎ simplifier et traduire (dans la langue de l'autre) les informations pratiques (hôtels, restaurants, commerces...)

    ◎ faire figurer le calendrier des activités

    ◎ créer un mini-magazine (trimestriel ? mensuel ?) avec présentation des traditions, des produits, des recettes de la ville et de sa région...

Par l'intermédiaire du comité de jumelage vous avez obtenu un rendez-vous avec le maire de la ville française.

Imaginez votre entretien.

Trouvez les arguments pour convaincre le maire : le site actuel lui donne satisfaction.

Pour vous aider

☞ Un argument essentiel : il s'agit pour vous de faire un stage d'étude à caractère professionnel (prévu dans le jumelage : voir activité 69), donc peu coûteux pour le maire.

☞ Autres arguments : échanges accrus entre les deux villes, réciprocité, gains prévisibles en matière de tourisme, commerce...

☞ «Ultimes» arguments : accueil favorable du maire de votre ville ; pour les deux municipalités, faire figure de villes à la pointe de l'innovation et du progrès, devenir des exemples en matière de jumelage.

Que répondez-vous à ces questions et remarques ?

- Comment vous est venue cette idée ? ....
- En quoi consiste votre projet ? ....
- Quel(s) avantage(s) présente(nt)-il(s) par rapport au site actuel ? ....
- Combien coûterait cette restructuration du site ? ....
- Combien de temps nécessiterait-elle ? ....
- Quelle est la position de votre ville face à ce projet ? ....

4 ■ COOPÉRATION À VISÉE FONCTIONNELLE

71 LA RÉCOLTE DU MIEL

Lors de son voyage de noces, Colette visite une miellerie. Quoi de plus normal... pendant la lune de miel*?
L'apiculteur lui explique comment on récolte le miel. Elle lui demande de pouvoir le faire à sa place.

1. **Lisez attentivement le dialogue suivant.**

2. **Complétez-le à l'aide de vos questions ou de vos remarques.**

— ....

— Avant tout il faut se couvrir complètement. Tenez, mettez ça.

— ....

— Il faut alors enfumer la ruche.

— ....

* L'expression «lune de miel» souvent synonyme de « voyage de noces» est en fait une coutume datant de près de 4 siècles. En effet, à Babylone, pendant le premier mois de mariage, le père de la jeune épouse devait offrir de la bière à son gendre, autant que celui-ci en demandait. Cette bière, le «mead», était fabriquée à base de miel. On appelait alors ce premier mois de mariage le «mois de miel». De plus, le calendrier à cette époque était un calendrier lunaire. Par extension, l'expression est devenue «lune de miel».

— Pour calmer les abeilles.

— ....

— Avec un enfumoir.

— ....

— On met un combustible végétal, euh...par exemple une grosse poignée d'herbe ou des aiguilles de pin dans l'enfumoir. Comme ça. Et puis on l'enflamme. Voilà.

— ....

— On prélève seulement la partie excédentaire du miel produite par la colonie. Elle est d'excellente qualité. C'est celle qui se trouve là, dans la « hausse » de la ruche, vous voyez ?

— ....

— Alors, pour récolter le miel, on retire donc les cadres de la hausse.

— ....

— Les cadres, c'est ça, ces quatre barrettes de bois qui encadrent cette feuille de cire gaufrée. Pour que la feuille devienne rigide, on chauffe les fils et on la pose dessus.

— ....

— Ensuite on enlève cette fine couche de cire, là, avec un couteau à désoperculer.

— ....

— Désoperculer, ça veut dire enlever la cire qui bouche les alvéoles.

— ....

— Non, on dit un alvéole. Il a la forme d'un hexagone.

— ....

— On place ensuite les cadres dans un extracteur qui les fait tourner à grande vitesse.

— ....

— Non, après on le filtre et on le laisse reposer pendant 48 heures dans une cuve appelée « maturateur ». Là, on dit que le miel « décante », les bulles d'air et la cire remontent alors à la surface.

— ....

— L'écume récupérée pourra servir de nourriture aux abeilles.

— ....

— On peut alors le mettre en pot. Il se conserve plusieurs années.

— ....

— La couleur et la consistance du miel dépendent de l'espèce florale butinée. Plus le miel est riche en glucose, plus il se cristallise.

— ....

— La période de récolte dépend de la période de floraison de l'espèce butinée.

— ....

— Oui, vous avez raison, la gelée royale a des valeurs thérapeutiques. Elle se révèle remarquable chez les personnes âgées. Elle est vitalisante, équilibrante et même légèrement euphorisante.

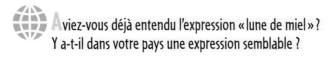

Aviez-vous déjà entendu l'expression « lune de miel » ?
Y a-t-il dans votre pays une expression semblable ?

5 ■ ÉCHANGE D'INFORMATIONS

72 C'est la fin de l'année. Avec vos camarades d'un cours de français pour étrangers vous évoquez les traditions du 31 décembre et du 1er janvier dans vos pays respectifs.

1. Avec votre amie Concha, vous parlez de celles de la France et de l'Espagne.
Vous abordez les deux thèmes immanquablement présents dans ce type de conversation :
● le repas et ses composantes : les plats et boissons traditionnels,
● les rites liés au réveillon de la Saint-Sylvestre ou du premier janvier, c'est-à-dire les rites sensés porter bonheur pour l'année à venir.

Lisez votre première réplique :

— L'an dernier j'ai réveillonné chez des amis français. C'était vraiment sympa ! Ils avaient tenu à respecter toutes les traditions !

Lisez les répliques de Concha.

Retrouvez vos questions et répliques.

Reconstituez votre entretien à l'aide des notes ci-dessous.

Vous parlez :

du dîner : foie gras, huîtres, chapon rôti, flans de légumes, fromages, gâteau Opéra (au chocolat), soufflé à la mandarine, chocolats, marrons glacés, beaucoup de champagne...

des « rites » : vœux et embrassades à minuit sous la boule de gui (plante parasite qui pousse dans les arbres ; cueillie par les druides, et dans « Astérix » par Panoramix pour élaborer la « potion magique »), et échange de petits cadeaux, les étrennes ;

de la fin de la soirée : sortie en boîte pour danser, retour au petit matin, après avoir mangé une soupe à l'oignon...

Vous posez des questions à votre amie Concha sur les mêmes points.

— L'an dernier j'ai réveillonné chez des amis français. C'était vraiment sympa ! Ils avaient tenu à respecter toutes les traditions !

— Tu as dû faire un bon repas ?

—...

—Et comme dessert ?

— ....

— La boule de quoi ?

— ....

— Ah oui !... Et ça porte bonheur ça ?

— ....

— Comme en France, et je pense dans ton pays, nous faisons aussi un grand et bon repas.

— ....

— Des hors d'œuvre variés avec bien sûr du jambon cru, si possible du jabugo, le meilleur des jambons, du manchego, un fromage de brebis...

— ....

— Oui, le manchego, toujours. Ensuite il y a traditionnellement de l'agneau rôti ou mieux, du cochon de lait rôti. Mais ce qui est rituel, c'est le dessert, ou plutôt les desserts.

— ....

— Les mêmes que pour Noël : le massepain, les polvorones, les mantecados, mais surtout le délicieux turron sous toutes ses formes... Ensuite on se prépare à manger les douze grains de raisin aux douze coups de minuit. C'est le moment le plus important de la soirée !

— ....

— Quand l'horloge de la Puerta del Sol sonne, à chaque coup on mange un grain en faisant un vœu. Quand on a réussi à avaler les douze grains au douzième coup, on dit que les vœux se réaliseront. Enfin... on l'espère !

— ....

— Oh oui ! Nous sommes très attachés à cette tradition ! Les Madrilènes se rendent à la Puerta del Sol, la place centrale de Madrid, noire de monde, et les autres regardent la retransmission à la télévision. Et les Espagnols qui sont à l'étranger écoutent la radio !

2. À votre tour, vous parlez des traditions de fin d'année dans votre pays.

3. Dans votre pays les traditions sont-elles généralement respectées, ou sont-elles peu à peu oubliées ? Qu'en pensez-vous ?

6 ■ INTERVIEWER ET ÊTRE INTERVIEWÉ

73 LES FRANÇAIS, PAR MILLIERS, SE DÉPLACENT...

« En France, le troisième week-end de septembre est officiellement consacré au patrimoine depuis 1994. Les Français par milliers se déplacent pour aller voir et visiter des merveilles qui ne sont souvent pas accessibles en temps normal.

En vacances chez votre ami Nicolas, vous vous trouvez en France du vendredi 15 au dimanche 17 septembre 2006, lors des Journées du Patrimoine.

Vous organisez votre week-end.

Lisez le début de votre entretien.

Vous : Qu'est-ce qu'on fait demain ? J'aimerais bien aller voir un bon film ou une expo...

Nicolas : Non non, demain après-midi on pourrait aller à l'Elysée, si tu veux ?

Vous : À l'Elysée ? Tu plaisantes ?

Nicolas : Pas du tout ! Demain ou dimanche on peut en visiter une partie : ce sont les journées du Patrimoine !

Vous : Qu'est-ce que c'est ces journées ? Je ne suis pas sûr(e) de comprendre : le patrimoine, c'est bien ce que nous héritons de nos parents, non ?

Nicolas : Tu ne te trompes pas, mais c'est aussi un héritage culturel. Nous n'en sommes pas propriétaires mais nous y sommes attachés, nous nous l'approprions. Tu sais, c'est difficile de définir le patrimoine. Ce qui est sûr c'est que ce mot s'accompagne d'une quantité d'adjectifs ! Notre patrimoine est culturel, artistique, pictural, architectural, musical...

Poursuivez votre entretien.

Reprenez les différents adjectifs énumérés par votre ami.

Demandez-lui quels sont pour lui les exemples de patrimoine les plus pertinents.

Lors de votre entretien vous pouvez :

• avancer des adjectifs que votre ami peut ou non reprendre et « illustrer » d'exemple(s),

• reprendre les adjectifs cités par votre ami et en ajouter d'autres en proposant vous-même des noms de personnes, de lieux ou d' « objets » représentatifs.

Pour vous aider

Voici une liste d'adjectifs accompagnés d'exemples nommés par votre ami ou vous-même :

- *Culturel :* les traditions et les superstitions, les fêtes...
- *Pictural :* Chardin, Delacroix, Manet, Renoir...
- *Architectural :* les Châteaux de la Loire, Versailles, Carcassonne, Saint-Malo...
- *Musical :* Ravel, Chabrier, Bizet, ou encore Barbara, Brassens, Trénet....
- *Naturel :* les Gorges du Verdon, la côte bretonne, la Côte d'Azur, les Alpes....
- *Littéraire :* Toute la littérature : Hugo, Voltaire, Diderot, Balzac, Hugo, Zola, Proust...
- *Artisanal :* la porcelaine de Limoges, de Sèvres, les dentelles du Puy, de Valenciennes...

Ce patrimoine concerne aussi l'industrie, la flore, la faune, l'archéologie, la photographie, l'art culinaire, l'histoire, la religion, la linguistique, le sport...

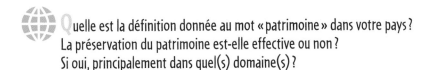

Quelle est la définition donnée au mot « patrimoine » dans votre pays ?
La préservation du patrimoine est-elle effective ou non ?
Si oui, principalement dans quel(s) domaine(s) ?

74 La mère de votre amie française est professeur de français langue étrangère. Lors d'une conversation vous découvrez que cette dame a fait des études de... sciences !

Comme vous vous en étonnez, elle vous explique quel a été son parcours universitaire.

La conversation s'engage.

— *Des études scientifiques ? Mais vous êtes professeur de français ? C'est possible ? C(e n')est pas les mêmes diplômes ?*

— *Non, bien sûr, mais j'ai fait aussi des études de lettres...*

Poursuivez la conversation.

Pour vous aider

Réfléchissez au contexte :
- Connaissez-vous ou non le système scolaire et universitaire français actuel ?
  - Les cursus sont-ils les mêmes qu'à l'époque où cette dame a fait ses études ?
  - Les diplômes sont-ils également les mêmes ? Offraient-ils les mêmes débouchés ?
- Savez-vous quelle était la situation de l'emploi à la fin des années 60 et au début des années 70 ? Les femmes avaient-elles les mêmes possibilités d'embauche que les hommes ?

Réagissez aux réponses de la mère de votre amie :
- Demandez les précisions qui vous semblent utiles pour bien comprendre son parcours,
- Cherchez à connaître les raisons du (des) choix qui ont été fait(s),
- Essayez de vous placer dans le contexte de l'époque.
- Manifestez l'intérêt que suscite en vous cette conversation : elle sera plus animée.

Lisez les répliques de votre interlocutrice.
Retrouvez vos questions.

— *Non, bien sûr, mais j'ai fait aussi des études de lettres...*

— ....

....

....

— *Oui, je sais, ce n'est pas facile à comprendre. Je vais vous expliquer*
mon parcours universitaire est tout à fait atypique...

— ....

....

....

— *En fait, cela a commencé au lycée. J'étais en C, en sciences, et après mon premier bac...*

— ....

....

....

— *Non, je ne l'ai pas passé plusieurs fois... À cette époque il y avait deux parties de bac : une à la fin de la première et la deuxième l'année suivante. Il y avait le choix entre philo pour les lettres, sciences ex (sciences expérimentales) pour des études de biologie ou de médecine par exemple et math élem (mathématiques élémentaires) pour les orientations scientifiques.*

— ....

....

— *Eh bien, avec la 1re partie il était possible de faire certaines études. Mais pour entrer en fac, il fallait avoir les deux parties.*

— ....

— *C'est ça. J'ai passé Math elem et je suis rentrée en fac de sciences. J'avais 17 ans. La première année était très difficile...et j'ai échoué... J'ai recommencé mon année mais je suis tombée malade. Et je n'ai pas réussi. À cause de la chimie, parce qu'en maths et en physique ça allait. Il a donc fallu que je change d'orientation...*

— ....

— *Pas tout de suite. Je suis d'abord allée dans une école des Beaux Arts pour étudier l'architecture que j'ai toujours beaucoup aimée. D'ailleurs j'avais hésité avant d'entrer en fac... Mais là j'étais la première fille dans ce cours... Je n'ai pas supporté le bizutage et je suis partie à la fin du premier trimestre...*

— ....

....

— Oh, ce sont des plaisanteries faites aux nouveaux... pas toujours de très bon goût...

— ....

— J'ai demandé une dérogation pour m'inscrire... et voilà ! J'ai réussi à tous mes examens de propédeutique et de licence d'espagnol sans problème, puis j'ai fait une maîtrise...

— ....

— En même temps que la maîtrise j'ai préparé un diplôme en gestion d'entreprise à la fac de droit.

— ....

— Eh bien, mes expériences de remplacement dans deux collèges ne m'avaient pas plu... Je me préparais donc à travailler dans une entreprise... mais en 68, pour une femme, trouver du travail, même avec des diplômes, ce n'était pas facile...

— ....

— Une école de langues cherchait un prof d'espagnol pour des cours du soir... et là j'ai découvert le français pour les étrangers, comme on disait alors... J'ai tout de suite aimé !

Vous voyez, ce n'est pas courant comme parcours !...

— ....

75 Dans un cadre professionnel on demande très souvent aux employés ou futurs employés quel a été leur parcours de formation, leur parcours professionnel.

À votre tour, préparez-vous à répondre à ce type de questions.

Selon votre situation, choisissez la première ou la deuxième interaction.

INTERACTION N°1

Vous venez de terminer vos études universitaires.

Vous vous présentez par exemple, à un entretien d'embauche ou de stage, en France.

À votre avis, sur quoi les questions peuvent-elles porter ?

Cochez les thèmes possibles.

AU PLAN PERSONNEL :

a) Votre identité. ☐

b) Vos loisirs. ☐

c) Vos opinions politiques. ☐

d) Votre religion. ☐

e) Votre signe du zodiaque. ☐

f) Votre situation familiale. ☐

AU PLAN DE LA FORMATION :

a) Vos diplômes. ☐

b) Les langues parlées. ☐

c) Autres savoirs. ☐

d) Vos stages. ☐

e) Vos projets. ☐

f) Vos attentes. ☐

Préparez-vous à répondre aux questions suivantes :

1. Qui êtes-vous exactement ?
2. Quelle est votre situation familiale ?
3. Quelles langues parlez-vous ? Quel est votre niveau ?
4. Quelles langues écrivez-vous ? Quel est votre niveau ?
5. Comment se sont déroulées vos études universitaires ? Combien de temps ont-elles duré ?
6. Pourquoi avez-vous choisi de faire ces études ?
7. Avez-vous connu des échecs ? Lesquels ? Comment avez-vous alors réagi ?
8. Avez-vous déjà fait des stages ? Lesquels ?
9. Que souhaitez-vous faire maintenant ?
10. Avez-vous des projets de carrière ?
11. Quel serait pour vous le travail idéal ?
12. Aimez-vous travailler en équipe ?
13. Accepteriez-vous de voyager (beaucoup) dans le cadre de votre travail ?
14. Pourquoi avez-vous choisi de venir en France ?
15. Pensez-vous que les conditions de travail sont les mêmes que dans votre pays ?
16. Quelles sont les similitudes et les différences ?
17. Pratiquez-vous un sport ?
18. Avez-vous un / des passe-temps préféré(s) ? Lesquels ?

INTERACTION N°2

Vous exercez déjà une profession.
Vous présentez votre candidature à un poste dans une entreprise française.
À votre avis, sur quoi les questions peuvent-elles porter ?
Cochez les thèmes possibles.

AU PLAN PERSONNEL :

a) Votre identité. ❑
b) Vos loisirs. ❑
c) Vos opinions politiques. ❑
d) Votre religion. ❑
e) Votre signe du zodiaque. ❑
f) Votre situation familiale. ❑

AU PLAN DE LA FORMATION :

a) Vos diplômes. ❑
b) Les langues parlées. ❑
c) Autres savoirs. ❑
d) Vos autres emplois. ❑
e) Votre expérience. ❑
f) Vos attentes. ❑
g) Vos responsabilités antérieures. ❑
h) Votre connaissance de l'entreprise. ❑
i) La rémunération que vous attendez ❑
j) Les conditions de travail souhaitées. ❑

Préparez-vous à répondre aux questions suivantes :

1. Les premières questions seront sans doute semblables aux questions 1 à 4 de la situation précédente.

2. Quelle est actuellement votre situation ? Êtes-vous demandeur d'emploi ?

3. Pourquoi avez-vous décidé de poser votre candidature à ce poste ?

4. En quoi le poste proposé vous intéresse-t-il ? Quelle est votre principale motivation ?

5. Quelle idée vous en faites-vous ?

6. Quels avantages présente-t-il pour vous ?

7. Présente-t-il des inconvénients ? Lesquels ?

8. Quelle connaissance avez-vous de l'entreprise ?

9. Avez-vous déjà travaillé dans plusieurs entreprises ? Lesquelles ?

10. Quels emplois avez-vous occupés ? Pendant combien de temps ?

11. Si vous avez changé plusieurs fois d'emploi, quelles en ont été les causes ?

12. Il est également probable que vous aurez à répondre à des questions semblables aux questions 12 à 18 de la situation précédente.

* Dans les deux cas : ☞ restez calme,
☞ répondez posément,
☞ ne donnez pas l'impression que vous cachez quelque chose,
☞ ne parlez ni trop ni trop peu,
☞ sachez écouter attentivement afin de bien répondre à la question posée et non à autre chose.

* Vous pouvez également poser quelques questions sur le stage / le poste proposé, afin de manifester votre intérêt.

* Répondez avec tact et prudence mais franchement aux questions concernant vos futures conditions de travail et de rémunération.

* En toute circonstance, regardez votre interlocuteur (trice) et, si possible, souriez !

ÉCRIT - SOMMAIRE

■ COMPRÉHENSION ÉCRITE

1 ■ Comprendre le lexique d'un texte 84
2 ■ Comprendre la structure d'un texte 103
3 ■ Comprendre la correspondance 115
4 ■ Lire pour s'orienter dans un document administratif 121
5 ■ Lire pour s'informer et discuter 128
    1. Lire pour discuter 128
    2. Lire pour s'informer 132
    3. Lire pour s'informer et discuter 136
6 ■ Lire des instructions 142

■ PRODUCTION ÉCRITE

1 ■ Production écrite générale 146
    1. Reformuler pour alléger 146
    2. Reformuler un entretien oral à l'écrit 148
    3. Les façons d'exprimer son opinion, ses sentiments 150
2 ■ Écriture créative 159
    1. Jeux de langue 159
    2. Écrire sur une trame, un modèle 166
    3. Continuer une histoire 169
    4. Écrire un conte 170
3 ■ Production de textes longs 173
    1. Rédiger un éditorial 176
    2. Rédiger un article 179
    3. Faire une synthèse 183
    4. Rédiger un essai 187
    5. Rédiger un rapport 190

■ INTERACTION ÉCRITE

■ Correspondance 194
    1. Correspondance familière 194
    2. Correspondance littéraire 197
    3. Correspondance administrative 201

Quelques conseils pour améliorer vos performances

À ce niveau d'autonomie (C1) ou de maîtrise (C2) du français, vous avez déjà acquis ou développé des stratégies de communication écrite permettant de mettre en œuvre et de renforcer (/confirmer) des savoirs et des savoir-faire ou, si nécessaire, de remédier à leur insuffisance ou à leur absence.

Pour plus d'efficacité, veillez toutefois,

En réception :

Pour accéder le plus efficacement possible au sens d'un document,
- à en identifier l'origine, la nature et la fonction,
- à tirer parti des éléments para-textuels (présentation typographique, illustrations…)
- à repérer l'organisation du texte,
- à y relever tous les indices linguistiques, grammaticaux ou lexicaux (termes essentiels, mots-clés…),
- à identifier les expressions idiomatiques pour en percevoir les implicites.

En production :
- à organiser soigneusement vos idées ou vos arguments,
- à «créer un texte cohérent et cohésif en utilisant de manière complète et appropriée les structures organisationnelles adéquates et une grande variété d'articulateurs»[1]
- à éviter les ambiguïtés et donc à choisir les termes exacts qui conviennent,
- à adopter une présentation claire, aérée,
- à relire attentivement pour contrôler la justesse de l'orthographe et de la ponctuation.

En interaction :
- à vous «exprimer avec clarté et précision, en (vous) adaptant à (votre) destinataire avec souplesse et efficacité»[2],
- à adopter le registre qui convient, «affectif, allusif ou humoristique»[3],
- à choisir, dans votre correspondance, les formules appropriées

En médiation :
- à identifier les éléments linguistiques ou culturels pouvant être source d'ambiguïté ou d'incompréhension pour le lecteur non francophone,
- à effectuer une traduction précise des documents pour lesquels elle s'impose (contrats, textes de loi, textes scientifiques, consignes…),
- à résumer l'essentiel des informations présentes dans un document,
- à reformuler de façon simple un texte dont le sujet est étranger à son lecteur par exemple un texte spécialisé pour un non spécialiste.

---

1. CECR page 98 – 2. CECR page 68 – 3. CECR page 69

1 ■ COMPRENDRE LE LEXIQUE D'UN TEXTE

76 (C2) LES CONTREPÈTERIES

> Une contrepèterie est une permutation de lettres ou de sons à l'intérieur d'un mot ou d'un groupe de mots, donnant à celui-ci un nouveau sens, généralement burlesque ou grivois.

1. **Exemples de contrepèteries :**

a) Permutation de consonnes à l'intérieur d'un mot :
Pierre mène une vie de rapin ❍ Pierre mène une vie de parrain.

b) Permutation de voyelles à l'intérieur d'un mot :
On a créé un excellent apéro ❍ On a créé un excellent opéra.

c) Permutation de syllabes à l'intérieur d'un mot :
Qu'est-ce que c'est un chauvin ? ❍ Qu'est-ce que c'est un vin chaud ?

d) Permutation de consonnes au début de mots :
Il a jeté le linge sale dans le sac ❍ Il a jeté le singe sale dans le lac.

e) Permutation de consonnes ou de voyelles entre deux mots :
La bonhomie de Larry est connue. ❍ La bonne amie de Lorie est connue.

f) Permutation de mots :
Il fait beau et chaud. ❍ Il fait chaud et beau.

2. **Reportez-vous à l'activité 16.**

Il y est question d'une bande dessinée : « La face karchée de Nicolas Sarkozy ».

Il s'agit d'une contrepèterie : « La face karchée de Nicolas Sarkozy » peut être lu : « La farce cachée de Nicolas Sarkozy ».

Il en est de même pour les titres de certaines œuvres littéraires ou cinématographiques :

Retrouvez les titres des œuvres correspondant aux contrepèteries suivantes. Vous pouvez vous aider d'un dictionnaire / d'une encyclopédie.

1. Le parent des Béguines = ... (Françoise Mallet-Joris, 1950)

2. Les Malsains = ... (Jean-Paul Sartre, 1948)

3. Les jours d'écume = ... (Boris Vian, 1947)

4. Les métreurs sonnent = ... (George Sand, 1853)

5. L'or aux 13 arbres = ... (Henri Gougaud, 1987)

6. Greffe au nid = ... (Charles Fourier, 1974)

7. Tour de cochon = ... (Bertrand Tavernier, 1981)

8. La vie rangée des Eve = ... (Erick Zonka, 1998)

77 (C2) LES PALIMPSESTES

> 1. Un palimpseste est à l'origine un parchemin manuscrit dont on a effacé la première écriture pour pouvoir écrire un nouveau texte.
> 2. On parle également de palimpseste en peinture ou en musique. *La Joconde*, le fameux tableau de Léonard de Vinci, a ainsi servi maintes fois de sujet pour des palimpsestes.

Robert Galisson, didacticien, professeur de linguistique à la Sorbonne, à Paris, appelle «palimpsestes verboculturels», ces titres de films, de romans, ces vers célèbres, que chacun dans une communauté linguistique donnée connaît et qui peuvent être réutilisés pour créer un effet amusant ou éloquent en changeant un mot. Ainsi en est-il de «Mon royaume pour un cheval!», célèbre exclamation de Richard III, que l'on pourrait transformer ironiquement en «Mon royaume pour un bon livre!» [...]

Les Français y ont en effet constamment recours: tout le monde a bien perçu qu'un refrain célèbre ou bien un titre de film qui a eu un grand succès en France peuvent être mémorisés par toute une communauté linguistique l'espace de quelques décennies et servir de modèle à d'autres formules en les défigeant. Un chanteur français, Alain Souchon, a ainsi lancé la formule «Allô, Maman, bobo», «bobo» étant la formule enfantine pour «j'ai mal». Une telle formule connue de tous a servi très souvent de matrice à de nombreux titres de journaux, d'articles, etc. «Allô, Maman, canicule...» peut-on lire dans la presse au moment où le climat est caniculaire. De la même manière, le «Fabuleux destin d'Amélie Poulain», film qui a eu un grand succès, sert-il de moule à de nombreuses formules. C'est par dizaines qu'on relèverait depuis septembre 2002 des intitulés valorisant tel ou tel personnage, tel ou tel objet sur le mode du fabuleux destin de... x, y ou z.

http://kdictionaries.com/kdn/kdn12-2fr.html

Observez les exemples suivants:

a) Vive la mariée   ▸ Vive la marée

b) Quartier libre   ▸ Cartier libre

c) Clé des champs   ▸ Clé des chants

d) Remise en selle   ▸ Remise en celte

e) Voir Naples et mourir[1]   ▸ Voir Vittel et revivre

f) Le Rouge et le Noir[2]   ▸ Le rouge et le soir

g) En attendant Godot[3]   ▸ En attendant Godiva

h) Matez ma métisse[4]   ▸ Matez ma Matiz

i) Un tramway nommé Désir[5]   ▸ Un pouvoir nommé désir

j) Un amour de Swann[6]   ▸ Un amour de spectacle

1. **Lesquels connaissiez-vous?**

....

....

2. Expliquez en quelques mots l'humour de ces palimpsestes.

....

....

....

---

1. Voir Naples et mourir : Cette expression connue, les Napolitains l'utilisent pour souligner la beauté de leur ville... qu'il faut avoir vue au moins une fois dans sa vie.

2. *Le Rouge et le Noir* : roman de Stendhal (1783-1842)

3. *En attendant Godot* : pièce en deux actes de Samuel Beckett (1906-1989)

4. « Matez ma métisse » : refrain de la chanson de Julien Clerc, *Mélissa*, 1984

5. *Un tramway nommé Désir* : pièce en trois actes de Tennessee Williams (1911-1983) adaptée au cinéma par Elia Kazan

6. « Un amour de Swann » : Marcel Proust (1871-1922), *À la recherche du temps perdu*, 1913

 Ce procédé est-il fréquent dans votre langue ?
Donnez des exemples.

78 (C2) LES CALEMBOURS

Un calembour est un jeu de mots qui repose sur une ressemblance phonétique (une homophonie : la mer/la mère/le maire, par exemple) ou sur les différents sens d'un même mot (par exemple : je suis = verbe être ou verbe suivre).

Ces jeux de mots existent depuis toujours : on en trouve déjà chez les Grecs et les Romains. De Rabelais, qui écrivait par exemple « Le grand dieu fit les planètes et nous, nous faisons les plats nets », à nos jours, ils n'ont jamais cessé de faire les délices des amateurs, souvent lettrés. Balzac, entre autres, adorait en faire.

Les grands spécialistes du calembour sont aujourd'hui l'humoriste Pierre Dac, le dessinateur Siné, le chanteur Bobby Lapointe, le journaliste J-P Grousset et, bien sûr, l'hebdomadaire satirique *Le Canard enchaîné* dont les jeux de mots portent le plus souvent sur l'actualité politique.

1. La publicité joue constamment sur le mécanisme du calembour. À votre avis, à quel type de magasin ou de commerce correspondent les dénominations ou les slogans suivants ? Pour vous aider : les deux derniers calembours concernent le même type de magasin.

a) DIMINU' TIFS

b) JAMAIS DEUX SANS TOIT

c) AU BAROMÈTRE

d) JUSTIN PELLETIER, VOTRE AIR LIBRE

e) MONA LISAIT, rue Linné Paris 5e

2. Siné, a fait de merveilleux dessins à partir des calembours construits à partir du mot CHAT. Retrouver le titre de chacun de ces cinq dessins

a) le chat sseur ....

b) le chat meau ....

c) le chat peau ....

d) le chat teau ....

e) le chat pitre ....

Les Chats de Siné, © Le cherche midi

3. Devinez ce que représentent les définitions suivantes :

a) elles sont célèbres même quand elles se lèvent = les ....

b) un amoureux qui en vaut deux = un ....

c) un livre qu'on ne peut lire que d'un œil = une ....

4. Comment comprenez-vous ces jeux de mots

a) Les bons crus font les bonnes cuites (Pierre Dac)

b) Le vieux est l'ennemi du bien

c) Si c'est gai, ris donc !

d) Je suis en congé de ma lady (J-P Grousset)

e) Je préfère le vin d'ici à l'au-delà (F. Blanche)

79 DU FRANÇAIS, DE L'ANGLAIS OU DU FRANGLAIS ?

1. Observez la liste ci-après.

Cochez les mots que vous connaissez ou croyez connaître. (C = connu)

Mots	C	Mots	C	Mots	C
1. planning		10. tennismen		19. baby-sitter	
2. surbookée		11. shopping		20. dancing	
3. week-end	X	12. parking		21. select	
4. baskets		13. pressing		22. top	
5. jogging		14. smoking		23. rosbif	
6. jogger		15. brushing		24. brunch	
7. footing		16. people		25. trekking	
8. (en) zappant		17. relooking		26. caravaning	
9. rugbymen		18. lifting		27. camping-car	

2. Lisez la lettre ci-après. Aviez-vous bien compris les mots ?

Ma chère Brenda,

Cela fait près de trois semaines que je suis en France et c'est ma première lettre ! Je dois le reconnaître, je n'ai pas tenu ma promesse ni respecté le planning que j'avais élaboré avant mon départ d'Écosse… Mais, tu sais, je n'arrête pas ! Je suis vraiment surbookée : entre ma famille et mes amis je n'ai pas un instant à moi ! Cependant, je ne m'en plains pas, c'est si bon de les revoir !

Je viens de relire mes premières phrases et je suis stupéfaite : planning, surbookée… je suis comme mes compatriotes ! Un bon nombre d'entre eux sont persuadés de connaître et d'utiliser beaucoup de mots anglais. L'emploi de ces termes est devenu si courant qu'ils n'imaginent en aucun cas qu'il s'agit en fait, la plupart du temps, de faux anglicismes. Juges-en plutôt.

Le week-end, ils s'empressent de chausser leurs baskets et de revêtir leur jogging pour aller courir, pardon, jogger, ou faire du footing dans un parc ou à la campagne. Le samedi après-midi tandis que les hommes admirent à la télévision, en zappant, les exploits des rugbymen ou des tennismen, les femmes vont faire leur shopping.

Quand elles ont enfin trouvé une place de parking, elles passent au pressing récupérer le smoking de leur mari ou encore elles se rendent chez leur coiffeur. Là, pendant leur brushing, elles feuillettent des revues consacrées aux people du moment et commentent le relooking des unes ou le lifting des autres. Le samedi soir, les Français confient parfois leurs enfants à une ou un babysitter et sortent seuls ou avec des amis pour aller dans un dancing select, vraiment top, où la musique ne couvre pas les conversations… Le dimanche, c'est soit le déjeuner chez les parents avec le rituel rosbif, soit (c'est plus branché) un brunch copieux suivi d'une grande promenade ou d'une séance de cinéma. Quant à leurs vacances, la mode semble être moins au trekking qu'au caravaning car la vente des camping-cars augmente…

Comme tu peux le constater, l'anglais – ou le franglais ? – est bien présent dans le français…

Mais je dois te quitter. J'ai rendez-vous avec des amis dans une petite trattoria du boulevard des Italiens. Il paraît que les pizzas, pastas et autre tiramisu y sont divins ! Ciao !

Je t'embrasse,
Françoise

3. Donnez à chaque anglicisme ou faux-anglicisme sa traduction française.

Exemple : week-end = week end en anglais = fin de semaine en français

Mot	En anglais	En français	Mot	En anglais	En français
1. planning	schedule		**14.** brushing	blow-dry, blow waving	
2. surbookée	overbooked		**15.** people	celebs	
3. baskets	sneakers, trainers		**16.** relooking	a make-over	
4. jogging	a jogging outfit, a tracksuit		**17.** lifting	a face-lift, a facial lifting, a face lifting	
5. jogger	to jog, to go jogging		**18.** baby-sitter	babysitter	
6. footing	a jog		**19.** dancing	a dance hall, a nightclub	
7. zapper	channel-hopping, channel surfing		**20.** select	closed, limited limited membership, swanky	
8. rugbymen	rugby players		**21.** top	brilliant (Irlande)	
9. tennismen	tennis players		**22.** rosbif	a roast beef	
10. shopping	to go shopping		**23.** brunch	a brunch	
11. parking	a car park, a parking lot		**24.** trekking	trekking	
12. pressing	dry cleaner		**25.** caravaning	going camping with a trailer, going camping with a caravan	
13. smoking	an evening suit, a tuxedo		**26.** camping-car	a camping-car	

80 LE LANGAGE POLITIQUEMENT CORRECT A ENCORE FRAPPÉ

De plus en plus et suivant en cela la tendance anglo-saxonne, les Français n'osent plus appeler un chat un chat et enrobent la réalité sous des déguisements bien-pensants, des euphémismes. Par exemple, on ne dira plus «Vous mentez comme un arracheur de dents!» mais «Excusez-moi mais j'ai bien peur qu'il s'agisse là d'une contre-vérité».

1. Saurez-vous reconnaître ce qui se cache derrière ces mots?

1. un demandeur d'emploi	a) une aide aux personnes âgées ou en difficulté
2. un SDF	b) un balayeur
3. le troisième âge	c) un obèse
4. un non-voyant	d) la banlieue
5. les gens du voyage	e) un immigré clandestin
6. un technicien de surface	f) un aveugle
7. une auxiliaire de vie	g) un facteur
8. une personne à mobilité réduite	h) les gitans
9. une auxiliaire maternelle	i) un bombardement ciblé
10. un préposé au courrier	j) un chômeur
11. un gardien d'immeuble	k) une nourrice
12. une frappe chirurgicale	l) un handicapé
13. les quartiers sensibles	m) un concierge
14. une personne en surcharge pondérale	n) les vieux
15. un sans-papiers	o) un clochard

2. Et saurez-vous traduire ces phrases:

1. Depuis plusieurs années, j'ai choisi de vivre en région.
2. Il ne faudrait pas stigmatiser systématiquement les jeunes des quartiers.
3. Il y aura eu, hélas, quelques dégâts collatéraux.
4. Elle n'est plus la même depuis la disparition de son mari.
5. Certaines séances sont réservées aux personnes malentendantes.
6. Il est mort des suites d'une longue maladie.
7. Les deux Présidents ont eu, à propos de cette affaire, un entretien qu'ils ont qualifié de «très franc».
8. Le gouvernement a pris certaines mesures en faveur des familles défavorisées.

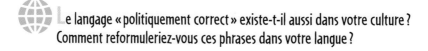

Le langage «politiquement correct» existe-t-il aussi dans votre culture?
Comment reformuleriez-vous ces phrases dans votre langue?

Les trois activités qui suivent concernent le « français d'ailleurs ». Comme vous le savez, on parle français sur les cinq continents. Nous vous proposons un échantillon de :

- français d'Afrique (il est à remarquer que les pays de l'Afrique francophone partagent certaines expressions mais créent aussi les leurs propres).
- français de Belgique
- français de Suisse
- français du Québec

81 LE FRANÇAIS D'AFRIQUE

Prenez connaissance des mots et expressions suivants puis traduisez en « français de France » le petit dialogue qui suit.

Un tiens pour toi = un pourboire (RDC = République Démocratique du Congo)

Graisser quelqu'un = corrompre (acheter) quelqu'un

Un tais-toi = un pot de vin

Elle me tympanise ! = elle m'ennuie (Sénégal)

Un sous-marin = un amant caché

Un broussard = un plouc, un péquenaud

Un bureaucrate = quelqu'un qui travaille dans un bureau

Un politicien = un baratineur

Mon entreprise a été conjoncturée = mise en faillite

Tout ça, c'est politiques = des manœuvres

Un individu = un crétin

L'essencerie = la station d'essence

J'ai été compressé = licencié (Côte d'Ivoire)

Ça m'amertume = je suis amer, préoccupé (RDC)

Je vais encore misérer (Cameroun)

Si ça continue, je vais gréver (Cameroun)

Mon premier bureau = ma « légitime »

Elle fait sa mafière = son orgueilleuse, sa fière (RDC)

Traverser quelqu'un sans le reconnaître = croiser (Sénégal)

Marathonner = s'enfuir à toutes jambes

DIALOGUE

— Au fait, et Sally, ça va ? Ça fait longtemps qu'on (ne) l'a pas vue !

— (Il) (n') y a plus de Sally ! Elle m'a trompé, la garce.

— Quoi ! Sally ? Elle avait un sous-marin ? Pas possible ! Qui c'est ?

— Oh ! Un bureaucrate. Maintenant, elle fait sa mafière. Elle me traverse sans même me reconnaître.

— Je suis revenu chez mon premier bureau mais celle-là, elle me tympannise avec sa jalousie ! Si elle continue, moi je vais marathonner, c'est sûr ! Et toi, ça va ?

— Bof ! Moi, je risque bien d'être compressé. On dit que la boîte va être conjoncturée d'un moment à l'autre.

  Ça m'amertume. Je crois bien que je vais encore misérer. Avant de retrouver quelque chose !

— (Il) (ne) faut pas vous laisser faire. (Il) faut gréver !

— Oui, mais je (ne) vais pas gréver tout seul ! Les autres, c'est rien que des broussards.

  Ils (n')osent rien faire !

ODETTE TOULEMONDE ET MOI

Mon amie Marie-Louise et moi sommes allées voir «Odette Toulemonde», une comédie de Eric-Emmanuel Schmitt* avec Catherine Frot et Albert Dupontel, à Paris.

La majeure partie du film a été tournée sous le ciel de Belgique. Les scènes qui se passent à la mer m'ont rappelé mon enfance. Nous habitions Bruxelles et allions souvent au Zoute. Ma tante y possédait une villa. Nous lui apportions systématiquement un **ballotin** de pralines et elle nous remerciait en nous donnant une **baise**. Avec mes cousins et cousines on jouait au **vogelpick**, on faisait du **cuissetax** sur la digue, et nous rentrions à midi pour dîner. Au menu il y avait souvent des **chicons**, de la **tête pressée** ou du **pain de veau**, mais ce que je préférais c'était les **fondus au parmesan** et le **filet américain**.

Comme sa f**emme à journée** était en vacances, pour aider ma tante, nous rapportions les **vidanges** au magasin, nous passions la **loque à reloquetter** dans la salle de séjour ou alors nous **faisions les souliers**. L'après-midi nous allions à l'**aubette** acheter le magazine «Tintin» pour mon oncle. Il y avait chez ma tante un petit **zinneke**, une vraie **jouette**, qui ramenait du sable dans la maison. Heureusement, qu'avec la **ramassette** tout était vite enlevé.

Quand **il drachait**, ce qui arrive souvent en Belgique, on écrivait des **cartes-vues**. Pour le goûter ma tante achetait toujours des **gozettes**, des **couques suisses**, du **cramique** et du **craquelin**. Au souper nous nous régalions avec des moules-frites.

Le dimanche nous allions à l'église et à la sortie de la messe nous passions chez le **légumier** et chez le poissonnier. En rentrant nous mangions nos **pistolets** aux crevettes. Rien que d'y penser, un sentiment de nostalgie m'envahit…

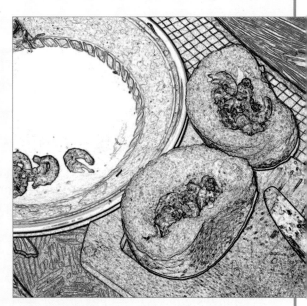

Le pistolet est un petit pain.
On le rompt, on évide un peu de mie en son centre, on le tapisse de beurre et on le garnit de crevettes grises préalablement décortiquées.

Lisez le texte.

1. Voici dans le désordre les « traductions » des mots en gras.
Appariez chaque mot et sa traduction.

1. un ballotin
2. une baise
3. jouer au vogelpick
4. un cuissetax
5. le dîner
6. des chicons
7. de la tête pressée
8. du pain de veau
9. les fondus au parmesan
10. le filet américain
11. la femme à journée
12. les vidanges
13. la loque à reloquetter
14. faire les souliers
15. l'aubette
16. un zinneke
17. une jouette
18. la ramassette
19. dracher
20. des cartes-vues
21. des gozettes
22. des couques suisses
23. du cramique
24. du craquelin
25. le légumier
26. un pistolet

a) une pelle à poussière
b) du fromage de tête
c) qui ne pense qu'à jouer
d) un emballage en carton
e) un bolide à pédales
f) une femme de ménage
g) le steak tartare
h) des bouteilles consignées
i) petits rectangles de pâte au fromage passée dans la chapelure à la friture
j) un baiser
k) des chaussons aux pommes
l) des cartes postales
m) le repas de midi
n) pleuvoir à verse
o) la serpillière
p) un jeu de fléchettes
q) un petit chien sans race
r) le kiosque à journaux
s) cirer les chaussures
t) un petit pain
u) un pain brioché au lait et aux raisins
v) des endives
w) le marchand des quatre saisons
x) un pain brioché au lait et au sucre
y) un petit pain aux raisins
z) de la viande de veau hachée et cuite au four

2. Réécrivez le texte en français d'outre-Quiévrain**

*Éric-Emmanuel Schmitt (1960) : En une dizaine d'années Éric-Emmanuel Schmitt est devenu un des auteurs francophones les plus lus et les plus représentés dans le monde. Il a écrit le *Cycle de l'Invisible*, quatre récits sur l'enfance et la spiritualité qui rencontrent un immense succès aussi bien sur scène qu'en librairie : *Milarepa*, *Monsieur Ibrahim et les fleurs du Coran*, *Oscar et la dame rose* et *L'Enfant de Noé*.
Ma vie avec Mozart est une correspondance intime et originale avec le compositeur de Salzbourg et *Odette Toulemonde et autres histoires* est un recueil de 8 nouvelles, 8 destins de femmes, inspiré par son premier film (2006). Amoureux de musique, Eric-Emmanuel Schmitt a également signé la traduction française des *Noces de Figaro* et de *Don Giovanni*.

**Outre-Quiévrain : La France. Au-delà de cette commune du Hainaut, vers le sud, c'est la France. « C'est ainsi qu'on dit outre-Quiévrain ».

83 LE FRANÇAIS DE SUISSE

Prenez connaissance des mots et expressions suivants puis traduisez en «français de France» le petit dialogue qui suit.

Prendre une caisse =	prendre une cuite, se saouler
Ramener une caisse =	rentrer ivre
Être déçu en bien =	agréablement surpris
Envoyer baigner quelqu'un =	envoyer promener, envoyer balader quelqu'un
Faites excuse =	excusez-moi
Par exprès =	exprès
Avoir loin =	avoir un long chemin à faire
C'est mal fait =	c'est dommage
Avoir meilleur temps =	avoir avantage à
Par ensemble =	en commun
Être rendu =	fatigué
Faites seulement =	Je vous en prie
Il veut pleuvoir =	il va pleuvoir
Tirer du côté de =	ressembler à
Chambre à manger =	salle à manger
Charognes de gamins =	satanés gamins
Depuis tout petit =	dès son plus jeune âge
Une giclée d'alcool =	une goutte
Ma fi =	ma foi
À la prévoyance =	au revoir
Aller au nô-nô =	aller se coucher
Un tournement de tête =	un vertige

DIALOGUE

— Bonjour, Ferdinand. Faites excuse, vous (n')avez pas vu Baptistin ?

— Ma fi, si, je l'ai vu hier soir. Il a pris une bonne caisse. Il avait de ces tournements de tête ! Il a dû aller au nô-nô direct ! Et aujourd'hui, il doit être bien rendu !

— Ah ça, c'est terrible, il tire de plus en plus du côté de son père ! Celui-là, il commençait par une giclée le matin et il ramenait une caisse tous les soirs. Pauvre Baptistin, depuis tout petit, il a vu son père comme ça !

— Oui, c'est mal fait parce que c'est un bon gars, le Baptistin. Il a le cœur sur la main.

— Oh, dites donc, il veut neiger, on dirait ! Il (n') y a plus de saison. De la neige en septembre ! Je crois que j'aurais meilleur temps de me dépêcher. J'ai encore loin. Faites excuse mais j'y vais.

— Faites seulement. À la prévoyance !

84 LA PARLURE QUÉBÉCOISE = LE PARLER DU QUÉBEC

Prenez connaissance des mots et expressions suivants puis traduisez en «français de France» le petit dialogue qui suit.

Le déjeuner (= petit déjeuner) – le dîner (= déjeuner) – le souper (= le dîner)

Je suis tanné =	j'en ai marre
Une chicane =	une dispute
Une guenille =	un chiffon
Une vadrouille =	une serpillière
La tabagie =	l'endroit où l'on vend du tabac/des journaux
Une laveuse =	une machine à laver
Une sécheuse =	une machine à sécher
Ma blonde =	ma petite amie
Ils sont accotés =	ils vivent en union libre
La gang =	la bande d'amis, de copains
La job =	le boulot
Magasiner =	faire du shopping
Y a du monde à la messe =	il y a foule
C'est dispendieux =	ça coûte cher
Prendre une marche =	faire une promenade à pied
Minoucher =	caresser, cajoler
Achaler quelqu'un =	embêter quelqu'un
Une joke =	une blague
Le char =	la voiture
Maudit niaiseux ! =	espèce de crétin !
Sacrer son camp =	ficher le camp
Tabernacle ! Tabarnak =	zut !

DIALOGUE

– Dis donc, Mélanie, avant d'aller magasiner, il faudrait faire un peu de ménage. Tu peux passer la vadrouille dans la cuisine ?

– Ah non, moi, je suis tannée ! C'est toujours moi qui le fais. Et puis j'ai pas envie d'aller magasiner. Le samedi, dans les boutiques, y a toujours du monde à la messe ! Je préfère prendre une marche. Ou alors, on embarque dans le char et on va voir Marie-Jeanne.

– Bon, on va pas se chicaner pour ça. Moi, je passe la vadrouille et toi, tiens, mets donc le linge dans la laveuse.

– Et Martin ? Il fait jamais rien ! Il m'achale, ce maudit niaiseux, toujours avec sa gang ou à minoucher sa blonde au lieu de nous aider !

– Mais le ménage, c'est pas une job pour les gars.

– Maman ! C'est une joke ou quoi ! Le ménage, c'est une job pour les gars comme pour les filles !

85 (C2) COMPRENDRE UN LEXIQUE SPÉCIALISÉ (1)

**Lisez les questions ci-dessous puis le texte lui-même.
Répondez ensuite aux questions.**

Pourquoi Guerlain résiste-t-il aux modes ?

Véritable institution chez les parfumeurs, Guerlain résiste malgré la concurrence : pas moins de 300 nouveaux parfums créés annuellement, environ 2000 références en magasins, des parfums de couturiers, de marques, de stars, Céline Dion ou David Beckham, un bon business surtout dans le pays où les femmes se parfument le plus au monde. Des femmes de plus en plus infidèles sauf à Guerlain...

Le premier parfumeur français peut s'enorgueillir d'environ 800 fragrances depuis sa création en 1828. Et ce sont les parfums d'autrefois qui se vendent le plus, avec des formules toujours inchangées. Ainsi L'*Eau de Cologne impériale*, première fragrance créée en 1830 s'achète encore 176 ans plus tard ! *Shalimar*, lancé en 1925 par Jacques Guerlain, qui révèlera les parfums orientaux, est toujours un best-seller. Tout comme L'*Heure Bleue* qui date de 1912 et *Mitsouko*, 1919, le premier fruité chypré, du nom de l'héroïne japonaise de *La Bataille* de Claude Farrère.

Des fragrances toujours en hommage à des femmes et à des histoires d'amour réelles ou rêvées. Pas de concession aux modes, les jus restent les mêmes et ne vieillissent pas, « C'est la femme qui parfume le parfum et pas le contraire, Guerlain ne fait pas vieux jeu, *Mitsouko* est toujours porté par de jeunes filles », assure Sylvaine Delacourte, directrice de la création parfum.

Parce que le parfumeur n'a pas changé sa signature.

Guerlain choisit toujours la nature. Jean-Paul Guerlain (43 parfums dont *Habit Rouge*, *Samsara*...), nez Guerlain, travaille maintenant comme consultant pour la maison, rachetée en 1994 par LVMH.

Passionné, il ramène des matières premières du monde entier, fleurs d'oranger à Nabeul et ylang ylang à Mayotte.

Mais comment naît un parfum chez Guerlain ? « Il n'y a pas de test de consommateurs, c'est à l'instant, à l'émotion, ce sont des parfums de convictions », explique la directrice de la création. Certes, il existe quatre familles olfactives : chypré (bois, cuir...), floral, hespéridé (essences d'agrumes), oriental (musc, vanille, bois, essences exotiques). La composition donnera une note de tête, premier contact fugace, la note de cœur, le caractère, et les notes de fond, le sillage, la prégnance. Voilà pour la base. Guerlain utilise toujours entre 60 à 80 % d'essences naturelles, « mais l'important c'est que l'on sente la naturalité. Le lilas, le muguet, la violette, le chèvrefeuille, la jacinthe, le gardénia sont des reconstitutions, sans les produits de synthèse, ces parfums ne tiendraient pas ». ☞

Un Guerlain se reconnaît à sa signature composée de fève tonka, d'iris, de rose, de jasmin, de vanille, un accord autour de senteurs ambrées, sensuelles, vanillées, musquées. La fameuse Guerlinade, d'Aimée Guerlain, « est plutôt un style d'écriture, quelques notes récurrentes, avec des "overdoses", au lieu de 2 ou 3% de santal on met 20 à 30% comme dans *Samsara*. l'esprit "daim blanc" ». Pour la création du *Cuir Beluga* (par Olivier Polge) l'interprétation n'est pas avare d'oxymore avec « cette obscure clarté, un accord mandarine aldéhydé dont le rayon se prolonge dans l'immortelle… ».

Guerlain propose aussi des parfums d'intérieur qui osent des noms évocateurs, *Contes tahitiens* – frangipaniers, ylang-ylang, fleurs de Tiaré – H*iver en Russie* – encens et myrrhe, ambre, girofle – ou ce *Boudoir vénitien* – rouge à lèvres, cassis, violette, cuir de Cordoue et poudre de riz – qui, s'il ne métamorphosera pas vos lithos en Tiepolo, pourra éveiller quelque ambiance du XVIIIe siècle de la Cité ducale, ou convoquer Casanova…

Et que dire d'*Eau-de-lit* pour un « souffle lavandé, d'agrume, l'odeur des draps frais » et, plus tard, poudré, vanillé, « des odeurs plus animales qui se dégagent », sans doute pour une nuit chaude et charnelle, laissant au matin les draps froissés de passion, et l'odeur de l'être aimé sur l'oreiller.

Qui a dit que Guerlain c'était collet monté ? ■

Bertrand Gauthey

1. Établissez une « fiche d'identité » de Guerlain :

a) Date de sa création : ....

b) Nombre total de fragrances créées : ....

c) Nom de la première fragrance créée : ....

d) Noms des plus célèbres fragrances : ....

....

2. Les assertions suivantes sont-elles vraies (V) ou fausses (F) ?
Cochez la case qui convient.

	Vrai	Faux
a) La famille Guerlain est toujours propriétaire de la marque.	❑	❑
b) Il existe plus de 2000 parfums différents.	❑	❑
c) Les derniers parfums se vendent le plus.	❑	❑
d) Les Françaises se parfument plus que les autres femmes.	❑	❑
e) Les matières naturelles sont de moins en moins utilisées.	❑	❑
f) Guerlain élabore aussi des parfums pour des stars, des couturiers.	❑	❑
g) Les parfums se répartissent en quatre groupes.	❑	❑
h) Les consommateurs ont une influence sur la fabrication.	❑	❑
i) Guerlain ne fait pas que des parfums pour les personnes.	❑	❑

3. La création d'un parfum est comparée à deux autres types de création. Lesquelles ?

86 (C2) COMPRENDRE UN LEXIQUE SPÉCIALISÉ (2)

1. Relevez les mots qui ont une relation avec le nez, les odeurs : ....

....

2. Quels adjectifs qualifient les quatre catégories de parfums ? ....

....

3. À quelles matières premières correspondent chacun de ces adjectifs ?

a) ....

b) ....

c) ....

d) ....

4. Quels autres adjectifs qualifient les parfums, les senteurs ? ....

....

5. D'après le texte, associez à chaque mot la définition qui lui correspond :

....

Mots	Définitions
1. Un accord	a. Première impression olfactive perçue.
2. Une base	b. Aboutissement du travail de création d'un parfumeur – Produit le plus concentré et généralement le plus riche d'une ligne.
3. Une fragrance	c. Mot désignant un parfumeur créateur.
4. Un jus	d. Effet obtenu par le mélange de deux ou plusieurs matières premières ou notes simples.
5. Un nez	e. Impression olfactive perçue dans l'atmosphère au passage d'une personne s'étant parfumée.
6. Une note	f. Ce mot désigne la solution alcoolique d'un concentré de parfum.
7. Une note de tête	g. Par opposition à l'odeur qui peut être agréable ou désagréable, ce mot traduit l'odeur plaisante d'un produit parfumé.
8. Un parfum	h. Structure olfactive élémentaire. Elle constitue un élément pré-composé facilitant au créateur l'élaboration d'un parfum.
9. Un sillage	i. Caractéristique de l'odeur d'une matière première ou d'une composition.

www.cortical.net/parfum/lexi.html

6. Quels points communs lexicaux y a-t-il entre la composition d'une œuvre musicale et celle d'un parfum ? ....

....

....

87 (C2) SAVOIR PARLER DU VIN

I. D'ABORD, SAVOIR DÉGUSTER LE VIN, PAS N'IMPORTE COMMENT !

A. PAS DANS N'IMPORTE QUEL VERRE.

Associez une boisson à un verre :

a) le champagne - b) un bordeaux - c) de l'eau - d) un bourgogne – e) un cognac

B. PAS À N'IMPORTE QUELLE TEMPÉRATURE.

À votre avis, à quelle température boit-on généralement

- un bon vin rouge ? ....
- un vin blanc sec ? ....
- un vin rosé ? ....
- du champagne ? ....

C. PAS SANS RESPECTER LES FORMES.

La dégustation se déroule en trois temps. D'abord avec les yeux : on verse une petite quantité de vin dans un verre correspondant au type de vin, on le fait tourner délicatement et on admire sa robe ; puis, avec le nez : on le respire à grands traits pour sentir ses parfums et enfin avec la bouche, on le met « en bouche » : on le garde un moment dans la bouche pour bien apprécier ses différentes saveurs avant de l'avaler.

D. PAS SANS SAVOIR COMMENTER LA DÉGUSTATION.

○ Deux substantifs utiles à connaître

- **la robe :** elle définit les nuances de couleurs des vins.
- **le nez :** il définit le bouquet (l'ensemble des parfums : fruits rouges, épices, notes boisées, nuances florales, nuances minérales, réglisse), les arômes, le fumet.

○ Trois saveurs de base. De leur combinaison dépend la perfection d'un vin :

- **l'acidité :** Elle compense le moelleux et donne au vin de la vivacité, de la fraîcheur, de la souplesse.
- **le moelleux :** c'est le « doux » (l'alcool, le sucre)... qui donne une sensation d'onctuosité.
- **le tanin :** saveur propre aux vins rouges, qui donne une saveur astringente.

○ Quelques adjectifs pour parler de la saveur d'un vin.

● **ample :** un vin qui remplit bien la bouche.
● **capiteux :** riche en alcool, qui échauffe les sens.
● **charnu :** légère dominance du moelleux avec cependant suffisamment d'acidité pour équilibrer la mollesse.
● **charpenté :** bonne teneur en tanin, équilibre du moelleux et de l'acidité (on parle aussi de la «corpulence» d'un vin).
● **corsé :** tanin + moelleux dominants, avec un certain degré d'alcool.
● **doux :** légèrement sucré, souple.
● **équilibré :** les trois groupes de saveurs sont présents à égalité.
● **généreux :** riche en alcool.
● **gras :** le moelleux domine les deux autres composantes.
● **harmonieux :** même si un groupe de saveurs domine, les deux autres sont bien présents.
● **léger :** harmonieux et équilibré mais sans persistance et substance.
● **lourd :** excès du couple tanin + moelleux, insuffisance de l'acidité.
● **mâche :** un vin qui a de la mâche est un vin riche, consistant, charnu, qui emplit bien la bouche, qui donne envie de mâcher.
● **persistant :** impression de présence du vin dans la bouche bien après qu'on l'a avalé (long en bouche).
● **puissant :** riche et corsé.
● **rond :** dominance du moelleux, mais dans la souplesse, sans excès.
● **souple :** présence du couple tanin + acidité en retrait, mettant en valeur le moelleux.
● **vif :** légère domination de l'acidité.

1. **Un seul de ces adjectifs est négatif. Lequel ?** ....

2. **Quels sont les adjectifs de la liste précédente qui pourraient qualifier physiquement une femme ?** ....

....

....

II. COMMENT PARLER DU VIN EN SPÉCIALISTE.

Lisez cette description de deux vins de Bourgogne qui «tutoient les sommets»

Un rouge, le MOREY SAINT-DENIS 2002 (Domaine Hubert Lignier)

Le nez présente des notes persistantes de fruits rouges et de fruits confits, puis quelques notes épicées qui en font un nez d'une grande richesse, et d'une vraie intensité.

En bouche, ce vin présente un volume considérable, une rondeur fruitée, une pureté aromatique qu'il est vraiment rare de trouver dans un village ! Beaucoup d'élégance et une richesse immédiate, sa longueur remarquable… mais ne vous y trompez pas, il sera encore meilleur à l'horizon 2010/2012 lorsqu'il arrivera à son apogée. Rien que du plaisir à venir !

(revue VINISSIME n°41 – mai 2005)

Un blanc,
le CORTON CHARLEMAGNE 2002,
grand cru (Domaine Bonneau du Martray)

La robe est paille, avec des reflets verts. Au nez, c'est la minéralité qui ressort fortement, entourée par d'agréables notes de poire, d'une grande pureté ! Mais le bouquet est à peine formé pour un vin d'une telle capacité de vieillissement, et il ne donne que les prémices de ce qu'il offrira dans quinze ou vingt ans. En bouche, ce grand cru se montre savoureux, large et particulièrement expressif, avec une forte minéralité qu'on croirait taillée dans la roche !
La longueur est incroyable… si longue… Ce vin sera une référence dans une vingtaine d'années, et on le boira encore au milieu du siècle… Pour ceux qu'une longue garde n'effraie pas, mais aussi pour ceux qui voudront boire ce vin dans sa jeunesse, pour sa matière énorme et sa race fantastique,

revue VINISSIME n°41 – mai 2005

1. **Notez les adjectifs qui montrent que l'on décrit d'abord un vin rouge et ensuite un vin blanc.** ....

....

2. **Comment comprenez-vous l'expression « un vin de garde » ?** ....

....

3. **Comment comprenez-vous cette phrase : « La longueur est incroyable... si longue... »**

....

4. **Comparez l'organisation textuelle de ces deux descriptions : suivent-elles le même ordre ?** ....

....

88 SACHEZ LIRE UNE ÉTIQUETTE DE VIN

L'APPELLATION

C'est capital : elle prouve l'origine du vin. Obtenir une appellation suppose que le vin réponde à des critères précis : quelles sont les limites géographiques de production, quel est le rendement à l'hectare, comment est effectuée la vinification, etc.

LE NOM ET L'ADRESSE DU PROPRIÉTAIRE

Cela vous permet de savoir qui a fait le vin que vous allez boire. Son nom apparaît suivi de sa qualité : en général viticulteur ou propriétaire. L'adresse doit être située dans la surface de production autorisée pour cette appellation. Si elles sont seules, ces indications prouvent que vous êtes en présence d'un vin d'authentique origine, qui n'est passé par aucun intermédiaire avant d'être mis en bouteille. S'il y a un deuxième nom à côté de celui du propriétaire, cela signifie que le vin provient bien de ce vignoble mais qu'il a été « élevé », mis en bouteille et commercialisé ailleurs.

MISE AU DOMAINE / MISE EN BOUTEILLE À LA PROPRIÉTÉ / MISE EN BOUTEILLES AU CHÂTEAU

Cette mention vous garantit explicitement l'origine du vin : toutes les opérations se sont déroulées sur le lieu de production.

Attention, l'expression mis en bouteilles dans la région de production est beaucoup plus vague.

LE MILLÉSIME

Il n'est pas obligatoire mais c'est une indication précieuse : cela signifie que le vin ne provient pas d'un assemblage de cuvées de différentes années.

LE NOM DU CRU

Excepté quand il s'agit des crus correspondant aux classements officiels (les grands crus / les premiers crus / les crus bourgeois...), cela n'a pas un sens très précis ; il s'agit simplement d'un vin issu d'un terroir particulier et d'une qualité supérieure à la simple « appellation ».

À vous de décrypter ces deux étiquettes.

APPELLATION	NOM / ADRESSE DU PROPRIÉTAIRE	MISE AU DOMAINE	MILLÉSIME	NOM DU CRU

1. **Remplissez ce tableau.**

2. **Dans quel verre allez-vous les servir ?**

a) ....

b) ....

3. **Lequel des deux allez-vous choisir de préférence pour accompagner :**

a) un rôti de bœuf ? ....

b) une langouste ? ....

c) une douzaine d'huîtres ? ....

d) un plateau de fromage ? ....

2 ■ COMPRENDRE LA STRUCTURE D'UN TEXTE

89 REPÉRER LA STRUCTURE D'UN ÉDITORIAL

Qu'est-ce qu'un éditorial ?

C'est un commentaire, assez bref (quarante à soixante lignes le plus souvent) qui porte sur un sujet d'actualité.

Il est intitule ÉDITORIAL : on ne peut le confondre avec un autre texte. C'est important : en effet, sa singularité est qu'il reflète l'opinion de l'ensemble de la rédaction et engage donc la responsabilité du journal.

Où se trouve-t-il dans le journal ?

Généralement, en première, deuxième ou dernière page. Il peut être présenté verticalement ou horizontalement.

Comment est-il construit ?

• il pose la problématique, définit et délimite le sujet qu'il va traiter.

• il rappelle ce qui a précédé, fait un bref historique de la question.

• il donne son opinion et la justifie.

➤ On remarquera que le plus souvent, l'éditorial est fortement structuré : paragraphes bien délimités et emploi de connecteurs logico-temporels permettant de bien baliser le texte.

Quel est son but ?

• Faire réfléchir le lecteur sur la question ou l'événement qu'il traite.

• Donner son opinion sur ces faits et sur leurs conséquences possibles.

Voici deux éditoriaux parus à la même époque et concernant le même sujet. Comparez-les.

1. **Quant à leur structure :**

	ÉDITORIAL A	ÉDITORIAL B
a) sont-ils signés ou non ?		
b) présentation : nombre de colonnes, nombre de paragraphes...		
c) structuration du texte : quels sont les connecteurs logico-temporels		
d) forme de l'introduction : est-ce une citation ? Une phrase choc ? Un exemple ?		

2. **Quant à leur contenu.** Vous analyserez en particulier les deux conclusions. En quoi diffèrent-elles ?

....

....

3. **Quant à l'opinion de chaque éditorialiste** et donc de la ligne rédactionnelle du journal. Vous relèverez les mots et expressions qui traduisent cette opinion.

....

....

....

A.

LE TABAC, ET APRÈS ?

Sartre ou Gainsbourg, Camus ou Pompidou n'en reviendraient pas, mais c'est désormais chose faite. Depuis le 1er février, le tabac est prohibé dans les lieux publics fermés, les entreprises, les lycées, etc., en attendant l'application de l'interdit aux cafés et restaurants, dans un an. Pour les quelque 15 millions de fumeurs que compte ce pays, il ne reste d'autres perspectives que le sevrage, la rue ou l'espace privé.

Enfin ! diront tous ceux qui, depuis la loi Veil de 1975 et surtout la loi Evin de 1991, n'ont cessé de dénoncer les dangers du tabagisme. Les campagnes de sensibilisation ont, certes, fait prendre conscience progressivement qu'il est la cause de 90 % des cancers du poumon et qu'il tue, en France, plus de 60 000 personnes par an, fumeurs ou non-fumeurs victimes du tabagisme passif. Mais cela n'avait pas modifié en profondeur les habitudes et la consommation, pas plus que les hausses fortes et répétées du prix des paquets de cigarettes. À l'instar des réglementations déjà appliquées depuis un an ou deux en Espagne, en Suède, en Italie, en Belgique (et bientôt en Grande-Bretagne), l'interdiction de fumer dans les lieux publics est la seule mesure véritablement dissuasive.

On a assez, dans ces colonnes, soutenu cette politique de santé publique pour ne pas saluer, aujourd'hui, la détermination du gouvernement. Cela n'interdit pas, cependant, de soulever des questions volontiers éludées par la croisade antitabac. Jusqu'où la puissance publique entend-elle encadrer et contrôler les comportements privés ? Et jusqu'où la société est-elle prête à montrer du doigt, culpabiliser, voire exclure, telle ou telle catégorie de Français ?

Cette logique sociale voudrait qu'après les consommateurs de tabac, les buveurs d'alcool soient fustigés. Les dégâts que ce dernier provoque en termes de santé publique ne sont pas moindres (40 000 morts par an), et les victimes collatérales sont largement aussi nombreuses que celles du tabagisme passif (un tiers des accidents de la route et 80 % des violences conjugales et familiales sont imputables à l'alcool). Faudra-t-il ensuite s'attaquer aux consommateurs de psychotropes, puisque les Français sont, dans ce domaine, champions d'Europe ? Bref, quelle est la frontière entre sécurité collective et liberté individuelle ? Enfin, on ne peut s'empêcher de penser que la mise en cause de la responsabilité individuelle des fumeurs est une manière assez commode d'éviter de mettre en cause d'autres responsabilités collectives ou de puissance publique : ainsi celle de l'État, qui a perçu près de 12 milliards d'euros de taxes sur le tabac en 2005 ; ou celle d'une société qui part en guerre contre la cigarette beaucoup plus vigoureusement que contre l'exclusion ou les risques environnementaux.

Étonnantes schizophrénies !

Le Monde, samedi 3 février 2007

B.

LA DERNIÈRE TAFFE*
L'éditorial d'Yves Thréard

Donc, c'est fini. Au bureau, à l'atelier, au lycée et dans tous les lieux publics. Celui qui voudra allumer une cigarette devra désormais attendre d'être sorti, si un local n'est pas dévolu à la satisfaction de son vice. Oui, un vice, car au-delà des conséquences médicales, fumer est très mal vu aujourd'hui. C'est un grave défaut, une déviance, une anomalie. Mais sans doute fallait-il en passer par là, par ces considérations un tantinet moralisatrices, pour dégoûter les plus accros, pour les culpabiliser. Avec la complicité d'une majorité de la population, les pouvoirs publics ont gagné la bataille. L'année prochaine, bars, restaurants et discothèques seront frappés à leur tour.

Cette interdiction n'est pas anecdotique. Elle marque un tournant de civilisation, une révolution culturelle. Elle n'est pas si loin, l'époque où l'État tabacologue distribuait des gauloises «troupes» à ses appelés, où le président Pompidou apparaissait à la télévision une Winston à la main, où Lazareff, Desgraupes et Dumayet présentaient «Cinq colonnes à la Une» la pipe vissée à la bouche. Fumer était, sinon un besoin, un plaisir ou un snobisme. Cela soulignait la virilité d'un homme et l'émancipation d'une femme. Quelques volutes donnaient assurance et élégance. En ces temps-là, l'apparence obéissait à d'autres codes.

En ces temps-là, en revanche, fumer dans la rue était considéré comme une absence de savoir-vivre.

La nostalgie étant une autre forme de l'addiction, elle ne manquera pas d'inspirer les irréductibles, les irascibles et les ronchons. On connaît leurs arguments. Cette prohibition est une nouvelle atteinte aux libertés individuelles. Cet «hygiénisme» fait l'affaire des laboratoires pharmaceutiques. De quoi se mêle l'État? Se moquant des statistiques et de leur entourage, ils ajoutent que l'on «meurt toujours de quelque chose». Lapalissades et propos de comptoir. Mauvais arguments, surtout.

On ne naît pas fumeur, on le devient. Fumer, c'est entrer dans une prison dont il est bien difficile de s'évader indemne. Internement physique, psychologique qui supprime tout libre arbitre pour dégrader tout un chacun jusqu'à l'état de dépendance. Sombre comportement, qui tue précocement et réduit à l'asservissement. Non, la victime n'est pas consentante, elle devient esclave.

On se demande comment l'État, responsable de la santé publique, a pu laisser faire. Était-il lui-même nicotino-dépendant à ce point qu'il en fasse un monopole dans le seul souci de remplir ses caisses? Les ravages du tabac étant connus depuis longtemps, il y a eu tromperie autant qu'indifférence.

N'en déplaise à ses contempteurs, cette nouvelle réglementation est un progrès. Comme d'habitude, il profite d'abord aux nations les plus riches : nos voisins européens suivent le même chemin. Mais aujourd'hui, les cigarettiers tentent de compenser leur manque à gagner dans l'hémisphère Sud. Arrêter de fumer n'étant plus une option, l'aide aux pays en voie de développement passe donc aussi par la prévention contre l'effet destructeur du tabac.

Le Figaro, 1er février 2007

* une taffe = une bouffée

90 REPÉRER LA STRUCTURE D'UN ARTICLE

La plupart des articles suivent un schéma assez semblable :

1. un titre général et, éventuellement, des **intertitres** pour présenter chaque partie.

2. souvent, **un chapeau** = une à deux phrases qui précèdent immédiatement le texte et en résument la problématique.

3. **le texte lui-même**, c'est-à-dire :

➤ une **introduction** qui comprend souvent (mais pas toujours) trois parties :

– une phrase pour «accrocher» le lecteur, exciter sa curiosité et lui donner envie de continuer sa lecture ;

– une phrase pour présenter le thème, la question ;

– une ou deux phrases enfin servant de transition avec le «corps» du texte pour annoncer le plan qui sera suivi.

• le **développement** qui se doit d'être structuré afin de faciliter la lecture : chaque nouveau point abordé est annoncé par un terme de transition, un connecteur temporel (*d'abord, ensuite, enfin*...) ou logique (*mais, cependant, inversement*...) qui permet de suivre le raisonnement.

• une **conclusion** : parfois, on remarque que la conclusion renvoie à l'un des éléments de l'introduction ; mais plus souvent, il est conseillé d' «ouvrir» cette conclusion, d'adopter un point de vue questionneur, voire polémique, d'amorcer un débat possible, d'esquisser une problématique plus large.

EXEMPLE D'ARTICLE   LES SEL, À L'ENCONTRE DE L'ARGENT ROI

1. **De quoi va-t-on nous parler ?**

○ **Prenez connaissance de cet article de** *manière globale* **et répondez aux questions suivantes concernant son organisation générale :**

○ **Que nous indiquent :**

• **Le titre ? :** ....

• **Le chapeau ? :** ....

• **Les intertitres ? :** ....

○ **Que nous indiquent**

• **La mise en page de l'article lui-même ? :** ....

....

• **Les articulateurs logiques ? :** ....

S.E.L. : trois lettres pour Systèmes d'Échange Locaux
Leur originalité ? Regrouper des adhérents pour favoriser l'entraide, créer du lien social, échanger des biens ou des services sans avoir d'argent à dépenser.

Les S.E.L., à l'encontre de l'argent roi

*D*epuis que je fais partie d'un SEL (Système d'échange local), j'achète très rarement des légumes ou des fruits au marché ou au supermarché. Monique, une «séliste» en cultive et les propose pour quelques «pastilles» seulement, raconte Évelyne, membre du SEL du Mantois, dans les Yvelines. «Pastilles», «noix de coco», «piafs», «panams» et autres «grenouilles» sont autant d'exemples de monnaies locales utilisées dans les différents SEL de France. Il en existe près de 400, organisés en associations indépendantes et répartis sur tous les départements. À la différence du troc, les échanges qui s'y pratiquent ne sont pas bilatéraux : ils se font à plusieurs. Grâce à ses pastilles, Monique pourra bientôt faire réparer son mur en pierre sèche. Mais le membre du SEL qui se proposera de réaliser ces menus travaux chez elle ne lui aura pas nécessairement «acheté» ses fruits et légumes. Évelyne, par exemple, peut s'offrir ses fameuses tomates grâce à Edmond qui lui a donné des pastilles en échange d'un service de co-voiturage ; Edmond peut bénéficier de la voiture d'Évelyne grâce à des cours de musique qu'il a donnés à Hervé, ce dernier ayant reçu des pastilles d'un tiers… Et ainsi de suite.

☞

LE REJET DU « TOUT FRIC »

Les savoir-faire et biens échangés dans le cadre des SEL contribuent à améliorer la qualité de vie. Certains ont ainsi pu acquérir un ordinateur, du mobilier, des vêtements, exercer une activité artistique ou encore offrir des cours de maths à leur enfant. Le fait de pouvoir se défaire – à une petite échelle – des règles de la consommation classique motive souvent l'adhésion à un SEL.

« Ce qui fonde l'organisation des échanges au sein des SEL, ce n'est pas le travail au sens où l'entend le Code du travail, mais une critique du statut et de la vocation de l'argent comme mode dominant de régulation de l'économie capitaliste », écrit S. Laacher, sociologue.

Les membres du SEL pourfendent dans leur majorité le « tout fric ». « La vraie richesse de notre communauté repose sur nos capacités et notre dynamisme, et pas seulement sur le montant de nos comptes en banque », indique le SEL de Saint-Quentin-en-Yvelines sur son site Internet. Ici, comme dans les autres SEL, pas d'angoisse à propos d'un compte débiteur.

Les agios et intérêts n'ont pas droit de cité ! Chaque séliste a néanmoins l'obligation morale de maintenir un compte ni trop débiteur, ni trop créditeur. Celui ou celle qui reçoit sans donner, tout comme celui ou celle qui recherche le profit, devient *persona non grata*.

L'ÉTAT « TOLÈRE » LES S.E.L.

Des monnaies locales, de menus travaux réalisés et non déclarés, des biens échangés non imposables : a priori, il y aurait de quoi alarmer les ministères du Travail, de l'Économie et des Finances ! En fait, après avoir analysé et compris ce phénomène pour le moins original, l'État a décidé de « tolérer » les SEL. Il considère que ces pratiques s'apparentent à des relations de bon voisinage. Ni travail illégal ni ventes frauduleuses donc. La preuve : en plus de dix ans, seul un procès a été intenté contre des sélistes. Et il s'est soldé par une relaxe. Cela s'explique par le peu d'heures de travail que génère un système d'échange local. Tous les SEL le stipulent dans leur règlement : les services doivent être ponctuels, en aucun cas réguliers. Autrement dit, quelqu'un peut venir de temps en temps vous donner un coup de main pour votre jardin, mais ne pourra pas venir toutes les semaines comme le ferait un jardinier.

UN SYSTÈME DISCRIMINATOIRE ?

Bien que l'adhésion à un SEL soit accessible à tous, ce système d'entraide ne semble pourtant pas adapté pour les plus démunis. « Les adhérents du SEL sont issus majoritairement des classes moyennes. Il y a très peu de pauvres car ce type d'engagement nécessite la possession de quelques propriétés sociales (estime de soi, compétences à faire valoir, critique sociale à faire entendre, rapport maîtrisé à l'information, etc.) dont sont dépourvues les personnes qui ont socialement "décroché" », explique le sociologue S. Laarcher. D'ailleurs, les échanges dans les SEL se font souvent de gré à gré, créant une échelle de valeur entre les compétences.

Ainsi, dans certaines SEL, une heure de ménage peut valoir moins qu'une heure d'informatique. Quant aux SEL égalitaristes (une heure de repassage = une heure de cours de poterie, par exemple), ils sont minoritaires. « Je trouve normal qu'on puisse fixer librement la valeur des services et des biens. Le but n'est pas de s'enrichir. Il y a un esprit SEL », tempère Marie-José, adhérente du SEL de Saint-Quentin-en-Yvelines. Plus que les services et les biens échangés, c'est le lien entre les sélistes qui constitue la véritable richesse. Savoir pouvoir compter sur une communauté de personnes, proches géographiquement, et idéologiquement, sécurise un bon nombre d'adhérents et permet parfois de réaliser des projets. Comme cet ancien libraire au chômage qui a appris la comptabilité et la gestion avant de monter sa propre librairie. « Le SEL lui a non seulement permis d'accéder à une formation qu'il n'aurait pas pu s'offrir, mais il s'est surtout senti soutenu », commente Catherine Delpech, coordinatrice des SEL d'Île-de-France.

Gonzague Rambaud
Valeurs mutualistes n° 247, janvier-février 2007

---

2. Lisez maintenant l'article et répondez aux questions suivantes :

a) L'introduction : commentez la manière dont le journaliste « attaque » son sujet.

....

....

b) Le développement : les intertitres résument-ils bien le contenu de chaque partie ?

....

....

c) La conclusion : quelle en est la forme ? Il y a un « écho » entre l'introduction et la conclusion. Lequel ? ....

....

3. Retrouvez dans le texte les mots et expressions qui reprennent et développent les thèmes esquissés dans le chapeau, dans le titre et les intertitres :

      a) favoriser l'entraide ▷ ....

      b) créer du lien social ▷ ....

      c) refuser la domination de l'argent ▷ ....

      d) le gouvernement tolère les SEL ▷ ....

      e) un système discriminatoire ▷ ....

4. Enfin, résumez cet article en quatre phrases maximum. Vous suivrez le plan général du texte. ....

....

....

....

🌐 **P**articiper à un SEL consiste à échanger des services mais non à faire du troc.
Ce type d'association, assez original, existe-t-il dans votre pays ?
Pour expliquer à vos concitoyens de quoi il s'agit et les inciter à en créer une, comment reformuleriez-vous ce texte ?

91 REPÉRER UNE ARGUMENTATION

LA POMME DE TERRE, AVENIR DU SAC PLASTIQUE EN 2015

Remplacer totalement le pétrole par de la pomme de terre pour fabriquer des objets en plastique ! Telle est l'ambition du laboratoire de chimie verte Biotec, installé à Emmerich, en Allemagne. Ce projet devrait permettre de s'affranchir de la dépendance pétrolière tout en créant un produit plus respectueux de l'environnement.

« Il s'agit d'inventer la chimie du carbone végétal comme a été créée, en 70 ans, celle du carbone fossile », résume Isabelle Tharaud, vice-présidente de Biotec. L'entreprise de 25 personnes est détenue à parts égales par l'anglais Stanelco et le français Sphere, leader européen dans la production d'emballages ménagers.

Jusqu'à présent, Biotec a réussi à produire des sacs en plastique contenant 40 % de matière végétale. Déjà commercialisés, ceux-ci se dégradent en moins de 90 jours, la norme de biodégradabilité. L'entreprise a également réalisé des objets plus massifs, comme des pots de yaourt, flacons, boîtes à œufs… avec 70 % de matériau végétal.

Pour les sacs, « nous pensons parvenir à 100 % en 2015 », estime Mme Tharaud.

Pourquoi un si long délai ? Le défi est de fabriquer un produit aussi solide que celui issu du pétrole, un objectif particulièrement difficile pour les sacs en plastique du fait de leur extrême finesse.

En partant de la fécule de pomme de terre, il faut obtenir des molécules assez longues pour rivaliser avec les chaînes de carbone qui composent le plastique actuel et assurent sa résistance. ☞

« Nous devons apprendre à polymériser suffisamment la chaîne de l'amidon », précise Mme Tharaud. Tout un processus industriel reste à mettre au point.

Malgré ces difficultés, le plastique végétal dispose de plusieurs atouts. À épaisseur égale, sa densité est supérieure. De plus, il est naturellement antistatique et présente des aspérités plus importantes, ce qui facilite son utilisation comme support d'impression. Cette propriété rend le plastique végétal « doux au toucher et moins glissant ». Enfin, sa température de fusion est de 130°C, – contre 180°C pour le plastique fossile –, ce qui rend l'incinération moins coûteuse en énergie.

Le principal frein à la vente reste le coût du sac vert. Selon Biotec, il reste de 50 % à 100 % plus cher, contre 500 % il y a quelques années. « Nous pensons que l'adoption deviendra massive lorsque le surcoût ne sera que de 20 %, estime Mme Tharaud, pour qui ce seuil pourrait être atteint vers 2008 ou 2009 en tablant sur un baril de pétrole entre 80 et 100 dollars.

Selon Biotec, à lui seul le remplacement de la totalité des produits pétroliers dans les sacs nécessiterait l'utilisation de 4 % des surfaces agricoles françaises.

Michel Alberganti, *Le Monde*
22/10/06

a) Lisez rapidement le texte.

Pour vous aider à mieux le comprendre :
- analysez la construction de l'article,
- repérez l'argumentation.

b) Nommez les différentes parties de l'article (introduction...)

....

....

c) Quelle est la fonction de chacune de ces parties (donner des informations, capter l'attention du lecteur...) ?

....

1. Quelle est l'ambition du laboratoire de chimie verte Biotec ? ....

2. Quels seraient les avantages de ce projet ? ....

3. Imaginez les avantages et les difficultés qui seront mentionnés dans la suite de l'article.

....

4. Quels sont les arguments favorables utilisés ? ....

....

5. Quels sont les arguments défavorables utilisés ? ....

....

6. Quelle est la conclusion de l'article ?

....

....

92 REPÉRER L'ÉVOLUTION D'UN CONCEPT

Selon les pays, l'acquisition de la nationalité se réalise de façon différente. Elle peut par ailleurs avoir changé au cours du temps mais aussi en fonction des événements qui se sont déroulés dans le pays. C'est le cas en France

1. **Pour préparer la lecture du texte, répondez aux questions suivantes :**

a) Qu'en est-il dans votre pays ? Comment acquiert-on votre nationalité ?

....

b) Le processus a-t-il toujours été le même ? ....

c) S'agit-il ou non d'un sujet « aigu » ? Pourquoi ? ....

....

2. **Lisez seulement le titre de l'article. D'après vous, que laisse-t-il supposer sur le contenu de l'article ? Sur la façon d'acquérir la nationalité française ?** ....

....

3. **Lisez les questions puis lisez l'ensemble du texte.**

Répondez aux questions.

a) Quelle relation y a-t-il entre le titre et les deux premières lignes du texte ?

....

b) Quel est le but essentiel de ce texte ? ....

....

c) À quelles périodes la nationalité s'est-elle acquise :

● par le droit du sol ?..

● par le droit du sang ? ....

d) Qu'est-ce qui a changé dans le code de la nationalité à partir de 1927 ?

....

e) Observez la date de l'article. À quelles échéances électorales est-il fait allusion ?

....

f) Sur quoi porte le projet de loi Sarkozy ? Que propose-t-il ? ....

....

g) Si la loi est votée, en fonction du texte, dites quels changements importants elle va entraîner ? ....

....

h) L'auteur de l'article approuve-t-il les mesures envisagées, en particulier le « contrat d'intégration » ? Quels éléments du texte vous permettent-ils de répondre ?

....

....

Télérama

droit du sol, droit du sang, et « contrat d'intégration »

Le droit français a toujours combiné, en proportion variable, droit du sol (la nationalité découle du lieu de naissance) et droit du sang (la nationalité se transmet par filiation). Mais chaque époque a dosé différemment ce subtil cocktail. Au Moyen Âge, le droit du sol l'emporte. L' « aubain », c'est-à-dire l'étranger, est d'abord celui qui est né ailleurs... dans une autre seigneurie. Mais sous l'influence du droit romain, le droit du sang vient peu à peu concurrencer le droit du sol : ainsi l'enfant né dans un pays étranger d'un père français est considéré comme Français « s'il a conservé l'esprit de retour et revient dans le royaume avec l'intention de s'y fixer durablement ».

Avec la Révolution française, le droit du sol revient en force. Normal, puisque la conception révolutionnaire fait de l'appartenance à la nation le résultat d'un acte volontaire. La démonstration extrême en est donnée avec la Constitution girondine de 1793, qui accorde la qualité de citoyen français à la seule condition d'avoir résidé un an sur le territoire français ! Le Code civil de 1804 reviendra à la transmission de la qualité de Français par la filiation ; il instaure le droit de la nationalité comme droit de la personne, mais ce droit est réservé à l'homme : « il se construit au détriment de la femme, qui jusqu'en 1927, prend la nationalité de son époux » note le sociologue Patrick Weil, qui, après huit années de recherches patientes pour reconstruire l'histoire politique de la nationalité française, conclut : « la politique de la nationalité française a été l'objet de constants affrontements politiques et juridiques.

[...] Depuis la Révolution, la France a changé son droit comme aucune autre nation. » Et ce n'est pas fini, le feuilleton de la nationalité ne cessant de rebondir à l'approche des échéances électorales, avec des formulations différentes : à quelles conditions un étranger peut-il rester en France ? Comment scinder en différents critères les droits et les devoirs de l'immigré ?

Le dernier projet de loi Sarkozy*, durci ou assoupli lors des différentes navettes parlementaires, insère dans le débat deux notions dont l'intitulé est à haut risque : immigration choisie et intégration réussie. La France se réserve donc de faire le choix de ses immigrés « en fonction de ses besoins et de ses possibilités », selon le ministre, restreignant les conditions du regroupement familial avec une série de critères cumulatifs, dont le contrat d'intégration. Dans ce dernier est envisagée l'interdiction faite aux enfants de parler leur langue maternelle. Le critère de la langue pour définir l'identité française, toujours écarté depuis plus d'un siècle, revient donc en force. Judicieuse initiative pour l'enrichissement culturel de la France, de l'Europe...

Télérama n° 2948 - 12 juillet 2006

* En 2006, Nicolas Sarkozy, auteur de ce projet de loi, était ministre de l'Intérieur.

93 (C2) COMPRENDRE DIFFÉRENTES APPROCHES D'UN CONCEPT

1. Lisez seulement le titre, le chapeau et l'intertitre du texte.

Répondez aux questions.

a) • De quoi est-il question dans le texte ? Cochez la (les) case(s) qui convient (conviennent).

   • De fiction seule ?   ☐

   • De référence seule ?   ☐

   • D'une relation entre fiction et référence ?   ☐

   • Quels mots ou expressions vous permettent de l'affirmer ? ....

   ....

b) Le titre, le chapeau et l'intertitre vous semblent-ils suffisamment explicites sur le contenu du texte ? L'élucidation de quelle expression éclairerait-elle le lecteur ? ....

   ....

c) Quel(s) domaine(s) sera ou seront-ils concernés ? ....

   ....

2. Lisez les questions puis lisez l'ensemble du texte.

FICTION ET RÉFÉRENCE ────────────

Alors qu'en science ou en philosophie, la question du statut référentiel de la fiction est centrale, dans le domaine artistique cette question est court-circuitée et mise entre parenthèses.

Parmi les multiples griefs que Platon formule à l'égard de la *mimèsis*, c'est-à-dire de la représentation par imitation, un concerne son rapport au réel et à la connaissance de ce réel : l'imitateur, le créateur de fictions verbales ou visuelles, fabrique « *des simulacres avec des simulacres* » (*La République*, Livre X), « une sorte de rêve artificiel pour ceux qui restent éveillés » (*Le Sophiste*, 266 c). Bref, selon Platon, la fiction donne l'impression d'entretenir un rapport réglé avec la réalité – de référer à ce qui est –, mais il n'en est rien : elle est donc trompeuse. Tous les philosophes ne sont certes pas d'accord avec Platon. Dans sa *Poétique*, Aristote soutient au contraire que la fiction a une portée référentielle, et donc une valeur de vérité. Simplement, elle ne se réfère pas à ce qui est advenu réellement – c'est la tâche du discours historiographique –, mais à ce qui est possible ou nécessaire. Les tenants actuels de la théorie des mondes possibles ne disent pas autre chose, sous une forme différente. Pour sauver la fiction, est-on cependant obligé de souscrire à une ontologie* qui oblige d'admettre qu'à côté du monde actuel il existe toutes sortes de mondes possibles ? En fait, le débat est faussé parce que la notion de fiction est plurivoque et que la pertinence ou non de la question de la référence dépend de ce que l'on entend par « fiction ». Il convient de distinguer cinq usages du mot « fiction » pour lesquels la question de la référence est centrale.

● Dans le domaine des sciences, le terme est parfois utilisé pour désigner soit des *êtres de convention* qui renvoient à des limites statistiques idéales – tel le gaz idéal – soit des *entités non observables directement*, mais dont on ose l'existence afin d'expliquer de façon cohérente un certain nombre de constatations factuelles. C'est en ce dernier sens qu'on qualifie – qu'on qualifiait – quelquefois les électrons et d'autres particules élémentaires de « fictions ».

● Ailleurs, le mot peut signaler des *notions* ou des *modèles heuristiques***. Ainsi Rousseau dit-il de l'état de nature qu'il est une fiction : le philosophe pose cet état afin de rendre compte des présupposés implicites du seul état historiquement attesté, à savoir l'état de contrat social, sans pour autant affirmer son existence.

● Les fictions heuristiques se rapprochent de ce qu'on appelle les *expériences de pensée*, dont la plus célèbre demeure la fiction cartésienne du doute absolu, qui sert de point de départ à la preuve du cogito. Les expériences de pensée sont en général des hypothèses explicitement contrefactuelles – posées comme contraires à la réalité – ce qui n'est pas néces-sairement le cas des fictions heuristiques. Dans ces trois acceptions du terme, la fiction apparaît comme un outil cognitif. Deux autres usages la font au contraire apparaître comme un leurre ou une illusion.

● En philosophie, le terme «fiction» désigne fréquemment les *illusions cognitives*. Par exemple lorsque Hume qualifie l'idée de causalité ou l'idée d'un moi unifié de fictions, il signifie par là qu'il s'agit de représentations erronées inévitables parce que constituantes de l'attention consciente. La fiction telle que l'entend Nietzsche se rapproche de cette conception.

● Enfin le mot signale souvent une *manipulation* consciemment réalisée par un individu ou par un groupe d'individus pour induire en erreur un autre individu ou un autre groupe d'individus. On est alors dans le domaine de la feintise sérieuse, du mensonge, ou encore du leurre, lequel, à l'inverse de l'illusion cognitive, est produit intention-nellement.

● Les cinq types de fiction qui viennent d'être énumérés correspondent à des situations dans lesquelles des représentations sans référence – par exemple un leurre – ou à statut référentiel indécis – ainsi une fiction heuristique – interagissent avec des représentations référentielles ou se font passer pour de telles représentations. Or tel n'est précisément pas le cas de la *fiction ludique* et de la *fiction artistique* – une variante de la première. D'une part, la fiction ludique et artistique, contrairement aux illusions cognitives et aux fictions manipulatrices, *s'annonce* toujours *comme* fiction. Elle se définit comme une enclave pragmatique où les choses se donnent explicitement «pour de faux», comme disent les enfants.

D'autre part, contrairement aux fictions heuristiques, aux expériences de pensée ou aux fictions scientifiques, elle n'interagit pas avec des propositions référentielles, et ce justement parce qu'elle se situe dans une enclave pragmatique qui la coupe de toute prétention référentielle. Il est donc inexact de dire que la fiction artistique s'oppose au vrai : elle s'oppose au vrai et au faux – que ce faux soit erreur ou mensonge. Ou, en termes de référence : la fiction artistique ne s'oppose pas au discours référentiel ; elle met la question même de la référence entre parenthèses. De fait, la plupart des fictions comportent à des

La fiction artistique n'a aucune prétention référentielle

degrés divers des propositions qui, sorties de l'enclave fictionnelle, ont, ou auraient, une valeur référentielle tout ce qu'il y a de plus honorable. Simplement, dès lors qu'elles sont prises dans cette enclave, le fait qu'elles aient ou non une valeur référentielle importe peu. En d'autres termes, la fiction artistique doit être pensée non pas par rapport à la vérité ou à la fausseté, mais par rapport à notre façon d'adhérer aux propositions que nous sup-posons vraies. Nous n'adhérons pas à la fiction de la même façon qu'à une proposition que nous croyons vraie – mais qui peut fort bien être fausse. Les propositions fictionnelles n'ont pas de fonction assertive : nous nous bornons d'entretenir l'idée d'un ensemble d'états de fait qui, s'ils existaient, seraient tels qu'ils sont décrits par la fiction. La différence entre fiction artistique et discours référentiel n'est donc pas d'ordre sémantique mais d'ordre pragma-tique : en élargissant le champ de nos alternatives, les représentations fictionnelles augmentent la flexibilité de notre capacité imaginative. En ce sens, la fiction est bien un outil cognitif, mais sa fonction est projective – elle projette des scénarios possibles – et non reproductive – elle ne rend pas compte d'une réalité existante.

Jean-Marie Schaeffer, Directeur d'études à l'EHESS, Directeur de recherche au CNRS
Hors série *Sciences et Avenir* – Juillet / Août 2006 – p. 29

Notes lexicales :
* ontologie : [nom féminin] Étude de l'être en tant qu'être.
** heuristique : [nom féminin] Art de faire des recherches, technique de la découverte notamment dans le domaine de la connaissance. [adjectif] Qui est relatif à l'heuristique.
(Dictionnaire multifonctions, www.TV5.org)

Répondez aux questions relatives à la structure du texte.

a) • À quoi le premier paragraphe (jusqu'à «…toutes sortes de mondes possibles.») correspond-il dans le texte ? ....

• Combien de parties comporte-t-il et quelles sont-elles ? ....
....

• Résumez en quelques mots chacune d'entre elles. ....
....

• Quel rôle joue la dernière partie ? ....

b) • Que présente la deuxième partie du texte (de «En fait le débat…» à «…est produit intentionnellement.») ? ....
....

• Comment voit-on que cette partie comporte des sous-rubriques ? ....

• Combien sont-elles ? À quoi chacune d'entre elles correspond-elle ? ....
....

c) • De quoi est-il question dans la dernière partie du texte ? ....
....

• Comment cette partie s'articule-t-elle ? ....
....

• Quelles phrases, à votre avis, constituent-elles la conclusion du texte ? ....
....

• Justifiez votre réponse : ....

3. Lisez les questions suivantes.

Relisez le texte si nécessaire puis répondez aux questions

a) De quelle référence s'agit-il ? ....

b) En quoi cela peut-il paraître ambigu ? ....

c) Pour quel domaine la portée référentielle de la fiction pourrait-elle paraître paradoxale ? ....
....

d) Dans «trois acceptions du terme, la fiction apparaît comme un outil cognitif».

Quelles sont ces acceptions ? Quel «outil cognitif» est-elle dans chaque cas ?

1re acception : ....
....

2e acception : ....
....

3e acception : ....
....

e) Sur quels arguments est basée l'opposition entre la fiction ludique et les cinq autres fictions ? ....

....

f) Où se situe la différence entre fiction et réalité ? ....

....

g) Pour l'auteur du texte, quel est ou quels sont le ou les avantages des fictions ? ....

....

....

3∎ COMPRENDRE LA CORRESPONDANCE

94 Reportez-vous à l'activité 29.

Écoutez de nouveau la conversation entre Gero et le Contrôleur des Impôts.

Le 25 octobre Gero écrit au Centre des Impôts, ainsi que cela lui a été demandé.

Lisez la lettre et la déclaration sur l'honneur écrites par Gero.

Gero BAUER
30, rue Paul Delvaux
LE VERNET
03200 VICHY

          Monsieur le Chef
           du Centre des Impôts VICHY
          8, rue du Bief BP 92
          03207 CUSSET CEDEX

Objet : Demande de dégrèvement

                     Le Vernet, le 25 octobre 2007

    Monsieur,
       Suite à mon entretien téléphonique du 23 octobre 2007, avec le service de la redevance audiovisuelle de votre Centre, je vous prie de bien vouloir trouver ci-joint et me concernant, une déclaration sur l'honneur attestant que je ne possède pas de téléviseur dans ma résidence secondaire, sise rue Paul Delvaux au Vernet.
       J'ai eu en effet la surprise, il y a quelques jours, de recevoir l'avis d'imposition pour ma taxe d'habitation accompagné d'une demande de règlement de redevance audiovisuelle alors que je ne possède pas de téléviseur.
       En conséquence, je vous serais très obligé de bien vouloir m'accorder un dégrèvement pour cette imposition.
       Dans l'attente de votre réponse et vous en remerciant par avance, je vous prie d'agréer, Monsieur, l'expression de mes salutations distinguées,

P.J. : Déclaration sur l'honneur   G. Bauer

Répondez aux questions.

1. **Gero sait comment présenter une lettre formelle. Que constatez-vous ?**

a) Où doit-on écrire le nom et l'adresse de l'expéditeur ? ....

b) Où doit-on écrire le nom et l'adresse du destinataire ? ....

c) Où la date figure-t-elle ? Comment ? ....

d) Que doit-on faire figurer au-dessous du nom et de l'adresse de l'expéditeur ?

....

e) Qu'y a-t-il de commun entre « l'appel » et la formule de politesse ?

....

f) Où la signature doit-elle figurer ? ....

g) Où indique-t-on que l'on joint un document ? Que veut dire P.J. ? ....

....

2. **À quelles formules de la lettre correspondent les expressions et phrases suivantes :**

a) « Je vous envoie » : ....

b) « Ma déclaration sur l'honneur » ....

c) « Je vous écris parce que j'ai téléphoné au Centre des Impôts » ....

....

d) « Pouvez-vous, s'il vous plaît, me permettre de ne pas payer cet impôt ? »

....

e) « Merci de me répondre vite. » ....

La déclaration sur l'honneur :

Je soussigné Gero BAUER, demeurant Lindenstrasse 41 à STUTTGART (Allemagne) déclare sur l'honneur ne pas détenir de téléviseur dans la maison que je possède rue Paul Delvaux au VERNET (ALLIER).

G. Bauer

1. Quels éléments concernant son identité faut-il porter sur une déclaration sur l'honneur ? ....

2. Quels mots ou expressions sont-ils caractéristiques de ce document ?

....

95 Le 3 novembre Gero reçoit le document suivant.

Observez-le attentivement et répondez aux questions.

DIRECTION GÉNÉRALE DES IMPÔTS

Liberté • Égalité • Fraternité
RÉPUBLIQUE FRANÇAISE

4752-SI-SP

1 - 2006

REDEVANCE AUDIOVISUELLE

AVIS DE DÉGRÈVEMENT

ALLIER
TEL : 04 70 30 85 13

SERVICE
EXPÉDITEUR

RECEPTION DU PUBLIC
TLJ SAUF SAMEDI 8H45-12H ET
13H30-16H15 OU SUR RDV

Affaire traitee par :
SUD-EST

REGULARISATION DU PAIEMENT :
TRESORERIE DE CUSSET

C.D.I. VICHY

8 RUE DU BIEF
BP 92   03307 CUSSET CEDEX

M. BAUER GERO
RUE PAUL DELVAUX
LE VERNET
03200 VICHY

Intérêts moratoires ☐

LIEU D'IMPOSITION : 0026   RUE MARECHAL LYAUTEY
VICHY

Date de la réclamation :
25/10/2006

CUSSET   Le   02/11/2006

	Référence à l'imposition	Montant de l'impôt	Dégrèvement accordé	Impôt ramené à
Année	N° de Référence			
2006	0283554721698	116 E	116 E	0 E

Madame, Monsieur,

Vous m'avez adressé une réclamation concernant l'imposition désignée plus haut. Après un examen attentif, j'ai décidé d'accepter votre demande et de vous accorder un dégrèvement.
Le montant dégrevé vous sera automatiquement remboursé :
- Par l'envoi d'une lettre-chèque si vous avez déjà payé cet impôt et si vous êtes à jour de vos paiements
- En tenant compte des sommes éventuellement dues.

Vous pouvez également vous adresser au conciliateur fiscal de votre département pour lui faire part de toutes difficultés survenues dans le traitement de votre demande. Je me tiens à votre disposition pour toute question sur ce courrier et je vous prie de croire, Madame, Monsieur, à l'assurance de ma considération distinguée.

Pierre VALMONT
Contrôleur des Impôts

La charte du contribuable : des relations entre l'administration fiscale et le contribuable basées sur les principes de simplicité, de respect et d'équité. Disponible sur www.impots.gouv.fr et auprès de votre service des impôts.
Les dispositions des **articles 39 et 40** de la loi n° 78-17 du 6 janvier 1978 relative à l'informatique, aux fichiers et aux libertés modifiée garantissent les droits des personnes physiques à l'égard des traitements des données à caractère personnel.
Intérêts moratoires (extrait de l'article L. 208 du Livre des procédures fiscales).
Quand l'État est condamné à un dégrèvement d'impôt par un tribunal ou quand un dégrèvement est prononcé par l'administration à la suite d'une réclamation tendant à la réparation d'une erreur commise dans l'assiette ou le calcul des impositions, les sommes déjà perçues sont remboursées au contribuable et donnent lieu au paiement d'intérêts moratoires dont le taux est celui de l'intérêt de retard prévu à l'article 1727 du code général des impôts. Ces intérêts courent du jour du paiement. Ils ne sont pas capitalisés.

N° 4752-SI-SP - 2006 01 12431 PO - (SDNC 477) - Juillet 2006

MINISTÈRE DE L'ÉCONOMIE
DES FINANCES ET DE L'INDUSTRIE

1. Quel est le nom de ce document ? ....

2. A-t-il été spécifiquement rédigé pour Gero ? ....
Quels éléments vous permettent de justifier votre réponse ? ....
....

3. Quel organisme est-il chargé de régler ce qui concerne le paiement des impôts ?
....

4. À qui Gero doit-il s'adresser :
   • s'il ne comprend pas bien le courrier reçu ? ....
   • si sa demande n'est pas acceptée comme il le souhaite ? ....
....

5. Que sont les intérêts moratoires ? ....
....

6. Gero va-t-il en percevoir ? Quel élément justifie votre réponse ? ....
....

7. Quel document trouve-t-on sur le site www.impots.gouv.fr ? De quoi traite-t-il ?
....

8. Quels articles de loi protègent la vie privée des personnes ? ....
....
....
....

96 À partir de ces six extraits de lettres de Gustave Flaubert à Louise Colet, sa maîtresse, lettres dans lesquelles il parle de la rédaction de « sa Bovary », décrivez en quelques lignes :

1. la manière de travailler de l'écrivain,
2. ses espoirs et ses désespoirs,
3. la manière dont il juge son œuvre et dont il se juge en tant qu'écrivain.

LETTRE 1

« J'ai été cinq jours à faire une page ! [...] Ce qui me tourmente dans mon livre, c'est l'élément amusant, qui y est médiocre. Les faits manquent. Moi, je soutiens que les idées sont des faits. Il est plus difficile d'intéresser avec, je le sais, mais alors c'est la faute du style. [...] Si je voulais mettre là-dedans de l'action, j'agirais en vertu d'un système et je gâcherais tout. Il faut chanter dans sa voix, or la mienne ne sera jamais ni dramatique ni attachante. Je suis convaincu d'ailleurs que tout est affaire de style ».

(27/12/1852)

LETTRE 2 « J'ai relu tout cela avant-hier, et j'ai été effrayé du peu que ça est et du temps que ça m'a coûté (je ne compte pas le mal). Chaque paragraphe est bon en soi, et il y a des pages, j'en suis sûr, parfaites. Mais précisément à cause de cela, ça ne marche pas . C'est une série de paragraphes tournés, arrêtés, et qui ne dévalent pas les uns sur les autres. Il va falloir les dévisser, lâcher les joints, comme on fait aux mâts de navire quand on veut que les voiles prennent plus de vent. »

(15/01/1853)

LETTRE 3 « Comme je vais lentement ! Et qui est-ce qui s'apercevra jamais des profondes combinaisons que m'aura demandées un livre si simple ? Quelle mécanique que le naturel et comme il faut de ruses pour être vrai ! »

(29/01/1853)

LETTRE 4 « J'ai la gorge éraillée d'avoir crié tout ce soir en écrivant, selon ma coutume exagérée. Qu'on ne me dise pas que je ne fais point d'exercice, je me démène tellement dans certains moments que ça me vaut bien, quand je me couche, deux ou trois lieues faites à pied. »

(27/03/1853)

LETTRE 5 « J'ai un casque de fer sur le crâne. Depuis deux heures de l'après-midi, j'écris de la Bovary (…) Voici une des rares journées de ma vie que j'ai passées dans l'Illusion, complètement, et depuis un bout jusqu'à l'autre. Tantôt, à six heures, au moment où j'écrivais le mot « attaque de nerfs », j'étais si emporté, je gueulais si fort, et sentais si fort ce que ma petite femme (Madame Bovary) éprouvait, que j'ai eu peur moi-même d'en avoir une.

N'importe ! bien ou mal, c'est une délicieuse chose que d'écrire ! que de ne plus être soi, mais de circuler dans toute la création dont on parle. Aujourd'hui, par exemple, homme et femme tout ensemble, amant et maîtresse à la fois, je me suis promené à cheval dans une forêt, par un après-midi d'automne, sous des feuilles jaunes, et j'étais les chevaux, les feuilles, le vent, les paroles qu'ils se disaient et le soleil rouge qui faisait s'entre-fermer leurs paupières noyées d'amour ».

(25/10/1853)

LETTRE 6 « La phrase la plus simple comme : "Il ferma la porte", "Il sortit" etc. exige des ruses d'art incroyables ! Il s'agit de varier la sauce continuellement et avec les mêmes ingrédients. Je ne puis me sauver par la Fantaisie puisqu'il n'y a pas dans ce livre un mouvement en mon nom, et que la personnalité de l'auteur est complètement absente. »

(3/03/1854)

97 LETTRE D'UN CONTRIBUABLE

Lisez cette lettre adressée au percepteur des contributions directes et indirectes par un contribuable qui refuse de s'acquitter de l'impôt sur le revenu.

Répondez ensuite aux questions.

Monsieur,

J'ai l'honneur de vous informer du peu d'enthousiasme avec lequel j'ai reçu, pris connaissance, lu et relu et enfin déchiré le formulaire que vous avez bien voulu m'envoyer.

En effet, depuis des années, et l'expérience n'a fait que renforcer mes convictions — j'estime que la perception de l'impôt entraîne pour le citoyen, lorsqu'il se laisse faire, un appauvrissement susceptible de l'affecter profondément.

Vous en conviendrez, monsieur, étant bien placé derrière votre bureau pour juger de la chose. Votre administration déplaît. La tête de vos contribuables en témoigne. Pour ma part, désirant continuer à vivre avec vous en bonne intelligence et n'avoir aucun grief à formuler, j'ai décidé de me dispenser de payer à cette recette publique quoi que ce soit. Cette décision a pour conséquence que je dépense sans souci la totalité de l'argent que je suis susceptible parfois de gagner (ces occasions étant rares, il faut le dire) et que donc, si cet argent doit être retrouvé, il faut le chercher ailleurs que chez moi. En particulier dans les caisses de l'État, car il faut que je vous le confesse, monsieur, je fume et je bois.

Ces deux activités principales de mon existence entraînent nécessairement des restrictions en d'autres domaines. Et c'est ainsi que depuis trente-quatre ans je me vois privé du plaisir de "contribuer" en quoi que ce soit à la prospérité des affaires dont vous avez la charge. Autre point important. Il concerne l'utilisation de l'argent reçu par vos bons soins et je ne puis faire autrement qu'exprimer sur ce point mes plus extrêmes réserves. Il est purement accidentel que j'aie été amené à vivre sur une planète dont la population a mis au point des méthodes de prospérer qui ne sont pas les miennes. Je n'y puis donc collaborer, n'ayant pas le désir de gagner ma vie, de posséder quoi que ce soit. De ce fait, il serait vain d'occasionner au trésor public les frais d'une poursuite judiciaire — peut-être passionnante mais absolument vaine — qui ne pourrait, cher monsieur, que porter au passif de l'État les frais de ma détention et des soins que ma personne réclame.

Je reste néanmoins votre obligé.

Jean Raine

Jean Raine, *Lettre à Monsieur le Percepteur*, suivie de lettres à C. Baciu et Ch. Dotremont, L'Échoppe, 1993

1. En quoi cette lettre est-elle, en apparence, parfaitement conforme à une lettre de type « correspondance avec l'administration » :

a) en ce qui concerne l'organisation de la lettre ?

....

b) en ce qui concerne l'utilisation de connecteurs argumentatifs ?

....

c) en ce qui concerne le lexique ? ....

....

2. Quel est le plan suivi par l'auteur de cette lettre ? ....

....

3. Relevez ses arguments : ....

....

4. À votre avis, que veut dire Jean Raine lorsqu'il précise : « En particulier dans les caisses de l'État, car il faut que je vous le confesse, monsieur, je fume et je bois. » ?

....

....

5. Comment comprenez-vous l'expression : « Porter au passif de l'État » dans la dernière phrase ? ....

6. Quel sens a, dans la formule finale, le mot « obligé » ? ....

....

4 ■ LIRE POUR S'ORIENTER DANS UN DOCUMENT ADMINISTRATIF

98

> La lecture d'un contrat, d'une police d'assurance n'est pas toujours facile...
> Bien trop souvent nous ne voyons que l'essentiel, ce qui est écrit en caractères lisibles, et nous négligeons les clauses écrites en petits caractères, en bas de page ou en fin de contrat... alors qu'elles peuvent, parfois, nous réserver des surprises désagréables...

Pour vos vacances, vous avez loué un appartement en France.

Votre contrat de location mentionne, dans une première partie, le nom du propriétaire (ou de l'Agence) et son adresse, vos nom et adresse également, la description des lieux, le montant de la location, celui de la caution... toutes choses que vous avez lues avec attention.

Mais, avez-vous bien pris connaissance des dispositions générales, les avez-vous comprises ?

A. Lisez rapidement les dispositions générales réglementaires ci-après et répondez aux questions.

2. DISPOSITIONS GÉNÉRALES

2.1. DURÉE

• la location ne pourra être prorogée sans l'accord préalable du propriétaire, le preneur l'acceptant ainsi. Ce dernier déclare sur l'honneur qu'il n'exerce et ne cherche à exercer aucune profession dans la location et que les locaux faisant l'objet du présent contrat ne lui sont loués qu'à titre de résidence provisoire, conditions majeures sans lesquelles la présente location n'aurait pas été consentie.

2.2. PRIX

• le preneur ayant versé un acompte à valoir sur la location s'engage à prendre possession des lieux à la mise à la disposition fixée au contrat et à verser ce jour même le solde du prix de la location quoiqu'il puisse survenir, maladie, accident ou événement imprévu. Dans l'éventualité où ces conditions ne seraient pas remplies, le mandataire serait en droit de relouer immédiatement les locaux du présent contrat. Toutefois, le preneur resterait tenu au paiement du solde du loyer. Si les locaux pouvaient être reloués, seul le préjudice subi par le propriétaire resterait à la charge du preneur défaillant.

2.3. DÉPÔT DE GARANTIE

Le dépôt de garantie est versé pour répondre des dégâts qui pourraient être causés aux biens loués et aux objets mobiliers ou autres garnissant les lieux loués ainsi qu'aux différentes charges et consommations. Cette somme sera remboursée dans un délai de quinze jours, déduction faite des objets remplacés, des frais éventuels de remise en état, de ménage complémentaire et du montant des consommations. Si le dépôt de garantie s'avère insuffisant, le preneur s'engage à parfaire la somme.

2.4. OBLIGATION DU PRENEUR

• Le preneur s'engage à prendre les lieux loués dans l'état où ils se trouveront lors de l'entrée en jouissance tels qu'ils auront été décrits dans l'état descriptif annexé au présent contrat.

• Les meubles et objets mobiliers ne doivent souffrir que de la dépréciation provenant de l'usage normal auquel ils sont destinés. Ceux qui, à l'expiration de la présente convention seront manquants ou auront été mis hors de service, pour une cause autre que l'usure normale, devront être payés ou remplacés par le preneur avec l'assentiment du propriétaire ou de son mandataire. Cette clause s'applique également aux papiers, tentures et à l'immeuble en général. La location ne comporte pas le linge de maison.

• Il sera retenu, le cas échéant : a) la valeur des objets cassés ou fêlés ; b) le prix du lavage ou nettoyage des tapis, couvertures, matelas, literie, etc., qui auraient été tachés.

• Le preneur s'oblige à utiliser les meubles et objets garnissant le bien loué à l'usage auquel ils sont destinés et dans les lieux où ils se trouvent. Il s'interdit formellement de les transporter hors des locaux loués.

• Le preneur devra s'abstenir de façon absolue de jeter dans les lavabo, douche, évier, w.c., etc., des objets de nature à obstruer les canalisations, faute de quoi, il sera redevable des frais occasionnés pour la remise en service de ces appareils.

• À peine de résiliation, le preneur ne pourra, EN AUCUN CAS, sous-louer ni céder ses droits à la présente convention sans le consentement exprès du propriétaire ou de son mandataire ; il devra habiter bourgeoisement les locaux loués, et ne pourra, sous aucun prétexte, y entreposer des meubles meublants, exception faite pour le linge et menus objets.

• Les locaux présentement loués ne doivent sous aucun prétexte être occupés par un nombre de personnes supérieur à celui indiqué aux dispositions particulières, sauf accord préalable du mandataire.

• Le preneur devra laisser exécuter, dans les lieux, les travaux urgents nécessaires au maintien en état des locaux loués et des éléments d'équipement commun.

• Le preneur ne pourra introduire dans les locaux présentement loués aucun animal, même momentanément, sauf accord du propriétaire.

• Le preneur devra, dans les trois jours de la prise de possession, informer le propriétaire de toute anomalie constatée.

2.5. OBLIGATIONS DU BAILLEUR

Le bailleur s'oblige à mettre à disposition du preneur le logement loué conforme à l'état descriptif et à respecter les obligations résultant de la présente convention.

2.6. ASSURANCE

• Le preneur sera tenu de s'assurer à une compagnie d'assurances contre les risques de vol, d'incendie et dégâts des eaux, tant pour ses risques locatifs que pour le mobilier donné en location, ainsi que pour les recours des voisins, et à justifier du tout à première demande du propriétaire ou de son mandataire. En conséquence, ces derniers déclinent toute responsabilité pour le recours que leur compagnie d'assurances pourrait exercer contre le preneur en cas de sinistre.

2.7. RÉSILIATION

• À défaut de paiement aux échéances fixées ou d'inexécution d'une clause quelconque du présent engagement, et huit jours après mise en demeure restée infructueuse, le propriétaire ou son mandataire pourra exiger la résiliation immédiate de la présente convention et le preneur devra quitter les lieux loués sur simple ordonnance du juge des référés.

(http://csbe.chez-alice.fr/contrat.htm)

1. **Qui les termes suivants désignent-ils ?**
   - Le preneur : ....
   - Le bailleur : ....
   - Le mandataire : ....

2. **Que concernent les 7 dispositions générales ? Explicitez simplement leur « titre ».**

....

B. **Lisez attentivement les trois premières dispositions. Cochez les assertions exactes.**

1. Vous ne pouvez en aucun cas prolonger la durée de la location. ❏
2. Vous pouvez faire de ce logement votre résidence principale. ❏
3. Vous ne pouvez pas travailler dans ce logement. ❏
4. Vous devez avoir payé la totalité du loyer le premier jour. ❏
5. Ayant versé seulement un acompte vous ne payez pas la totalité du loyer
   si vous ne pouvez pas venir occuper le logement. ❏

6. En cas d'empêchement de votre part, le propriétaire peut relouer le logement, vous lui devez seulement un dédommagement. ❑

7. À votre arrivée, vous devez verser une caution. ❑

8. Si vous n'avez rien abîmé dans le logement, la caution vous est remboursée intégralement. ❑

C. **Lisez les autres dispositions et répondez aux questions.**

1. Quelles sont vos obligations envers les appareils et le mobilier du logement ?

....

2. Quelles sont les détériorations éventuelles mentionnées ? ....

....

3. Qu'est-ce que la location ne met pas à votre disposition ? ....

4. Si vous jugez le mobilier insuffisant, pouvez-vous le compléter ? ....

....

5. Des amis peuvent-ils venir loger avec vous ? Sous quelle(s) condition(s) ? ....

....

6. Pouvez-vous avoir un co-locataire ? ....

7. Comment comprenez-vous l'expression « habiter bourgeoisement les locaux loués » ?

....

8. Quel type de précaution importante devez-vous prendre ? ....

....

9. À quoi s'engage le propriétaire ? ....

10. Combien de temps avez-vous pour dénoncer toute anomalie ? ....

99 **Lisez les affirmations suivantes.**
   Lisez la charte ci-contre.
   1. **Cochez la case qui convient.**

	Vrai	Faux
0. Il s'agit de la charte d'une organisation non gouvernementale		✕
1. Cette charte considère trois « règles » déclinées en neuf articles.		
2. Cette charte s'adresse uniquement aux pays hors Union européenne.		
3. La charte propose une coopération basée sur la réciprocité.		
4. La dimension culturelle joue un rôle important dans toute coopération.		
5. Cette action utilise les organisations en place au plan local et international		
6. La solidarité est la seule priorité de cette charte		
7. La charte propose de créer un réseau de villes éthiques.		
8. L'évaluation de l'action mise en œuvre n'est pas prise en compte.		
9. La charte préconise de ne pas s'en tenir à l'assistanat, à l'humanitaire.		
10. La qualité de la coopération mise en œuvre est essentielle.		

Charte
des relations internationales
de sénart

Penser coopération
et réciprocité

La coopération décentralisée pose, dans sa définition même, la condition de la réciprocité, d'un travail en commun (co-opérer), basé sur l'égalité entre les partenaires. Pour être réciproque et égalitaire, la coopération décentralisée de Sénart doit mieux prendre en compte l'identité culturelle singulière des territoires partenaires et en dégager toutes les différences et les richesses, pour l'amélioration du bien-être des populations ici et là-bas.

- 1 - *Identifier et réaliser*
avec nos partenaires des actions là-bas et ici.

Pensons, dès le départ, le partenariat comme une réelle coopération, basée sur l'égalité des partenaires. Le projet et l'action doivent être envisagés ensemble pour un impact à Sénart et dans la ou les communes jumelles.

- 2 - *Oser nos demandes*
pour une action sur notre territoire.

Sénart s'est engagé dans la coopération par l'action humanitaire, à l'origine, sans réelle contrepartie de la part de ses partenaires. Équilibrer le partenariat, c'est attendre et penser un retour de la part de nos partenaires pour un impact à Sénart.

- 3 - *Laisser une place*
pour que nos partenaires soient experts.

Cette démarche est particulièrement nécessaire pour les coopérations entre pays de l'Union européenne (ou ceux en voie d'adhésion) pour lesquels les programmes de financement actuels demandent une expertise croisée. Concernant les autres coopérations, notamment avec l'Afrique, la différence culturelle permet d'avoir un éclairage particulier sur notre propre développement.

Penser équité
et solidarité

Comment Sénart peut-elle être solidaire avec le reste du monde ? Sénart s'implique déjà directement car elle a une action internationale, elle mobilise des moyens financiers et humains et de ce fait participe au développement des territoires de ses villes jumelles et parfois même au-delà. C'est pourquoi une réflexion poussée sur la nature et la qualité de notre participation est primordiale.
Sénart agit également indirectement, par l'achat de matières premières ou de services provenant de l'étranger. Veiller à la qualité sociale et environnementale des prestations et des services que nous mobilisons pour le développement de la ville nouvelle est une action concrète de solidarité. ☞

- 4 - Développer
les achats publics éthiques et équitables

Travailler sur les contrats liant le San[1] et les communes à des fournisseurs ou des prestataires extérieurs pour développer des achats publics éthiques et équitables. Pour les marchés publics, introduire, si possible, dans le cahier des charges des critères sociaux et environnementaux dans les conditions d'exécution (art. 14 du code des marchés publics)

- 5 - Promouvoir le commerce équitable
en le faisant largement connaître auprès de la population, des entreprises et des associations.

Par une information grâce aux publications municipales et autres supports de communication. Par des expositions, des conférences-débats autour des droits de l'enfant, des droits de l'homme au travail, de la place des femmes, de la consommation citoyenne. Par un soutien aux initiatives locales portant sur ce thème.

- 6 - Adhérer
au réseau des villes éthiques

Depuis février 2000, 218 collectivités locales ont adopté la motion-type proposée par le collectif "De l'éthique sur l'étiquette", dans laquelle elles s'engagent à demander des garanties de bonne qualité sociale à leurs fournisseurs, à soutenir des actions d'éducation à la consommation citoyenne, et, à plus long terme, à participer à la création d'un réseau de villes consommatrices éthiques.

_____
1. San = Syndicat d'agglomération nouvelle

3 Penser
durable

La méthodologie mise en avant dans "le guide de la coopération décentralisée à Sénart" intègre les recommandations du développement durable dans l'action de coopération décentralisée qui peut alors être envisagée comme un facteur d'épanouissement du territoire sénartais. Cette méthodologie met également en avant une approche particulière de l'évolution du territoire envisagée également de façon durable. En partant du principe que le développement local durable est valable en Allemagne, en Roumanie, en Mauritanie, comme en France, cette méthodologie particulière peut-elle permettre d'éclairer certains domaines du projet d'agglomération de Sénart?

- 7 - Glisser de l'humanitaire/ assistanat
au développement local durable.

7.a. Faire le point sur notre organisaîton (depuis 10, 20 ou 40 ans, comment nous sommes-nous organisés pour mettre en œuvre notre coopération ?).

7.b. Construire la coopération : opter pour "l'accompagnement à l'émergence ou au renforcement de l'espace public local" (cf guide), établir des conventions avec nos partenaires, définir des orientations et des actions de coopération pour un impact ici et là-bas.

7.c. Ne pas faire à la place des autres, mais participer à la création des conditions nécessaires pour que les personnes concernées réalisent le projet, l'action.

- 8 - *Ancrer l'action internationale*
 dans la politique locale

8.a. S'appuyer sur le réseau des jumelages européens ou de partenaires internationaux pour mettre en œuvre des projets d'échange de savoir-faire en mobilisant des fonds européens.

8.b. Mobiliser dans nos actions internationales les compétences présentes sur le territoire sénartais (Mission locale, Université, entreprises, bénévoles, personnels des collectivités locales, etc.).

8.c. Mobiliser les réseaux internationaux de Sénart pour les entreprises, institutions de formation, associations du territoire ainsi que pour les Sénartais (stages à l'étranger, Service Volontaire Européen, etc.).

- 9 - *Mettre en œuvre le*
 "guide de la coopération décentralisée à Sénart"

9.a. Évaluer ou faire évaluer l'action internationale et ses retombées pour Sénart.

9.b. Mettre en œuvre la charte et le Guide dans toute action conduite à l'international.

9.c. Mettre en œuvre la méthodologie décrite dans le Guide auprès de certains services du San et des communes (Roms roumains, RTAGV[2],...)

2. RTAGV = Réseau de Terrains d'Accueil pour les Gens du Voyage

charte des relations internationales de sénart

réciprocité	équité	solidarité	durabilité

2. Les actions inscrites dans la charte sont formulées à l'aide de verbes à l'infinitif.
Relevez les verbes des actions considérées comme :

a) indispensables ....

....

b) possibles ....

....

c) souhaitables ....

....

5 ■ LIRE POUR S'INFORMER ET DISCUTER

■ 1. LIRE POUR DISCUTER ■

100

JE SUIS DÉLICIEUSE

Christiane Collange, la célèbre journaliste et auteure de nombreux best-sellers sur des sujets de société, a écrit un livre intitulé « La Politesse du cœur ». Eh bien moi, j'en ai fait mon credo. Vous devriez me voir : toujours aux petits soins pour tous. Le matin, je suis levée avant tout le monde pour que ces messieurs-dames aient chacun LEUR petit déjeuner sur la table quand ils descendent. Le müsli pour mon mari, bien sûr avec du lait légèrement tiède (insistez sur le légèrement), un œuf à la coque pour Sylvie ah il est un peu trop cuit ?... Mais ça ne fait rien ma chérie, je vais t'en faire cuire un autre. Au fond de moi je pense : va te faire cuire un œuf, mais je cours déjà à la cuisine. Pascal, c'est la charcuterie et le fromage qu'il aime : vous pensez, il fait du body-building et a besoin de protéines. Jean-François, lui, il est toujours content ; alors je lui refile en douce un bout de chocolat pour un éventuel petit creux dans la matinée.

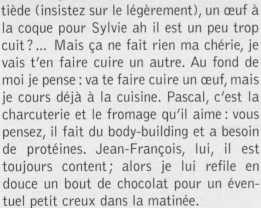

À peine ont-ils quitté la maison que déjà je brosse et aère les costumes de Gérard. Gérard, c'est mon mari. Il faut qu'il soit toujours impeccable au boulot. S'il laisse traîner son journal, son pyjama, ses affaires, ce n'est pas de sa faute. Que voulez-vous ? Il travaille comme quatre. Mais qu'à cela ne tienne, je veille : en un tour de main tout est rangé. Les lits des enfants ? C'est bibi qui les fais. Ces pauvres chéris ont tellement de travail pour l'école qu'on ne peut leur imposer ça. Quand je fais les courses, j'aide les personnes âgées à lire les étiquettes parce qu'elles ont oublié leurs lunettes et je porte leur sac s'il est trop lourd. À la caisse, pleine de compassion, je cède mon tour à la mère de famille entourée de sa marmaille. Vous n'avez pas de pièce d'un euro pour le chariot ? Je vous l'offre volontiers... et bonne journée, madame.

Le chien ? Bien sûr que c'est moi qui le promène et jamais je n'oublie le petit sac en plastique pour y mettre ses crottes. Ça me fait beaucoup de bien de prendre l'air et je rencontre des gens. Il est cependant hors de question que je papote dans la rue, le ménage m'attend. Le repassage, l'aspirateur, le jardin, c'est pour moi aussi. Quel plaisir de se rendre utile, de faire plaisir aux autres. Jamais je n'oublie l'anniversaire de ma belle-mère, ni d'ailleurs celui des amis de mon mari.

Mais qu'est-ce qui vous fait croire que je n'ai pas de profession ? Je suis salariée dans une petite entreprise. Là aussi tout le monde peut compter sur moi. Je suis discrète et serviable, je ne joue pas à celle qui sait tout et surtout je suis muette comme une carpe. Jamais je ne répète les confidences que l'on me fait. Et j'ai toujours le sourire aux lèvres, même si parfois, dans mon for intérieur, je voudrais leur crier à tous : Laissez-moi vivre !

Corinne Kober-Kleinert

Lisez d'abord le titre.

1. Qu'évoque-t-il pour vous ? ....

....

2. Imaginez comment est la personne dont il va être question.

....

....

Lisez le texte.

3. Trouvez-vous que cette personne est délicieuse ? Justifiez votre réponse.

....

4. Cette personne vous est-elle plutôt sympathique ou plutôt antipathique ? Pourquoi ?

....

5. Si vous étiez à sa place, feriez-vous la même chose ? Justifiez votre réponse.

....

6. Croyez-vous que cette personne est heureuse ? Pourquoi ?

....

7. Qu'aimeriez-vous lui dire ? ....

....

101 ## CES SOUVENIRS QUI RASENT TOUT LE MONDE

Le voici donc ce voyageur fraîchement rentré.

Le regard plein de la grande sagesse d'Orient, le cœur débordant pour les bergers aveugles, les griots* et les bûcherons des Carpates.

Quoi de plus ennuyeux qu'un voyageur qui rentre de fraîche date, avec encore un peu de sable d'Ipanema dans les espadrilles et des pièces étrangères au fond des poches ? Il est nimbé d'une sorte de halo vibratile. Son regard contient l'infini contemplé, la grande sagesse de l'Orient et une indicible mélancolie. Il « revient de… », et c'est un statut en soi. Il est laminé par le décalage horaire et totalement déconnecté de l'actualité (prévoir un cours de rattrapage). Il n'est pas encore tout à fait avec vous, mais dans une grande faille spatio-temporelle. Il en a oublié les règles élémentaires de savoir-vivre. Il tient sa fourchette comme un stylo et aspire bruyamment tout ce qui se présente. Il est à la fois exalté, déphasé et déprimé. Il est à point.

Les souvenirs de l' « exploraseur » se bousculent. Les premières anecdotes commencent à crépiter. À commencer par ses émois culinaires : pâté d'écureuil ou autres chrysalides à la confiture, afin de couper l'appétit des convives.

Puis ses rencontres avec des animaux vivants. La baignade avec l'éléphanteau, les petits singes qui ont tenté de dérober une banane dans son sac à dos, ou encore ces lémuriens qui lui ont uriné dessus. Quant aux paysages :

forcément sublimes, grandioses, à couper le souffle. « Là-bas, tout fait sens. »

L' « exploraseur » mettra un soin particulier à détailler les conditions de transports en commun des pays lointains. Et pourtant, qui oserait raconter chaque soir sa journée en relatant ses trajets en bus ou en RER ? Mais ce qu'il place au-dessus de tout, c'est la marche.

La déambulation hasardeuse. L'éloge de la lenteur. Mais pourquoi s'en vanter ? Tout homme normalement constitué marche au cours d'une vie l'équivalent de trois fois le tour de la Terre.

L' « exploraseur » ne craindra pas non plus de détailler le coût de la vie locale. Comme ces espadrilles guatémaltèques achetées pour le prix d'une glace. Instantanément adopté par les locaux, l' « exploraseur » n'a rencontré que des gens terriblement attachants. Leur gentillesse se voyait dans leur regard. De véritables embuscades du cœur. En règle générale, plus on s'éloigne de son chez soi, plus les gens deviennent gentils. Surtout les « vraies gens » : les bergers aveugles, les griots et les bûcherons des Carpates. Là-bas, les agents d'assurances et les huissiers de justice n'existent pas. Je me demande si, à Tours ou à Clermont-Ferrand, les touristes ne rencontrent que des rémouleurs et de petits ramoneurs.

Le voyageur dispose aujourd'hui d'une force de frappe technologique qui fait amèrement regretter les soirées diapos. Après un raz de marée d'images numé-

riques, il tentera même de vous montrer le plus grand Bouddha couché du monde pris avec son téléphone mobile. Enfin il vous donnera l'adresse de son blog de voyage, pour les informations complémentaires concernant l'évolution de sa santé durant son périple : allergies, irritations aux cuisses, ampoules, évolution de sa forme gastrique.

En fait, les souvenirs de voyage, c'est un peu comme les souvenirs d'enfance : il faut avoir une certaine fibre pour les partager. Mêmes ceux qui ont utilisé leurs RTT** pour aller sur les traces de Lawrence d'Arabie auront du mal à faire tressaillir l'auditoire. Dès 1890, un manuel de savoir-vivre britannique prévenait déjà l'importun : « Si vous avez voyagé, ne l'étalez pas dans votre conversation à la première occasion. N'importe qui, avec de l'argent et du temps libre, peut voyager. »

Un siècle plus tard, l' « exploraseur » nous murmure encore que le voyage, c'est toujours un peu plus que le voyage. Une quête sentimentale, un parcours initiatique, la révélation d'un secret intérieur… Peut-être. Sacha Guitry, quant à lui, avait une autre définition : « Les voyages, ça sert surtout à embêter les autres une fois qu'on est revenu. »

Matthias Debureaux, *La Croix*,
25 août 2006

---

* un griot : En Afrique, membre de la caste de poètes musiciens, dépositaires de la tradition orale
** RTT : Réduction du Temps de Travail

1. **Lisez le titre de l'article.**
À votre avis, de quels souvenirs va-t-on parler ?

....

2. **Lisez l'article.**
Expliquez les mots ou expressions suivants :
a) « Il revient de… », et « c'est un statut en soi » :

....

....

b) L' « exploraseur » ....

....

c) « Là-bas, tout fait sens » ....

....

d) « L'éloge de la lenteur » ....

....

e) Les « vraies gens » ....

3. Un(e) ami(e) vous envoie des « reportages » de voyage par courriel sans vous avoir demandé votre avis. Comment réagissez-vous ? Les lisez-vous ?

....

....

4. Que pensez-vous de ce genre d'« exhibitionnisme » ?

....

....

5. Pourriez-vous imaginer faire la même chose ? ....

....

6. À votre avis, quelles sont les raisons pour lesquelles certaines personnes infligent à leurs proches leurs impressions de voyage ? Croient-elles vraiment que tous ces détails intéressent leur entourage ? ....

....

....

....

7. Quelle est l'opinion de l'auteur ? La partagez-vous ? Justifiez votre réponse.

....

....

....

....

L'ORGANISATION SOCIALE DES ABEILLES EN VOIE DE DÉCRYPTAGE

Depuis des lustres, l'humanité se régale de miel et de gelée royale produits par les abeilles de l'espèce *Apis mellifera*. La complexité de l'activité de ces petits insectes organisés en colonies pouvant atteindre 50 000 individus fascine les scientifiques. Ces derniers veulent comprendre comment ces insectes au cerveau minuscule ont acquis, au fil du temps, une organisation sociale aussi élaborée. Ils souhaitent aussi découvrir de quelle manière un même génome peut donner naissance à une reine et aux ouvrières, ces dernières assurant le bon fonctionnement de la ruche, tandis que la reine a pour activité unique de pérenniser l'espèce.

Un des moyens de percer le mystère de ces insectes consiste à étudier leur génome. Le séquençage du génome d'*Apis mellifera* vient justement d'être réalisé par un consortium international, the Honeybee Genome Sequencing Consortium, dont les travaux sont présentés dans l'édition de la revue *Nature* du jeudi 26 octobre. Cette étude génétique de l'abeille a été effectuée en 2004 et 2005 au Baylor College of Medicine de Houston (Texas). Elle a permis d'identifier 10 500 gènes, et vient compléter le séquençage du génome de la drosophile (2000), de l'anophèle (2002) et du ver à soie (2004).

« C'est une porte ouverte vers l'avenir, car, jusqu'à présent, la génétique de l'abeille était très mal connue, explique Michel Solignac, généticien et professeur à l'université Paris-Sud, qui a participé à l'étude. Les données du séquençage vont maintenant être distribuées aux différentes équipes participant au projet. Car il reste à étudier l'expression de ces gènes et leur transcription en protéines. »

L'étude génétique de l'abeille a déjà permis d'établir qu'*Apis mellifera* est originaire d'Afrique, et qu'elle s'est ensuite répandue en Europe et en Asie. Deux de ses sous-espèces ont atteint l'Amérique du Nord au XVIIᵉ siècle. On a découvert également que les abeilles – notamment par rapport à la drosophile ou au moustique – possèdent beaucoup de gènes relatifs à l'odorat, mais peu concernant le goût.

VULNÉRABLE AUX PRODUITS CHIMIQUES

Enfin, il semble qu'*Apis mellifera* soit « bien moins armée que les autres insectes pour lutter contre les produits chimiques, car elle a un déficit très important en enzymes de détoxication », précise René Feyereisen, généticien moléculaire et directeur de recherches à l'Institut national de la recherche agronomique à Sophia-Antipolis (Alpes-Maritimes). Cette faiblesse, alliée à une mauvaise résistance aux parasites, pourrait expliquer en partie la mortalité importante des abeilles constatée en France depuis plusieurs années.

Une situation inquiétante : les abeilles sont menacées un peu partout, alors « qu'elles sont les premiers pollinisateurs sur Terre », rappelle Gene Robinson, directeur du Bee Research Facility de l'université de l'Illinois, un des instigateurs de l'étude du génome de l'abeille. « 35 % de la production mondiale de nourriture résultent de la production de cultures dépendant des animaux pollinisateurs », note à ce sujet une étude qui vient d'être publiée dans les Proceedings of the Royal Society.

Cette faculté pollinisatrice des abeilles est très ancienne. Des chercheurs de l'université de l'Oregon viennent d'ailleurs de découvrir la plus ancienne abeille connue, vieille de 100 millions d'années.

Emprisonnée avec du pollen dans de l'ambre fossilisé provenant du nord de la Birmanie, elle a été baptisée *Melittosphex burmensis*. Décrite dans l'édition de la revue *Science* du vendredi 27 octobre, elle est longue de 2,95 mm seulement et possède à la fois certains caractères des abeilles et des guêpes.

L'activité pollinisatrice des abeilles a eu un effet considérable sur l'évolution de la vie, car elle a contribué à l'expansion rapide et à la diversification des plantes à fleurs qui donnent des fruits. Un groupe qui représente aujourd'hui 80 % des végétaux sur Terre.

Christiane Galus
Le Monde, 26.10.06 (15 h 20),
mis à jour le 26.10.06 (15h20)

Lexique :
- Un **génome** : ensemble des chromosomes d'un gamète.
- Le **séquençage** : technique qui permet de déterminer une séquence.
- La **drosophile** : insecte diptère (qui a deux ailes), à corps souvent rouge, utilisé dans les expériences de génétique, appelé couramment mouche du vinaigre.
- L'**anophèle** : moustique dont la femelle est l'agent de transmission du paludisme.

Cette abeille a été parfaitement conservée dans de l'ambre pendant cent millions d'années. Photo publiée jeudi 26 octobre dans la revue américaine *Science*.

Repérez le titre et l'intertitre du compte rendu.

1. Quelles fonctions ont-ils ? Veulent-ils éveiller l'intérêt du lecteur pour l'inciter à lire le texte ?

Lisez maintenant le compte rendu.

2. Quelle est la nature du texte ? (narratif, informatif, descriptif...). Donnez quelques exemples pour justifier votre réponse

3. Repérez les différentes parties du texte. Quelle est l'idée essentielle de chacune d'elles ?

4. Qu'est-ce qui fascine autant les scientifiques et que cherchent-ils à comprendre ?

5. Quel rôle jouent la reine et les ouvrières pour le bon fonctionnement de la ruche ?

6. Qu'a permis l'étude génétique de l'abeille ?

7. Comment les spécialistes s'expliquent-ils l'importante mortalité des abeilles en France ?

8. En quoi l'activité pollinisatrice des abeilles a-t-elle eu un effet sur l'évolution de la vie ?

9. Résumez en une phrase l'idée principale du compte rendu.

Bâiller : quoi de plus banal ? Pourtant, ce réflexe archaïque demeure mystérieux.
Il ne fait l'objet d'études scientifiques que depuis le début des années 80.
Le point sur ce qu'on sait aujourd'hui.

POURQUOI BÂILLONS-NOUS ?

Lire le mot « bâillement »... donne irrésistiblement envie de bâiller ! Rien de plus normal. Car bâiller s'accompagne d'une sensation de bien-être et de relaxation due à la libération intracérébrale de neuromédiateurs* telle la dopamine, l'hormone du plaisir, ou l'ocytocine, l'hormone de l'attachement affectif. Rien de plus frustrant aussi que de réprimer ce comportement involontaire.

Contrairement à une idée reçue, on ne bâille pas pour accroître le volume d'oxygène inspiré.
Non, bâiller permet essentiellement de stimuler l'éveil en cas de baisse de la vigilance et/ou du tonus musculaire et correspond à un mouvement d'étirement musculaire généralisé des muscles du visage, du cou et des muscles respiratoires. Cette ouverture large et involontaire de la bouche, accompagnée d'une inspiration profonde et d'une expiration rapide, contribue notamment à lutter contre la fatigue et l'ennui. D'ailleurs, on ne bâille pas lorsqu'on est concentré sur une tâche. À l'inverse, mieux vaut s'arrêter de conduire lorsque surviennent des bâillements répétitifs car l'endormissement n'est jamais très loin.

*substances chimiques libérées par les neurones et chargées de la transmission des messages

Un réflexe pour stimuler l'éveil

« Comme le montrent les échographies, le fœtus peut commencer à bâiller dès la 12e semaine de grossesse », précise le Dr Olivier Walusinski, l'un des spécialistes mondiaux de ce phénomène. « L'homme n'est pas le seul à bâiller. Les singes bâillent, tout comme les oiseaux ou les reptiles. Le bâillement est initié par l'hypothalamus, ce centre de régulation des fonctions vitales situé à la base du cerveau, qui régule également nos rythmes veille-sommeil. [...] Alors que le sommeil paradoxal s'accompagne d'un relâchement musculaire généralisé et d'un rétrécissement des voies aériennes supérieures, bâiller redonne du tonus musculaire et rouvre les voies aériennes ».

Un réflexe sous dépendance hormonale

Le bâillement peut également apparaître lors du jeûne ou, au contraire, en cas d'excès alimentaire. Chez les singes macaques, bâiller peut aussi servir à désigner le mâle dominant, dans la mesure où ce réflexe permet d'afficher les canines des mâles prétendants, dont la longueur est un caractère de domination.

« L'imprégnation hormonale de testostérone interagit probablement puisque chez le macaque dominant, la castration diminue les bâillements qui réapparaissent après injection de testostérone », souligne le Dr Walusinski. Chez l'homme, en revanche, bâiller n'a pas de signification sexuelle franche, même si les hormones interviennent également. « Sous l'effet de la sécrétion accrue de progestérone, les femmes ont tendance à bâiller plus lors du premier trimestre de leur grossesse ».

Réputé pour être contagieux

On bâille en moyenne dix à quinze fois par jour. Un bâillement contagieux lorsqu'il se produit en société où il devient bien malgré lui un synonyme d'ennui. « Cette contagiosité [...] est un signe d'empathie involontaire. Les personnes empathiques bâillent plus facilement que les autres ». Explication : pour ressembler à son entourage et se mettre à son niveau d'éveil, on va reproduire ses attitudes de façon inconsciente. Ces réflexes de mimétismes comportementaux sont bien souvent inhibés. Mais le bâillement échappe parfois à ce contrôle.

Daniel Gloaguen, *Valeurs mutualistes*
n°244 juillet/août 2006

1. **Parmi les affirmations suivantes, lesquelles correspondent à ce que dit le texte ?**
a) Bâiller signifie que l'on est fatigué. ☐
b) L'homme n'est pas le seul « animal bâilleur ». ☐
c) Le bâillement est un peu comparable au sommeil paradoxal. ☐
d) Quand on bâille, on se sent toujours un peu honteux. ☐

2. En quoi le mot « bâiller » par sa sonorité et par son orthographe évoque-t-il le fait même de bâiller ? ....

3. Pourquoi bâiller provoque-t-il une sensation de bien-être ? ....
....

4. En quoi le fait de bâiller est-il indispensable ? ....
....

5. Si l'on compare les hommes et les macaques, on constate que bâiller a une fonction assez différente chez les deux espèces. Quelle est cette différence ?
....

6. Comment comprenez-vous le deuxième intertitre : *Un réflexe sous dépendance hormonale*
....
....

7. Quelles sont les hormones citées ? ....

8. Vous devez expliquer le mécanisme du bâillement à un enfant d'une dizaine d'années. Simplifiez les informations que vous venez de lire. Rendez-les accessibles.

....

■ 3. LIRE POUR S'INFORMER ET DISCUTER ■

104

SOUVENIRS, SOUVENIRS,

la très chère carte postale fait de la résistance

Quel objet dispose du plus grand nombre de points de vente dans le monde ? La carte postale ? Gagné ! En ce début du XXIe siècle et en dépit de la concurrence sévère du SMS et du numérique (3G), il s'en vend 300 millions chaque année en France. En 1914 ? 800 millions. Souvenirs, souvenirs...

Moyen universel de communication, ce carton standard de 10 x 15 cm, apparu en Autriche en 1860, a traversé les décennies de l'entre-deux siècles pour atteindre son âge d'or en France en 1920. Dominique Piazza, un employé de commerce de Marseille, aurait eu l'idée, le premier, de la carte illustrée photographique. Concurrencée alors par les journaux illustrés et la photographie populaire, elle reste toutefois témoin de son époque, de son temps et des événements.

La carte postale fait rêver. Grâce à elle, on découvre les petits villages de France les plus reculés, les métiers, les départements.

Elle accompagne la vie tranquille des gens, les premiers congés payés, les bains de mer, les coups de soleil.

Elle relate les chaos de l'histoire, la guerre, la reconstruction du pays...

Du noir au blanc, et collectionnée aujourd'hui encore, elle passe à la quadrichromie à la fin des années 60.

Magie de la couleur, elle accompagne le touriste où qu'il se trouve. À la mer, à la montagne, à la ville, à la campagne. Pour booster les ventes, les éditeurs imaginent la carte multivues.

Elle représente désormais 80 % du marché. Les simples vues sont davantage prisées dans les lieux historiques comme le Mont-Saint-Michel, les châteaux de la Loire, la tour Eiffel.

200 éditeurs (la plupart sont des photographes) préparent actuellement la collection de l'année prochaine.

Chez Artaud à Nantes, 70 % des commandes sont prises entre septembre et décembre, les livraisons devant être effectuées avant Pâques. Les clients signalent aux commerciaux les évolutions physiques des lieux. À Nantes, par exemple, la place Royale subit une transformation et l'Île de Nantes sera bientôt un sujet intéressant.

Pierre Cavret.
Ouest-France, 20 août 2006

1. **Lisez le titre de l'article.**
Comment comprenez-vous : la carte postale « fait de la résistance » ?

....

....

Lisez rapidement le texte.
2. Pourquoi l'auteur dit-il que la carte postale est un « moyen universel de communication » ?

....

3. « La carte postale fait rêver ». Partagez-vous cette opinion ? Justifiez votre réponse.

....

4. Qu'apprend-on sur l'origine de la carte postale ?

....

5. Quels sont les motifs le plus souvent représentés sur les cartes postales ?

....

6. Écrivez-vous des cartes postales ? Si oui, à qui ? Si non, pourquoi ?

....

7. Aimez-vous recevoir des cartes ? Qu'en faites-vous ?

....

8. Pour quelles raisons les gens écrivent-ils des cartes postales ?

....

....

....

Pacy-sur-Eure – La Pêche à la ligne sur les bords de l'Eure

VOUS DORMIEZ ? OUVREZ LES YEUX MAINTENANT !

Faut-il dormir ? Dormir beaucoup ? C'est une question idiote mais qui devient centrale. Il est devenu ringard de dormir. Dormir comme tout le monde, vous n'y pensez pas ! De nos jours, on revendique ses nuits courtes. Vous dormez vraiment la nuit ? Un sourire moqueur se dessine sur les lèvres de votre interlocuteur. Vous êtes définitivement un *has been*...

Dormir, cela ne se fait plus du tout. Aujourd'hui, on consent tout juste à s'allonger trois ou quatre heures sur un lit de camp vers minuit avant de resurgir, les nerfs à vif, à l'heure où les moines trottent sur les dalles froides de leurs monastères. Ou bien l'on s'endort vers trois heures du matin, épuisé, devant la télé. Le froid vient alors vous réveiller au petit matin, quand il est temps de se déshabiller pour prendre une douche et partir travailler.

Dormir, c'est perdre son temps, accepter d'interrompre le fil de la vie. Déjà Baudelaire, un sacré dandy qui se baladait les cheveux teints en vert, détestait dormir et repoussait le plus longtemps possible cet abandon de soi. Dormir, c'était pour lui accepter la part la plus naturelle de la nature humaine, donc la plus détestable. On imagine bien qu'il lui arrivait de faiblir et de sombrer. Mais c'était sa part humaine, trop humaine et, par

égard pour sa mémoire, nous l'avons oubliée.

Plus réaliste, Napoléon encourageait les siens à limiter le temps accordé au repos. Il houspillait les fainéants qui s'octroient des tranches de sommeil inconsidérées. Allez ! Debout là-dedans ! Sur ce sujet, l'empereur avait une théorie (mais sur quoi n'avait-il pas une théorie ?). Il avait rédigé une sorte de théorème qui vaut ce qu'il vaut et que l'on reproduit à l'estime : « Six heures pour les hommes, sept pour les femmes huit pour les imbéciles ». Peut-être est-ce apocryphe ? Les spécialistes nous éclaireront. Espérons aussi qu'ils compléteront la maxime. Pourquoi Napoléon s'est-il arrêté à huit heures ? Ceux qui dorment neuf, dix, onze heures n'ont-ils pas droit, eux aussi, de savoir à quelle catégorie ils appartiennent ? Et ceux qui font le tour du cadran ?

Les non-dormeurs d'aujourd'hui, lointains héritiers de Baudelaire et de Napoléon, poussent le bouchon plus loin*. Ils donnent l'impression de zapper carrément la nuit. Leurs nuits sont faites pour vivre. Leurs nuits sont plus belles que leurs jours. Leurs nuits sont électriques, effervescentes, remplies de chiffres et de lettres. Pendant que vous rêvez, pendant que vous vous abandonnez paresseusement au sommeil, ils écrivent leur

dernier roman à la clarté oblique de leur lampe, ils analysent sur leurs écrans les comptes de leur entreprise ou répondent à leur courrier électronique.

Ah ! Qui dira le plaisir du courriel expédié dans l'espace Internet à 3 h 56... Effet garanti (entre stupéfaction et admiration). Cet homme, cette femme-là ne dort donc jamais. Il ou elle nous renvoie à notre destin de cloporte. Que faisions-nous à 3 h 56, pauvre hère que nous sommes ? Nous dormions ordinairement, bêtement, grassement, du sommeil du juste.

La vérité éclate : le sommeil réparateur a fait son temps. Le sommeil, cette recette magique du bon médecin de famille d'autrefois, est dépassé. Il ne s'agit pas de vivre la nuit mais de vivre ses nuits à la même cadence que ses jours, de faire reculer la nuit, de l'annuler. C'est notre dernière frontière. Un peu de volonté, que diable !

Jadis, l'insomnie était vécue comme une torture, une angoisse que l'on taisait. L'insomniaque se désolait de ne pouvoir dompter le sommeil. [...] Désormais, l'insomnie est un étendard, une fierté. Elle s'exhibe. Et les gros dormeurs se cachent, honteux.

Laurent Greilsamer, *Le Monde*, 28/11/2006

* vont plus loin encore

1. Comment l'auteur «attaque-t-il» le texte? Comment pourrait-on qualifier cette introduction?

2. Cherchez dans le texte tous les mots évoquant l'idée que le fait de dormir est désormais démodé.

3. Selon l'auteur, pourquoi de plus en plus, cherche-t-on à raccourcir ses nuits?

4. D'après ce que dit l'auteur, quelle définition donneriez-vous du dandysme ?

5. Que signifie «faire le tour du cadran»?

6. Relevez tous les termes qui concernent les «bons dormeurs»:

7. Il ne suffit pas de ne pas dormir, il faut que cela se sache. Comment peut-on le faire savoir?

8. «Désormais, l'insomnie est un étendard, une fierté. Elle s'exhibe». L'auteur présente cette fierté de ne pas dormir comme une nouveauté. Mais non! Ce n'est pas nouveau.
Marcel Proust, il y a cent ans, évoquait ainsi la tante Léonie:

Je l'entendais souvent se dire à elle-même: «Il faut que je me rappelle bien que je n'ai pas dormi» (car ne jamais dormir était sa grande prétention dont notre langage à tous gardait le respect et la trace: le matin Françoise ne venait pas «l'éveiller» mais entrait chez elle; quand ma tante voulait faire un somme dans la journée, on disait qu'elle voulait «réfléchir» ou «reposer»; et quand il lui arrivait de s'oublier en causant jusqu'à dire «ce qui m'a réveillée» ou «j'ai rêvé que», elle rougissait et se reprenait au plus vite).

En quoi la tante Léonie était-elle semblable à nos dandys d'aujourd'hui?

Dans votre culture le sommeil est-il considéré comme une perte de temps, une façon de se régénérer, un plaisir ou encore autre chose?

106 JEUX DE MOTS

A. Observez le texte ci-après sans le lire.

1. Quelle particularité présente-t-il ?

2. Quelle relation cela a-t-il avec le titre du texte ?

3. Quelle information sur le contenu du texte en déduisez-vous ?

B. Lisez le texte et répondez aux questions.

Écrivain ou *écrivaine* ?

Comment féminiser les fonctions ?

Une de mes nièces a l'intention de devenir pompière ! Pourquoi pas ? La profession de pompier accueille aussi des femmes… Il existe maintenant des policières, des soldates et forcément des officières, y a pas de raison ! Nous avons des gendarmettes dont le nom possède une consonance douce, moins effrayante que celle de « gendarme ». Je ne sais pas si ces dénominations sont officielles, mais elles sont employées : elles représentent un aspect de la vie de la langue, qui crée des mots à la mesure des besoins.

Il y a aujourd'hui un certain nombre de conductrices d'autobus, beaucoup de factrices, des institutrices innombrables… Des quoi encore ? Une de mes amies a une formation de menuisière, il existe des postières, des manipulatrices, des actrices bien sûr (ou comédiennes), des avocates célèbres, des légions de pharmaciennes, des chimistes, des chirurgiennes, des pilotes d'avion, des présidentes de tas d'associations, des conseillères municipales – des secrétaires il n'y en a plus, elles sont devenues des « assistantes » ! On connaît même deux académiciennes, l'une étant secrétaire perpétuelle de l'Académie française !

« Femme »… sans féminisation

Et pourtant malgré cette floraison d'occupations désormais ouvertes aux femmes, vous entendez des discussions, des débats, des fâcheries dans la presse et à la télé à propos de la féminisation des fonctions. Des gens très sérieux – des messieurs pour la plupart – voudraient que les noms de métiers ou de fonctions gardassent (c'est rien, ça ne mord pas, c'est juste un subjonctif passé !) gardassent, dis-je, leur forme au masculin. Il faudrait dire, selon eux, une femme-soldat, une femme-gendarme, une femme-chirurgien, et femme-ci, et femme-là, partout femme, femme, femme ! (Air connu : Old MacDonnald had a femme !) Il faudrait dire le ministre lorsqu'il s'agit d'une ministre : Mazarine Mitterrand, le ministre de la… Bon d'accord, elle n'est pas ministre, elle est écriv… Ah ! elle est quoi Mazarine Mitterrand, écrivain ou écrivaine ?

POUR FÉMINISER EN DOUCEUR, LA SOLUTION C'EST LE MI-TEMPS.

UN JOUR POLICIER, UN JOUR POLISSONNE.

UN JOUR AUTEUR, UN JOUR HÔTESSE

UN JOUR TRAITEUR, UN JOUR TRAÎTRESSE

UN JOUR POMPIER, UN JOUR POMPETTE.

Rémi MahnGrély

Terminaison péjorative

Vous voyez, on n'en sort pas ! À chaque instant on bute sur une incertitude : féminiser ou ne pas féminiser, *that is the question*. Ah ! On était bien tranquille du temps des femmes-au-foyer, sans ambition, sans profession, qui se contentaient d'être mères, et ne voulaient pas être maires ! Tiens, en voilà une difficulté. Doit-on dire madame le maire, ce qui est assez ridicule, ou madame la maire, ce qui est particulièrement ambigu parce que cela amène une confusion en rajoutant un homonyme ? Entre la mer « qu'on voit danser » (Trenet), la mère qu'on a vu danser (dans sa jeunesse) et la maire, qui marie les danseurs, bonjour la salade !

Certes, il existe le terme mairesse, qui désigne traditionnellement la femme du maire, (comme la préfète est aussi la femme du préfet) ; l'ennui, c'est que la terminaison en esse est souvent un peu péjorative : l'hôtesse, ça va, la poétesse, ça fait un peu pouèt pouèt, la prêtresse ne fait pas très catholique, la doctoresse est effrayante (une sorte d'infirmière qui fait des piqûres !), quant à l'ogresse, pardon ! Une emmerderesse est une emmerdeuse de pointe, lorsque la mairie est tenue par une femme.

Et les professeurs ?… La prof, le prof, d'accord, mais le mot en entier ?… « Professeuse » c'est pas terrible. Ici je préfère la solution adoptée depuis déjà assez longtemps au Québec. Les Québécois, qui parlent un français plein d'images et de beaux murmures, disent la professeure, en ajoutant un e, tout naturellement, au bout du eur pour mettre le nom au féminin. Nycole Desjardin est ingénieure, Marie-Claude Tremblay est professeure, Christine Brouillet est auteure de très beaux livres – elle est écrivaine, vraiment.

Vous savez quoi ? J'aimerais beaucoup avoir votre avis personnel sur cette question de société qui est aussi une question de langue. Si vous avez la gentillesse de m'écrire pour me donner votre opinion, j'en serais ravi

Claude Duneton
Science et Vie Junior, Novembre 2000, p. 87

1. Quelle est la problématique centrale de ce texte ? ....

2. De quelle féminisation s'agit-il dans le texte ? ....

3. Quelle est la nature du (des) problème(s) qu'elle pose ? Sont-ils linguistiques ou autres ?

4. À quelle forme masculine correspondent les mots suivants ?

Féminin	Masculin	Féminin	Masculin	Féminin	Masculin
Pompière		Policière		Soldate	
Officière		Gendarmette		Conductrice	
Factrice		Institutrice		Menuisière	
Postière		Manipulatrice		Actrice	
Comédienne		Avocate		Pharmacienne	
Chimiste		Chirurgienne		Pilote	
Présidente		Conseillère		Secrétaire	
Académicienne		Ministre		Écrivaine	
Mairesse		Préfète		Hôtesse	
Poétesse		Prêtresse		Doctoresse	
Infirmière		Ogresse			

5. Quels sont les procédés de féminisation mis en œuvre ? ....

6. Quels procédés ne présentent pas de difficulté(s) ? Pourquoi ? ....

7. La principale difficulté de féminisation repose sur une ambiguïté. Laquelle ? ....

8. Quelle forme du masculin est-elle la plus difficile à féminiser ? Pour quelle(s) raison(s) ?

9. Une solution a été trouvée. Laquelle ? Par qui ? ....

10. Quelle est à votre avis la position de Claude Duneton ? Quels éléments du texte vous permettent-ils de l'affirmer ? ....

 La féminisation des fonctions est-elle effective ou non dans votre langue ? À votre avis, pourquoi ? La traduction dans votre langue des mots surlignés du texte est-elle facile ou non ?

6 ■ LIRE DES INSTRUCTIONS

107 MODES D'EMPLOI

Lisez le texte ci-dessous.

INEPTIES À LA PELLE

Rions un peu. À la lecture des perles relevées par l'UFC-Que Choisir de Quimper sur des emballages, on pourrait croire à des canulars.
Et pourtant, c'est écrit noir sur blanc.
L'UFC-Que Choisir de Quimper s'est penchée sur les emballages d'un certain nombre d'articles. Des mises en garde aux conseils d'utilisation, les fabricants ne manquent pas d'humour.

EXTRAITS

○ Pudding Marks & Spencer : « Le produit sera chaud après avoir été réchauffé. »

○ Somnifère Nytol : « Attention, la prise de ce médicament peut entraîner un état de somnolence. »

○ Cacahuètes Sansburry : « Avertissement : contient des cacahuètes. »

○ Biscuits apéritifs remis à bord des vols American Airlines : « Instruction : 1. ouvrir paquet. 2. manger biscuits. »

○ Tronçonneuse suédoise : « Ne pas essayer d'arrêter la chaîne avec les mains ou les parties génitales. »

○ Robot de cuisine japonais : « Ne doit pas être utilisé pour un autre usage. » ☞

○ Tiramisu Tesco's : « À consommer avant : voir ci-dessous » et dessous, une fois que vous avez retourné le dessert, à côté de la date limite de consommation : « Ne pas retourner le produit. »

○ Sirop pour la toux pour enfants : « Ne pas conduire ni opérer sur machine-outil après absorption. »

○ Savon Dove : « Mode d'emploi : utiliser comme savon normal. »

○ Sèche-cheveux Sears : « Ne pas utiliser en dormant. »

○ Sachet de Fritos : « Grand concours, nombreux prix. Jeu gratuit sans obligation d'achat. Détails à l'intérieur du paquet. »

○ Plats surgelés : « Suggestions de préparation : congeler. »

○ Guirlandes lumineuses pour Noël : « Pour usage intérieur ou extérieur uniquement. »

Que Choisir, 7/8/2004

1. Observez le titre. En quoi l'auteur voit-il un rapport entre les modes d'emploi et les inepties ?

2. Relevez dans le billet d'Alain Rémond quelques exemples de « perles » particulièrement amusantes.

3. En avez-vous déjà lu de semblables ? Où ? De quel produit s'agissait-il ?

4. En quoi consiste l'humour de ce texte ?

5. Comment peut-on expliquer qu'on trouve autant d'inepties dans les modes d'emploi ?

6. Peut-il y avoir un danger quelconque à suivre certains de ces conseils ?

7. Pourquoi les modes d'emploi sont-ils en général incompréhensibles ?

8. Que faites-vous quand vous lisez de telles inepties ? Écrivez-vous au fabricant pour le lui faire remarquer ? Justifiez votre réponse.

Lisez le texte ci-dessous.

OUVRIR ET FERMER

L'une des plus grandes escroqueries de la civilisation moderne, c'est cette mention, inscrite sur les paquets de riz ou les sachets de parmesan : « Ouverture et fermeture faciles ». Déjà, qu'en 2004, on en soit à présenter comme un immense progrès le fait de pouvoir ouvrir facilement un paquet de nouilles, ça laisse rêveur. Mais en plus, le consommateur sait parfaitement que cette mention annonce, tout au contraire, les pires difficultés. Surtout quand c'est écrit « soulever ici » ou « tirer suivant les pointillés ». On soulève, on tire : rien ne se passe. On se dit qu'on n'a pas dû faire comme il faut, on cherche ces fichus pointillés qu'il faut absolument suivre. Et on tire un peu plus fort. Aussitôt, c'est le désastre. L'emballage se déchire sur toute la largeur, le riz vous saute à la figure et s'éparpille dans la cuisine, le parmesan s'échappe et glisse dans vos chaussures. Le gag final, évidemment, c'est la « fermeture facile ». Qu'est-ce que vous voulez refermer quand tout le paquet n'est qu'une immense ouverture ? La poubelle ? ?

Ça, oui, c'est facile.

La Croix, 22/03/2004

1. **Lisez le document.**

2. Quel est son objectif ?

....

....

3. Il s'agit ici d'un « billet », c'est-à-dire d'un petit article de journal sur un sujet d'actualité. En quoi le sujet traité est-il d'actualité ?

....

....

4. Pourquoi Alain Rémond parle-t-il d'escroquerie ?

....

....

5. Relevez dans le texte les éléments qui permettent de dire que l'auteur se moque des mentions inscrites sur les paquets de riz ?

....

....

6. Avez-vous déjà vécu ce genre de mésaventure ? Décrivez-la en quelques lignes.

....

....

....

....

1. Regardez la photo avant de lire le texte.

LE BILLET PAR ALAIN REMOND

UN OUVRE-BOÎTE SENSATIONNEL

Un des problèmes majeurs de notre vie sur terre, c'est l'ouvre-boîte.

Quel que soit le système, il y a toujours quelque chose qui cloche. Soit il n'ouvre rien. Soit il vous ouvre le pouce. Je viens enfin d'acheter un engin révolutionnaire : « Vous pouvez enlever le couvercle sans même le toucher avec la main », m'assure la notice. Me voici donc avec l'ouvre-boîte dans une main, la boîte de petits pois dans l'autre. Que dois-je faire ? C'est très simple : « Écartez les poignées et placez l'ouvre-boîte parallèlement au sommet de la boîte, le bouton tournant centré entre les poignées écartées et tournées vers le centre de la boîte. » Je relis cette phrase dix fois. Je n'y comprends strictement rien. Comment diable suis-je censé placer l'ouvre-boîte parallèlement au sommet de la boîte tout en centrant le bouton tournant et en tournant les poignées écartées vers le centre de la boîte ? Faut-il écarter les parallèles vers le centre ? Ou tourner autour du centre parallèlement aux poignées ? Au secours ! Quelqu'un aurait-il le mode d'emploi du mode d'emploi ?

La Croix

2. Nommez successivement les différentes étapes pour ouvrir une boîte.

....

....

3. En quoi ce billet est-il amusant ? ....

4. Avez-vous compris comment fonctionne l'ouvre-boîte décrit ? Justifiez votre réponse.

....

....

5. Lisez-vous les modes d'emploi ? Pourquoi oui ou pourquoi non ?

....

....

6. Décomposez une activité quotidienne / un geste quotidien (par ex. décrivez comment vous faites un sandwich jambon/fromage).

....

....

1 ■ PRODUCTION ÉCRITE GÉNÉRALE

■ 1. REFORMULER POUR « ALLÉGER » ■

110 NUANCEZ! ÉVITEZ LES MOTS PASSE-PARTOUT!

1. Certains verbes sont très largement polysémiques. Par exemple **mettre** qui peut signifier *poser, placer, ranger, glisser, poster...*

Dans les exemples qui suivent, par quel verbe plus précis pourrait-on remplacer ce verbe *mettre*?

a) mettre de l'argent à la banque : ....

b) mettre sa voiture dans un parking : ....

c) mettre des gendarmes devant la résidence d'un homme politique : ....

d) mettre sa veste, mettre ses gants, mettre son jeans : ....

e) mettre le trouble : ....

f) mettre tous ses espoirs dans quelqu'un ou dans quelque chose : ....

g) mettre des heures et des heures pour faire un travail : ....

h) mettre un livre sur une table : ....

i) faire mettre le chauffage central : ....

j) mettre une lettre à la boîte : ....

k) mettre de l'argent dans une affaire : ....

l) mettre des vêtements dans une commode : ....

2. Ce verbe **mettre** apparaît aussi dans de très nombreuses locutions : **mettre** quelque chose **en doute** ; **mettre** quelqu'un **au courant** de quelque chose ; **mettre** une question **sur le tapis**...

Cherchez d'autres locutions où l'on trouve ce verbe « mettre ».

Mettre en ....

Mettre à (*ou* au) ....

Mettre sur ....

3. **Un même mot peut avoir des sens très différents selon le contexte.** Par exemple, le verbe « veiller » : Ne **veille** pas trop tard (= ne te couche pas trop tard) / Surtout, **veille** sur ta santé (fais attention, prends garde)

À quel sens (a ou b) correspond le mot entre parenthèses ?

1. **a)** Il conduit beaucoup trop vite	**b)** Elle se conduit très bien	*(comportement)*
2. **a)** Range ces volumes sur la table	**b)** Cet appartement a de beaux volumes	*(livres)*
3. **a)** Il a déjeuné légèrement	**b)** Il a agi un peu légèrement	*(imprudemment)*
4. **a)** Il a les idées larges	**b)** Il a un jeans un peu large	*(grand)*
5. **a)** La punition était juste	**b)** Votre travail est un peu juste	*(insuffisant)*

6. a) J'ai toujours éprouvé une certaine prévention à son égard   *(préjugé)*
   b) Le ministère a pris cette mesure par prévention

7. a) Il a fait tout cela par affection   *(maladie)*
   b) L'hiver, c'est une affection bénigne

8. a) Cet enfant est pourri   *(gâté)*
   b) Oh ! Ça sent le pourri

111 (C2) REFORMULEZ UN TEXTE

Ce journaliste – sans doute payé à la ligne ! – a «délayé» une information qui pourrait tenir en quelques lignes. **Reformulez ce qu'il a écrit. Vous devez aboutir à un texte ne comportant que deux ou trois phrases (qui seront complexes, bien sûr ! mais, si possible, pas trop lourdes).**

Essayez de perdre le moins d'informations possibles.

1. **Certains éléments, inutiles ou redondants, sont à supprimer. Commencez donc par là !! Un bon coup de balai s'impose !**

2. **Ne gardez que ce qui est strictement indispensable.**

3. **Reformulez le plus légèrement possible en gardant toutes les informations essentielles.**

PROGRAMME DU PREMIER MINISTRE DANS LE PAS-DE-CALAIS

Demain, le Premier ministre effectuera une visite dans le Pas-de-Calais. À neuf heures, il visitera une importante entreprise agro-alimentaire dans la région de Calais.

L'entreprise dont il s'agit, AGRIMAX, a été rendue célèbre pour avoir obtenu, l'année dernière, une distinction très recherchée, l'Oscar de l'exportation.

Le Premier ministre sera accompagné, au cours de cette visite, de plusieurs de ses ministres. Parmi tous les ministres qui accompagneront le Premier ministre, il y aura, bien évidemment, le ministre de l'Agriculture mais aussi le ministre de l'Emploi.

Après cette visite, le Premier ministre doit se rendre à la Préfecture. Là, il doit, aux alentours de onze heures, prononcer un discours qui est, semble-t-il, très attendu, surtout dans cette région traumatisée par l'annonce de licenciements chez Danone mais aussi chez Dim et, à un degré moindre, dans d'autres entreprises.

On croit savoir, de source quasi certaine, que ce discours du Premier ministre pourrait porter sur le projet de loi concernant la «modernisation sociale», projet qui comporte plusieurs volets dont l'un concerne justement les licenciements économiques.

Votre texte : ....

112 CONNECTEURS LOGIQUES : GARDEZ- VOUS DES EXCÈS !

Comme vous l'avez vu dans les activités précédentes, les textes français sont généralement très structurés :

* l'introduction pose la problématique, délimite le sujet et annonce le plan ;

* le «corps» du texte se compose généralement de 2, 3 ou 4 parties, chacune reliée à la précédente par un «connecteur (ou articulateur) logique» qui marque l'avancée de l'argumentation ;

* la conclusion récapitule et, le plus souvent, ouvre vers un débat possible. En procédant ainsi, le scripteur «balise» son raisonnement et facilite la tâche du lecteur.

Très bien ! Mais, lorsque vous écrivez, attention à l'exagération : un excès d'articulateurs logiques risque d'alourdir votre texte.

Dans le texte suivant, quels articulateurs peut-on (et même doit-on !) supprimer pour l'alléger ? Vous pouvez modifier légèrement les phrases mais attention à bien garder leur sens.

Curieusement, paradoxalement même, pourrait-on dire, les médias peuvent renforcer les préjugés. Car, s'ils apportent parfois des informations objectives qui permettent de fonder une culture authentique, ils développent également, en parallèle, une sous-culture pleine de préjugés.

En effet, les médias, même publics, obéissent à la loi du marché et cherchent à répondre, de manière plus ou moins consciente, à la demande du public. C'est pourquoi ils peuvent donc alimenter les préjugés au lieu de chercher à les détruire, comme cela devrait être leur mission. Ainsi, par exemple, voit-on des journaux se spécialiser dans la parapsychologie, dans l'astrologie, dans l'occultisme, entretenant par là-même l'ignorance et accréditant donc des préjugés vieux de plusieurs siècles. Mais les médias n'exploitent pas uniquement l'ignorance, ils exploitent aussi des préjugés plus inquiétants, liés entre autres à l'ethnocentrisme ou au racisme, par exemple. Or, ce phénomène est particulièrement grave car non seulement les médias, à la manière du tam-tam, diffusent les préjugés, mais encore, ils leur confèrent au passage, de surcroît, une manière d'aura, de majesté ou même plus simplement de sérieux.

Par conséquent, et en conclusion, on peut dire (Einstein l'avait déjà annoncé) que la technologie la plus sophistiquée peut se mettre au service des préjugés les plus archaïques. Et pourtant, ne serait-il pas plus logique que le progrès technique se mette au service du progrès intellectuel et, au-delà, de la vérité ?

■ 2. REFORMULER UN ENTRETIEN ORAL À L'ÉCRIT ■

113 Reportez-vous à l'activité 25.

Vous avez été intéressé(e) par le témoignage d'Élodie Lesueur sur la formation en alternance.

Surpris(e) par le fait que cette formation est relativement méconnue chez les jeunes étudiants, vous décidez de la faire connaître davantage. Pour atteindre votre objectif, vous rédigez, à partir du témoignage d'Élodie Lesueur, un article consacré à ce sujet, publié dans un journal de jeunes.

Écoutez de nouveau Élodie Lesueur présenter son expérience.

Pour préparer votre article, sachez passer de l'oral à l'écrit :

 ✎ aidez-vous de la transcription du document,

 ✎ repérez et supprimez les redites, les répétitions,

 ✎ repérez et supprimez les hésitations de la locutrice,

 ✎ remplacez les tournures de l'oral par des tournures de l'écrit

 ✎ recherchez, dans les paroles d'Élodie Lesueur, le passage dont vous pourriez faire votre introduction,

 ✎ recherchez ce qui pourrait figurer dans votre conclusion.

Rédigez votre article.

....

....

....

114 **Reportez-vous à l'activité n°37 consacrée aux fourmis.**

Vous avez entendu l'émission d'Ali Baddou et vous vous êtes passionné(e) pour ce sujet.

Vous décidez de partager votre enthousiasme avec les jeunes de votre ville et, pour ce faire, vous rédigez un article pour le magazine mensuel de votre ville.

Écoutez de nouveau l'émission.

Pour préparer votre article :

 ✎ En fonction de l'enregistrement, le plus logique est, semble-t-il, de consacrer un paragraphe à chaque type de fourmis.

 ✎ Quelles phrases, quelles parties pourriez-vous utiliser pour introduire et pour conclure l'article ?

 ✎ Vous pouvez aussi créer un «suspense» en ne disant pas tout de suite de quoi il s'agit, en présentant les fourmis comme des «êtres» dont on vient de découvrir le mode de vie...

 ✎ Pour passer de l'oral à l'écrit, sachez supprimer les phrases ou expressions qui vous semblent inutiles pour ne garder que celles qui sont indispensables, notamment celles qui assimilent en quelque sorte les fourmis à des humains.

 ✎ Pour vous aider, vous pouvez, si vous le souhaitez, utiliser la transcription de l'enregistrement.

 ✎ Sachez passer également du ton, du registre oral au registre écrit.

Rédigez votre article.

....

....

....

115 Reportez-vous à l'activité 39.

Vous êtes en France depuis quelques mois dans le cadre de vos études de journalisme.

Vous avez vu, en direct d'abord, puis dans les divers journaux télévisés du 6 novembre l'annonce de l'attribution du Prix Goncourt à Jonathan Littell.

Vous décidez de « faire un papier » sur cet événement pour le journal de votre école.

Écoutez de nouveau l'annonce faite en direct au journal télévisé.

Rédigez votre article.

....
....
....

Pour vous aider

➤ Vos lecteurs ne savent peut-être pas ce qu'est le Prix Goncourt : il vous faut donc penser à le présenter, à préciser quelle en est l'importance en France.

➤ La proclamation du résultat du vote du jury s'accompagne d'un certain rituel (au restaurant Drouant, à l'heure du déjeuner, devant une foule de journalistes), dans une ambiance fébrile. Essayez de les traduire dans votre article.

➤ Il s'agit d'un prix littéraire : présentez l'auteur et ce que vous savez de son œuvre mais aussi de son roman : quelle en est la trame, quelles sont les critiques faites à sa sortie, comment le public l'a accueilli.

■ **3.** LES FAÇONS D'EXPRIMER SON OPINION, SES SENTIMENTS ■

116

1. Lisez le titre, le chapeau et l'intertitre de la critique de film ci-dessous.

2. S'agit-il d'une bonne ou d'une mauvaise critique ? Quels mots justifient votre réponse ?

....
....

JACQUOU LE CROQUANT, TRAHI ET DÉFIGURÉ

Laurent Boutonnat, réalisateur des clips de Mylène Farmer, signe une adaptation déshonorante par sa bêtise et sa violence.

Sur les routes de Dordogne, ces dernières semaines, le promeneur est accueilli par de grandes affiches du film *Jacquou le Croquant*, avec les vœux du conseil général pour 2007. C'est dire si la sortie de ce long métrage (600 copies à travers la France) était attendue et qu'une partie du prestige qu'on lui prêtait devait rejaillir sur la région où il a été (un peu) tourné. *Jacquou le Croquant*, le roman d'Eugène Le Roy, continue, plus d'un siècle après sa publication, de structurer l'identité et l'imaginaire des habitants du Périgord. Il est leur héros. Précédé par la rumeur du tournage qui, l'été dernier, après de longs mois en Roumanie, enveloppait le Périgord, on guettait avec curiosité ce que Laurent Boutonnat, connu pour avoir été le pygmalion de Mylène Farmer et le réalisateur de ses clips, allait en faire.

Colère, rage, indignation. Voilà dans quel état son film laisse le spectateur, au terme d'un très long et très pénible bombardement d'effets spéciaux et de castagne. Cette adaptation indigente qui se veut à grand spectacle détruit sans vergogne le livre auquel elle s'est attaquée, piétinant sa subtilité.

On ne sait par quel bout prendre ce désastre. Les scènes grotesques ? Les situations invraisemblables ? La mise en scène à gros sabots avec ralentis appuyés ? Les mouvements de caméra ? Les chromos de calendrier (lavandières au bord de l'eau, filmées dans la même lumière que les publicités pour les yaourts) ? Le caractère gothique de sa description de la misère ? La nuit de Noël où Jacquou et sa mère traversent la noire forêt, cernés par les loups, morceau de bravoure du livre, traité comme une nouvelle version de *Dracula dans les Carpates* ?

On ne sait par quel bout prendre ce désastre

Jacquou jeté aux oubliettes du château du comte de Nansac, filmé comme un rat dans les égouts ? La scène du bal au village où Laurent Boutonnat a voulu copier *Les Portes du Paradis* de Michael Cimino, sommet du manichéisme primaire qui baigne le film ?

Les péripéties de l'histoire d'amour du héros, tiraillé entre la brave paysanne et la fille du comte, tentatrice perverse, affligeantes de niaiserie ? L'affrontement final entre Jacquou et le comte de Nansac, apothéose de mauvais goût cinématographique ? L'hyperviolence complaisante ? La bande-son à décorner les bœufs ? La musique qui ne laisse aucun répit ? Le montage ? La distribution ? Mais que diable Olivier Gourmet est-il allé faire dans cette galère ?

Rarement il nous a été donné de voir un film, présenté comme ambitieux et s'attaquant à un monument du patrimoine populaire, d'une stupidité aussi intense, aussi appliquée. Le réalisateur explique, à longueur d'interview, qu'il a « imité » Millet, Géricault, Greuze, Le Nain et même (mais si !) Rembrandt. Si seulement Laurent Boutonnat s'était inspiré d'Eugène Le Roy au lieu de mutiler son œuvre, de la défigurer, d'en ignorer la portée historique, politique et symbolique, de s'en emparer pour y plaquer sauvagement sa vision grossière et simpliste, l'outrance de sa mise en scène et ses dialogues d'une bêtise abyssale.

Au générique de fin, sous une chanson de Mylène Farmer, le réalisateur a pris soin d'indiquer : « Aucun animal n'a été blessé, ni maltraité. ». Cette précaution, hélas, ne s'applique pas aux spectateurs.

Jean-Claude Raspiengeas, *La Croix*

3. Relisez le texte et relevez les noms, adjectifs ou expressions servant à qualifier :

a) la mise en scène : ....

....

b) les dialogues : ....

....

d) l'adaptation, la fidélité au roman : ....

....

d) l'image : ....

....

e) la musique : ....

....

f) ce que ressent le spectateur, la façon dont il est traité : ....

....

4. Observez la liste d'adjectifs et d'expressions ci-dessous. Faites-leur correspondre des adjectifs et expressions du texte qui s'y opposent, qui en sont les antonymes.

EXPRESSIONS ET ADJECTIFS				EXPRESSIONS ET ADJECTIFS DU TEXTE
très positifs	positifs	neutres	plutôt négatifs	
Passionnantes	Intéressantes	Étranges	Ridicules	
Opulente	Riche	Neutre	Plate	
Embellir		Modifier		
	Respecté		Peu conforme	
	Soulignant	Effaçant	Écrasant	
Réussite, succès	Œuvre	Film	Échec	
Intelligence	Finesse	Esprit	La mièvrerie	
		Transformer	Abîmer	
	Bon goût			
Enthousiasme	Joie	Satisfaction	Irritation, agacement	
Magnifié	Embelli		Méconnaissable	
Scrupuleusement	Avec application	Directement	Sans hésitation	
Un feu d'artifice de	Une multiplication de	Un grand nombre de	Un recours fatigant à	
Admirable	Belle, bonne	Honnête		
	Respecte	Présente	Écorché	
	Réalistes	Inouïes	Incroyables	
Délicate, subtile	Fine		Grosse, grossière	
	L'impartialité	La neutralité	La partialité	
Merveilleuses	Intéressantes	Regrettables	Embellir	

117 Vous êtes chargé, pour le bulletin municipal de votre ville, de rédiger une critique du film *Jacquou le Croquant.*

À l'aide du texte et des expressions de l'activité précédente :

1. **Rédigez une critique plutôt négative *ou* neutre, d'une dizaine de lignes.**

....

....

2. **Rédigez une critique positive ou très positive, d'une dizaine de lignes.**

....

....

....

118 Reportez-vous à l'activité 97.

Reformulez cette lettre en langage clair.

....

....

119 RÉAGIR À UN (DES) COURRIER(S) DE LECTEURS

Comme on dit

Je suis heureuse de vivre dans le Lot (mais pas dans le 46). Je suis fière d'habiter en province (et non pas en « région »), même si je ne renie aucunement ma région Midi-Pyrénées. Quand j'ai des envies citadines, je me rends à Toulouse, mais je ne vais jamais « sur » Toulouse ! Mon mari, Lotois d'adoption, est né dans le département de la Seine-Saint-Denis... qui ne se nommait alors ni le « 93 » ni le « 9-3 », et encore moins le « 9³ » !
Ce snobisme me fait dire : « Oui, c'était mieux avant ! »

Marie-Blanche Jamin-Cornac,
« Télérama », 2968, 29 novembre 2006

SAUVER L'ORTHOGRAPHE

On vient d'apprendre que les élèves de 5ᵉ d'aujourd'hui ont le même niveau en orthographe que ceux du CM2 il y a vingt ans. Après la méthode de lecture semi-globale tant décriée et mise aujourd'hui à l'index, la méthode d'apprentissage de la grammaire et de l'orthographe est remise en cause. À quoi est due cette rapide dégradation ? Il serait intéressant de chercher du côté des spécialistes qui utilisent un langage incompréhensible par les non-initiés. Les programmes de français de 6ᵉ sont tout à fait révélateurs de cet état de fait. Dans ces conditions, on ne peut qu'applaudir Gilles de Robien qui a eu le courage de donner un coup de pied dans la fourmilière.

Philippe Schmitt 68000 Colmar
« Le Figaro Magazine » – Samedi 17 février 2007

DRÔLE D'ALLURE !

❝Vu à la télé ! Un journaliste interviewe le Premier ministre dans les jardins de Matignon. Ce reporter porte une veste noire, un pull et un jean gris. Autre chaîne, même dégaine : le fils d'un chanteur décédé, qui vient évoquer son père dans une célèbre émission dominicale, est en jean super décontracté. Au cirque aussi, nouvelle fantaisie : j'ai vu un jongleur en jean de ville. D'aucuns salueront sans doute dans ces trois cas l'authenticité moderne et bienvenue de ces tenues et, à contrario, me traiteront de réac, moi qui aime sinon les costumes de scène, du moins que l'on soigne sa mise, plus encore quand on a rendez-vous avec un public. J'y vois pour ma part une marque de respect pas du tout ringarde. Curieuse époque où, à l'instar du langage, la frontière entre les sphères privées et publiques devient de plus en plus ténue.❞

Stéphanie Joumard,
67118 Geispolsheim.

« Madame Figaro », 27 janvier 2007

Lisez les 3 courriers de lecteurs.

1. Notez les différents thèmes dont ils font état.

....

....

....

2. Vous vous sentez concerné(e) par une ou deux lettres parce qu'elle(s) vous amuse(nt) ou parce qu'au contraire elle(s) vous énerve(nt).

Vous répondez à cette (ou à ces lettres) qui sont publiées dans le Courrier des lecteurs de la semaine suivante. Défendez votre point de vue.

....

....

....

....

....

120 « DOIT-ON CONNAÎTRE LA VIE PRIVÉE DES POLITIQUES ? »

POUR **Roselyne Bachelot, députée européenne (UMP)**

Les citoyens sont en droit de réclamer la vérité sur la vie privée des hommes et des femmes politiques qui instrumentalisent certaines valeurs pour faire campagne. Quelqu'un qui, dans le débat public, prône certains comportements par exemple, encense le mariage ou condamne l'avortement – doit lui-même les respecter. Si cette personne a une maîtresse, elle ne doit pas s'offusquer que l'on en fasse état.

Deuxième cas où les hommes politiques ne doivent pas cacher leur vie privée: s'ils en ont fait un élément de communication politique – en se faisant photographier avec leur femme ou leur mari, avec leurs enfants, leur chien, etc. Donner une photo ne suffit pas, il faut alors accepter d'aller jusqu'au bout, par souci d'honnêteté. A fortiori si l'on a soi-même, en toute conscience, livré sa vie privée en pâture.

En revanche, je crois qu'il faut laisser tranquilles ceux qui, comme moi, n'ont en aucune façon et à aucun moment utilisé leur vie privée comme élément de communication, ni certains comportements comme instruments de campagne.

Les politiques, aujourd'hui, mettent trop en avant leur intimité, en partie à cause de l'affadissement et de la complexification du discours politique. Parler de choses personnelles est un moyen de renouer le dialogue avec l'opinion publique. La production télévisuelle, qui réclame chaque jour son lot de chair fraîche, est aussi en cause. J'ai déjà dû refuser des centaines d'interviews.

Cela ne me dérange pas de parler de mes produits de beauté ou de mes loisirs – je l'ai fait dans des magazines féminins, notamment – car ce ne sont pas des objets de communication politique. Ce genre d'information n'a aucun rapport avec les affaires publiques et, surtout, il ne concerne que moi. Mais je refuse de parler de ma famille : il faut protéger son entourage. Si la politique donne beaucoup de satisfaction personnelle, nos proches n'en retirent, quant à eux, que les désagréments. Tous les élus, hommes ou femmes, sont souvent contraints d'ériger un mur de protection entre vie privée et vie publique.

CONTRE Michel Rocard, député européen (PS)

Ce serait le moyen le plus sûr de nous rendre fous ! L'humanité ne peut survivre sans un peu d'intimité : il s'agit d'un droit fondamental, qui garantit l'équilibre psychique. Mais, aujourd'hui, dans un système médiatique tonitruant, l'invasion est permanente ! Cette obsession de la transparence vient du fait que la presse, depuis qu'elle est vraiment devenue capitaliste, se croit investie d'une fonction de voyeur. Bien sûr, il n'y a pas de démocratie sans liberté de la presse, mais nous assistons à des dérives qui rendent le gouvernement des hommes impossible.

Certes, le citoyen est en droit de savoir ce qui interfère avec la vie publique, mais cela suppose une déontologie stricte chez les commentateurs comme chez les acteurs, afin que l'homme politique ne devienne pas un simple *people*. Car, pour que le pouvoir soit respecté et obéi, la dimension sacrée est essentielle. Or la démocratie a progressé en rapprochant le peuple du pouvoir, mais elle a perdu en route la distance nécessaire. Et nous voilà pris au piège des médias qui répondent à une demande malsaine. Alors, une fois qu'on est dans le cirque, il faut inventer une nouvelle règle. La tactique consiste à concéder une information, en prenant ainsi une option sur la manière dont elle sera commentée, plutôt que de lire ensuite des choses malveillantes, arrachées contre notre gré.

Toute cette mascarade m'a beaucoup pesé. Et elle a surtout beaucoup dérangé mes enfants. Quant au conjoint, il a un rôle impossible. Il doit en effet être d'une grande discrétion et avoir son propre métier, parce que le public est en droit de s'assurer que celui qui est élu est auto-déterminé. Je trouve désolant que certains de mes collègues fassent de leurs épouses et de leurs enfants des arguments de campagne électorale…

J'en veux aussi à la presse écrite de s'être laissé museler par la télévision et de faire de la surenchère. Nous sommes gouvernés à l'émotion. L'espace médiatique ne sert plus qu'à commenter soit l'instant, soit la période qui court jusqu'à la prochaine élection. Il n'y a plus de place non plus pour la pédagogie et le débat. À présent, un homme politique est jugé selon ce critère : vibre-t-il avec nous quand il y a une grande émotion nationale ? Or gérer une crise, c'est d'abord maîtriser ses propres émotions pour ne pas se laisser porter et tromper par l'air du temps.

Aurélie Bérard et Claude Lefebvre, *L'Express*, 23 août 2004

Lisez les 2 documents.

1. Relevez et notez les arguments pour et contre.

....

....

....

....

2. Et vous, quelle est votre opinion ?

Écrivez votre réponse en donnant le pour et le contre ou en la nuançant si vous n'êtes pas entièrement pour ou contre.

....

....

....

....

....

> 1. Introduisez votre argumentation par une petite phrase qui donnera l'orientation générale de votre pensée.
> 2. Justifiez votre opinion en donnant des arguments.
> 3. Donnez un ou plusieurs exemples pour développer vos arguments.
> 4. Organisez votre argumentation.
> 5. Utilisez des mots d'articulation.
> 6. Terminez votre argumentation par la position la plus importante pour vous.

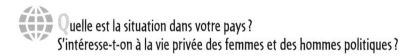

Quelle est la situation dans votre pays ?
S'intéresse-t-on à la vie privée des femmes et des hommes politiques ?

121

OUSMANE SOW

En 1999, les Parisiens éblouis, ont découvert sur la passerelle des Arts les sculptures géantes d'Ousmane Sow, connu jusqu'alors des seuls initiés. Cette exposition en plein air, gratuite et ouverte jour et nuit, a attiré des centaines de milliers de visiteurs. Devant ce succès, la Mairie de Paris a dû prolonger l'exposition de plusieurs semaines.

Mais qui était donc ce créateur sénégalais, inconnu à l'époque et célèbre aujourd'hui ?
Né à Dakar en 1935, il est venu à Paris pour ses études et il y a longtemps vécu.
Kinésithérapeute de formation, il se passionne vite pour le corps humain qu'il se met peu à peu à sculpter pour son plaisir, le soir et le week-end, parallèlement à son activité professionnelle. La quarantaine venue, il s'installe définitivement au Sénégal pour se consacrer à la sculpture. ☞

SOW trouve son inspiration dans les tribus africaines. Il conçoit de grandes silhouettes représentant des Peuls, des Masaïs, des Noubas… Les corps, faits de terre glaise, de tissu, de paille…, sont athlétiques, parfois torturés; la musculature est saillante, les visages très réalistes expriment souvent la souffrance.

Sa composition la plus célèbre représente, en une fresque très impressionnante, la bataille de *Little Big Horn* (1877) qui vit la victoire des Sioux menés par Sitting Bull sur les troupes américaines du général Custer.

Vous avez visité l'exposition que le musée Dapper* a réalisée autour de l'œuvre d'Ousmane Sow. Vous écrivez un article de quinze lignes environ pour présenter cette exposition en vous attachant plus particulièrement à la sculpture représentée ici.

* le musée Dapper, à Paris, est essentiellement consacré à l'art africain.

Pour vous aider

1. Vous rappellerez la vocation «africaine» de ce musée parisien. Vous donnerez en note son adresse (35, rue Paul Valéry, Paris 16e et les heures d'ouverture (de 11 à 19h. - Fermé le mardi).
2. Vous évoquerez rapidement la personnalité de ce sculpteur.
3. Vous évoquerez également sa grande exposition de 1999, en plein air, à Paris.
4. Reprenez des éléments de la notice ci-dessus pour décrire ses œuvres.
5. Parlez plus longuement de la sculpture dont vous voyez ici la photo.
   - situez-la (par exemple : dans la dernière salle se trouve une sculpture particulièrement frappante…)
   - décrivez-la
   - portez un jugement sur cette œuvre.

122 1. **Observez attentivement la publicité ci-dessous et répondez aux questions.**

a) Quel est l'objectif de cette publicité? ....

....

b) À qui s'adresse-t-elle? ....

c) Si on «adhère» à son message, que faut-il faire? Auprès de quel organisme?.

....

d) En quoi la formulation du message et l'image sont-elles particulièrement «percutantes», efficaces ? ....

....

e) Quels mots ou expressions révèlent le rôle du temps sur le passeport de vie, en bas, à droite :

- pour le donneur ? ....
- pour le receveur ? ....

IL Y A 1 AN
YVES ETAIT MORT.

UN DON D'ORGANES PEUT SAUVER 7 VIES.
DEMANDEZ VOTRE PASSEPORT DE VIE.
www.passeportdevie.fr

FONDATION greffe de vie

greffe de vie
PASSeport de vie
Après ma mort, je souhaite donner mes organes à des malades en attente de greffe

2. Exposez votre opinion dans un «bulletin d'humeur» destiné au «courrier des lecteurs» du magazine où est parue cette publicité.

Les questions suivantes peuvent vous aider à structurer vos idées:

a) Que pensez-vous de cette publicité? Vous choque-t-elle? La jugez-vous inconvenante? Selon vous, a-t-elle sa place dans un magazine de grande diffusion?

....

....

b) Êtes-vous pour ou contre le don d'organes? Êtes-vous, seriez-vous prêt(e) à être vous-même donneur? Pour quelle(s) raison(s)?

....

....

c) Le don d'organes est-il chose courante dans votre pays? Pourquoi? La religion ou la «morale» jouent-elles un rôle dans ce choix? ....

....

Rédigez votre prise de position:

....

....

....

2 ■ ÉCRITURE CRÉATIVE

■ 1. JEUX DE LANGUE ■

L'Oulipo, l'Ouvroir de Littérature Potentielle, fondé le 24 novembre 1960 par l'écrivain et poète Raymond Queneau et le mathématicien François Le Lionnais est un atelier de littérature sous contraintes dont les membres sont des mathématiciens et littérateurs, littérateurs-mathématiciens et mathématiciens-littérateurs.

Les premiers ateliers d'écriture furent créés par Elisabeth Bing en 1976, à des fins thérapeutiques, pour des enfants caractériels, ainsi qu'elle le relate dans le livre qui l'a fait connaître, «...Et je nageai jusqu'à la page».

L'enseignement du français langue étrangère recourt largement aux ateliers d'écriture, de littérature sous contraintes pour améliorer le niveau des apprenants, leur compétence écrite

Cela explique le succès de l'opération intitulée «Semaine de la langue française» qui, depuis 1996, se déroule tous les ans au mois de mars. Elle propose «aux particuliers, aux membres d'une association, d'une structure culturelle, d'un établissement scolaire, d'une bibliothèque, d'une collectivité locale, d'une entreprise..., de s'emparer d'une sélection de dix mots et de «laisser courir leur imaginaire: dix mots à dire, à écrire, dix mots pour jouer, pour chanter...».

Alors...

JOUONS AVEC LES DIX MOTS DE LA SEMAINE DE LA LANGUE FRANÇAISE 2007 !!!

La thématique retenue repose sur «Les mots migrateurs»

123 Imaginez et rédigez un texte dans lequel apparaissent les dix mots de la semaine de la langue française :

a) Les dix mots peuvent apparaître dans n'importe quel ordre.

b) Les dix mots doivent apparaître dans l'ordre alphabétique.

124 L'ACROSTICHE

> L'acrostiche est un exercice consistant à créer des phrases dont les premières lettres forment un mot

Imaginez un acrostiche pour au moins deux des dix mots.

A........	A........	B........	B........	P........	V........
B........	M........	A........	I........	A........	A........
R........	O........	C........	J........	S........	L........
I........	U........	H........	O........	S........	S........
C........	R........	I........	U........	E........	E........
O........					R........
T........		B........		P........	B........
	C........	O........	M........	A........	I........
C........	H........	U........	È........	R........	Z........
L........	I........	Z........	T........	T........	A........
O........	C........	O........	R........	O........	R........
W........		U........	E........	U........	R........
N........		K........		T........	E........

125 (C2) LE TAUTOGRAMME

> Un tautogramme est une phrase ou un texte dans lequel de très nombreux mots (le plus grand nombre possible) commencent par la même lettre.

Imaginez des tautogrammes avec les initiales des dix mots : A – B – C – M – P – V

Pour vous aider, une ou deux amorces de tautogramme est proposée pour chacune de ces lettres.

Ⓐ *À l'Académie Alsacienne des Arts...*
Ah, Annie, mon Amie, Achète des Ananas...

Ⓑ *Be...Be... Bredouillait Brigitte, au Bureau...*

Ⓒ *Comment Croire Ces Contes...*

Ⓜ *Mon Mari, Mardi Matin, M'a Montré...*
Monsieur Michel Moussard, Meilleur Maraîcher de Montpellier...

Ⓟ *Pour Passer Par Paris, Pierre...*

Ⓥ *Valérie Votre Voisine Va Visiter le Viet-Nam...*
Voulez-Vous Venir Vendanger Vendredi avec Virginie et Vincent...?

126 (C2) LA BOULE DE NEIGE

> Une « boule de neige » ou phrase croissante est une phrase disposée verticalement dont le premier mot comporte une lettre, le deuxième mot deux lettres, le troisième mot trois lettres... etc.

Composez des phrases croissantes dans lesquelles au moins un des dix mots apparaît.

○
○○
○○○
Ⓒⓗⓘⓒ
○○○○○
○○○○○○
○○○○○○○

○
○○
○○○
○○○○
Ⓐⓜⓞⓤⓡ
○○○○○○
○○○○○○○

○
○○
○○○
○○○○
○○○○○
Ⓥⓐⓛⓢⓔⓡ
○○○○○○○

○
○○
○○○
○○○○
Ⓑⓘⓙⓞⓤ
○○○○○○
○○○○○○○

○
○○
○○○
○○○○
Ⓜⓔⓣⓡⓔ
○○○○○○
○○○○○○○

127 (C2) LE TEXTE ALPHABÉTIQUE

> Un texte alphabétique est un texte dans lequel se succèdent des mots commençant par les lettres de l'alphabet, de A à Z.

Exemple: **À** **B**ordeaux, **C**aroline **D**upuis, **é**tudiante **f**rançaise de **g**rammaire **h**ébraïque **i**mporte de **j**olis **k**imonos. **L**es **m**otifs sont **n**ouveaux: **o**iseaux et **p**apillons **q**ui **r**avissent et **s**éduisent **t**oujours **u**nanimement les **v**oyageuses de **w**eek-end, **x**énophobes ou non, de **Y**okohama à **Z**urich.

Il existe bien d'autres mots migrateurs que ceux proposés pour la Semaine de la langue française...

Choisissez un mot parmi ceux proposés pour chaque lettre et composez un texte alphabétique.

A : accordéon – amadouer – arsenal – alarme – alerte – anorak – algèbre – anaconda –

B : bistro – brandir – biscotte – basane – bader – bolée – balafon – bâbord – boulevard

C : cravate – chiffre – chocolat – caravansérail – cible – cancre – caoutchouc – camaïeu

D : datte – divan – dolmen – drogue – digue – délicatesse -

E : épinard – électricité – éden – ersatz – électron – esclandre – édredon – estrade -

F : fakir – fennec – frichti – far – fleuret – flâner – frapper – flotte – fardeau – farter - festin

G : girafe – gazelle – gourou – griffer – galoper – gris – graffiti – geisha – gaucho - ginseng

H : henné – hall – hasard – hardi – heurter – homard – haïku – hamac – harmonica -

I : iguane – igloo – ikebana -

J : jaguar – jujube – jackpot – jubilée – jogging – jargon – jungle – jonquille -

K : kiwi – képi – kiosque – kermesse – klaxon – kapock – koala – kayak – kéfir – kangourou

L : loggia – lied – lama – leitmotiv – lad – laiton – laser – loto – litchi -

M : mousseline – mezzanine – mannequin – minaret – matelot – menthe – matelas - marsouin

N : nurse – nirvana – nacre - nabab – nouille – nénuphar – nuque – nickel -

O : oued – orange – orang outan – opéra – ouistiti – oasis – ogive – orgueil – ouragan -

P : patio – pimpant – pamplemousse – poncho – polder – photographie – phare – politesse -

Q : quiche – quorum – quintal -

R : ruban – ramdam – rumba – redingote – radar – razzia – réussir – relief – rail -

S : safran – sirop – strass – silhouette – sofa – soigner – scandale – savate – sieste -

T : trébucher – turban – thé – tulipe – troubadour – traquenard – tomate – tabou – typhon -

U : ukase -

V : vasistas – vase (f) – vrac – vaguemestre – varech – vacarme – veste -

W : wagon – watt – wapiti - wharf

X : xylophone – xénon -

Y : yatagan – yaourt – yacht -

Z : zéro – zéphyr – zénith – zèbre – zoom

128 LE PASTICHE

> Le pastiche : Œuvre littéraire ou artistique dans laquelle l'auteur a imité la manière ou le style d'un écrivain, par exercice ou le plus souvent à des fins parodiques.

Jean-Louis CURTIS* a toujours pratiqué l'art du pastiche. Sa cible favorite : Marcel Proust. Voici un extrait de *La Chine m'inquiète* (1972). C'est, bien entendu «le Narrateur» qui, sous la plume de J-L Curtis, s'exprime.

> «Françoise, qui avait protesté pendant des années contre ma réclusion volontaire et l'habitude que j'avais prise de ne sortir qu'après minuit, à des heures qu'elle appelait, en estropiant l'expression courante, "hindoues" (car elle était inébranlablement persuadée que ceux qui disent "indues" ne prononçaient ainsi que par affectation de parler parisien), m'adjura de rester couché lorsque, après une maladie qui m'avait fait garder la chambre six mois, je décidai, me sentant un peu mieux, de me rendre à une soirée que donnait Roberte Swann en l'honneur d'un maquisard guatémaltèque, personnage qui, en d'autres temps, n'eût peut-être pas réussi à me tirer de mon lit, mais dont la présence rue Saint-Dominique avivait mon désir d'entendre parler de la révolution qui venait d'éclater quelques jours plus tôt, et des épisodes sanglants, héroïques ou délicieux de laquelle j'espérais être, au spectacle de la rue, le témoin effrayé, enthousiaste ou ravi...»

© Éditions Bernard Grasset

*Jean-Louis Curtis (1917 – 1995)
Romancier et essayiste français. Lauréat du prix Goncourt en 1947 pour son roman «Les Forêts de la nuit»; il est élu membre de l'Académie française en 1986. Il a écrit deux savoureux recueils de pastiches sur des événements contemporains.

Exemple de texte de Marcel Proust (1871–1922)

> Ma longue absence de Paris n'avait pas empêché d'anciens amis de continuer, comme mon nom restait sur leurs listes, à m'envoyer fidèlement des invitations et quand j'en trouvai, en rentrant, – avec une pour un goûter donné par la Berma en l'honneur de sa fille et de son gendre – une autre pour une matinée qui devait avoir lieu le lendemain chez le prince de Guermantes, les tristes réflexions que j'avais faites dans le train ne furent pas un des moindres motifs qui me conseillèrent de m'y rendre.
>
> [...] Du moins le changement de résidence du prince de Guermantes eut cela de bon pour moi que la voiture qui était venue me chercher pour me conduire et dans laquelle je faisais ces réflexions, dut traverser les rues qui vont vers les Champs-Élysées. Elles étaient fort mal pavées à ce moment-là, mais dès le moment où j'y entrai, je n'en fus pas moins détaché de mes pensées par cette sensation d'une extrême douceur qu'on a quand, tout d'un coup, la voiture roule plus facilement, plus doucement, sans bruit, comme quand, les grilles d'un parc s'étant ouvertes, on glisse sur les allées couvertes d'un sable fin ou de feuilles mortes; matériellement, il n'en était rien, mais je sentis tout à coup la suppression des obstacles extérieurs parce qu'il n'y avait plus pour moi l'effort d'adaptation ou d'attention que nous faisons, même sans nous en rendre compte, devant les choses nouvelles: les rues par lesquelles je passais en ce moment étaient celles, oubliées depuis si longtemps, que je prenais avec Françoise pour aller aux Champs-Élysées.

Extrait de «Le Temps retrouvé»La Pléiade tome III, pages 856-858.

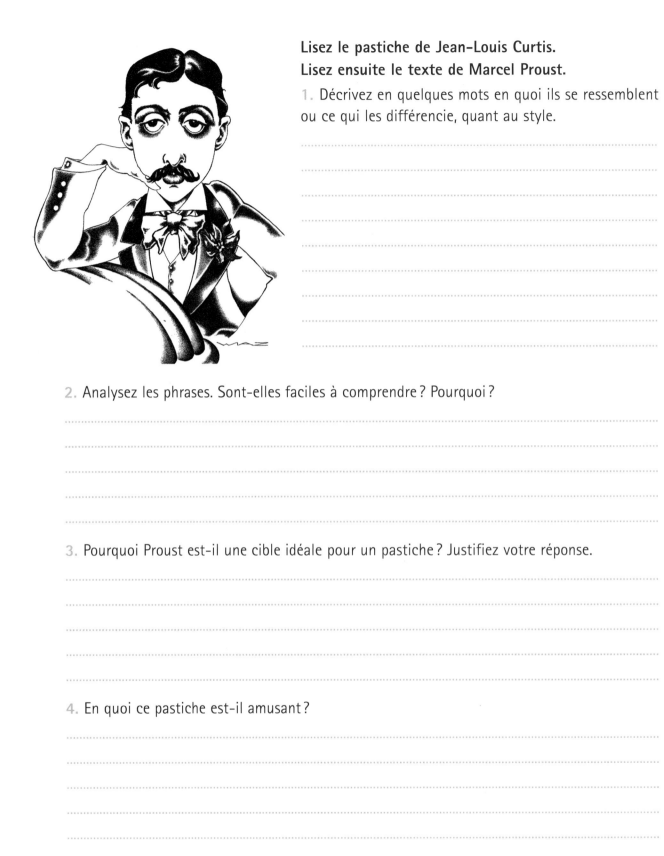

Lisez le pastiche de Jean-Louis Curtis.
Lisez ensuite le texte de Marcel Proust.

1. Décrivez en quelques mots en quoi ils se ressemblent ou ce qui les différencie, quant au style.

....

....

....

....

....

....

....

2. Analysez les phrases. Sont-elles faciles à comprendre ? Pourquoi ?

....

....

....

....

....

3. Pourquoi Proust est-il une cible idéale pour un pastiche ? Justifiez votre réponse.

....

....

....

....

....

4. En quoi ce pastiche est-il amusant ?

....

....

....

....

....

129 LA FABLE

Le Loup et L'Agneau, Jean de La Fontaine (1621–1695)

La raison du plus fort est toujours la meilleure :
Nous l'allons montrer tout à l'heure.

Un agneau se désaltérait
Dans le courant d'une onde pure.
Un loup survient à jeun, qui cherchait aventure,
Et que la faim en ces lieux attirait.
« Qui te rend si hardi de troubler mon breuvage ?
Dit cet animal plein de rage :
Tu seras châtié de ta témérité.
—Sire, répond l'agneau, que Votre Majesté
Ne se mette pas en colère ;
Mais plutôt qu'elle considère
Que je me vas désaltérant
Dans le courant,
Plus de vingt pas au-dessous d'Elle ;
Et que par conséquent, en aucune façon,
Je ne puis troubler sa boisson.
—Tu la troubles, reprit cette bête cruelle,
Et je sais que de moi tu médis l'an passé.
— Comment l'aurais-je fait si je n'étais pas né ?
Reprit l'agneau ; je tette encor ma mère.

— Si ce n'est toi, c'est donc ton frère.
— Je n'en ai point. — C'est donc quelqu'un des tiens :
Car vous ne m'épargnez guère,
Vous, vos bergers et vos chiens.
On me l'a dit : il faut que je me venge. »
Là-dessus, au fond des forêts
Le loup l'emporte et puis le mange,
Sans autre forme de procès.

Livre I, Fable 10

Lisez rapidement la fable de la Fontaine.

1. Quelle est la morale de la fable ? Qu'exprime-t-elle ?
....
....

2. Quel est le thème de la fable ?
....
....

3. Caractérisez l'agneau et sa façon de parler :
....
....

4. Caractérisez le loup et analysez ses accusations et ses arguments :
....
....

5. Écrivez un pastiche de la fable (12 vers). Si possible en respectant les rimes.
....
....

Pour vous aider

▸ Choisissez un sujet où vous retrouverez le rapport de force entre deux personnes ou deux groupes qui s'opposent (politique, scolaire, attribution d'un prix littéraire, accident de la circulation...)

▸ Trouvez une morale.

▸ Comment s'expriment les protagonistes ? Utilisent-ils un vocabulaire différent ?

▸ Trouvez des arguments pour justifier la morale.

■ 2. ÉCRIRE SUR UNE TRAME, UN MODÈLE ■

130 LA NOUVELLE

> Une **nouvelle** est un genre littéraire basé sur un récit de fiction en prose. Il s'agit d'abord d'un texte court, pouvant aller jusqu'à une trentaine de pages, voire plus. C'est une histoire souvent réaliste (humoristique ou poétique) qui, contrairement au roman, est centrée sur un seul événement, présentant peu de personnages principaux. La fin du récit ou *chute*, souvent inattendue ou surprenante, est en général particulièrement mise en relief, voire dramatique (ou au contraire comique, loufoque ou onirique).

Vous allez lire le début d'une nouvelle d'Anna Gavalda dont le titre est « Happy meal ».

1. Avant de lire le texte, essayez, d'après son titre, d'imaginer quel peut en être le sujet.

Lisez maintenant le texte une première fois.

Happy Meal, Anna Gavalda*

Cette fille, je l'aime. J'ai envie de lui faire plaisir. J'ai envie de l'inviter à déjeuner. Une grande brasserie avec des miroirs et des nappes en tissu. M'asseoir près d'elle, regarder son profil, regarder les gens tout autour et tout laisser refroidir. Je l'aime.

« D'accord, me dit-elle, mais on va au McDonald. » Elle n'attend pas que je bougonne. « Ça fait si longtemps... ajoute-t-elle en posant son livre près d'elle, si longtemps... »

Elle exagère, ça fait moins de deux mois. Je sais compter.

Mais bon. Cette jeune personne aime les nuggets et la sauce barbecue, qu'y puis-je ?

Si on reste ensemble assez longtemps, je lui apprendrai autre chose. Je lui apprendrai la sauce gribiche et les crêpes Suzette par exemple. Si on reste ensemble assez longtemps, je lui apprendrai que les garçons des grandes brasseries n'ont pas le droit de toucher nos serviettes, qu'ils les font glisser en soulevant la première assiette. Elle sera bien étonnée. Il y a tellement de choses que je voudrais lui montrer... Tellement de choses. Mais je ne dis rien. Je prends mon pardessus en silence. Je sais comment sont les filles avec l'avenir : juste prometteuses. Je préfère l'emmener dans ce putain de McDo et la rendre heureuse un jour après l'autre.

Dans la rue, je la complimente sur ses chaussures. Elle s'en offusque : « Ne me dis pas que tu ne les avais jamais vues, je les ai depuis Noël ! » Je pique du nez, elle me sourit, alors je la complimente sur ses chaussettes. Elle me dit que je suis bête. Tu penses si je le savais. C'est la plus jolie fille de la rue.

Nouvelles à chute © Pocket

*Anna Gavalda est née en 1970 à Boulogne-Billancourt. Elle a fait une maîtrise de lettres modernes à la Sorbonne. Beaucoup de petits métiers vont occuper son temps: serveuse, ouvreuse, caissière, ouvrière, hôtesse d'accueil, jeune fille au pair aux États-Unis, standardiste, rédactrice d'annonces matrimoniales, traductrice de romans Harlequin.

Elle vit aujourd'hui en Seine-et-Marne. Professeur de français le matin, assistante-vétérinaire l'après-midi, maman à plein temps et... écrivain la nuit.

En 1992, elle fut la lauréate de La plus belle lettre d'amour, pour France Inter.

La critique salue unanimement la parution de son premier recueil de nouvelles : «Je voudrais que quelqu'un m'attende quelque part».

Depuis elle a écrit deux autres romans : «Je l'aimais» et «Ensemble, c'est tout», ainsi qu'un roman pour adolescents «35 kilos d'espoir».

Après avoir lu le texte :

2. **Imaginez et écrivez la fin de l'histoire.**

....

....

....

....

Pour vous aider

1. Qui sont les personnages ?

2. Donnez-leur un nom.

3. Quelle relation ont-ils ?

4. Pourquoi vont-ils chez Mc Donald ?

5. Que vont-ils manger ?

6. De quoi vont-ils parler ?

7. Décrivez l'atmosphère, le décor.

8. Que va-t-il se passer à la fin ?

131 Voici les premières lignes d'un court roman de Barbey d'Aurevilly : *Une histoire sans nom* (1882). **Lisez très attentivement ce texte puis répondez aux questions.**

Dans les dernières années du dix-huitième siècle qui précédèrent la Révolution française, au pied des Cévennes, dans une petite bourgade du Forez, un capucin prêchait entre vêpres et complies.

On était au premier Dimanche du Carême. Le jour s'en venait bas dans l'église, assombrie encore par l'ombre des montagnes qui entourent et même étreignent cette singulière bourgade, et qui, en s'élevant brusquement du pied de ses dernières maisons, semblent les parois d'un calice au fond duquel elle aurait été déposée. À ce détail original, on l'aura peut-être reconnue... Ces montagnes dessinaient un cône renversé. On descendait dans cette petite bourgade par un chemin à pic, quoique circulaire, qui se tordait comme un tire-bouchon sur lui-même et formait au-dessus d'elle comme plusieurs balcons, suspendus à divers étages. Ceux qui vivaient dans cet abîme devaient certainement éprouver quelque chose de la sensation angoissée d'une pauvre mouche tombée dans la profondeur — immense pour elle — d'un verre vide, et qui, les ailes mouillées, ne peut plus sortir de ce gouffre de cristal.

1. Relevez toutes les indications décrivant le lieu où se déroule cette «histoire sans nom » :

— substantifs : ....

....

— adjectifs : ....

....

— adverbes : ....

....

— verbes : ....

....

2. Qui sont les personnages ? Comment sont-ils présentés ?

....

....

3. Dans cette première page, quelle heure est-il ? ....

4. À partir du titre et de tous les éléments que vous venez de relever, pouvez-vous en induire le genre de cette œuvre littéraire ? Roman sentimental ? Roman comique ? Roman tragique ? Justifiez votre réponse.

....

....

5. Imaginez quelle peut être l'histoire qui va nous être racontée.

....

....

....

■ 3. CONTINUER UNE HISTOIRE ■

132 LE CONTE

Le **conte** est un récit de faits, d'aventures imaginaires, généralement assez bref, qui relate les actions, les épreuves, les péripéties vécues par un personnage. L'histoire racontée se déroule dans un autre temps et commence en général par « Il était une fois… » ou « En ce temps-là… ». Elle se fait toujours au passé.

Dans le conte, tout est possible : un personnage peut dormir cent ans, les objets peuvent être doués de pouvoirs, les êtres faibles peuvent triompher du Mal, etc. Les lois qui régissent l'univers des contes ne sont pas toujours les mêmes que celles qui régissent le monde réel. La construction des contes est en général très simple : grande lisibilité, texte accessible à tous.

C'est en général un genre optimiste : la plupart du temps, le conte finit bien. Il présente une vision rassurante du monde, d'où l'impression que le conte s'adresse aux enfants. Dans les sociétés traditionnelles, les contes s'adressent aux adultes. Le conte est avant tout destiné à distraire. Les personnages pittoresques ou grotesques, les lieux imaginaires ou idéalisés, les épreuves du héros, tout dans le conte vise à permettre au lecteur ou à l'auditeur de s'évader du quotidien banal. C'est pour cette raison que l'on a souvent parlé de la « magie du conte ».

Il existe différentes sortes de contes comme par exemple : les contes de fées (Grimm, Perrault, Andersen), les contes philosophiques (Voltaire), les contes fantastiques (Hoffmann, Poe), les contes réalistes (Flaubert, Maupassant).

CONTE AFRICAIN : L'AMOUR RÉCOMPENSÉ

IL Y AVAIT dans un pays, un jeune homme dont les parents, à sa naissance, avaient consulté Ifa*. Et Ifa leur avait dit : « Cet enfant ne doit pas se marier. »

Il grandissait, quand un jour au marché passant près de l'étalage d'une jeune fille, il s'entendit interpeller ainsi : « Jeune homme, je veux devenir ta femme. » Il connaissait l'ordre d'Ifa et se contenta de répondre : « Je ne puis me marier. » La jeune fille écouta, mais, résolue à devenir sa femme, elle passa outre.

Apprenant un jour que le jeune homme demeurait non loin de là, la jeune fille alla le trouver, lui parla et fit tant et si bien qu'il accepta de la prendre pour épouse.

Conte populaire de la république du Bénin

Ifa * = Fa : système de divination à l'origine de la religion Vodun, très répandue sur la côte ouest-africaine et au Brésil.
La république du Bénin est considérée comme la Patrie du Fa et de la religion Vodun (Vodou).

Lisez le début de ce conte africain

1. Imaginez et écrivez la suite du conte

2. Inventez une morale

....

....

....

....

■ 4. ÉCRIRE UN CONTE ■

133 ÉCRIVEZ UN CONTE POUR ENFANTS

Pour vous aider

1. Choisissez un personnage qui sera le héros de votre conte. Cela peut être une princesse, un enfant, un roi, un pauvre paysan, un jeune homme...

2. Décrivez l'endroit où vit le héros : un château, une vieille maison ;

3. Imaginez ce qui lui manque pour être heureux : l'amour, un animal, un trésor, la liberté...

4. Racontez pourquoi il quitte le lieu où il vit et qui lui a donné des conseils : un rêve, un ami, un message...

5. En chemin le héros rencontre un(e) ami(e) ou un(e) allié(e) : un prince, une jeune fille, un vieillard...

6. Imaginez les épreuves ou les obstacles que le héros devra surmonter : vagabonds, brigands, forêts, pirates, monstres, gouffre, mauvais sorts...

7. Racontez ses défaites et ses victoires.

8. Le héros arrive au but de son voyage : décrivez le lieu où habite son adversaire : un palais, une grotte, une île, un pays inconnu.

9. Décrivez son adversaire : un géant, un nain, une méchante reine...

10. Racontez comment et par qui le héros est aidé.

11. Le héros est vainqueur : il peut rentrer chez lui. Racontez la fin de l'histoire.

12. Trouvez une morale pour votre conte.

134 Dans tous les pays il existe des légendes et des contes traditionnels.

Bon nombre d'entre eux racontent comment certains éléments de la nature, de notre environnement, ont été créés.

À votre tour, imaginez un des contes suivants :

○ Comment la mer et les océans sont devenus salés.　　○ La création des montagnes.

○ Le cou de la girafe et la trompe de l'éléphant.　　○ Les parfums des fleurs.

Pour vous aider

Dans les contes et légendes, figurent souvent :

- des personnages fabuleux, soit gentils : des mages, des fées, des lutins, soit méchants : des géants, des ogres, des monstres, des dragons...
- des personnages parfois «ordinaires» : une vieille femme, un vieil homme, un enfant, une famille (souvent pauvre) ou d'autres qui ont « l'étoffe » d'un héros : un beau jeune homme, une belle jeune fille...
- des événements anodins qui deviennent extraordinaires et transforment la vie des héros...
- des paysages merveilleux ou terrifiants...
- une fin heureuse...

Vous pouvez, si vous le désirez, poursuivre les «amorces» suivantes :

Il **était une fois** une très vieille femme qui vivait près de la mer. En ce temps-là la mer n'était pas salée. Tous les soirs, quand la vieille femme préparait sa soupe

....
....
....
....
....
....
....
....
....
....
....
....
....
....
....
....
....

Il y a de cela des années, des années, des années, beaucoup d'années… dans un merveilleux château entouré de parcs et de jardins vivait une très belle princesse mais elle ne pouvait pas voir toute cette splendeur : elle était aveugle… Incapable de reconnaître les fleurs sans les toucher, elle pleurait souvent

....
....
....
....
....
....
....
....
....
....

C'était il y a longtemps, très longtemps…

La terre était toute plate et seuls des géants immenses l'habitaient.
Mais ils se désespéraient : ils n'avaient rien pour s'asseoir, rien pour appuyer leur tête quand ils dormaient

....
....
....
....
....
....
....
....
....
....
....
....

À l'époque dont je vous parle,

la girafe avait un cou normal et l'éléphant un nez normal. C'étaient deux grands amis qui se promenaient toujours ensemble, et s'aidaient mutuellement pour trouver leur nourriture ....

....
....
....
....
....
....
....
....
....
....
....
....
....

3 ■ PRODUCTION DE TEXTES LONGS

> Pour rédiger un texte, qu'il s'agisse d'un essai, d'un rapport ou d'une synthèse, l'utilisation correcte des connecteurs temporels ou logiques est essentielle. Vous trouverez ci-dessous un récapitulatif de ces termes.

1. LES CONNECTEURS TEMPORELS.

On les rencontre souvent dans des textes de type narratif ou descriptif mais également dans des textes argumentatifs.

On les appelle parfois «énumérateurs»; ils servent à marquer les différentes étapes du texte. Par exemple:

(TOUT) D'ABORD ➤➤➤ ENSUITE, PUIS ➤➤➤ ENFIN

EN PREMIER LIEU ➤➤➤ EN SECOND LIEU ➤➤➤ EN DERNIER LIEU

PREMIÈREMENT ➤➤➤ DEUXIÈMEMENT ➤➤➤ FINALEMENT

Voici comment va se dérouler votre soutenance de master. Vous présenterez **tout d'abord** *l'essentiel de votre travail; vous aurez vingt minutes pour cela.* **Ensuite**, *les membres du jury feront quelques commentaires et vous poseront un certain nombre de questions auxquelles vous répondrez. Vous aurez* **enfin** *cinq minutes, si vous le désirez, pour conclure.*

2. LES CONNECTEURS LOGIQUES (ARGUMENTATIFS).

On les emploie dans le cadre d'un raisonnement logique. Ils peuvent exprimer:

　　1 - l'opposition/la concession

– la concession : MAIS - POURTANT - CEPENDANT - NÉANMOINS - TOUTEFOIS

Rappels **Mais** est toujours au début d'une proposition alors que les autres sont plus mobiles.
Il était sûr de remporter le tournoi de tennis mais *il a perdu.*
Il était sûr de remporter le tournoi de tennis ; pourtant, *il a perdu.*
Il était sûr de remporter le tournoi de tennis ; il a pourtant *perdu.*
Il était sûr de remporter le tournoi de tennis ; il a perdu, pourtant.
Il était sûr de remporter le tournoi de tennis et cependant, *il a perdu.*
Il était sûr de remporter le tournoi de tennis ; et il a cependant *perdu.*
Il était sûr de remporter le tournoi de tennis et il a perdu, cependant.

Quand même n'est *jamais* au début d'une proposition.
Il pensait perdre le match et il l'a quand même *gagné.*
Il pensait perdre le match et il l'a gagné quand même.

Même si (+ indicatif), – **Bien que, quoique** (+ subjonctif) – **avoir beau** (+ infinitif) signifient tous que le résultat auquel on arrive ne correspond pas à ce que l'on attendait.
Dans **même si**, se rajoute une idée de supposition, d'hypothèse.
Bien qu'*il fasse des régimes pour maigrir, il n'arrive pas à perdre un gramme.*
Il a beau *faire des régimes pour maigrir, il n'arrive pas à perdre un gramme.*
Même si *tu insistes, c'est non, non et non !*
Tu auras beau *insister, c'est non, non et non !*

Malgré – En dépit de + nom

Les bateaux de pêche sont sortis en dépit du *mauvais temps (*malgré *le mauvais temps).*

– l'opposition/comparaison : ALORS QUE, TANDIS QUE (+ indicatif) – EN REVANCHE, PAR CONTRE

Le chômage des jeunes a légèrement augmenté alors que *celui des plus de cinquante ans tend à diminuer.*

Le chômage des plus de cinquante ans tend à diminuer. En revanche, *celui des jeunes a légèrement augmenté.*

– la mise en avant de la thèse opposée que l'on accepte provisoirement mais qui sera réfutée plus loin, le plus souvent avec un MAIS (ou CEPENDANT, TOUTEFOIS, NÉANMOINS...) : CERTES, ON PEUT DIRE, IL EST VRAI QUE...

Certes, *la santé des Français est globalement bonne.* Et cependant, *il existe de nombreuses disparités régionales et sociales.*

2 – la cause/la conséquence

– PARCE QUE (+ indicatif), exprime la cause. On répond à un « Pourquoi ? » à une demande d'explication (explicite ou implicite).

Il n'a pas pu assister à la réunion parce qu'il *était en mission à l'étranger.*

– CAR (+ indicatif), marque une idée nette de démonstration, d'argumentation.

Il a déclaré qu'il ne voterait pas car *il désapprouvait le système électoral actuel.*

<u>Attention</u>, on ne peut pas répondre à une demande d'explication par CAR :

— *Pourquoi tu es en retard ?*
— * *Car j'ai raté mon train* (impossible ! Forme correcte : parce que j'ai raté mon train)

– EN EFFET, tout comme CAR explicite ce qui est dit dans la phrase précédente ; il est souvent précédé d'un point ou d'un point-virgule.

Il a déclaré qu'il ne voterait pas. En effet, *il désapprouve le système électoral actuel.*

– PUISQUE (+ indicatif), qui suppose que les deux interlocuteurs connaissent déjà la situation ou qu'elle est évidente, que tout le monde la connaît.

Tiens, puisque *tu as fait des études de maths, toi, tu veux bien aider ma sœur à faire ses devoirs ?*

Je vais faire ce travail moi-même puisque *tu refuses de m'aider.*

– COMME (+ indicatif), toujours au début de la phrase, indique une cause, explique une circonstance, donne des informations sur les raisons d'un acte.

Comme *il avait perdu ses clefs, il a dû faire venir un serrurier.*

– PAR CONSÉQUENT, EN CONSÉQUENCE, C'EST POURQUOI, D'OÙ, DE LÀ, DE CE FAIT, DONC... introduisent une idée de conséquence, la conclusion logique d'un raisonnement.

La météo prévoit des orages pour le week-end prochain. C'est pourquoi *nous préférons reporter la fête de quelques jours (ou : Nous préférons* donc *reporter la fête de quelques jours).*

– AINSI, AUSSI (+ inversion du sujet en français écrit) indiquent également la conclusion du raisonnement, de l'argumentation.

> *Des irrégularités ont été constatées lors du concours. Aussi le ministère a-t-il décidé de demander aux candidats de repasser certaines épreuves.*

3 – l'introduction d'un élément complémentaire

– OR   *Attention*, ce terme peut avoir deux sens différents :

– il introduit un argument décisif pour l'argumentation et équivaut à peu près à : «et il se trouve que…». C'est par exemple ce sens de OR que l'on trouve dans le célèbre syllogisme :

> *Tous les hommes sont mortels.*
> *Or, Socrate est un homme.*
> *Donc, Socrate est mortel.*

– il peut exprimer une nuance d'opposition et signifier à peu près : en fait ; mais en réalité.

> *Le gouvernement s'est déclaré très satisfait des derniers résultats du commerce extérieur. Or, les perspectives sont moins brillantes que ce que les chiffres semblent indiquer.*

– DE MÊME, EN OUTRE, PAR AILLEURS, D'AUTRE PART… : on ajoute simplement un nouvel argument.

> *Les cours de géographie urbaine du jeudi sont déplacés de 9 à 10h. En outre, le séminaire d'écologie ne commencera que le 24 octobre.*

– DE PLUS, ET MÊME, NON SEULEMENT… MAIS ENCORE (ou : MAIS EN PLUS) : le nouvel argument est présenté comme plus important que le précédent.

> *C'est incroyable ! Non seulement vous arrivez en retard mais en plus, vous ne vous excusez même pas !*

– C'EST-À-DIRE, AUTREMENT DIT, EN D'AUTRES TERMES… (paraphrase, reformulation)

> *Il vient d'échouer à ses examens. Autrement dit, il va devoir travailler tout l'été s'il veut réussir en septembre.*

Attention à ne pas confondre D'AILLEURS et PAR AILLEURS :

– D'AILLEURS (ou : DU RESTE) : on justifie, on renforce son opinion par un argument qui peut être de même nature ou d'une nature différente.

> *Ça ne m'étonne pas qu'il ait des problèmes avec la justice. J'ai toujours trouvé qu'il avait un drôle de comportement. D'ailleurs, tout le monde se méfiait de lui.*

> *Il refuse d'écouter le moindre conseil. D'ailleurs, même quand il était petit, il n'en faisait déjà qu'à sa tête.*

– PAR AILLEURS (on ajoute simplement un argument) :

> *Pour lundi, vous traduirez ce texte jusqu'à la ligne 25. Par ailleurs, n'oubliez pas de revoir vos conjugaisons.*

4 – l'annonce de la conclusion

– BREF, EN SOMME, SOMME TOUTE, POUR CONCLURE, EN CONCLUSION, FINALEMENT, EN RÉSUMÉ.

■ 1. RÉDIGER UN ÉDITORIAL ■

135 Relisez dans l'activité 89 ce qui concerne la structure d'un éditorial.

À partir des éléments suivants, rédigez un bref éditorial en en respectant la forme (200 mots maximum). Contexte de votre éditorial : une campagne électorale en France.

Délits et incivilités

- ◑ si on écoute les gens, on a parfois l'impression que la violence a beaucoup augmenté.
- ◑ bien des hommes politiques jouent sur la peur, le sentiment d'insécurité : c'est leur «fonds de commerce»
- ◑ les crimes (meurtres, assassinats, attaque à main armée, etc.) n'ont pas augmenté, ils seraient même en recul
- ◑ les délits augmentent, mais assez peu. Mais qu'est-ce qu'un délit? Le mot est très vague. Les délits sont souvent liés :
  - ● à des questions administratives (personnes «sans papiers», par exemple, ou ayant des papiers qui ne sont plus valables),
  - ● à des questions de surendettement, de petits vols dans les magasins, de chèques sans provision...
  - ● à des fraudes (être pris sans titre de transport, par exemple)
  - ● Cela ne met pas la sécurité des autres citoyens en danger.

◑ ce qui augmente beaucoup, en revanche, ce sont les incivilités.

Exemples d'incivilités: mettre ses pieds sur les sièges dans le bus ou dans le métro ; insulter les gens ; être en état d'ivresse ; avoir une attitude provocante ou agressive en groupe ; faire des graffiti, endommager des objets (casser un lampadaire, lacérer les sièges de métro...), cracher par terre, uriner dans la rue, fumer dans des lieux publics fermés malgré l'interdiction ; mâcher du chewing-gum en public ; conduire trop vite ou se garer n'importe où et n'importe comment, rouler en scooter ou faire du roller sur les trottoirs...

- ● Ce n'est pas très grave mais «empoisonne» la vie quotidienne des gens.

136 À partir des éléments suivants, rédigez un bref éditorial en en respectant la forme (300 mots maximum). Contexte de votre éditorial : il vient de se produire une flambée de violence dans une banlieue «chaude» de Lyon.

Où sont les vraies inégalités ?

○ Une inégalité est perçue comme évidente : l'argent (les différences de salaire). Bien sûr, c'est une inégalité incontestable mais ce n'est pas la seule ni sans doute la pire.

Les autres inégalités :

- la différence de patrimoine (fortune personnelle, héritages, maisons, bijoux...)
- la différence de «capital social» (bonne éducation, nombreuses relations, amis ou proches bien placés...)
- la différence de type d'études et de niveau d'études
- la différence de sexe (les femmes sont défavorisées sur le marché du travail), d'âge (les jeunes ou les plus de cinquante ans ont du mal à s'insérer ou à se réinsérer sur le marché de l'emploi)
- la différence d'origine sociale (la pauvreté se «reproduit» souvent), géographique (habiter dans une banlieue mal considérée est un handicap) ou ethnique.
- bien entendu, ces handicaps se cumulent souvent.

137 À partir des éléments suivants, rédigez un éditorial de 400 mots environ.

Contexte de votre éditorial : une réunion est organisée à Bruxelles pour réfléchir, à l'échelle de l'Union européenne, sur les conséquences du vieillissement de la population sur le système des retraites. Vous centrez votre éditorial sur la situation en France.

▶ **Document 1 Taux d'activité des 55–59 et 60–64 ans en Europe**

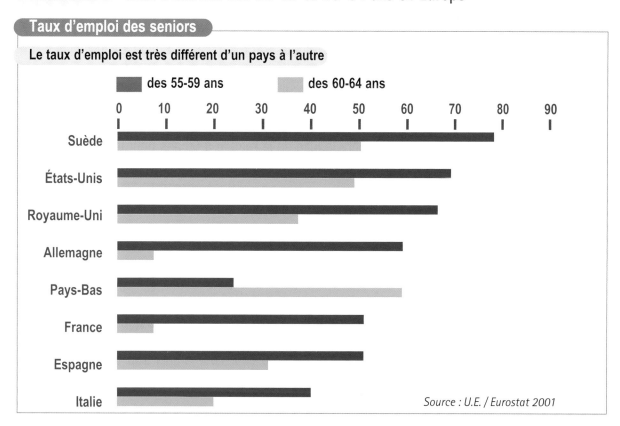

Taux d'emploi des seniors

Le taux d'emploi est très différent d'un pays à l'autre

des 55-59 ans   des 60-64 ans

Suède / États-Unis / Royaume-Uni / Allemagne / Pays-Bas / France / Espagne / Italie

Source : U.E. / Eurostat 2001

▶ **Document 2** Conséquence du baby boom

Au secours ! Les générations du baby boom (nées entre 1945 et 1955) arrivent en masse à l'âge de la retraite ! Certes, cela va dégager la voie pour tous les jeunes qui arrivent sur le marché du travail et qui piaffent d'impatience mais ces retraités qui se sont cramponnés à leurs postes si longtemps… il faudra bien que les actifs paient leur retraite !

La France, comme l'ensemble des pays européens, vieillit. Que les Français vivent de plus en plus vieux est une bonne nouvelle, certes, mais il faut en mesurer les conséquences. Aujourd'hui, les femmes françaises ont une espérance de vie de plus de 84 ans, les hommes de 78 ans. Et chaque année, nous « gagnons » presque un trimestre. Le vieillissement de la population donne le vertige. Va-t-on bientôt passer plus de temps à la retraite qu'en activité. Se pose une question lancinante : qui va payer ? ? ?

▶ **Document 3** Le système des retraites, comment ça marche ?

Le système français des retraites est un « système par répartition » : ce sont les personnes actives qui, par le biais de leurs cotisations, paient les pensions des retraités. Il faut donc que s'équilibrent le montant des cotisations des personnes actives et le montant des pensions versées. Ce système fonctionne bien lorsqu'il y beaucoup de personnes actives par rapport au nombre de retraités. Tout s'est bien passé jusque dans les années 80. Mais actuellement en France, en raison du vieillissement continu de la population et d'un taux de chômage élevé, cet équilibre est rompu. À l'époque des Trente Glorieuses, il y avait quatre actifs pour un retraité. Actuellement, il y a à peine deux actifs pour un retraité.

▶ **Document 4** Quelles sont les solutions ?

En Europe, on relève l'âge du départ à la retraite. Par exemple, en Suède, on incite les salariés à travailler jusqu'à 70 ans. En Italie, comme en Grande-Bretagne ou en Allemagne, les hommes doivent désormais travailler jusqu'à 65 ans, voire plus ! Et la tendance à rallonger le temps de travail et à repousser l'âge du départ à la retraite semble être une tendance lourde un peu partout, en Europe mais aussi ailleurs.

La France peut-elle continuer à s'offrir le luxe de la retraite à 60 ans pour tous ? Surtout lorsque l'on sait que l'âge réel de cessation d'activité n'est pas 60 ans mais est de l'ordre de 57 ans.

▶ **Document 5** Autres solutions pour résoudre le problème des retraites :

1. relever le taux des cotisations des personnes actives pour constituer un « Fonds de réserve » comme cela a été fait ? Oui mais ce fonds s'épuisera vite.

2. inciter les gens à se constituer, en parallèle, une retraite par capitalisation (épargne-retraite, par exemple) qui viendra compléter leur retraite normale ? C'est ce vers quoi on s'achemine. Les gouvernements, relayés par les banques et les compagnies d'assurances, cherchent à convaincre les actifs de préparer leur retraite bien à l'avance (« Il n'est jamais trop tôt pour penser à sa retraite »).

■ 2. RÉDIGER UN ARTICLE ■

Les titres apposés aux articles doivent inciter le lecteur à poursuivre plus loin sa lecture. Un titre court et percutant accroche l'attention et le **« chapeau »*** pourra le compléter et introduire le corps du texte. Les sous-titres et les légendes des illustrations permettent de souligner les points forts du texte.

* Le **chapeau** est un paragraphe qui précède chaque article: on en prend connaissance pour déterminer si on lira l'article complet

138 LE TOUR DE FRANCE

Relisez dans l'Activité 89 ce qui concerne l'organisation d'un article. À partir des éléments suivants, rédigez un article de 600 mots (+ ou – 10%) présentant le Tour de France.

Un peu d'histoire

1903 : le premier tour de France est organisé par une nouvelle revue, L'Auto.
C'est (encore aujourd'hui) la plus grande course cycliste du monde.

1903 : ni roue libre, ni dérailleur + étapes de 400 km chacune ⬤ épreuve terrible ! Soixante au départ, vingt à l'arrivée. Les quatre premiers déclassés pour « irrégularités » (déjà !)

1912 : la roue libre apparaît.

1929 : le fameux maillot jaune est créé.

1903 : pour la première fois, la « Grande Boucle » dépasse les frontières de l'Hexagone et passe par la Belgique et le Luxembourg (Italie et Espagne en 1949, Angleterre en 1974…)

1964 : possibilité de changer de vélo en cours de compétition.

1975 : première arrivée sur les Champs-Elysées.

2003 : pour fêter le centenaire du Tour, même parcours qu'en 1903.

2007 : départ de Londres

Les cinq fois vainqueurs : Jacques Anquetil (1957, 1961, 1962, 1963, 1964) – Eddie Merckx (1969, 1970, 1971, 1972, 1974) – Bernard Hinault (1978, 1979, 1981, 1982, 1985) – Miguel Indurain (1991, 1992, 1993, 1994, 1995)

Un super-champion : Lance Armstrong (USA) sept fois vainqueur (1999, 2000, 2001, 2002, 2003, 2004, 2005).

La vitesse moyenne : elle n'a cessé d'augmenter :
• jusqu'à 1927, on ne dépasse pas une vitesse moyenne de 25km/h
• 1935 : on atteint 30km/h ; • 1956 : 35km/h ; • 1999 : 40km/h.
Jusqu'à présent, Lance Armstrong a battu le record en 2005 avec 41,800 km/h de moyenne.
Raison principale : amélioration du matériel.

Régulièrement, scandales à propos du **dopage** (plus que dans les autres sports).
Plusieurs coureurs, dont certains célèbres, ont été contrôlés positifs et donc disqualifiés.
La lutte contre le dopage est sans fin (les produits sont de plus en plus difficiles à détecter).

139 Vous avez passé quelques jours en Allemagne pour les fêtes de fin d'année.

Cette année, pour faire des économies, la ville où vous étiez a décidé de supprimer le ramassage des sapins après la Noël. Une polémique s'en est suivie.

Rentré(e) dans votre pays vous rédigez un article humoristique à partir des photos et des notes que vous avez prises. Vous l'envoyez à un magazine français auquel vous êtes abonné(e).

➤ Plus de ramassage des sapins pour raison d'économies.

➤ Cette décision n'a pas été communiquée à temps.

➤ Les habitants doivent déposer leur sapin à un endroit seul et unique défini par la mairie.

➤ Cet endroit est pour beaucoup très éloigné de leur domicile.

➤ Comment transporter les sapins ?

➤ Les dates des 12, 13 et 19 janvier 2007 (2 vendredis et un samedi !) et les heures

(entre 9 et 18 heures) pour s'en débarrasser ont été choisies de façon aberrante.

➤ Il faut en plus payer 2 € par sapin.

➤ Le premier jour une vingtaine de personnes seulement ont apporté leur sapin.

➤ Les autres habitants les ont jetés, là où ils en avaient l'habitude, près de leur domicile.

➤ La mairie ne les fera pas enlever.

1. Choisissez un titre court et percutant pour l'article.
2. Rédigez les sous-titres ou les légendes des photos. Attention : ils doivent permettre de souligner les points forts de votre article.
3. Utiliser le présent, le passé composé et l'imparfait qui sont de très loin les plus usités dans la conversation courante.
4. Faites des phrases courtes.

140 Quand ils mangent, les Français privilégient-ils toujours le plaisir ou pensent-ils de plus en plus à leur santé, à l'influence de l'alimentation sur celle-ci ?

À l'aide des tableaux et schémas ci-après, publiés par le CREDOC (Centre de recherches, d'études et de documentation sur la consommation) rédigez un article sur la relation que les Français établissent entre leur alimentation et leur santé.

Alimentation et santé : une relation désormais largement partagée

Pensez-vous que la manière dont les personnes de votre foyer (y compris vous-même) mangent a une influence sur leur état de santé ?

% de réponses « oui »

- 1997 : 75 %
- 2000 : 78 %
- 2003 : 85 %

Source : CRÉDOC, Enquêtes CAF 1997 et 2000, CCAF 2004

Les adeptes de nutrition : priorité à l'équilibre, crainte du surpoids

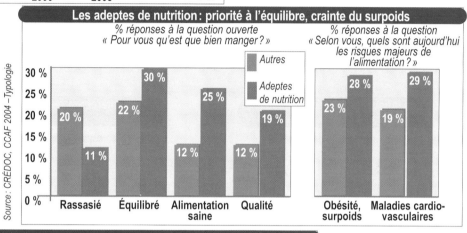

% réponses à la question ouverte « Pour vous qu'est que bien manger ? »

	Autres	Adeptes de nutrition
Rassasié	20 %	11 %
Équilibré	22 %	30 %
Alimentation saine	12 %	25 %
Qualité	12 %	19 %

% réponses à la question « Selon vous, quels sont aujourd'hui les risques majeurs de l'alimentation ? »

	Autres	Adeptes de nutrition
Obésité, surpoids	23 %	28 %
Maladies cardio-vasculaires	19 %	29 %

Source : CRÉDOC, CCAF 2004 – Typologie

Les adeptes de nutrition : les aliments à bonne image nutritionnelle à l'honneur

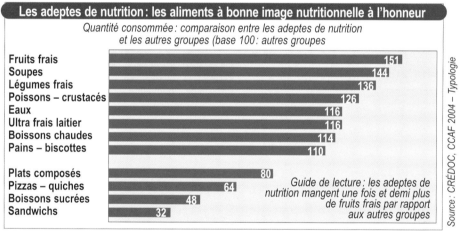

Quantité consommée : comparaison entre les adeptes de nutrition et les autres groupes (base 100 : autres groupes)

Fruits frais	151
Soupes	144
Légumes frais	136
Poissons – crustacés	126
Eaux	116
Ultra frais laitier	116
Boissons chaudes	114
Pains – biscottes	110
Plats composés	80
Pizzas – quiches	64
Boissons sucrées	48
Sandwichs	32

Guide de lecture : les adeptes de nutrition mangent une fois et demi plus de fruits frais par rapport aux autres groupes

Source : CRÉDOC, CCAF 2004 – Typologie

Les obsédés de la balance privilégient les produits santé

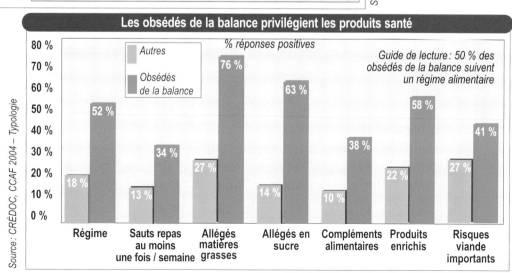

% réponses positives

	Autres	Obsédés de la balance
Régime	18 %	52 %
Sauts repas au moins une fois / semaine	13 %	34 %
Allégés matières grasses	27 %	76 %
Allégés en sucre	14 %	63 %
Compléments alimentaires	10 %	38 %
Produits enrichis	22 %	58 %
Risques viande importants	27 %	41 %

Guide de lecture : 50 % des obsédés de la balance suivent un régime alimentaire

Source : CRÉDOC, CCAF 2004 – Typologie

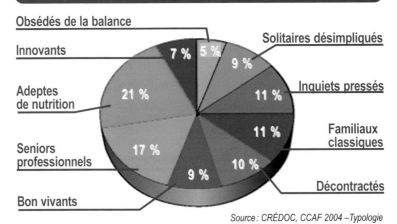

Les adeptes de nutrition, les obsédés de la balance et les innovants

Source : CRÉDOC, CCAF 2004 –Typologie

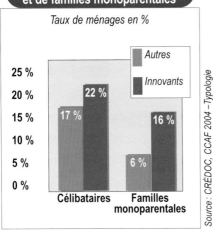

Les innovants : plus de célibataires et de familles monoparentales

Source : CRÉDOC, CCAF 2004 – Typologie

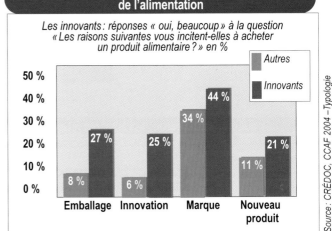

Un intérêt marqué pour la dimension immatérielle de l'alimentation

Source : CRÉDOC, CCAF 2004 – Typologie

Pour vous aider

- Observez bien les différents tableaux : leurs titres peuvent vous fournir le plan de votre article, c'est-à-dire le contenu des paragraphes qu'il doit comporter.

- Décidez d'un ordre pour leur utilisation.

- Le contenu du « camembert » est une précieuse indication sur les différents types de « mangeurs ».

- Vous pouvez choisir :
  * soit de centrer votre article sur un type de personnes, présenter le rapport qu'ils établissent entre nourriture et santé et faire référence aux habitudes des autres.
  * soit de centrer votre article sur la prise de conscience de la relation entre nourriture et santé, et pour ce faire préciser qui sont les personnes qui s'y montrent les plus sensibles et indiquer comment cela se manifeste chez elles.

- Attention, « n'accablez » pas le lecteur de quantités de chiffres ! Ne citez que ceux qui vous semblent essentiels. Pensez aussi à les reformuler, à les varier : « un quart de... », « les deux tiers de... » ou encore « le dixième de... » sont des évaluations parfois plus « parlantes » que 25 %, 66 % ou 10 % de...

■ 3. FAIRE UNE SYNTHÈSE ■

Vous ne devez pas traiter les documents séparément mais intégrer toutes les informations utiles en un seul texte cohérent dont vous organisez vous-même le plan.

Vous pouvez citer les auteurs mais peu et toujours en plaçant votre citation entre guillemets.

Comment procéder ?

● Il s'agit d'abord de comprendre la nature, la spécificité, les enjeux, l'intention ou l'organisation de chacun des documents proposés, puis d'en tirer (pour chacun) l'idée ou les idées essentielle(s).

☞ *Conseil :* Pour chaque document, procédez paragraphe par paragraphe (résumez chacun en une courte phrase) puis faites un bref résumé de l'argumentation de l'ensemble du texte.

● Ensuite, vous devez voir ce que ces textes ont de commun, de différent ou de complémentaire.

☞ *Conseil :* Le plus simple est de faire un tableau qui vous permettra mieux de visualiser les rapports qu'entretiennent les textes entre eux.

● Il faut ensuite définir une problématique à partir de laquelle vous allez concevoir un plan puis répartir dans les différentes parties de votre travail les informations que vous aurez jugé essentielles.

● Élaborez enfin, avec vos propres mots, un texte **unique**, **construit**, avec une introduction, un « corps » et une conclusion, qui intègre les points essentiels de l'ensemble des documents.

La synthèse est un exercice assez difficile car cela suppose que vous sachiez :

a) maîtriser les stratégies de lecture globale (repérer rapidement les éléments « paratextuels » du texte : son origine et son « type » ; son organisation ; ses idées essentielles ; ses enjeux).

b) maîtriser les techniques du résumé.

c) établir des comparaisons, mettre des idées en relation (y compris lorsque ces relations sont implicites, sous-entendues, etc.).

Évitez absolument de... :

☞ juxtaposer une succession d'analyses séparées.

☞ donner votre avis personnel (pas même dans l'introduction ou dans la conclusion).

☞ reprendre des phrases ou des segments de phrases entiers des textes. Si vous citez, faites-le avec modération et toujours en l'indiquant par des guillemets. Cette remarque vaut aussi pour les comptes rendus et les résumés.

141 L'OBJET MYTHIQUE

Lisez le document.

Écoutez l'enregistrement de l'activité 31.

1. Quel est le thème abordé dans ces documents ? ....

....

....

....

2. Repérez et notez les idées principales développées dans chacun des documents.

....

....

3. Rassemblez les idées semblables ou proches dans ces documents et comparez-les.

....

4. Rédigez votre synthèse. Utilisez les idées essentielles préalablement notées.

....

....

....

> 1. Faites un plan car votre texte devra être structuré.
> 2. Annoncez le thème par une phrase courte.
> 3. Exprimez ensuite la succession des différentes idées
> 4. Terminez par une courte conclusion.
> 5. Évitez d'employer des verbes passe-partout comme être, avoir, faire, etc.

Laguiole, la fine lame de l'Aveyron

Avant de plonger dans le passé pour retracer l'histoire de la célèbre abeille de la coutellerie française, il faut tout d'abord comprendre pourquoi certains prononcent « laïole » et d'autres « laguiole » quand il s'agit de parler d'un modèle de ces fameuses lames. L'origine de « laïole », est somme toute assez simple, il s'agit grosso modo de l'obstination des habitants de la région aveyronnaise à prononcer ce mot à la place de « laguiole ». Laïole désignant alors pour eux le chef-lieu de canton de 1300 âmes sur l'Aubrac, le fromage et le couteau. Nous devons l'invention de la célèbre lame pliante à un certain Pierre-Jean Calmels en 1829, basée sur un modèle encore plus ancien de petit poignard, le « capu-chadou ». À cette époque, la confection du couteau n'était pas du tout réalisée à des fins esthétiques mais véritablement pour un usage rude des paysans. Le laguiole est très vite devenu le couteau pliant de toute la région grâce à la solidité des matériaux qui le composent : acier, corne, bois. Un acier trempé dont l'origine de la dureté et de la longévité est souvent conférée aux propriétés de l'eau des sources volcaniques de la région, mais sans preuve tangible. Seule la présence de l'abeille sur tous les couteaux de la marque depuis les années 20 semble sans mystère : cette apparition est fortuite et constitue un embellissement. Pour la création de son premier laguiole, Pierre-Jean Calmels fut également influencé par la navaja catalane. En intégrant un ressort dans l'axe de fermeture de la lame, l'inventeur s'inspira très certainement du couteau fermant connu en France depuis le XVIIᵉ siècle. Dans les années 1840, le laguiole, dans les manches desquels l'inventeur intégra un poinçon servant à soulager les bêtes aux ventres remplis de gaz, est adopté par tous les bergers puis la majorité des paysans de la région, remplaçant pour finir presque totalement le « capuchadou », les années qui suivirent virent le nom de la célèbre marque s'implanter aux quatre coins de la région. Laguiole était devenu une référence. Plus tard, vers 1880, avec l'exode rural des paysans aveyronnais vers Paris, un tire-bouchon fut rajouté au manche, en plus du poinçon. Le couteau devient un outil populaire lié à la généralisation de la consommation de vin dans les villes. Et même s'il conquérait les zones urbaines, le laguiole jouissait toujours d'une authenticité infaillible. Au cours du demi-siècle suivant, les couteliers de Laguiole comptaient sur seulement quelques ateliers et une petite vingtaine d'ouvriers pour parvenir à la rentabilité. ☞

Or, pendant ce temps, à Thiers, une formidable expansion de la coutellerie voyait le jour. Les entreprises n'étaient plus artisanales comme à Laguiole mais de véritables industries.

Au nombre de 350, ces fabriques procuraient du travail à plus de 20 000 personnes. Laguiole tenta d'imiter les méthodes de production de Thiers mais trop tard. La fabrication dudit couteau émigra en partie à Thiers, dans le Forez, où la marque connut un succès équivalent à son concurrent Opinel. Malheureusement, l'année 1930 signa le début d'un déclin progressif qui prit fin dans les années 60 avec la disparition totale de la marque à l'abeille. Plus personne ne savait fabriquer un couteau «Laguiole» à Laguiole! Vingt ans plus tard, avec la création en 1981 de l'association «le couteau de Laguiole», il va renaître de ses cendres. En quelques années, la production passera de 13 000 unités en 1986 à 23 000 en 1989. Le designer Philippe Starck va même propulser la marque plus que centenaire dans le XXIᵉ siècle grâce à la consécration mondiale de son modèle et créera le splendide et futuriste nouveau siège de la marque.

Aujourd'hui, le chiffre d'affaires annuel est évalué à 5,5 millions d'euros et fait travailler plus de cent personnes! Laguiole a même son académie avec des couteaux à tirage limité édités chaque année.

Objet authentique et de plaisir. Le laguiole est offert à tout président de la République française.

Jacques Chirac ne se sépare jamais du sien. Michel Charasse, Jacques Toubon, Alain Juppé et Jack Lang non plus. Et certaines femmes sont même devenues des accros, comme Sonia Rykiel.

Nicolas Yvon, *Le Figaro*, 16/08/2002

---

142 À partir des éléments suivants, rédigez une synthèse de 300 mots environ sur le thème :
Quel est, pour les scientifiques, l'intérêt de la planète Mars?

Document 1 À quoi ressemble Mars?

La planète Mars est beaucoup plus petite que la terre (elle est sept fois moins volumineuse et dix fois moins massive) mais comme il n'y a ni mer ni océan, elle est en fait aussi grande que la surface émergée de la terre.

La première chose qui frappe lorsqu'on parle de Mars, c'est sa couleur rougeâtre due à la poussière d'oxyde de fer qui se trouve à la surface. Plus en profondeur, on trouve essentiellement du basalte.

La surface de Mars n'est pas plane, loin de là ! Son relief très accidenté est la preuve d'une intense activité volcanique et de la présence, il y a des millions d'années, d'eau.

Il y a de nombreux volcans et des montagnes, surtout dans l'hémisphère sud, dont certaines sont immenses (le Mont Olympe, la plus haute, mesure environ 21 000 mètres de haut!).

Plus petite que la Terre et que la Lune, Mars n'a pas pu conserver la chaleur de ses origines : son noyau de fer liquide s'est refroidi, ce qui explique que son champ magnétique se soit arrêté. C'est une planète froide; son climat varie selon les saisons qui sont sensiblement plus courtes que sur la terre en raison de son éloignement plus grand du soleil. C'est une planète assez inhospitalière : les températures minimales sont très basses (-120°) et les vents toujours très violents.

Une année martienne dure 687 jours, soit presque le double d'une année terrestre.

On s'est longtemps demandé s'il y avait ou s'il y avait eu, à une époque donnée, de l'eau sur cette planète. On sait maintenant (depuis les années 70) qu'il y en a eu en quantité, comme le prouve l'existence de lits de rivières ou de lacs asséchés. Cette eau provenait, pense-t-on, de sources souterraines. Certains ont émis l'hypothèse que l'hémisphère nord a pu être autrefois un océan.

La planète Mars a deux satellites, deux « lunes », Phobos et Deimos qui gravitent autour d'elle à quelques milliers de kilomètres et sont vraisemblablement des astéroïdes qu'elle a « capturés ».

Document 2 **Carte des planètes**

Document 3 **Pourquoi Mars fascine-t-elle toujours autant ?**

C'est un peu la « petite sœur » de la terre, la planète qui lui ressemble le plus. De là à imaginer qu'il y aurait de la vie sur Mars (les Martiens !) ou que l'on pourrait s'y installer un jour en cas de catastrophe sur notre planète, il n'y a qu'un pas !

Toutes les explorations ont tenté de répondre d'abord à cette question : y a-t-il de la vie sur Mars ? Pour le savoir, les savants ont procédé à des analyses géologiques de plus en plus fines et sont parvenus récemment à la conclusion qu'il y avait bel et bien eu de la vie sur cette planète. D'où cette question vertigineuse : s'il y a eu de la vie sur Mars et que le processus s'est interrompu, pourquoi la même chose n'arriverait-elle pas sur la terre ?

De nombreux savants pensent que Mars pourrait être à l'origine de la Terre : « petite sœur » par la taille mais « grande sœur » par l'âge. En effet, une bonne partie de la planète Mars remonte à plus de 3,8 milliards d'années alors que la quasi-totalité de la Terre a moins de 2 milliards d'années. Mars, ce serait un peu comme un musée à ciel ouvert qui nous permettrait de mieux comprendre comment s'est formé notre propre monde. Entre le big bang des origines et notre époque, la planète rouge serait donc comme le « chaînon manquant » qui pourrait nous aider à retracer un jour l'histoire de la totalité du système solaire.

◗ Document 4 Les expéditions interplanétaires

Un peu d'histoire

C'est en **1964** que la sonde Mariner 4 réussit à survoler Mars et à en prendre les premières photos. Mais il fallut attendre **1976** pour que deux engins s'y posent (Vikings 1 et 2) : des prélèvements furent effectués et grâce à des sondes orbitales, on réussit à cartographier l'ensemble de la planète.

À partir de **1997**, des robots mobiles sont envoyés sur Mars pour analyser de plus en plus précisément les roches, toujours avec l'idée de découvrir une éventuelle présence d'eau.

En **2004**, grâce au robot Opportunity, on a découvert des traces révélant qu'il y avait bien eu de l'eau à une certaine époque. Un an plus tard, c'est un lac gelé qui est découvert.

En **2011**, un super robot, le MSL *(Mars Science Laboratory)* ira dans l'espace. Alimenté au plutonium, il aura une autonomie beaucoup plus grande que les robots précédents et pourra parcourir des centaines de kilomètres. Son équipement sera ultra sophistiqué : caméras extrêmement puissantes, spectromètres, détecteur de radiations, station météo, capteur ultra-violet…

◗ Document 5

Plus tard, c'est un autre type de robot qui sera envoyé sur Mars, un engin capable de percer la croûte martienne sur plusieurs mètres et de prélever des échantillons de roches qui seront ensuite expédiées vers la Terre. On attend avec impatience le retour de ces précieux échantillons, ce qui devrait se produire vers **2015** ou **2016**. C'est en effet grâce à l'analyse des « carottes » extraites du sol martien que l'on pourra savoir si des bactéries ont réussi à survivre en profondeur au refroidissement de la planète. Les découvertes seront, bien sûr, de plus en plus précises au fur et à mesure des améliorations technologiques des instruments qui analyseront ces échantillons.

■ **4.** RÉDIGER UN ESSAI ■

« C'est Michel de Montaigne qui a donné ce terme à la littérature française en publiant « Les Essais » en 1580. Il s'agissait d'un ouvrage qui aux yeux de son auteur l'aiderait à mieux se connaître : « Ce sont ici mes humeurs et mes opinions ; je les donne pour ce qui est en ma croyance, non pour ce qui est à croire ; je ne vise ici qu'à découvrir moi-même qui serait autre demain si un nouvel apprentissage me changeait… »

Selon un lexique des genres littéraires

« L'**essai** propose un discours argumenté sur un problème d'ordre divers (art, culture société). Souvent lié à la simple compilation (littérature d'érudition du XVIIᵉ siècle), il a évolué vers une réflexion personnelle sans souci d'exhaustivité (Voltaire, *Essai sur les mœurs* ; Chateaubriand, *Essai sur les révolutions*). » http://www.site-magister.com/paggenr.htm)

> **Un essai** est un texte suivi qui présente le point de vue de son auteur sur un sujet donné. Il s'agit d'une réflexion engagée, sous forme d'une synthèse personnelle, d'une approche originale d'un thème, de son exploration d'une manière qui se veut nouvelle, autour d'une préoccupation, celle qui est au cœur du sujet.
>
> **Un essai** n'a pas de forme définie : il peut être long ou bref. Le « je » de son auteur peut être très présent ou assez discret. En dépit d'un ton qui peut être également plus ou moins sérieux, l'essai est une production écrite rigoureuse, rationnelle, qui fait appel au discours argumentatif.

Pour rédiger un essai, un certain nombre d'étapes sont à respecter :

1. *La lecture attentive du sujet* afin de le comprendre, de définir le thème abordé, grâce à une analyse précise des mots-clés.

2. *La recherche des idées* qu'implique ce thème mais surtout la recherche des arguments et des exemples nécessaires pour les défendre.

3. *L'élaboration du plan* qui corresponde le mieux au sujet.

4. *La rédaction d'une introduction* qui sache éveiller la curiosité du lecteur et annonce le plan de ce qui va être dit.

5. *La rédaction d'une conclusion* qui résume ce qui a été présenté mais aussi qui élargit le débat.

143 L'ESSAI

L'étape sans doute la plus délicate de la rédaction d'un essai est celle de l'élaboration de son plan.

On mentionne généralement quatre grands types de plans qui correspondent aux différentes formes du sujet :

- *le plan chronologique :* pour les sujets qui relatent l'évolution d'un phénomène,
- *le plan analytique* qui consiste à analyser le sujet, à en étudier les causes et les conséquences,
- *le plan thématique* qui correspond aux sujets demandant de présenter les différents aspects d'une question,
- *Le plan critique* pour les sujets qui demandent de présenter son point de vue, de confronter ses propres arguments à d'autres qui leur sont opposés.

Lisez les sujets proposés dans le tableau.

Quel type de plan conviendrait mieux pour traiter chacun de ces sujets ?

Sujets	Plan			
	Chronologique	Analytique	Thématique	Critique
1. Y a-t-il une ou plusieurs manières d'apprendre? Que révèlent-elles sur la personne qui les adopte?				
2. En quoi le mieux est-il parfois l'ennemi du bien?				
3. L'écriture révèle-t-elle le caractère d'une personne, comme le prétendent les graphologues? L'étude graphologique devrait-elle faire partie de toute embauche?				
4. Pourquoi, à notre époque dite de communication est-il de plus en plus difficile de communiquer?				
5. Ce sont la quête, le combat et non pas l'exploit, ni la victoire qui nous apportent ce qu'on appelle le bonheur. (J.-Y. Cousteau)				
6. L'égalité, la parité entre les hommes et les femmes peuvent-elles devenir réalité?				
7. Nous n'héritons pas de la terre de nos ancêtres, nous l'empruntons à nos enfants. (A. de Saint-Exupéry)				
8. La vérité doit-elle toujours l'emporter? Peut-on tout dire à tout le monde et à tout moment?				

144 **Que pensez-vous de l'affirmation suivante:**

«La plus belle et la plus grande émotion que nous puissions éprouver est le sentiment du mystérieux. Il est à l'origine de la vraie science. Quiconque ne connaît pas ce sentiment, quiconque n'est plus capable de s'étonner, de se laisser porter par ce saisissement est comme s'il était déjà mort.» (Albert Einstein)

Rédigez un essai argumenté de 250 mots environ afin d'exprimer votre opinion.

145 **Vous êtes-vous déjà posé cette question?**

L'ordinateur est-il vraiment un outil indispensable pour notre vie au quotidien?
Peut-on envisager qu'il disparaisse un jour?

Rédigez votre réponse dans un essai argumenté de 250 mots environ.

....
....
....
....

146

Le Téléthon (voir activité 10), la journée contre le Sida (voir activité 9) ou encore l'association des Enfants de Don Quichotte (voir activité 41) sont quelques-unes des nombreuses manifestations de solidarité auxquelles nous sommes désormais habitués, sans parler des collectes de fonds ou de vivres lors de grandes catastrophes [Tsunami ou cyclones (activité 32)]. Comment jugez-vous ces élans solidaires? Pensez-vous que cela correspond à de la charité ou à une certaine «justice» due aux personnes secourues? Par ailleurs, trop de solidarité ne risque-t-elle pas de «tuer» la solidarité?

Exposez votre point de vue dans un essai argumenté de 250 mots environ.

....
....
....
....
....
....

■ 5. RÉDIGER UN RAPPORT ■

● On peut considérer deux types de rapports:

➡ **le rapport (ou compte rendu) de réunion** qui a pour but de permettre aux personnes qui n'y ont pas assisté de se la représenter, mais aussi de consigner ce qui s'est dit, ce qui a été décidé et de dire comment les discussions se sont déroulées, dans quel climat,

➡ **le rapport de stage** qui rend compte de l'activité du stagiaire, de ce qu'il se proposait de faire et de ce qu'il a effectivement réalisé au cours de son stage. La qualité et la clarté de ce rapport jouent un rôle essentiel dans l'évaluation du stage.

● Un bon rapport, quel qu'il soit, doit présenter un **plan clair, bien articulé**, afin d'en rendre accessible la lecture à toute personne intéressée.

● Dans l'un et l'autre cas, **il est capital de soigner la présentation de ce document,** d'en respecter le caractère écrit et donc de veiller à la qualité de sa rédaction mais aussi d'**adopter le ton qui convient en fonction de son (ses) destinataire(s).**

147 Observez le tableau ci-dessous.

Attribuez à chaque type de rapport les éléments qui vous semblent lui correspondre.

	Rapport de réunion	Rapport de stage
1. Une introduction présentant le projet ou la mission fixée		
2. Une introduction précisant l'ordre du jour		
3. Un sommaire et des remerciements		
4. Mentionner le lieu et la date		
5. Mentionner les dates		
6. Mentionner les participants		
7. Un développement présentant les étapes du travail réalisé		
8. Un développement faisant état des discussions et de l'atmosphère dans laquelle elles se sont déroulées		
9. Une conclusion précisant ce qui est prévu pour la suite ainsi que les remerciements qui conviennent		
10. Une conclusion soulignant les résultats et les perspectives qui en découlent		
11. Une bibliographie		
12. Éventuellement un calendrier prévisionnel		
13. Des annexes avec des documents d'appui		
14. Un lexique technique si nécessaire		

148 Reportez-vous à l'activité 69.

Vous avez participé à la réunion des deux comités de jumelage.
À votre retour vous avez rédigé un rapport dans votre langue, à l'intention du maire de votre ville.
Celui-ci vous demande de rédiger un bref rapport en français, résumé de celui que vous lui avez remis, afin de l'envoyer au maire de la ville française.

Préparez votre rapport :

➤ Ne traduisez pas le rapport rédigé dans votre langue : relevez seulement les éléments qui vous semblent essentiels.

➤ Relisez également les notes que vous avez prises avant et pendant la réunion des deux comités de jumelage.

➤ Classez les points que vous désirez faire apparaître dans votre rapport.
Attention, en reprenant vos notes, à bien passer de l'oral à l'écrit

Rédigez le rapport de votre entretien avec le maire.

1. Précisez, en titre, de quel rapport il s'agit.

2. Indiquez la date et le lieu de la réunion.

3. En introduction, rappelez quel était l'ordre du jour de cette réunion, ainsi que les noms (et éventuellement les fonctions) des participants des deux comités.

4. Présentez ensuite les points abordés de façon à faire apparaître quelles étaient les propositions de chaque comité ainsi que ce qui a été décidé.

5. En conclusion, indiquez la date et le lieu de la prochaine rencontre et surtout pensez à adresser vos remerciements à vos hôtes du comité de jumelage français pour leur accueil.

6. Pour la rédaction elle-même :
    ➤ soignez la présentation du rapport,
    ➤ évitez les phrases trop longues et veillez à la correction orthographique,
Attention au ton du rapport.

Votre rapport :

149 Reportez-vous à l'activité 70.

Vous êtes cet(te) étudiant(e) en informatique.

Votre projet a plu au maire de la petite ville française qui vous a demandé de le réaliser.

Vous en avez fait votre sujet de stage de fin d'études, effectué d'une part dans la petite ville française, mais aussi d'autre part dans votre ville.

De retour chez vous, vous rédigez votre rapport de stage, mais aussi un bref rapport en français, destiné au maire de la petite ville française.

1. Préparez votre rapport en français :

▶ Établissez un plan :

➤ Votre rapport doit s'ouvrir sur « l'annonce » de ce que vous souhaitez présenter mais surtout sur les remerciements aux personnes avec lesquelles vous avez travaillé, qui vous ont aidé(e).

➤ Ce document doit comporter une introduction présentant les causes et les circonstances de la mise en place de votre stage.

➤ Vous rédigerez ensuite le développement, c'est-à-dire plusieurs paragraphes mettant en évidence le travail que vous avez effectué, en en soulignant les étapes, les difficultés éventuelles mais surtout les résultats.

➤ Soignez la conclusion de votre rapport : elle doit faire apparaître les enseignements que ce stage vous a apportés ainsi que les perspectives qui s'offrent à vous. Pensez également à mentionner les personnes avec lesquelles vous avez collaboré et que vous souhaitez remercier.

▶ Veillez à la qualité de la rédaction :

➤ Évitez les fautes d'orthographe : relisez bien votre rapport avant de le remettre.

➤ Ne faites pas de grandes phrases, surtout pas de phrases grandiloquentes ou pompeuses. Vous devez présenter les faits de façon concise et objective.

➤ Le ton doit être neutre.

2. Rédigez votre rapport :

....

....

....

....

....

■ CORRESPONDANCE

■ 1. CORRESPONDANCE FAMILIÈRE ■

150 POSTE D'AUBERVILLIERS

RECEVOIR UN CADEAU DANS UNE BANLIEUE POPU N'EST PAS UN CADEAU

Samedi, 11 heures, la queue s'étale sur le trottoir devant la poste des Quatre-Chemins, à Aubervilliers. « On a sauvé la France, de Gaulle nous a appelés, et voilà comme on nous traite... » lance en sortant un Africain à la cantonade. Silence tendu à l'intérieur du bâtiment en brique. La pancarte « Attention au vol de sacs à main » a été enlevée. « La Banque postale, un regard neuf sur la banque », dit la pub. Le regard se fige devant la marée humaine multicolore contenue par une corde d'un côté de la salle à peine aérée. Les uns attendent pour envoyer de l'argent, les autres veulent retirer de la monnaie sur un compte chèques postal roulant à plat, juste 10 €, de quoi finir chichement la semaine. Ça discute sec devant les cages en verre grillagées. Le distributeur de timbres est en panne, mais trois des quatre guichets « toutes opérations » sont exceptionnellement ouverts à la veille du week-end. Les employés essaient de servir les usagers. On se comprend difficilement. Chacun prisonnier de sa langue, ne sachant ni lire ni écrire, parlant à peine le français, tentant de se faire entendre à voix basse... Des femmes en boubou chuchotent, assises sur le comptoir réservé aux écritures. Les boîtes aux lettres à l'extérieur ont été condamnées « pour des raisons de sécurité ». Elles étaient en bois. Le chèque* du client qui vient d'atteindre le guichet, aussi. « Ça ne se passera pas comme ça, madame », crie le débouté. Il tambourine contre la glace, menace de tout casser. Le conseiller financier apparaît opportunément, avant de claquer sa porte au nez de l'importun. Midi tapant, une employée blonde verrouille le portail d'entrée à double tour, avec les gens tassés à la va-comme-je-te-pousse** à l'intérieur... On frappe contre la grille. L'employée blonde entrouvre et glisse : « Monsieur, c'est fermé, on était ouvert depuis 8 heures... » Crachat et paquet d'insultes lui coupent la parole. La porte, cette fois, se referme hermétiquement. À l'intérieur, l'air est irrespirable. Vous sortez en marmonnant : « Puisque c'est ainsi, je reviendrai lundi... »***

Lundi matin, tous les refoulés du samedi se retrouvent sur le pied de guerre dans le bâtiment. Mardi, le cirque recommence, avec autant de fauves et deux guichets seulement sur quatre ouverts. Pas de doute, pour récupérer un colis postal dans ces quartiers défavorisés, il faut se lever de bonne heure...

Anna Alter, *Marianne*, 5 au 11 août 2006

---

* un chèque en bois : un chèque sans provision – ** à la va-comme-je-te-pousse : locution familière pour dire que quelque chose est fait trop vite, n'importe comment.

*** « Puisque c'est ainsi, je reviendrai lundi... » : allusion à la chanson pour enfants « Lundi matin »

Lundi matin, l'Empereur, sa femme et le p'tit prince
Sont venus chez moi pour me serrer la pince,
Mais comme j'étais parti,
Le p'tit prince a dit
Puisque c'est ainsi
Nous reviendrons mardi !
Mardi matin etc...
Mercredi matin etc...
Jeudi matin etc...
Vendredi matin etc...
Samedi matin etc...

Dimanche matin, L'Empereur, sa femme et le p'tit prince
Sont venus chez moi pour me serrer la pince
Mais comme j'étais parti,
Le p'tit prince a dit
Puisque c'est comme ça
Nous ne reviendrons pas !

Vous pouvez écouter la mélodie de la chanson
sur Internet : http://bmarcore.club.fr/Tine/E201.html

Vous avez lu cet article dans votre magazine.

Vous écrivez une lettre à vos parents ou à un(e) ami(e) dans laquelle vous racontez la scène décrite.

Choisissez la personne à laquelle vous allez écrire. Adaptez votre lettre au destinataire
Exprimez vos sentiments :

☞ **Vous êtes choqué(e) par l'attitude des employé(e)s de la poste vis-à-vis des étrangers**

☞ **Au contraire vous comprenez cette attitude : ils ont trop de travail et pas assez de personnel, les gens sont impatients, impolis, ne parlent pas la langue...**

 Comment dit-on « faire la queue » dans votre langue ?
À votre tour, parlez de la « pratique » des queues dans votre pays :
• Demande-t-on son tour ? • Prend-on un ticket ?
• Doit-on souvent faire la queue ? Où ?
• Quelle est l'attitude des gens quand ils doivent faire la queue ?
Cherchent-ils à passer devant les autres ? En ce cas que se passe-t-il ?

151 **Reportez-vous à l'activité 106.**

Vous avez lu l'article de Claude Duneton consacré à la féminisation des noms.

Ainsi qu'il invite à le faire, vous décidez de lui écrire afin de lui faire part de votre opinion.

Choisissez l'un des deux cas suivants :

Vous êtes pour **la féminisation des noms de fonctions ou de métiers.**

Expliquez en quoi cela vous semble normal, voire nécessaire.

Pour vous aider

☞ La féminisation est la reconnaissance de la place des femmes dans le monde du travail.

☞ Le refus de la féminisation revient à dire que les femmes « usurpent » la place des hommes.

☞ On ne dit pas un homme ingénieur, pourquoi dire une femme ingénieur.

☞ À l'heure de la parité, quoi de plus naturel ?

☞ C'est un procédé normal, en accord avec les lois du travail qui interdisent toute discrimination à l'embauche.

☞ Si cette féminisation était vraiment appliquée, cela faciliterait la rédaction des offres ou des demandes d'emplois.

☞ Au plan lexical, il n'y a aucun problème, d'ailleurs les Québecois féminisent les noms de métiers et de fonctions depuis longtemps !

Vous êtes contre **la féminisation des noms de fonctions ou de métiers.**

Expliquez en quoi cela vous semble être plutôt préjudiciable aux femmes.

Pour vous aider

- La féminisation est une fausse reconnaissance du rôle des femmes, une façon de les satisfaire à bon compte.
- Un métier n'est ni féminin, ni masculin, il peut être exercé par n'importe qui, en féminisant les noms des professions on crée une différence.
- Il est ridicule – et laid à entendre – de dire une femme chirurgien, de même qu'on ne dit pas un homme chirurgien.
- La féminisation entraîne des confusions : doit-on dire une « plombière », comme la glace aux fruits confits ? Comment appeler une femme médecin ? Une médecine ? Comme la science ? La pharmacienne ou l'ambassadrice sont-elles celles qui exercent le métier, la fonction, ou la femme du pharmacien ou de l'ambassadeur ?
- Bien des femmes qui occupent des postes importants refusent cette féminisation : Madame Hélène Carrère-d'Encausse se présente comme madame le Secrétaire de l'Académie française ou encore telle ministre demande qu'on l'appelle Madame le ministre.

152 **Reportez-vous à l'activité 19.**

Écoutez de nouveau l'entretien.

Quelques jours plus tard, Chantal, le professeur sollicité, se rend compte qu'elle ne pourra pas se libérer pour faire partie du jury de master.

Elle écrit à sa collègue pour lui faire part de son empêchement et s'en excuser.

Imaginez et rédigez la lettre que le professeur écrit à sa collègue.

Pour vous aider

- Vous savez que les deux professeurs se connaissent bien. Le ton de la lettre sera donc cordial, peu formel.
- Toutefois, il s'agit d'une lettre de contenu professionnel. Il s'agit donc :
  - de présenter des excuses, dire son regret et exprimer son souhait de ne pas perturber pour autant la soutenance de l'étudiante.
  - de bien présenter la situation, d'exposer les raisons de son désistement,
  - de proposer de s'adresser à un(e) autre collègue qui serait en mesure d'accepter de faire partie du jury.
- Votre lettre doit être relativement concise :
  - présentez vos excuses, mais sobrement, sans grandes phrases,
  - exposez vos raisons de façon simple, inutile de donner trop de détails, allez à l'essentiel,
  - proposez de recourir à un(e) autre collègue dont vous donnez le nom si vous en connaissez un(e) : attention à la façon de l'exprimer : il s'agit d'une proposition et non d'un ordre...

153 À la suite du désistement de sa collègue Chantal, le professeur de l'activité 18 décide de contacter un(e) autre collègue afin de lui demander de faire partie du jury de soutenance de master de son étudiante.

Rédigez la lettre que le professeur écrit à ce (cette) collègue.

Afin de bien vous remémorer les évènements et les informations, écoutez de nouveau les dialogues des activités 18 et 19.

Pour vous aider

- Dans votre lettre, vous allez demander à votre collègue de vous rendre un service. En conséquence il vous faut :
- pour ce qui est du contenu :
  - exposer clairement :
  - – la situation de l'étudiante (dire qui elle est, donner des indications sur elle et sur son travail, ce que vous pensez d'elle),
  - – les difficultés rencontrées pour la soutenance du Master : le désistement de Chantal et ses raisons,
  - faire votre demande de façon précise :
  - – expliquer pourquoi vous avez choisi de vous adresser à lui / elle (vous vous connaissez assez bien, ou encore Chantal vous a recommandé de vous adresser à cette personne).
  - – indiquer la date envisagée pour la soutenance et le sujet de celle-ci.
  - Préciser éventuellement qui seront les autres membres du jury.
- pour ce qui est de la forme :
  - adopter un ton cordial, collégial, même si vous connaissez assez peu votre collègue,
  - choisir en conséquence le tutoiement ou le vouvoiement,
  - choisir une forme simple, sobre.

■ 2. CORRESPONDANCE LITTÉRAIRE ■

154 **Après avoir lu la petite mise en contexte et les trois lettres qui suivent :**

1. **Analysez la lettre de Verlaine.**
- Quelles raisons donne-t-il de sa fuite ?
- Quelle menace brandit-il ?
- Quels sont ses sentiments à l'égard de Rimbaud ?

2. **Analysez la première lettre de Rimbaud.**
- Quel est le sentiment qui domine dans cette lettre ?
- Que pensez-vous de la forme de cette lettre ?
- Lui aussi brandit une menace. Laquelle ?
- Que signifie le post scriptum (à la fin de la lettre) ?

3. **Analysez maintenant la seconde lettre de Rimbaud. Le ton a radicalement changé.**
- Comment juge-t-il Verlaine ?
- Comment décrit-il leurs relations ? Qui est le « dominant » ?
- Rimbaud termine sa lettre en disant : « Autrement, je te plains ». En quoi, aux yeux de Rimbaud, Verlaine serait-il à plaindre ?

Août 1871, Verlaine a vingt-cinq ans. Il trouve un jour dans son courrier une lettre de Charleville. L'auteur lui déclare son admiration et lui envoie quelques poèmes. Verlaine les juge immédiatement « d'une beauté effrayante » et lui répond : « Venez, chère grande âme, on vous appelle, on vous attend ».

Rimbaud est un adolescent au visage d'ange, c'est « l'enfant sublime » dont les yeux bleus fascinent. Il arrive dès septembre et dès le premier jour sème le trouble dans le ménage de Verlaine, tout juste marié. Immédiatement, Verlaine se passionne pour Rimbaud, pour le génie et pour l'homme. Mathilde, la jeune femme de Verlaine voit tout de suite en Rimbaud un véritable rival. C'est le diable en personne : il boit, insulte tous les amis de Verlaine, le ridiculise, l'exploite sans vergogne, multiplie les scandales…

Mille fois, Verlaine doit arranger les choses, mille fois il se promet de rompre avec son mauvais génie. Il réussit même à l'éloigner mais très vite, il fait tout pour le faire revenir. Leur comportement (ivresse, violences) fait jaser. Les scènes entre eux et entre Verlaine et Mathilde se multiplient. Rimbaud somme son ami de choisir : elle ou lui ! Ce sera lui

Et ils partent en Belgique. Mathilde se rend à Bruxelles pour tenter de les séparer et de faire revenir Verlaine. Il fait mine de céder puis s'enfuit de la manière la plus insultante. Il lui écrit : « Misérable fée carotte, princesse souris […] vous avez peut-être tué le cœur de mon ami ; je rejoins Rimbaud s'il veut encore de moi après cette trahison que vous m'avez faite ».

« Grillés » à Bruxelles, ils filent à Londres en septembre.1872. Sans cesse, Verlaine oscille entre sa haine pour Mathilde et les remords de sa conduite, soupirant après son épouse et s'enivrant avec son ami. Il rêve d'avoir et Mathilde et Rimbaud, ce qui exaspère ce dernier : il ne supporte pas que Verlaine, dont il raille les aspirations petites-bourgeoises, ait de tels états d'âme, il veut être l'Unique. Leurs amours tumultueuses (« Nous avons des amours de tigres », écrit Verlaine) font scandale, à Londres comme ailleurs.

Une fois de plus, Verlaine tente d'échapper à cette emprise. Après une querelle de trop, au cours de laquelle Rimbaud a été particulièrement cruel, il s'enfuit et écrit, le 3 juillet 1873 :

Quant à Rimbaud, avant même d'avoir reçu la lettre de Verlaine, il écrit :

Reviens, reviens, cher ami, seul ami, reviens. Je te jure que je serai bon. Si j'étais maussade avec toi, c'est une plaisanterie où je me suis entêté, je m'en repens plus qu'on ne peut dire. Reviens, ce sera bien oublié. Quel malheur que tu aies cru à cette plaisanterie. Voilà deux jours que je ne cesse de pleurer. Reviens. Sois courageux, cher ami. Rien n'est perdu. Tu n'as qu'à refaire le voyage. Nous revivrons ici bien courageusement, patiemment. Ah ! je t'en supplie. C'est ton bien d'ailleurs. [...]

Oui, c'est moi qui ai eu tort.

Oh ! tu ne m'oublies pas, dis ?

Non, tu ne peux pas m'oublier.

Dis, réponds à ton ami, est-ce que nous ne devons plus vivre ensemble ?

Sois courageux. Réponds-moi vite.

Je ne puis rester ici plus longtemps.

N'écoute que ton bon cœur.

Vite, dis si je dois te rejoindre.

À toi toute la vie

Rimbaud

Vite, réponds : je ne puis rester ici plus tard que lundi soir. Je n'ai pas un penny ; je ne puis mettre à la poste. [...] Si je ne dois pas te revoir, je m'engagerai dans la marine ou l'armée.

O reviens, à toutes les heures je repleure. Dis-moi de te retrouver, j'irai, dis-le moi, télégraphie-moi, – il faut que je parte lundi soir. Où vas-tu ? Que veux-tu faire ?

Lettre de Verlaine.

Mon ami,

Je ne sais si tu seras encore à Londres quand ceci t'arrivera. Je tiens pourtant à te dire que tu dois, au fond, comprendre, enfin, qu'il me fallait absolument partir, que cette vie violente et toute de scènes sans motif que ta fantaisie ne pouvait m'aller foutre plus.

Seulement, comme je t'aimais immensément, je tiens aussi à te confirmer que si, d'ici à trois jours, je ne suis pas r'avec ma femme, dans des conditions parfaites, je me brûle la gueule. [...] Si, comme c'est trop probâbe, je dois faire cette dernière connerie, je la fera du moins en brave con. Ma dernière pensée, mon ami, sera pour toi qui m'appelais du pier (= de la jetée) tantôt, et que je n'ai pas voulu rejoindre parce qu'il fallait que je claquasse – ENFIN !

Veux-tu que je t'embrasse en crevant ?

ton pauvre

P. Verlaine

Dès qu'il a reçu la lettre de Verlaine, quelques heures plus tard, Rimbaud lui écrit une seconde lettre.

Cher ami, j'ai ta lettre datée « En mer », Tu as tort, cette fois, et très tort. D'abord, rien de positif dans ta lettre : ta femme ne viendra pas, ou viendra dans trois mois, trois ans, que sais-je ? Quant à claquer, je te connais. Tu vas donc, en attendant ta femme et ta mort, te démener, errer, ennuyer des gens. [...]

Crois-tu que la vie sera plus agréable avec d'autres que moi. Réfléchis-y ! – Ah ! certes non ! – Avec moi seul tu peux être libre et, puisque je te jure d'être très gentil à l'avenir, que je déplore toute ma part de torts, que j'ai enfin l'esprit net, que je t'aime bien, si tu ne veux pas revenir, ou que je te rejoigne, tu fais un crime et tu t'en repentiras de LONGUES ANNÉES par la perte de toute liberté, et des ennuis plus atroces peut-être que tous ceux que tu as éprouvés. Après ça, resonge à ce que tu étais avant de me connaître.

[...] Le seul vrai mot, c'est : reviens, je veux être avec toi, je t'aime. Si tu écoutes cela, tu montreras du courage et un esprit sincère.

Autrement, je te plains.

Mais je t'aime, je t'embrasse et nous nous reverrons.

Rimbaud

155 LETTRE À UN ARTISTE

Vous avez passé un week-end en Belgique et vous avez découvert cette œuvre.

Après vous être renseigné(e), vous apprenez qu'il s'agit d'une sculpture en verre réalisée par Bernard Tirtiaux.

Vous décidez alors de lui écrire une lettre pour lui exprimer votre admiration.

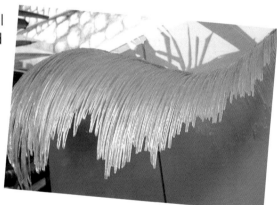

Pour vous aider

- ➤ Vous le connaissiez déjà en tant qu'écrivain et appréciez beaucoup ses livres.
- ➤ Vous avez été étonné(e) d'apprendre qu'il travaillait aussi le verre.
- ➤ Vous lui dites combien vous avez été impressionné(e) en voyant cette œuvre et ce qu'elle évoque pour vous.
- ➤ Vous lui demandez ce qu'elle représente, comment il est arrivé à faire une sculpture d'une telle dimension et s'il en a fait d'autres.
- ➤ Vous aimeriez faire sa connaissance et vous lui demandez de pouvoir visiter son atelier.

156 LETTRE À UN ÉCRIVAIN : ALPHONSE ALLAIS

1. Reportez-vous à l'activité 61 de la compréhension orale.

2. Réécoutez « La complainte amoureuse ».

3. Vous vous sentez concerné(e) par cette lettre, et, en tant que présidente d'une association féministe, vous décidez d'écrire une lettre à Alphonse Allais.

a) Comme vous avez de l'humour vous répondez sur le même ton.

Pour vous aider

- Vous trouvez inadmissible de s'adresser de cette façon à une femme.
- Vous lui dites que ce n'est pas comme ça qu'il trouvera l'âme sœur.
- Donnez-lui quelques conseils pour conquérir une femme.

b) Au contraire, vous êtes complètement sous le charme de ce poème dont vous appréciez l'humour.
Vous écrivez à Alphonse Allais pour lui faire part de votre avis.

Pour vous aider

- Vous n'avez jamais rencontré quelqu'un d'aussi fin.
- Son humour et son style vous ont séduit(e)
- Vous ne souhaitez qu'une chose : le rencontrer...

■ 3. CORRESPONDANCE ADMINISTRATIVE ■

Une lettre administrative se caractérise par *sa présentation*, relativement rigoureuse mais aussi, surtout, par *son style*, les *formules* utilisées.

● **La présentation :** La disposition des divers éléments de la lettre doit répondre à certaines « règles » bien précises. La lettre de l'activité 97 est une parfaite illustration de ce que doit être la présentation d'une lettre administrative.

● **Le style :** doit être soigné et courtois mais aussi concis et clair. Il est donc bon d'éviter les phrases trop longues ou trop lourdes et de veiller à les relier de façon appropriée. Le vocabulaire doit de même être précis et les répétitions évitées.

● **Les formules utilisées** sont assez « rituelles ». Il suffit d'en connaître un nombre relativement réduit pour être en mesure de rédiger toute lettre administrative.

POUR COMMENCER LA LETTRE :

- La formule d'appel la plus neutre sera, selon le cas : Monsieur, ou Madame, ou encore Madame, Monsieur, si on ignore qui lira la lettre.
- On ne mentionnera jamais le prénom ou le nom de la personne dans la formule d'appel,
- en revanche on mentionnera son titre, par exemple : Monsieur le Directeur, Monsieur le Maire, Madame la Directrice

POUR LE CORPS DE LA LETTRE

Si on écrit pour :	la formule utilisée peut être :	Si on écrit pour :	la formule utilisée peut être :
répondre à une lettre	*Comme suite à votre lettre du...* *En réponse à votre courrier du...*	exprimer son regret	*Je suis au regret de...* *Il m'est malheureusement impossible de...*
s'informer	*Je me permets de vous écrire pour vous demander quelques informations concernant...* *Je vous serais reconnaissant de bien vouloir m'adresser votre documentation...*	informer	*Je vous écris pour vous informer que...* *Je tiens à vous faire savoir que...*
remercier	*Je vous remercie beaucoup pour...* *Je vous adresse mes sincères remerciements pour...*	réclamer	*Je vous prie de bien vouloir, dans les plus brefs délais...* *Je suis en droit d'exiger réparation pour...*
Se référer à un document	*Ainsi qu'il est stipulé dans...* *Conformément à...*	Joindre un document	*Je vous prie de bien vouloir trouver ci-joint...* *Je vous adresse par le même courrier...*

POUR TERMINER LA LETTRE

- la formule d'appel est reprise dans la formule de politesse
- la formule la plus «passe-partout» consiste à écrire : Je vous prie Madame, Monsieur, de bien vouloir agréer l'expression de mes salutations distinguées, ou encore, Veuillez agréer, Monsieur le Directeur, mes salutations distinguées.

157 La rédaction d'une lettre administrative présente souvent des difficultés de rédaction, de style. Par exemple, l'auteur cherche à être précis mais surtout concis, ce qui le conduit parfois à de curieux «raccourcis»... qui font l'amusement du destinataire et des lecteurs éventuels !

Lisez ces quelques «perles» de lettres administratives.

Proposez pour chacune l'énoncé que son auteur aurait dû écrire.

1. Est-ce que j'ai droit à un congé pour aller enterrer ma belle-mère qui est mourante ? Merci pour me faire ce plaisir.

2. Depuis que je vous ai écrit que j'étais sourde, je n'ai plus entendu parler de ma retraite complémentaire.

3. J'ai été victime d'un accident de la circulation, provoqué par un chien en bicyclette.

4. Tout d'abord je vous dis bonjour, ensuite je vous dis que je vous écris pour vous dire qu'une dame m'a dit que j'avais éraflé sa voiture avec mon vélo.

5. Ma voiture a été heurtée, alors qu'elle était en stationnement, par un automobiliste qui effectuait une marche arrière. En rédigeant le constat amiable, j'ai commis une erreur: j'ai signalé que j'étais à l'arrêt et non en stationnement. Puis-je faire marche arrière?

6. En repoussant un chien tenu en laisse par son maître, je me suis fait mordre par ce dernier.

7. Étant sorti de l'hôpital et sur le point de reprendre mes activités professionnelles, je vais à nouveau utiliser ma voiture. À cette occasion, je vous demande de bien vouloir redémarrer mon assurance.

8. J'étais en vacances quand la fuite s'est produite dans la salle de bains du voisin du dessus. Alors le voisin du dessous a cru que l'eau venait de chez moi, mais le voisin du dessus a alerté le voisin d'à côté qui est le frère du voisin du dessous pour lui dire que l'eau ne venait pas de chez moi mais du voisin du dessus.

Les Perles du courrier administratif © Horay

158 Trois étudiants étrangers, confrontés à certaines difficultés, ont été dans l'obligation de rédiger des lettres de réclamation.

Peu à l'aise avec ce type de courrier, ils ont demandé à leurs professeurs de bien vouloir corriger les brouillons de ces lettres avant de les envoyer.

Observez la présentation des lettres ci-après.
Reportez-vous à l'activité n°94 et dites dans quelle(s) lettre(s) :

1. les dates sont correctement libellées :

Corrigez les dates incorrectes :

....

2. les adresses de l'expéditeur et du destinataire :
➤ se trouvent à la bonne place : ....
➤ sont bien rédigées : ....
Corrigez les adresses incorrectes :

....

3. l'objet : ➤ figure : ....
➤ est à la bonne place : ....
➤ est bien rédigé : ....
Corrigez les objets incorrects :

....

....

....

4. l'appel est bien formulé :

....

....

....

Reformulez les appels incorrects :

....

....

....

....

5. Sur l'une de ces lettres figure un dessin montrant la présentation de l'enveloppe dans laquelle la lettre sera expédiée. Cette présentation est-elle ou non correcte ? Pourquoi ?

....

....

....

....

....

Date   .   .   No.

Yoko Suzuki   SNCF
21 bis rue de strasbourg   Addresse
03200 Vichy

Madame, monsieur

    J'ai reservé depuis le Japon, un billet de train (N° reservation : 59877). De retour en France, le 15 janvier, je me suis rendu compte que j'ai oublié ma carte bancaire chez mes parents au Japon.

    De ce fait, je ne peux malheureusement pas retire le billet SNCF que j'ai reservé à votre bornes de guichet automatique, étant malheureusement totalement bloqué. Vous serait-il possible de me rembourser cette reservation.

    Dans l'attente d'une réponse favorable de votre part veuillez agréer, Madame, monsieur, mes sinceres salutation.

Yoko Suzuki

enveloppe ↓

| Yoko | ▨ |
| SNCF | |

Mastoura AZIMI   Vichy, le 15 février 2007
Studio: 114
Résidence Claudios Petit
76, Avenue des Célestins

                                    ARPEJ
                                    Résidence Claudios Petit
                                    76, Avenue des Célestins
                                    03200 - Vichy

Madame,

     Je me permet de vous écrire afin que vous preniez connaissance
de différents problèmes qui ont lieu dans notre Résidence.

     Je tiens à vous signaler que pendant la nuit, dans les couloirs, le
bruit des stagiairesest de telle sorte que nous n'arrivons pas à dormir. En fait,
ils courent et ils crient fortement dans les couloirs.

     Je tiens à ce que vous sachiez que des nombreuses dégradations qui ont eu
lieu récemment dans mon studio.
     En effet, la salle de bain ne possède pas de système d'aération. Ses mur
merisissent à une vitesse inquiétante. De plus le chauffage ne se chauffe plus
à partir de 20h et c'est horrible de dormir dans une humidité permanante.

     J'espère donc en m'adressant directement à vous pouvoir résudre ces
problèmes et trouver enfin une solution.

     Dans l'attente de votre réaction que j'espère positive, je vous prie de
croire, Madame, à l'assurence de mes sentiments les meilleurs.

                                              Azimi

Le directeur commercial de
l'entreprise A B C
1 avenue des Célestins 03200 Vichy

Tokyo, le 14 février 2007.

objet : demande de réclamation

Cher Monsieur,
J'ai acheté une voiture de votre firme, il y a 3 mois.
Mais, quand je conduisais cette voiture, soudain,

le moteur s'est arrêté dans un carrefour. J'ai
failli provoquer un accident. J'ai téléphoné à votre

service après-ventre. Et puis, comme la voiture est
indispensable à mon travail, j'ai demandé d'examiner

le moteur et de réparer à toute vitesse. Cependant
votre ingénieur est arrivé 3 jours après. Je me lui

ai donc plaint d'une action tardive. Mais il m'a
dit quelques prétextes. Après avoir réparé la voiture,

une semaine plus tard, il s'est passé de nouveau
la même panne sur une route. À ce moment,

l'ingénieur est arrivé sans retard. Mais, il m'a
dit qu'on devait transporter cette voiture à l'usine
Je vous réclame donc l'échange en une autre

voiture neuve. Si vous avez l'intention de
contribuer à la satisfaction des clients

auxquels vous vendez vos voitures, je souhaite
que vous acceptiez de ma réclamation

Taro, Yamada
1-1-1. Chiyodaku. Tokyo.

159 (C2)

**Lisez les trois lettres de l'activité précédente.
Vous semblent-elles bien rédigées ?**

1. Y a-t-il selon vous des erreurs de structuration et si oui, lesquelles :

➡ dans la lettre n°1 ? : ....

➡ dans la lettre n°2 ?: ....

➡ dans la lettre n°3 ?: ....

Quelles corrections proposez-vous ? ....

....

2. Y a-t-il des maladresses de formulation et dans ce cas, pouvez-vous les corriger :

➡ dans la lettre n°1 ? : ....

....

➡ proposition(s) de correction: ....

....

➡ dans la lettre n°2 ?: ....

....

➡ proposition(s) de correction: ....

....

➡ dans la lettre n°3 ?: ....

....

➡ proposition(s) de correction: ....

....

160 (C2)

Il est parfois nécessaire d'écrire à une administration pour demander une dérogation, c'est-à-dire une autorisation spéciale, qui permet par exemple de s'inscrire à un cours alors que l'on n'en a normalement pas le droit.
**Vous vous trouvez dans l'une des deux situations suivantes.
Lisez les explications concernant cette situation ainsi que le document qui l'accompagne.
Rédigez la lettre de demande de dérogation qu'il vous faut adresser à l'administration compétente.**

1. **SITUATION N°1** :

➡ Vous avez fait des études en ingénierie dans votre pays et vous êtes titulaire d'un diplôme reconnu comme équivalent à un master recherche. Ayant eu connaissance des formations dispensées par l'ENSAM (École Nationale Supérieure d'Arts et Métiers), vous souhaitez préparer une thèse dans l'École Doctorale Sciences des Métiers de l'Ingénieur.

➡ **Observez attentivement le document (ci-après) de l'ENSAM :**
● À qui adresserez-vous votre lettre ?
● Quels éléments devrez-vous y faire figurer ?
● Quel(s) documents devrez-vous joindre à votre lettre ?

document GC/ED432/ENSAM001
version du 22 mars 2006

Ecole Nationale Supérieure d'Arts et Métiers

Ecole Doctorale

Demande de dérogation pour l'inscription en thèse à l'ENSAM
dans l'Ecole Doctorale
Sciences des Métiers de l'Ingénieur (ED432)

La préparation d'une thèse est possible pour les titulaires d'un **DEA** ou d'un **master recherche** autorisés à s'inscrire par la Direction de la Recherche.

Les candidats titulaires d'un diplôme étranger, pouvant être reconnu comme équivalent à un master recherche, doivent aussi faire parvenir un dossier de demande de dérogation à l'Ecole Doctorale. Pour les candidats titulaires d'un master étranger, la composante recherche présente dans la formation reçue sera particulièrement examinée.

Le DESS, le master professionnel et les mastères professionnalisés ne sont pas des diplômes suffisants pour permettre à eux seuls l'inscription en thèse de doctorat : une demande de dérogation doît aussi être déposée.

Les candidats non titulaires d'un diplôme de niveau master mais ayant une expérience significative en matière de recherche – **expérience qui doit être attestée entre autres par des publications ou des brevets** – peuvent aussi déposer un dossier.

Dans le cas où une dérogation est demandée, cette dérogation et l'autorisation d'inscription **pourra être subordonnée à la nécessité de suivre** *et de valider* **des unités d'enseignement de master recherche** durant la première année de thèse.

Afin de pouvoir être instruit, le dossier de demande de dérogation comprendra impérativement :

1. Un Curriculum Vitae détaillé présentant année par année le déroulement des études supérieures et les résultats obtenus (notes et/ou classement et/ou mention).
2. Une copie du diplôme final, (l'original sera présenté lors de l'inscription administrative) et le programme détaillé des enseignements suivis.
3. Une lettre de motivation.
4. La description du sujet de thèse (une page) objet de la demande de dérogation.
5. Un avis circonstancié du directeur de thèse prévu.
6. Le cas échéant, un dossier de présentation précise et détaillée des activités de recherche et/ou professionnelles.
7. Le cas échéant, une liste précise et détaillée des travaux, publications et brevets du candidat.

Les demandes de dérogation seront examinées par la commission d'équivalence de l'ENSAM.

Gérard COFFIGNAL, Directeur de l'ED Sciences des Métiers de l'Ingénieur.

➤ **Rédigez votre lettre**

2. Situation n°2 :

➡ Votre société vous a nommé(e) à un poste dans sa filiale française, située dans une commune de la banlieue lyonnaise. Vous résidez dans un arrondissement du centre de Lyon, où votre fille, âgée de huit ans, devrait être scolarisée. Pour plus de commodité (vos horaires de travail concordent avec ceux de l'école), vous souhaitez inscrire votre fille dans la commune où vous travaillez. Le maire de cette commune vous a déjà donné son accord.

➡ **Observez attentivement le document ci-après.**

Demande de dérogation géographique pour une inscription scolaire

Commentaires

▌ Dans l'enseignement public, votre enfant doit en principe être inscrit dans l'école ou le collège de la zone géographique de votre domicile. Il est cependant possible d'obtenir une dérogation en inscrivant votre enfant dans une école par exemple plus proche de votre lieu de travail ou dans un collège dispensant les matières souhaitées.

◆ **La dérogation présente un caractère exceptionnel. Elle n'est accordée que pour des motifs spécifiques et que s'il existe des places vacantes dans l'établissement demandé. Elle doit être demandée au mois de juin, les inscriptions étant clôturées le 1er juillet.**

☞ Présentez dans la lettre les raisons qui justifient une dérogation.

● La dérogation si votre enfant est en école primaire

▌ Dans l'enseignement primaire, votre enfant doit en principe être inscrit dans l'école de votre commune de résidence. Une dérogation peut cependant être demandée au maire de la commune de résidence.

☞ Cette dérogation est accordée dans les cas suivants :
  • Lorsque les deux parents travaillent et que l'école qui devait accueillir l'enfant n'a pas de cantine ou de garderie.
  • Lorsqu'un frère ou une sœur est déjà inscrit dans l'école d'accueil.
  Si la demande porte sur une inscription dans une autre commune, la dérogation nécessite aussi l'accord du maire de cette commune.

La lettre

Lettre simple

▌ Elle doit être envoyée selon le cas, au maire de votre commune ou à l'inspecteur académique.

• À qui adresserez-vous votre lettre ?
• Que devrez-vous expliquer, préciser ?

➡ **Rédigez votre lettre :**

....
....
....
....
....

AU NIVEAU C1-C2 DU CADRE COMMUN...
À L'ORAL, JE DOIS ÊTRE CAPABLE DE:

EN RÉCEPTION

- **COMPRENDRE** tout locuteur natif à condition de m'habituer à un accent.
- **APPRÉCIER** les implications sociolinguistiques de la langue utilisée par les locuteurs natifs.
- **RECONNAÎTRE** une gamme étendue d'expressions idiomatiques.
- **SUIVRE** une intervention d'une certaine longueur même si elle n'est pas clairement structurée.

EN PRODUCTION

- **PRÉSENTER** un sujet complexe bien construit à un auditoire pour qui il n'est pas familier.
- **FAIRE** un exposé clair et bien structuré en justifiant et explicitant mes points de vue.
- **PRÉSENTER** une argumentation nette et convaincante et répondre avec pertinence aux objections.
- **FAIRE** une description claire et détaillée de sujets complexes.

EN INTERACTION

- **POSSÉDER** une bonne maîtrise de tournures courantes avec une conscience du sens connotatif.
- **SUIVRE** facilement des échanges entre partenaires extérieurs et y participer.
- **COMPRENDRE** avec sûreté des instructions détaillées.
- **TRANSMETTRE** avec sûreté une information détaillée.

À L'ÉCRIT, JE DOIS ÊTRE CAPABLE, PAR EXEMPLE, DE:

EN RÉCEPTION

- **POSSÉDER** une bonne maîtrise d'un vaste répertoire lexical d'expressions idiomatiques.
- **RECONNAÎTRE** un large éventail d'expressions idiomatiques et dialectales.
- **COMPRENDRE** une gamme étendue de textes que l'on peut rencontrer dans la vie professionnelle.
- **COMPRENDRE** dans le détail une gamme étendue de textes que l'on peut rencontrer dans la vie sociale.

EN PRODUCTION

- **ÉCRIRE** des textes d'imagination.
- **ÉCRIRE** des histoires ou des récits de manière fluide, dans un style approprié au genre adopté.
- **FAIRE** la synthèse d'informations de sources diverses et la présenter de façon cohérente.
- **PRODUIRE** des rapports ou essais complexes et qui posent une problématique de manière limpide.

EN INTERACTION

- **M'EXPRIMER** avec clarté et précision dans ma correspondance personnelle.
- **M'EXPRIMER** avec clarté et précision, en m'adaptant au destinataire avec souplesse et efficacité.

LE POINT

AVEC CE LIVRE,

À L'ORAL, J'AI APPRIS, PAR EXEMPLE, À:

EN RÉCEPTION

- COMPRENDRE un accent .... activité 3
- RECONNAÎTRE une intonation .... activité 7
- DÉCODER un message complexe .... activité 13
- COMPRENDRE un exposé .... activité 38

EN PRODUCTION

- DÉCRIRE une expérience .... activité 47
- DÉFENDRE un point de vue .... activité 53
- PRENDRE en compte et réfuter des arguments .... activité 56
- PRÉSENTER un aspect de la France .... activité 58

EN INTERACTION

- COMPRENDRE des jeux de mots et réagir .... activité 61
- COMPRENDRE une conversation informelle .... activité 66
- COOPÉRER à une tâche .... activité 71
- ÉCHANGER des informations .... activité 72

À L'ÉCRIT, J'AI APPRIS, PAR EXEMPLE, À :

EN RÉCEPTION

- COMPRENDRE des jeux de mots .... activité 78
- COMPRENDRE le «français d'ailleurs» .... activité 82
- COMPRENDRE le lexique spécialisé .... activité 86
- M'ORIENTER dans un document administratif .... activité 98

EN PRODUCTION

- JOUER avec la langue .... activité 127
- ÉCRIRE un pastiche .... activité 129
- FAIRE une synthèse .... activité 141
- RÉDIGER un essai .... activité 143

EN INTERACTION

- ÉCRIRE en réaction .... activité 155
- ÉCRIRE pour demander une dérogation .... activité 160

COMPRÉHENSION ORALE

1

Locutrice 1 : Ça fait trois ans maintenant que j'habite à Paris euh… et là, je suis contente parce que, y a pas longtemps, j'ai trouvé un appartement, un petit appartement juste derrière la place Clichy, villa Saint-Michel. Et j'ai même un balcon et comme ça, je peux faire pousser mon basilic et ça ça me rappelle un peu… ça me rappelle un peu le soleil parce que… parce que ça me manque, quand même, ça me manque un peu, le soleil, à Paris. Et je me souviens, la première fois, quand je suis… quand je suis montée à Paris, euh, je connaissais personne, je connaissais personne et parfois, je me retrouvais là, sous ce ciel gris, avec les rues grises, avec les gens tout gris, et je me demandais vraiment, vraiment, ce que je faisais là.

Bon, mais maintenant, maintenant, ça va, c'est passé, ça. C'est une ville que j'aime bien. On peut faire plein de choses. Et puis, et puis, on finit par rencontrer des gens.

Locutrice 2 : Alors, euh…, je suis arrivée à Paris dans les années 83, je suis allée à l'école et (après) l'obtention de mon… de mon bac, je suis allée chercher du… du travail et j'ai eu mon… et c'était un peu… et j'ai eu aussi une formation de BTS d'assistante de direction, que j'ai obtenu et après, euh, j'ai eu du boulot et et… voilà. Ah ! Et je me suis… ; oui, je me suis mariée, j'ai eu des enfants et voilà ! Pour le… ; je dirais, avec les enfants, on y va de temps en temps voir la famille et aussi, euh… euh…, le repas, je dirais que… on trouve tout sur… sur la métropole et que j'ai pas du mal à cuisiner ; je fais tous les plats… bon, que j'aime bien.

— Et le climat ?

— Et le climat de la France, c'est vrai que c'est dur mais on s'adapte à cette, euh, à cette situation.

Locuteur 3 : Ouais, donc, on est partis euh on est partis en week-end en amoureux, en tout cas on a voulu, tu vois et puis euh donc j'prends la voiture et alors là : un enfer parce que je me rappelais plus qu'i(l) (y) avait des travaux de couverture du périph entre la porte de Vanves et puis la porte de [e] plus quoi, là. Donc, si tu veux, on est restés bloqués pendant une heure à klaxonner, en plein cagnard, pasqu'évidemment i(l) faisait beau tu vois pasqu'on avait tout prévu, nous, on regarde la météo avant d'partir et donc nous v'là coincés là-d(e)dans et l'type de l'hôtel qui appelait pasqu'on était en r'tard… enfin, n'importe quoi !

Enfin, moi, c'est la dernière fois, j'te jure, j'préfère ne plus partir en week-end, j'préfère rester tranquille à la maison… pasque un truc pareil, c'est… c'est pas possible… c'est pas possible ! tu tiens pas l'coup… tu tiens pas l'coup Et c'est d'pire en pire même, j'te jure que c'est d'pire en pire, ça circule de plus en plus mal. Donc, moi, j'ui ai dit, j'ui ai dit : Écoute, c'est terminé, les week-ends, c'est terminé. Ou alors, on prend l'train. Ou alors, on prend l'train. Mais madame, tu la connais, il lui faut son p'tit confort, son p'tit luxe, sinon, hein, hein, tu vois c'que j'veux dire…

Locuteur 4 : C'est vraiment une une région qui est très très conviviale hein… gastronomique… incroyable… y a des paysages, yavait vraiment tout hein ; je m'demande parfois avec ma   femme on en parle, on s'demande parfois comment les les jeunes pensent partir euh à Paris euh à l'étranger… on s'demande vraiment c'qui(ls) peuvent chercher … euh, dans ces contrées lointaines hein, alors que nous vraiment nous avons tout tout à portée demain hein voilà. Euh… ya aussi une chose qui est très importante qu'on a tendance un peu à négliger euh ça doit nous venir de l'Allemagne, c'est la vie associative, hein… ya énormément énormément de sociétés : ya le vélo-club, ya un tas d'activités… l'association des mangeurs de carpes euh… l'association des marcheurs dans les Vosges… euh… les amis de l'automobile… ya énormément de sociétés où les gens se voient, s'amusent, organisent des repas entre eux et c'est toujours toujours très festif hein ; on a toujours une occasion de se réunir, hein, que ce soit l'hiver comme l'été, hein… Et ça ça fait vraiment partie d'une certaine qualité de vie et d'ailleurs les étrangers sont toujours étonnés de nous voir nous rassembler en permanence. L'été, par exemple, nous avons du mois de mai au mois d'octobre euh… des fêtes dans les rues euh avec des kermesses, des stands, des endroits de brocante, des [flamenkyr] euh… des endroits… euh… de restauration, de de euh tout vraiment euh… euh… c'est la fête jusqu'à deux heures du matin… et ya beaucoup d'gens qui viennent de très loin, d'Allemagne, de Suisse ou même de Belgique et… uniquement pour ces lieux de… du rassemblement…

2   Même enregistrement que l'activité 1.
que je revoie un petit peu mes notes… que je voie un

3

LOCUTEUR 1 : Donc, moi, je suis venu à Paris pour étudier à l'école internationale de théâtre Jacques Lecoqc. Euh, ben, la vie à Paris, c'est assez sympathique en général. Bon, y a toujours les stéréotypes, le pain, le fromage… Ben, c'est vrai qu'ils sont très bons. Par contre… euh… on n'en a pas… on n'en a pas du comme ça par chez nous.

En hiver, c'est plutôt gris, Paris, c'est assez difficile, c'est froid, il pleut toujours… Par contre, il fait pas aussi froid que chez nous. Mais ce qui déplaît, par contre, c'est l'humidité… essayer de faire sécher les vêtements dans un tout petit appartement, où l'humidité s'accumule, on peut pas ouvrir les fenêtres parce qu'il fait froid dehors, le chauffage est pas nécessairement adéquat, c'est… ben, c'est un peu plus morose, c'est un peu plus difficile.

Les gens sont… ben, assez sympathiques, probablement, probablement plus de mon point de vue parce que je suis étranger mais on peut pas… j'adhère pas au stéréotype de dire que les gens à Paris, ils sont froids, ils… Il faut chercher, il faut… il faut prendre le temps de connaître. Y a toujours un petit quelque chose de sympathique. Même derrière… derrière les garçons dans les cafés qui ont l'air… euh… qu'on dirait que tu les [ekar], qui ont pas envie que tu sois là, y a un certain jeu derrière tout ça en fait, et puis on découvre que… un petit côté sarcastique qui donne son charme.

Ce que j'aime beaucoup aussi, c'est la culture… à quel point c'est dense. Y a… bon, y a à peu près un musée à tous les coins de rue, les gens connaissent énormément leur… leur histoire… puis on les comprend. Aussi, c'est… c'est… c'est dense, on arrive, on est au musée du Louvre, on est… juste de l'autre côté, les plus grandes toiles impressionnistes qui ont jamais été faites juste de l'autre côté de la Seine. Alors ça, c'est très intéressant en tant qu'artiste. Et c'est quelque chose que j'adore sur la ville de Paris.

LOCUTEUR 2 : Oui, ben moi je suis arrivée à Paris, heu… en 1978… Je ne sais plus très bien si c'était en juin ou en juillet. C'était l'été. C'était gai… les gens se promenaient, il y avait du monde partout dans les rues. Nous on n'est pas habitués à ce beau temps. Ben… non, chez nous il drache toujours à cette époque de l'année… c'est bien connu… Si j'ai eu du mal à m'adapter ? Un peu quand même… hein. Les Parisiens sont fiers et arrogants et puis heu… ils se moquaient toujours de mon accent. Je me sentais pas à mon aise… M'enfin on s'est fait des amis et ils ont bien apprécié la cuisine que je leur faisais. Oui… heu… on retourne souvent chez nous, oui… C'est pas loin… et puis on aime (de) passer les vacances à la mer… oui, et puis ben… à la mer on mange des gaufres, des crêpes… oui et puis les pistolets et les frites hein… ça, ça nous manque à Paris.

LOCUTEUR 3 : Voilà donc euh j'habitais à Paris 11e, c'est un quartier qui me plaisait bien et puis, en 83, j'ai déménagé, j'habite maintenant à… 17e. Bon, c'est un quartier qui n'est pas mal, qui est très très bien mais par contre, [be] euh, je pense que c'est pareil pour tout le monde et… je n'oublie pas le premier quartier où j'habitais… et… par exemple, le week-end, je vais… je vais voir des amis et puis voilà, on discut[e] et puis… Donc, bon… Sinon, en général, on est de… des vieux Parisiens… bon, ça fait très longtemps que je suis là… Par contre, comme nous étions habitués dans la campagne… et là, souvent, donc, euh,… j'ai envie de me trouver à la campagne pour pouvoir me promener… Comme maintenant, notre vie ici à Paris comme toujours dans la région parisienne euh… c'est ce que je dis souvent euh les gens euh on travaille euh boulot, dodo, métro et voilà… Donc, on prend pas le temps d'aller se promener…

Même enregistrement que l'activité 3.

0. Demain, alors demain à huit heures…

1. Les 35 heures, oui, les 35 heures…

2. Eh bien, puisque votre rapport est prêt…

3. La voiture électrique ? Je suis sûre…

4. Mais oui, c'est bien ça, les élections présidentielles…

5. Dis-moi, la loi sur l'interdiction de fumer…

6. Oh ! Mais !… C'est pas possible…

7. Nous sommes sûrs qu'il faut tout changer mais…

8. Vous qui l'avez installée depuis longtemps…

2.

0. Demain, alors demain à huit heures soyez à l'heure.

1. Les 35 heures, oui, les 35 heures,

vous ne pensez pas que c'est une bonne idée ?

2. Eh bien, puisque votre rapport est prêt,

apportez-le moi tout de suite !

3. La voiture électrique ? Je suis sûre que c'est l'avenir.

4. Mais oui, c'est bien ça, les élections présidentielles

auront lieu en avril prochain.

5. Dis-moi, la loi sur l'interdiction de fumer…

elle est vraiment appliquée ?

6. Oh ! Mais !… C'est pas possible…

encore de nouveaux impôts !

7. Nous sommes sûrs qu'il faut tout changer mais…

vous ne croyez pas qu'il y a d'autres urgences ?

8. Vous qui l'avez installée depuis longtemps,

c'est vraiment mieux l'ADSL ?

7

0. Il paraît, oui, cela semble sérieux cette fois…
1. Oui, une femme, oui, elle a ses chances…
2. Il serait temps ! Enfin une amorce de parité….
3. Une femme président, une femme président. Vous avez dit « président ». Pourquoi pas « présidente » ?…
4. Ah les Conseils des ministres… Ça ne serait pas triste…
5. C'est peut-être notre tour, vous ne croyez pas ? Non ?…
6. Eh bien elle serait la première en France, bien sûr…
7. Voilà qui ne manquerait pas de piquant, c'est certain…
8. Candidate, d'accord… Présidente, c'est encore à vérifier…

8

0. Il paraît, oui, cela semble sérieux cette fois… Une femme présidente ! Vous imaginez ça ! Je crois qu'elle peut réussir. Et puis, ce serait bien pour l'image de la France ? Non ?
1. Oui, une femme, oui, elle a ses chances… mais vous croyez que les gens sont prêts à accepter une femme à la tête de l'État ? Et qui sera son Premier ministre ? Et ses ministres ? Encore une majorité d'hommes, c'est sûr ! Non, moi je ne pense pas qu'elle pourra diriger le pays comme elle l'entend.
2. Il serait temps ! Enfin la parité… Cette parité, on en parle tellement et elle est si peu appliquée ! Cela vous étonnera peut-être, mais moi je m'en réjouirais !
3. Une femme président, une femme président. Vous avez dit « président ». Pourquoi pas « présidente » ?… Le féminin ça vous ennuie donc tant que ça ? Homme ou femme quelle importance ? Qu'ils travaillent pour le bien de la France, c'est tout ce qu'on demande !!
4. Ah les Conseils des Ministres… Ça ne serait pas triste hein ?… Non, vous voyez une femme diriger la France ? C'est une plaisanterie ! Non, vraiment, je ne suis pas macho, mais non, ça c'est inimaginable !
5. C'est peut-être notre tour ? Vous ne croyez pas, non ?… Moi je me réjouis de cette candidature et je l'approuve. Mais de là à voter pour une femme, non, c'est trop tôt. Pas présidente. Ils feront tout pour la démolir… Alors, autant choisir tout de suite un homme…

6. Eh bien elle serait la première en France, bien sûr… Mais peut-être… Pourquoi pas ? Après tout regardez ce qui s'est passé au Chili et au Liberia. Ils ont élu des femmes et elles ne se débrouillent pas plus mal qu'un homme ?
7. Voilà qui ne manquerait pas de piquant, c'est certain… Une femme et non un de ces vieux routards de la politique, si contents d'eux…Ça ne serait pas pour me déplaire, bien au contraire ! Enfin du nouveau !
8. Candidate, d'accord… Présidente, c'est encore à vérifier… Vraiment cela me paraît peu probable… Pour moi, homme ou femme, c'est pareil… S'ils ont les mêmes compétences…

9

0. L'Sida c'est l'plus grav' problème d'santé ch'trouve ! Pire que l'cancer !
1. Cette journée, je (ne) pense pas qu'ce soit une solution. Tout l'monde en parle aujourd'hui et après… C'est tout(e) l'année qu'i(l) faut en parler !
2. Vous avez vu l'clip de cette année ? C'est l'plus fort et pourtant l'moins morbide !
3. Ouais… C'te journée, c'est bien, mais c'est pas assez ! (Il) Faudrait qu'tout l'monde i(l) s'mobilise !
4. Et c'vaccin qu'les chercheurs testent ? Si c'est l' bon, j'espère qu'i(l) s'ra donné gratuitement à tous les malades… hein ?
5. Gratuitement ? Eh t(u)'crois pas qu'tu rêves là ? T'as pas vu c'qui passe avec la trithérapie ?
6. Moi ch'crois qu' ce type d'action est efficace. Ça permet d'nous rappeler qu'la maladie est toujours là et d'montrer qu'la recherche avance…
7. C'est p'tête vrai, mais c' pas que cont' le Sida qu'i faut s'bat' c'est cont' la bêtise des gens qu'ont peur des malades…
8.Ça c't un ot' problème… ya beaucoup d'séropositifs qu'ont du mal à trouver du boulot…
9. C'est l'plus injuste… C'est d'la discrimination. Comme si leur maladie n'suffisait pas !
10. Pour moi, ch'pense que la clé de bien d'ces problèmes c'est l'éducation et l'information. L'public est mal informé !

10

0. Depuis vingt ans qu'il existe le Téléthon s'est imposé. Il revêt une ampleur toujours plus grande et il peut être considéré comme l'une des manifestations incontournables de l'année.
1. Vous croyez vraiment que toutes ces sommes servent à ce qui est dit ? Il faut absolument en être sûr ! Pourquoi ne pas expliquer à la télévision comment l'argent est redistribué ?
2. Ces maladies orphelines sont trop invalidantes pour ne

pas être considérées comme les autres et ne pas se voir attribuer des budgets de recherche aussi importants !…

3. Il faut absolument expliquer à tout le monde que les dons servent à financer la recherche et rien d'autre !

4. Ce qu'il y a de bien, ce sont les défis, les exploits de tous les anonymes qui participent : les adultes, les ados mais aussi les jeunes enfants qui manifestent un réel enthousiasme dans leur action.

5. Donner ? Mais la question ne se pose pas ! Nous serions égoïstes s'il en était autrement. Non. On ne doit pas hésiter à donner.

6. Moi, ce qui m'émeut le plus ce sont tous ces jeunes enfants cloués dans leur fauteuil… Quel courage ! Ils constituent un exemple pour nous tous !

7. C'est une bonne idée ce Téléthon. Vous avez vu ce qu'il permet de faire ? C'était autre chose avant… La recherche n'avait pas autant de moyens. Nous serions encore au même point sans le Téléthon ! Alors, comment hésiter à participer ?

8. Ce combat contre la maladie est trop important pour ne pas être encouragé et soutenu ! Alors pourquoi n'en parler qu'un jour par an ?

11

0. <u>Et maintenant les résultats du foot.</u> Les supporters du Racing vont être furax ! C'est une blague ! I(l)s ont encore pris la pâtée ! 3 à 1 ! Et par un club de deuxième division en plus ! I(l)s ont quand même du pot : c'était un match amical…

1. <u>Sortir.</u> Le week-end approche et vous voulez sortir ? Vous avez besoin d'un conseil, d'une idée ? Alors écoutez ! Que diriez-vous par exemple d'un dîner sur un bateau-mouche de la Seine ou d'un film, par exemple le dernier Chabrol ? Vous pourriez encore aller danser… Vous trouverez toutes les bonnes adresses dans le Sortirama de la semaine.

2. <u>Bouquinons.</u> Un tuyau de lecture ? Vous n'avez pas lu le dernier Goncourt des lycéens ? *Contours du jour qui vient* de Léonora Miano ? C'est un bouquin extra ! Dans mon bahut, la majorité de mes potes a voté pour !

3. <u>Circulation.</u> La prévention routière met en garde les usagers de l'autoroute du Soleil de l'ouverture d'un chantier de réfection de la chaussée à compter du 15 mai entre les sorties 27 et 28 c'est-à-dire entre les péages de Tournus et de Macon Nord.

4. <u>Faits divers.</u> Pickpockets, attention à vous et aux maris des passantes ! Hier, en fin d'après-midi, rue du Commerce, un agent de police a arrêté un jeune homme qu'il avait surpris la main dans le sac… à dos de sa femme ! Profitant de la foule, le jeune pickpocket avait repéré et s'était approché d'un couple d'amoureux, sûr de pouvoir les voler sans difficulté… Mauvaise pioche : il s'agissait du policier et de son épouse !

5. <u>La main tendue</u> Salut ! Moi, c'est Charly et j'habite Toulouse. S'il vous plaît, soyez sympas, aidez-moi ! J'ai besoin de monter à Paris demain pour me présenter à un nouveau boulot. Vous auriez pas une place pour moi dans vot(re) bagnole ? Merci d'avance !

6. <u>Vos droits.</u> Vous ne l'ignorez pas mais je crois utile de vous rappeler qu'il est désormais interdit de fumer dans les lieux publics. Si vous contrevenez à cette interdiction vous vous exposez à une amende de 75 euros pour les particuliers et 150 euros pour les responsables des établissements.

7. <u>Communiqué.</u> Vous le gagnez, le dépensez, l'économisez ou encore vous le jetez par les fenêtres. De quoi s'agit-il ? De l'argent, bien sûr ! Vous voulez faire des affaires, alors vous courez les soldes ou vous profitez des promotions… En réalité vous dépensez plus que vous ne le voulez ! La meilleure solution ? Placez-le ! Votre banquier saura vous conseiller. Ceci est un communiqué du groupement des banques.

8. <u>Appel à témoins.</u> Ce matin à l'aube une conduite intérieure rouge a renversé une jeune fille sur la voie publique alors qu'elle traversait le boulevard Diderot à la hauteur de l'avenue Voltaire. La victime souffre de contusions légères, quant au conducteur du véhicule, il a pris la fuite. Tout témoin est invité à se faire connaître auprès des services de police, 10 avenue Voltaire.

12

1. À la demande de l'Élysée, Matignon a proposé à Bercy de reconsidérer son projet de suppression de la redevance télévisuelle.

2. Les juillettistes ont laissé la place aux aoûtiens sur les bords de la Grande Bleue.

3. Cet après-midi à Paris, les hommes en blanc associés aux blouses blanches sont descendus dans la rue pour réclamer de meilleures conditions de travail.

4. Le Garde des Sceaux main dans la main avec le Quai des Orfèvres et la Place Beauvau pour trouver des solutions à la délinquance des jeunes.

5. C'est une grande plume que la Coupole a reçu aujourd'hui en son sein. Cette toque célèbre passe ainsi des fourneaux au dictionnaire.

6. Après les vacances, séance de rentrée aujourd'hui au Palais Bourbon et demain au Luxembourg.

7. Échanges nombreux et animés autour de la corbeille du Palais Brognard.

8. Après deux mandats à la tête de la ville Rose, cette ancienne vedette du petit écran brigue la ville Lumière.

9. Les tricolores, en stage près du passage de la Grande Boucle, sont venus applaudir les rois de la petite reine.

10. Le Quai d'Orsay recrute par concours dans tout l'Hexagone.

13

Même enregistrement que l'activité 12

14

1.— Tu savais, toi, que le père de Christophe avait fait de la prison il y a quelques années ?

— Qui t'a dit ça ? Christophe ?

— Non. C'est Sabine. Christophe, lui, i(l ne) peut pas ne pas l'ignorer.

2. — Alors, ce film, tu l'as trouvé comment ? Moi, j'aime bien Di Caprio mais l'histoire, bof, c'est un peu tiré par les cheveux, non ?

— Moi, j'ai trouvé que le scénario n'était pas inintéressant… Les acteurs sont comme d'habitude, très « pro ».

3. — Je voudrais savoir, Thierry Lepage, excusez-moi si ma question peut vous sembler étrange, si, dans votre carrière d'écrivain, vous n'auriez pas été influencé par tout ce à quoi vous avez assisté dans les premières années de votre vie ?

— Je pense que cette question, qui m'a été posée bien souvent, comme vous l'imaginez, n'est pas dénuée de sens…

4. — Et la pianiste, elle a joué comment ? Elle est bien, finalement ? Les journaux l'ont presque tous démolie, sauf *Le Monde de la Musique* qui a absolument adoré son interprétation… Et toi, t(u) as aimé son jeu ou non ? Qu'est-ce que t(u) en penses ?

— Eh bien, elle (n')est pas dépourvue d'un certain talent, à mon avis.

5. — Imagine que ma fille a été collée à son examen ! Et je n'en suis pas mécontent du tout !

6. — Alors, ça y est, vous divorcez ? Depuis le temps que tu nous en parles ! Ça y est ? C'est décidé ?

— Oui, le mois prochain.

— Il n'y avait pas réellement de mésentente entre vous…

— C'est vrai. Tu as raison. En fait, …

7. — Quand Elsa m'a annoncé son intention de quitter la maison et de prendre un studio en ville, ça m'a fait un certain choc, ça c'est sûr…

— Et alors ? Qu'est-ce que tu lui as dit ?

— Je n'ai pas désapprouvé. Elle a dix-huit ans, tu sais !

8. — J(e n')ai jamais rencontré un type aussi fou de toute ma vie ! Mais enfin, t(u) as vu ça ? Il est vraiment bon à enfermer ! Tu l(e)défends toujours mais arrête un peu ! Il finira par nous attirer des ennuis, avec ses histoires à dormir debout ! Il est cinglé !

— Écoute, ça, je (ne) peux pas ne pas être d'accord…

15

Au risque de ne pas être toujours compris de leurs interlocuteurs étrangers, les Français, mais aussi certains autres francophones, et notamment les Canadiens, ne détestent pas, lorsqu'ils s'expriment, employer la litote, cette figure de style qui permet – faussement – d'atténuer leurs paroles. Ils n'hésitent pas à l'utiliser de façon consciente et fréquente lorsqu'ils ne veulent pas risquer de heurter les personnes auxquelles ils s'adressent, mais ils le font aussi parfois sans s'en rendre compte car certaines litotes sont très communes. Qui n'a, par exemple, jamais entendu un Français dire qu'il n'avait pas chaud pour faire comprendre qu'il avait froid, voire très froid, selon l'intonation choisie ?

La litote n'est pas réservée à des locuteurs précis. Elle appartient à tout le monde, quel que soit l'âge ou le niveau socioculturel de la personne, même si certains l'emploient plus volontiers que d'autres.

Les politiciens ne sont pas les derniers à y recourir. En effet ils ne sont pas sans savoir que leurs propos ne manqueront pas d'être ainsi mieux perçus, mieux tolérés. Les femmes ou les hommes de pouvoir eux aussi usent et abusent facilement de la litote qui ne fait pas défaut dans leurs paroles. S'ils ne reculent pas devant leur rôle de décideurs, ils ne dédaignent pas de se dire à l'écoute de leurs collaborateurs et employés. Toutefois, lorsqu'ils sont contraints d'annoncer des décisions désagréables, ils ne nient pas pour autant qu'il ne leur en a pas vraiment coûté de les prendre. Dans des conjonctures délicates ils peuvent même parfois affirmer qu'ils comptent sur la compréhension de leur personnel et son désir de ne pas conduire l'entreprise à la catastrophe…

Personne n'ignore que la litote est plus « politiquement correcte », qu'il est préférable de dire que tel enfant n'est pas très doué, que tel étudiant n'est pas une lumière ou encore que tel collaborateur n'est pas de tout premier plan.

On comprend dès lors pourquoi les Français qui n'emploient guère cette figure de style ne sont pas légion et pourquoi elle n'est pas près de disparaître du discours français…

16

Les enfants de Don Quichotte

L'hiver 2006/2007 a vu arriver de nombreuses tentes dans la plupart des grandes villes de France et même dans la région PACA. Elles ont été installées par l'association « Les Enfants de Don Quichotte » pour les SDF et les sans-abri ne touchant parfois même pas le RMI. À quelques mois des élections présidentielles, les hommes politiques de toutes couleurs, que ce soit de l'UMP, du PS, du PC, ou de l'UDF, pour n'en citer que quelques-uns, se sont saisis du dossier. Pour soutenir ces personnes défavorisées, des «bien-logés» ont décidé de partager leur sort et de coucher dans la rue. On a vu l'autre soir sur TF1 au JT de PPDA un reportage montrant un chercheur au CNRS qui passait ses journées de RTT avec eux. D'autres regardaient à la télé un match de foot opposant le PSG à l'OM. L'association DAL crie au scandale et a d'ailleurs été reçue par le Premier ministre qui a promis de débloquer des fonds. Cela a fait la une du JDD et d'autres journaux pendant plusieurs jours. Avec l'annonce d'un possible texte de loi sur le «droit au logement opposable», Jacques Chirac s'est engagé lors de ses vœux du Nouvel An. Bernard Kouchner, le co-fondateur de MSF reste malgré tout sceptique.

Il reste que plusieurs de ces mal-logés ont dû être transportés dans des CHU ou dans d'autres hôpitaux pour cause d'hypothermie.

Le festival de la Bande dessinée à Angoulême

Comme chaque année, le festival de la Bande Dessinée 2007 accueillera un nombre considérable de bédé-philes à Angoulême.

Qu'ils soient énarques ou capésiens, qu'ils passent le DALF ou le DELF, qu'ils soient jeunes ou moins jeunes, tous seront au rendez-vous fin janvier.

La bédé politique, un créneau en vogue après le succès de *La face karchée de Sarkozy*, y sera très présente.

Pour apprendre le français, rien de tel que de lire des bandes dessinées. En Allemagne, des professeurs de FLE l'utilisent depuis longtemps dans leurs classes non seulement pour confronter leurs élèves au langage populaire et familier utilisé par beaucoup de jeunes francophones, mais encore pour les sensibiliser aux valeurs relationnelles et humaines et faire de la prévention contre le sida et la drogue.

Car la BD peut aussi avoir un but humanitaire. Au Kenya, par exemple, la lutte contre le sida passe par les ondes et par les bulles. Une autre a été publiée pour des sidéens d'Indochine. L'UNESCO a consacré un article sur «La BD sur les champs de bataille» dans son numéro de juillet/août 1999.

Et bien sûr le festival d'Angoulême sera également l'occasion de se faire conseiller pour se constituer la bédéthèque idéale.

17

LE MAIRE : Mesdames et messieurs, bonsoir. La séance est ouverte. Comme vous le savez, le premier point de l'ordre du jour concerne le projet de remplacement de la chaufferie de notre réseau urbain de chauffage. Ainsi que vous me l'aviez suggéré, j'ai pris contact avec la municipalité d'Autun qui a eu à résoudre le même problème il y a une dizaine d'années. Aussi j'ai le plaisir de vous présenter Monsieur Brossard, ingénieur, conseiller municipal d'Autun qui a bien voulu venir nous parler de la chaufferie de cette ville et répondre à nos questions.

Je vous rappelle qu'à Autun il s'agit d'une production de chaleur basée sur la combustion de biomasse… Pardon. Monsieur ? Une question ?

HOMME 1 : Oui. Excusez-moi. Pouvez-vous nous préciser ce qu'est la biomasse s'il vous plaît ?

LE MAIRE : Eh bien, la biomasse est une technologie qui permet de tirer l'énergie de la combustion des végétaux ou de résidus agricoles. Elle produit aussi de l'énergie verte à partir de bois utilisé comme combustible, ce qui serait notre cas. Comme nous bénéficions d'un important environnement forestier, nous pourrions valoriser cette ressource locale non seulement au niveau de son exploitation mais aussi à celui des scieries. N'est-ce pas, monsieur Brossard ?

MONSIEUR BROSSARD : Effectivement, à Autun, nous transformons les écorces, les chutes et les sciures qui sont générées par les industries. Mais la biomasse présente d'autres avantages non négligeables, comme la réduction de la pollution atmosphérique et un coût de l'énergie acceptable pour les utilisateurs. Madame ?

LA DAME : Merci. Avez-vous pu évaluer l'impact exact de ce système sur la pollution ?

MONSIEUR BROSSARD : Tout à fait. La combustion de la biomasse ne contribue pas à l'effet de serre car en se reconstituant elle absorbe du CO_2 (ou dioxyde de carbone). À Autun, par rapport à une installation au fioul les émissions de CO_2 ont été réduites de 11 000 tonnes par an et celles de SO_2 (l'anhydride sulfureux) de 280 tonnes par an, le tout avec également une réduction des poussières de près de 25%. De plus, les cendres, qui sont riches en engrais, sont utilisées en agriculture. Au plan économique la biomasse permet la valorisation des déchets ligneux ce qui entraîne, pour la filière bois, une diminution des coûts d'élimination de leurs sous-produits.

LA DAME : Et qu'appelez-vous un coût acceptable de l'énergie ?

MONSIEUR BROSSARD : Eh bien, non seulement il n'a pas augmenté mais les charges concernant le chauffage et l'eau chaude ont baissé de 2,5%. Je soulignerai également qu'en adoptant ce type de chauffage vous vous inscririez à tout point de vue dans le développement durable : en terme d'environnement, en terme économique, mais aussi en terme d'emploi car le passage au bois se traduit inévitablement par la création d'emplois nouveaux – 4 à Autun – pour la maintenance et l'approvisionnement de la chaufferie.

LE MAIRE : D'autres questions ?

HOMME 2 : Oui, s'il vous plaît. Tout cela est bien beau, mais comment financer une telle installation ?

Le maire : Je pense que, comme dans le cas d'Autun, selon ce que m'a expliqué monsieur Brossard, il ne nous sera pas difficile de convaincre les pouvoirs publics de l'intérêt économique et écologique de notre projet. Ils nous aideront sans aucun doute. Nous pouvons aussi demander des subventions au Conseil régional ou au FEDER, le fonds européen pour le développement.

Bon, eh bien mesdames et messieurs les conseillers, je pense que le plus simple est que chacun d'entre nous consulte et étudie de près la documentation apportée par monsieur Brossard d'ici notre prochaine réunion. Nous pourrons ainsi en discuter avec tous les éléments en main afin de prendre notre décision.

Nous pouvons donc passer maintenant au deuxième point de l'ordre du jour, l'organisation de notre fête du muguet.

18

Entretien 1 :
— Asseyez-vous. Bonjour. Alors, vous en êtes où, de ce master ?
— Ben, ça se passe bien mais j'aimerais vous demander un petit délai pour ma soutenance.
— Ben oui… parce que là, le 30 septembre, faudrait un petit peu que j'aie la suite…
— Ben, en fait, je devais soutenir le 30 septembre mais je… j'ai trouvé un poste. Je commence lundi 8.
— Oui…
— Et c'est dans le sud de la France, donc… c'est un emploi à mi-temps… donc, ça va me prendre un peu de temps et j'ai pas tout à fait fini en fait.
— Euh, attendez attendez… un emploi pour le mois de septembre ou pour toute l'année ?
— Non, que pour le mois de septembre.
— D'accord. Donc, vous pouvez soutenir en octobre ?
— Oui.
— Le 20 octobre, ça sera bon ?
— Ça sera bon, oui.
— D'accord. Alors, où est-ce que vous en êtes, finalement ? Bon, l'option, ça va, j'ai reçu… c'est très bien, il y a trois bricoles à changer, mais ça va très bien.
— D'accord.
— Le rapport de stage ?
— Le rapport, j'ai pas tout à fait fini. J'ai quelques petites choses à terminer. Mais je… je m'engage à vous envoyer tout ce qu'il faut d'ici quinze jours trois semaines.
— Oui. Vous pouvez me rappeler… Il était où, ce stage ?
— Il est dans le sud-ouest.
— Non, pas le stage que vous allez…
— Ah oui ! L'école ACCOR.
— Ah, c'était ACCOR, d'accord. Parce que là, j'ai pas vu grand chose, hein… j'ai vu… si, j'ai vu un premier jet mais… vous n'aviez pas grand-chose à dire. Bon, je sais bien que 50 h, c'est pas énorme…

— Oui, c'est vrai que c'est pas énorme mais… il faut que je revoie un petit peu mes notes… que je voie un petit peu mes grilles pour structurer mon plan et … euh… et bien cibler ce que j'ai envie de dire. Et puis… je pense que ça ira. Je pense que ça va. Je pense que je serai prête pour trois semaines.
— Pour dans trois semaines.
— Pour dans trois semaines.
— Euh… mais vous savez que vous… si vous commencez lundi votre… votre boulot dans le sud, ça va vous demander pas mal de préparation…
— Oh oui, j'en suis bien consciente. Bon, c'est un peu de ma faute, j'aurais dû m'y prendre avant mais… euh…
— Ah, je voulais vous dire… je voulais vous dire ça, c'est important, à propos de la bibliographie…
— Oui ?
— Faites bien attention à la manière dont vous présentez la bibliographie.
— Oui.
— Vous savez qu'il y a deux… systèmes différents selon qu'il s'agit d'un livre ou d'une revue.
— Ah oui, d'accord.
— Hein ! Et puis l'ordre alphabétique aussi est vraiment à…
— …à respecter.
— …à respecter très strictement. Si vous voulez, je peux vous donner un… quelques masters de l'année dernière où vous pouvez regarder comment c'est fait.
— D'accord.
— Mais c'est important, hein ! Même si ça paraît peu important, en fait, c'est plus important qu'on le pense.
— D'accord.
— Ça va ? Pas trop d'appréhension pour le boulot ?
— Ben, un petit peu…
— C'est quoi ? C'est avec des adultes ?
— Oui, que des personnes qui viennent s'installer en France, en fait.
— D'accord.
— Donc, ils ont besoin d'avoir un petit français basique pour s'installer… pour les démarches administratives. Donc, comme c'est une région qui est… où il y a…
— C'est où, exactement ?
— Près de Bergerac.
— Ah !
— Comme il y a beaucoup d'Anglais qui s'installent là-bas, euh…
— Donc un public essentiellement anglophone.
— Essentiellement anglophone.
— Et c'est combien d'heures par jour ?
— C'est quatre heures le matin.
— Ça va !
— Oui. Voilà. Cinq jours par semaine.
— D'accord. Et vous êtes logée ?

— Ben, j'ai de la famille qui habite pas loin. Donc, euh, c'est aussi pour ça…

— Mais… excusez… je suis un peu indiscrète mais vous allez être payée, j'espère ?

— Oui, oui.

— Donc, écoutez, de toute façon, vous avez mon mail, vous me tenez au courant. N'oubliez pas quand même… trois semaines… que dans trois semaines, il faut absolument que tout soit réglé.

— D'accord.

— Bon mais enfin, ça va, hein. Pensez aussi quand même à la conclusion parce que là non plus, j'ai… L'introduction, je l'ai vue…

— D'accord.

— L'option, ça va, ça, c'est parfait. N'oubliez pas quand même la conclusion et puis ce rapport de stage.

— Et puis de préparer l'oral aussi.

— Vous pouvez peut-être aussi dans votre rapport de stage intégrer des éléments de ce travail pour le mois de septembre.

— Ah, d'accord ! on peut faire ça ?

— Bien sûr ! Pourquoi non ? Bon, allez, je vais pas vous tenir plus longtemps. Merci beaucoup.

— Ben, je vous remercie.

— Au revoir.

— Au revoir.

— À bientôt.

— À bientôt.

19

ENTRETIEN 2 :

— Dis-moi, Chantal, je peux te demander quelque chose, là ? Tu as deux minutes, une minute ? Bon, dis-moi, je… j'ai vu tout à l'heure… tu connais Séverine… Séverine Gourmelon ?

— Ah oui, oui…

— Tu l'as eue, hein ?

— Je l'ai eue, oui.

— Tu l'as eue au premier semestre ?

— Oui, oui.

— Bon. Alors, le problème, c'est que… elle a trouvé un boulot dans le sud de la France, vers Bergerac…

— Ouais.

— …pour tout le mois de septembre.

— Hmmm hmmm.

— …et donc elle peut pas soutenir le 30 comme c'était prévu. Donc, elle voudrait ne soutenir qu'au mois d'octobre, à la session d'octobre.

— D'accord.

— Le 20 octobre.

— Hmmm hmmm.

— Est-ce que tu serais d'accord pour faire partie du jury ? Elle est bien, c'est quelqu'un de sérieux, elle est bien, hein !

— Le 20 octobre, mais c'est un quel jour ?

— Le 20 octobre, c'est un… c'est un… c'est un mercredi.

— Mercredi, euh…

— Ça m'arrangerait vraiment que tu dises oui. Bon, je sais que tu as certainement pas mal de… de maîtrises, mais… Tu en as combien, là ?

— Là, j'en ai trois, mais il y a des personnes qui… là, ça va pour l'instant, mais il y a des personnes qui vont pas soutenir dans l'immédiat… non, ça va aller, je pense… qui sont pas tout à fait prêtes donc… Non, ça devrait aller… à condition que ce soit le matin parce que l'après-midi, ça pose un petit problème.

— Écoute, ça va, pour elle, je pense que c'est pareil, hein, on a pas parlé vraiment d'horaire mais pour elle, je pense que c'est pareil.

— D'accord.

— De toute façon, on va… Elle est bien, hein, son option est vraiment bien, elle a pas fini son…

— Oui.

— Oui, hein, c'est vrai, c'est quelqu'un de vraiment bien. Bon, la question, c'est… elle a pas fini son rapport de stage.

— Oui.

— Elle l'a fait à Accor, je crois. Oui, Accor, c'est ça. Donc, elle est en train de le rédiger. Elle va avoir quatre heures par jour. Donc, je pense qu'elle… je pense qu'elle sera dans les temps. Elle est sérieuse, hein… je pense qu'il y aura pas de problème. Je lui ai bien dit qu'il fallait que dans trois semaines, on ait le… le boulot terminé.

— D'accord… qu'elle s'y prenne pas à la dernière minute, comme ça arrive.

— Oui, oui, mais je pense qu'avec elle, il y aura pas de problème.

— Donc, tu lui dis bien qu'elle dépose dans mon casier et puis que… pour que je puisse venir le chercher.

— D'accord. Écoute, tu me sauves la vie ! C'est super !

— Pas de problème.

— Si tu as besoin de… que je… que je sois dans un des jurys où tu es, ou…

— D'accord, écoute, mais pour l'instant euh, je te dis, euh, c'est pas tout à fait fini pour la plupart des étudiants que je suis. Donc, on va attendre.

— D'accord, bon, mais, enfin… avec elle, c'est vrai que… elle est bien, hein, c'est pas…

— Bon.

— Ben, écoute, je te remercie mille fois. Bye. Allez, ciao, bonne après-midi.

— Bon, allez, j'y vais. J'ai un cours.

20

LUCIE : Tu sais ce que mes amis de Stuttgart m'ont offert pour mon anniversaire ?

THÉRÈSE : Non, raconte.

LUCIE : Une soirée à l'opéra de Karlsruhe.

THÉRÈSE : Oh, mais c'est génial ça ! Mais pourquoi Karlsruhe ? Il n'y a pas d'opéra à Stuttgart ?

LUCIE : Si, bien sûr, mais notre ami Günter est chanteur à l'opéra de Karlsruhe.

THÉRÈSE : Qu'est-ce que vous êtes allés écouter ?

LUCIE : Mefistofele.

THÉRÈSE : Jamais entendu. Tu peux m'en dire un mot ?

LUCIE : Arrigio Boito en a composé le livret d'après le *Faust* de Goethe. La première représentation a eu lieu à la Scala de Milan le 5 mars 1868.

THÉRÈSE : Et comment est-ce que vous êtes allés à Karlsruhe ?

LUCIE : Nos amis sont venus nous chercher en voiture assez tôt parce qu'ils nous avaient aussi invités à dîner à la cantine de l'opéra.

THÉRÈSE : Vous y avez rencontré des artistes ?

LUCIE : Oui, Günter, qui connaît tout le monde, nous a présenté le flûtiste, un type très sympathique qui a pris des cours de chant chez lui.

THÉRÈSE : Ça doit être très impressionnant.

LUCIE : Oui. Après le repas, nous sommes passés par les coulisses pour rejoindre nos places.

THÉRÈSE : Oui mais vous avez aussi vu les loges, les petits rats et tout ça ?

LUCIE : Oui, les loges et les tutus des danseuses, mais pas les petits rats.

THÉRÈSE : Et il y avait un orchestre ou la musique était enregistrée ?

LUCIE : Tu rigoles, évidemment un orchestre avec des violonistes, des harpistes, des flûtistes, un timbalier, des cornistes, des bassons…

THÉRÈSE : Et c'était chanté en allemand ?

LUCIE : Non, en italien, mais il y avait des « sous-titres ».

THÉRÈSE : Je n'ai jamais vu ça… Et vous avez aimé ?

LUCIE : Oui, à la fin le public était tellement enthousiaste que j'ai crû à un moment donné qu'ils allaient recommencer à chanter.

THÉRÈSE : Et après vous êtes rentrés directement ?

LUCIE : Non, nous sommes encore allés prendre un pot à la cantine.

THÉRÈSE : Pourquoi de nouveau à la cantine et pas ailleurs ?

LUCIE : Parce qu'après le spectacle les artistes viennent aussi prendre un verre ou manger quelque chose.

THÉRÈSE : Alors vous avez vu ceux qui étaient quelques minutes avant sur la scène ?

LUCIE : Oui, c'est ça qui est intéressant. On les reconnaît à peine, sans maquillage et habillés en jean. Mais quand ils arrivent tout le monde applaudit.

21

— I(l) y a longtemps qu(e) t(u) es là ?

— Non, à peine cinq minutes. J'arrive. Assieds-toi vite Jacky. Alors, ça s'est passé comment ?

— Pardon madame, cette chaise est libre ?… Merci… Ouf ! Ça fait du bien !

— Alors ?

— Pardon ? Oh, bien ! Très bien ! Je pense que ça va marcher. Mais il va sans doute…

— Madame ? Monsieur ? Vous désirez ?

— Un café.

— Et pour vous Madame ?

— Un thé au lait s'il vous plaît.

— Je vous apporte ça tout de suite.

— Qu'est-ce que j(e) disais ? Ah oui, i(l) va sans doute falloir que j(e) revienne dans un mois. Les conditions sont bonnes, et l'ambiance a l'air sympa. Ça m(e) plairait bien… Je (ch) t'expliquerai. Parle-moi d'abord de toi. Ah ! Et les enfants ? T(u) as pu appeler ?

— Oui. Ça va. Ils venaient de rentrer avec Sylvie. *(Coup de freins, cris)*. Eh bien ! C'était moins une ! I(l)s vont trop vite en ville ! Et bien sûr, pas un agent ! T(u) as vu ?

— Oui, bon, finis donc ! Les enfants ? Ça se passe bien cette fois ? T(u) es rassurée ?

— Oui, t(u) avais raison. Avec Sylvie, pas de problème ! Elle a plus de patience que leur père ! Ils m'ont dit qu'ils s'amusaient bien. Mais i(l)s étaient quand même contents de m'entendre. Bien sûr, i(l)s m'ont demandé quand on rentrait…

— Et pour toi ? Qu'est-ce que ça a donné ? Les résultats ?

— Parfait ! Il n'y a plus rien ! Plus besoin de rev(e)nir ! Elle m'a donné une lettre pour ma dermato : c'était bien allergique. Maintenant je sais à quoi je dois faire attention. J'ai vraiment bien fait de venir consulter dès le début !

— Tant mieux ! *(Sonnerie de portable)*… Oui ma chérie… Oui… Oui, elle est à côté de moi… Tu veux que j(e) te la passe ?… Elle m'a dit, oui, on respire… Moi ? Je crois qu(e) c'est bon… Oui, tout comme j(e) voudrais. La seule chose, i(l) faudra que je monte ici pour une formation de trois semaines… Non, c(e n') est pas long. Après, i(l)s m'accorderont leur enseigne et on pourra s'installer chez nous… Eh b(i)en demain, au train de onze heures quarante cinq… Bien ! J(e) t'embrasse ! Grosses bises à mes neveux préférés ! *(Clap de fermeture de portable)*. Elle t'embrasse !

— Merci ! J(e) (ch) suis contente qu(e) ça s'arrange aussi pour toi ! C'est bien tombé, nos deux rendez-vous le même jour !… Bon, qu'est-ce qu'on fait maintenant ?

— Moi j'irais bien au musée Grévin, j(e) n'y suis pas retourné depuis qu'on était gamins avec papa. Qu'est-ce que t(u) en penses ?

— Bonne idée ! Après, j(e) t'invite pour un bon petit dîner !

— Alors, on y va !

22

1. La compagnie aérienne Brussels Airlines, nouvelle bannière sous laquelle voleront à partir de mars les avions SN Brussels Airlines et Virgin Express, a modifié son logo, un «B» rouge formé de 14 pastilles au lieu de 13 auparavant, afin de rassurer certains passagers superstitieux.

Plusieurs passagers, notamment italiens et américains, ont ainsi fait remarquer à la compagnie que le logo qu'elle comptait faire figurer sur la queue de ses avions comportait 13 points, un chiffre qu'ils trouvaient de bien mauvaise augure.

La compagnie qui n'a pas encore peint ses avions à ses nouvelles couleurs, a donc décidé d'ajouter une quatorzième pastille rouge pour former son logo, a expliqué une porte-parole du transporteur belge. Cela n'aura aucune implication financière pour la compagnie car les uniformes et le papier à en-tête sont encore à la fabrication.

L'ensemble du secteur touristique est confronté à la phobie du chiffre 13, qui selon certaines superstitions, porte malheur. Aux États-Unis par exemple, de nombreux immeubles n'ont pas de 13e étage. Mais la peur du chiffre 13 est également très répandue en Europe. Ainsi, certains grands hôtels passent directement de la chambre numéro 12 à la chambre numéro 14 pour ne pas avoir l'indélicatesse d'y mettre un client qui pourrait être superstitieux. Sur certaines compagnies aériennes (dont Air France), le chiffre 13 n'est pas utilisé pour la numérotation des sièges en cabine

D'après *Yahoo Insolite* 20/12 /06

2. Colorer le Mont-Blanc en rouge... Un canular ? Un artiste danois, auteur de projets spectaculaires et provocants, compte le faire «dans un proche avenir» au nom de la défense de l'environnement.

D'origine chilienne, Marco Evaristti, 42 ans, refuse de lever le voile sur ce futur projet qui lui tient à cœur, car les autorités françaises le stopperaient, estimant cette idée insensée, alors qu'il affirme ne pas être fou. L'artiste est déterminé à le réaliser «sans autorisation», en aspergeant la montagne «de couleur à base de fruits rouges pour attirer l'attention sur la pollution des Alpes par les touristes».

Il dit avoir engagé une équipe de 15 personnes pour transporter quelques 1200 litres d'eau colorée jusqu'à l'une des cimes du mont Blanc pour l'asperger de rouge sur 2500 m². Coût de l'opération : environ 50 000 euros.

Tout comme il prévoit au printemps prochain de réserver le même sort à une oasis au Maroc, comme «hymne à la fraternité entre les peuples, car le rouge c'est aussi la couleur de l'amour».

Installé dans un petit hameau idyllique à l'ouest de Copenhague, l'enfant terrible de l'art danois y vit et travaille tranquillement, loin des remous qu'il déchaîne depuis des années.

Il garde secrète son adresse à «cause des menaces» reçues au fil des ans en raison de ses créations qui suscitent parfois «animosité», reconnaît-il.

Sa dernière création en octobre a encore suscité des vagues : il a acheté 14 tableaux originaux de peintres célèbres du mouvement COBRA comme Asger Jorn, Henry Heerup, Pierre Alechinsky, Constant et Karel Appel, pour les repeindre en partie, et leur donner «une nouvelle vie», dit-il.

Il n'a pas hésité à débourser 2,8 millions de couronnes (375 000€) pour «apporter une touche de renouveau» aux fondateurs de ce mouvement nord-européen créé en 1948 et dissous en 1951.

Evaristti assure pourtant être un «grand admirateur» du Danois Asger Jorn, le père de COBRA. «Comme lui, je modifie, je reconstruis ces tableaux qui étaient à l'époque un cri de révolte contre la peinture convenable, et qui sont devenus d'une grande banalité aujourd'hui, achetés par snobisme».

«Un artiste doit être un visionnaire engagé, en avance sur son temps... l'histoire (lui) donnera raison», pense-t-il.

D'après *Yahoo Insolite* 20/12 /06

3. Pour le meilleur, mais plus pour le pire... Un assureur du Havre, SPB, vient de lancer un contrat d'assurance inédit couvrant les risques de la cérémonie du mariage. L'idée est née du récit des mésaventures d'un client : son premier mariage a viré au cauchemar lorsque son beau-père a dû être hospitalisé le jour des noces ; quant aux photos du second, elles ont été ratées par le photographe !

La compagnie d'assurances a ainsi décidé de couvrir des risques tels que le vol ou la perte d'alliance, la détérioration de la robe de mariée, le désistement d'un témoin, les locations de véhicules, les conditions climatiques, ou même l'empêchement du traiteur. Et si les clichés pris par le photographe sont ratés, le courtier s'engage à organiser une séance photo avec maquilleurs et coiffeurs pour recréer l'ambiance du mariage et offrir un souvenir identique aux époux. Coût de la prestation : entre 199 et 1329€, selon les services souscrits. Précision de l'assureur : si l'un des époux dit non devant le maire, le conjoint n'est pas couvert. Ça assure mais ça ne rassure pas !

Créée en 1965, SPB qui emploie 500 salariés pour un chiffre d'affaires de 46 millions d'euros a déjà conçu des assurances, des moyens de paiement, des voyages, des téléphones portables ou encore des achats sur Internet.

D'après *Marianne* du 23/12/06 au 05/01/07

Rapprochez-vous. Là. Merci. Bon, alors, nous voici devant *La Joconde*, la fameuse Monna Lisa, peinte entre 1506 et 1509 par Léonard de Vinci. Il était alors, comme vous pouvez le constater, au sommet de son art.

Ce qu'on remarque d'abord, bien sûr, c'est le sourire, ce célèbre sourire énigmatique, qui a donné lieu, comme vous le savez, à une infinité d'hypothèses. Eh bien, figurez-vous que cette fameuse Joconde vient de nous révéler tous ses secrets ou presque. Avez-vous déjà entendu parler de cette équipe canadienne qui est venue à Paris récemment pour radiographier ce tableau ? Non ? Bon. Il s'agit donc d'une équipe de scientifiques canadiens spécialisés dans la radiographie des toiles anciennes qui sont venus et ont entièrement numérisé le tableau, centimètre par centimètre, en long, en large, et, ce qui est encore plus intéressant, en travers.

Je m'explique : ils ont utilisé une technique révolutionnaire, la réflectographie infra-rouge (pardon pour ce terme un peu barbare !), une technique qui permet de voir à travers le vernis, à travers les différentes couches de peinture successives… Et donc de mieux comprendre l'avancement du travail, ses différentes étapes…

Alors, qu'a-t-on vu ? Eh bien, on a vu, ils ont vu plutôt, ce que vous et moi, nous ne pouvons pas voir à l'œil nu. Ils ont constaté que Monna Lisa portait, par-dessus sa robe brune, un voile, brun lui aussi, en gaze très fine, très légère, transparente pour ainsi dire. Vous constatez qu'on ne le devine absolument pas.

Cela pourrait sembler d'un intérêt secondaire. Erreur ! Erreur car les historiens savent bien qu'à cette époque, seules les femmes qui venaient d'accoucher portaient un tel voile. Et pas toutes les femmes, uniquement celles de la bonne société. Donc, c'est une mère de famille que vous êtes en train de regarder. Et son sourire, peut-être, reflète avant tout le bonheur d'être mère ! D'ailleurs, observez bien la position des mains. Regardez. Elles sont croisées sur le ventre et on sent une grande paix, une grande sérénité, dans ce geste. N'est-ce pas ?

Les Canadiens qui ont ausculté la Joconde ont fait une autre découverte. Si vous regardez bien, tenez, approchez-vous, venez plus près, regardez ! on a l'impression que les cheveux de la Joconde sous son voile brun encadrent son visage. Eh bien, pas du tout ! Il n'y a que quelques mèches. La réflectographie est formelle : la belle, sous son voile, portait un chignon !

Allez, ne soyons pas trop déçus. Peu importe qui était vraiment Monna Lisa. Ce qui compte, n'est-ce pas, et je crois que vous serez d'accord, c'est l'œuvre d'art. Et vraiment, celle-ci est d'une beauté merveilleuse.

Délinquant dès la maternelle ?

Les passions ne semblent pas s'être apaisées, c'est encore et toujours un vrai branle-bas de combat contre le fameux rapport de l'INSERM (l'Institut national de la Santé et de la recherche Médicale) qui, rappelons-le, avait été demandé par la Sécurité sociale pour « améliorer le dépistage, la prise en charge et la prévention des troubles de conduite chez l'enfant et l'adolescent » et avait mis le feu aux poudres au printemps dernier. Ce feu couve sous la cendre. « Nous resterons très vigilants », ont affirmé une quinzaine d'associations. « S'il faut repartir en guerre, eh bien, nous repartirons ».

Ce rapport proposait la détection des troubles de comportement de l'enfant dès l'âge de trois ans, c'est-à-dire dès la première année de maternelle. C'est en effet à cet âge qu'aurait lieu, si les politiques suivent les recommandations de l'INSERM, le premier bilan comportemental. Serait alors prévu un « suivi psycho-médico-social » pendant toute la scolarité, avec des rendez-vous fixes chez des spécialistes (médecins, psychologues etc.).

L'émotion soulevée par ce rapport a été très vive chez la plupart des professionnels de la petite enfance et chez nombre de parents. Des psychiatres, pédiatres ou chercheurs très connus du grand public avaient lancé, souvenez-vous, une pétition qui avait recueilli des dizaines et des dizaines de milliers de signatures en quelques semaines. Les manifestations de protestation avaient été très suivies. L'opinion publique semblait très remontée. Elle l'est toujours.

Alors, que lui reproche-t-on au juste, à ce rapport ? Certains dénoncent son manque de rigueur scientifique et soulignent les risques d'extrapolations dangereuses. D'autres le jugent réducteur, simpli-ficateur, en un mot sottement déterministe. Tous s'accordent à trouver extrêmement dangereuse l'idée de détecter si tôt les enfants « à problèmes » et pensent que cela n'a rien à voir avec une quelconque prévention.

Comment peut-on, disent-ils, affirmer qu'un tout jeune enfant agité, turbulent, coléreux,… que sais-je ? deviendra plus tard un adolescent ou un adulte délinquant ? C'est une absurdité ! Il vaudrait mieux prendre en compte ce que certains comportements chez le jeune enfant nous disent de sa souffrance, de son mal-être.

Boris Cyrulnik, grand spécialiste de l'enfance dont les travaux sur les capacités de résilience de l'enfant ont fait grand bruit, estime que le rapport insiste trop sur l'aspect biologique et trop peu sur l'aspect culturel. D'autre part, il rappelle que pour un enfant, pour un adolescent, s'opposer aux adultes est nécessaire à la construction de sa personnalité.

Enfin, stigmatiser un enfant est toujours néfaste : si on le « marque », si on l'étiquette comme futur délinquant, il risque fort d'intérioriser ce regard négatif, de se voir lui-même comme on dit qu'il est, bref, on augmente les risques qu'il devienne vraiment un délinquant !

25 La formation par alternance

Avant de faire la formation j'étais euh / en BTA élevage canin / donc le BTA c'est le brevet de technicien agricole / dans ce BTA on était amené à faire différents stages / dans / dans les entreprises / et notamment en structures vétérinaires / donc j'ai eu la chance de faire un stage de trois semaines dans une clinique vétérinaire / et à l'issue de cela euh / quelques semaines plus tard / la structure vétérinaire a eu besoin / de quelqu'un / donc ils sont venus me proposer une formation / la formation d'auxiliaire spécialisé vétérinaire / il m'a fallu vraiment un temps de réflexion / donc peser le pour et le contre / est-ce que j'arrêtais le BTA d'élevage canin / est-ce que je reprenais une formation à nouveau / de deux ans / et puis euh / et puis après avoir pesé le pour et le contre / je me suis lancée / donc c'était dix semaines de / formation sur le Centre / donc / toute la partie théorique / et tout le reste / du temps / euh / en structure vétérinaire / donc ça alliait théorie et pratique / euh / c'était / pour ça j'ai trouvé ça génial / parce que / on avait la partie théorie / on pouvait tout de suite derrière la mettre en pratique / ça a été un enrichissement personnel / euh / tous les jours / parce que tous les jours j'avais l'impression d'apprendre / et même encore aujourd'hui après dix ans / onze ans maintenant / j'ai toujours l'impression d'apprendre encore des choses / c'est une branche de métier où y a / un côté euh / rébarbatif comme dans tous les métiers / mais à côté de ça on apprend tous les jours / parce que / on a à faire à des cas différents / et quand on a la chance de changer de structure régulièrement / on / on voit d'autres façons de travailler / on voit euh / des structures différentes / et des façons différentes de travailler / c'est ça qui est très très riche finalement / quand j'ai intégré le CNFA d'Aix-en-Provence / euh / je me souviens qu'il y avait un peu d'appréhension / parce que je ne connaissais pas du tout ce système de formation / je ne connaissais pas du tout le métier finalement / parce que / à part les trois semaines de stage / c'est pas suffisant pour se faire vraiment une idée du métier / euh / on a été très très bien accueillis par toute l'équipe / sur place / on a été très bien encadrés /

Le gros avantage de la formation par alternance / c'est d'allier / la pratique / et la théorie / ce qu'on apprend / dans un centre de formation / on a tout de suite la possibilité de le mettre en pratique / dans la vie professionnelle /

Ayant obtenu ce fameux diplôme / ben déjà j'ai ressenti une grande fierté / premièrement / j'étais très fière de moi / parce qu'il fallait se jeter / hein / c'était pas si évident que ça / après euh / après l'avoir obtenu / j'ai eu la chance que le vétérinaire / qui m'avait proposé ce contrat / ben finalement a voulu me garder / donc m'a proposé un contrat à durée indéterminée /

Après ces dix années d'expérience / dans les différentes structures / j'ai / appris qu'il y avait un poste à pourvoir dans le centre de formation / dans lequel j'avais fait ma formation / je me suis donc lancée / je j'ai osé / j'ai osé envoyer une lettre de candidature / euh / à la suite de cela / j'ai été convoquée pour un entretien / et / ça fait un an et demi que j'ai rejoint l'équipe de formateurs du / du CNFA d'Aix-en-Provence /

Donc j'ai la chance de pouvoir retransmettre / euh / toute mon expérience et mon vécu / justement en étant formatrice aujourd'hui /

Le conseil que je pourrais donner à une personne qui veut se lancer dans une formation / c'est euh / c'est être audacieux / euh / il faut être audacieux / parce qu'on peut faire ça à tout âge / c'est ça qui est important / de savoir qu'on peut faire ça à tout âge / et / voilà / savoir se lancer / être passionné aussi / pas se lancer dans n'importe quelle formation sous prétexte de faire une formation / être passionné / par ce qu'on va faire

26

Voir Activité 25

27 La formation à distance

J'étais formateur essentiellement sur les risques professionnels / les risques chimiques / un petit peu de formation métier / et je faisais essentiellement de la formation présentielle / euh / en m'appuyant / traditionnellement sur les fameux transparents / euh / et puis / progressivement / en utilisant un tout petit peu l'ordinateur / et euh le fameux power point avec euh / les traditionnels slides / et puis on m'a demandé de participer à / l'élaboration d'une formation en ligne pour des / apprentis / et / de ce fait / eh bien j'ai touché aux nouvelles technologies / donc à tout ce qui était formation à distance / conception de plates-formes / élaboration de fonctionnalité de plates-formes / etc etc / et j'ai chopé le virus / et puis j'ai vu une formation / diplôme universitaire …/ qui était mis en place par le préau de la Chambre de commerce et de l'industrie de Paris et l'université Paris X / et / je me suis inscrit à été cette formation / et je me suis dit à quarante cinq ans pourquoi pas / et j'ai fait ce diplôme universitaire / ce qui était intéressant c'était / euh / d'aborder / à la fois / euh / l'aspect économique aussi / l'aspect pédagogique / la conception de projets / la gestion de projets / donc de partir en gros de rien pour arriver à quelque chose de complet / euh / moi j'ai beaucoup aimé cette formation / en plus c'était une formation à distance / pour une grosse partie / avec peu / de / rendez-vous présentiels / j'ai fait cette formation dans le cadre de mon activité / on travaillait sur un projet professionnel concret / ce qui fait qu'on pouvait lier / euh / à la fois l'utile et l'agréable / euh / si je puis dire / puisque on se formait tout en travaillant / cette formation a duré six mois / euh / je ne saurais plus dire d'ailleurs exactement le nombre d'heures que ça / ça représente en / en temps pur de / de formation / en tout cas c'est très conséquent /euh / ce qui est certain c'est que ça m'a demandé un / un investissement fort / alors faire une formation / euh / genre diplôme universitaire / à 45 ans / ça a des conséquences / fortes / en fait / sur la vie / sur la vie personnelle / d'abord / euh / d'un point de vue purement égoïste ça démontre la capacité qu'on a encore à pouvoir / euh / se former / euh / le deuxième aspect c'est que / c'est pas de la formation gratuite / c'est-à-dire que ça a des incidences professionnelles qui sont fortes aussi / la troisième chose c'est que / lorsqu'on a des enfants qui eux-mêmes sont en études / on se retrouve tous ensemble à être étudiants / euh / et ça crée une émulation qui n'est pas négligeable / et / comme mon diplôme faisait six mois / donc je commençais ma formation et je la finissais / euh / bien avant eux en tout cas / et / ça tombait assez bien j'avais un fils qui passait le bac à ce moment-là d'ailleurs / et / et que son papa ait été reçu dans une formation universitaire avec une mention très bien ça lui a donné un coup de fouet / il a quand même voulu se / euh / se mettre en compétition avec son papa / le fait de faire le diplôme / m'a / m'a assuré / m'a conforté / euh / à valider un certain nombre de points / on a corrigé d'autres / parce que / il y avait des méthodes qui n'étaient pas les bonnes / donc ça m'a structuré dans le travail / mais / ça m'a aussi reconnu dans l'expertise que je pouvais avoir sur ce genre de méthodes / et donc en interne / euh / oui / évidemment / ça m'a positionné / mais aussi en externe / quoi / euh / lorsque l'on s'adresse à des entreprises et qu'on leur propose ce genre de chose / et qu'on commence à avoir des débats / sur les méthodes à employer / évidemment que ça crédibilise le discours /

Si j'avais un conseil à donner à quelqu'un qui a envie de faire une formation / euh / à 45 ans / euh / oui / je dirais il faut avoir envie / d'abord / il faut avoir envie / pas seulement avoir envie de la formation / il faut avoir envie de ce qu'on a envie de faire après cette / cette

formation / et donc après on se donne les moyens pour pouvoir euh / obtenir / ces ces / ces envies / donc la la formation elle est / euh / oui / on n'a rien à perdre dans cette formation / on a toujours tout à gagner

28
Voir Activité 27

29

A. VOIX FÉMININE : « Vous êtes en communication avec l'hôtel des Impôts de Cusset. Nos services sont ouverts au public du lundi au vendredi, de 8 h 45 à 12 h 00 et de 13 h 30 à 16 h 15. Vous pouvez y être reçu avec ou sans rendez-vous. L'accueil téléphonique est assuré de 8 h 30 à 12 h 00 et de 13 h 30 à 16 h 30. Merci de bien vouloir renouveler votre appel pendant ces plages horaires. »

B. VOIX FÉMININE : Hôtel des Impôts, bonjour.

GERO : Bonjour Madame, je voudrais des renseignements sur la taxe d'habitation s'il vous plaît.

VOIX FÉMININE : Je vous demande de patienter un moment Monsieur. La ligne est occupée.

Ah non, ça y est elle est libre ! Je vous passe un contrôleur du service.

GERO : Merci Madame.

▪▪▪▪▪

HOMME : Bonjour Monsieur, que puis-je pour vous ?

GERO : Eh bien voilà, j'ai reçu un avis d'imposition pour la redevance audiovisuelle avec celui de la taxe d'habitation mais je n'ai pas de télévision !

HOMME : Ah ! Je suis désolé Monsieur, ce n'est pas de mon ressort. Mon service ne s'occupe pas de cela. Nous ne nous occupons que de la taxe d'habitation. Mais je vais vous mettre en relation avec le service concerné.

▪▪▪▪▪

GERO : Allô ? Allô ?

FEMME : Monsieur ? En quoi puis-je vous aider ?

GERO : Comme je viens de le dire à votre collègue, j'ai reçu un avis d'imposition pour la redevance audio-visuelle avec celui de la taxe d'habitation mais je n'ai pas de télévision ! Je ne comprends pas : l'an dernier déjà j'ai reçu un avis d'imposition et j'avais bien précisé que je n'avais pas de poste ! Votre service n'a pas enregistré ma déclaration ?

FEMME : Sans doute Monsieur, mais entre temps, votre situation aurait pu changer. On envoie donc automatiquement l'avis d'imposition aux personnes qui ne sont pas a priori exonérées de la redevance. Pouvez-vous me donner votre nom et votre adresse s'il vous plaît ? Je vais vérifier votre dossier.

GERO : Gero Bauer, Rue Paul Delvaux au Vernet.

FEMME : Un moment… Oui, en effet. C'est une résidence secondaire. Vraiment, vous n'avez pas de télévision ?

GERO : Non, absolument pas ! Je n'aime pas beaucoup la télévision. Alors qu'est-ce que je fais ?

FEMME : Eh bien, il vous faut m'envoyer une lettre dans laquelle vous déclarez sur l'honneur que vous n'avez pas de récepteur de télévision chez vous. Je ferai alors le nécessaire et vous recevrez un avis de dégrèvement.

GERO : Et pour régler la taxe d'habitation ?

FEMME : Soit vous envoyez au Trésor Public un chèque du seul montant de la taxe d'habitation, soit, si vous l'avez reçu, vous leur envoyez votre TIP, le titre interbancaire de paiement, sur lequel vous barrez le montant de la redevance.

GERO : Et en procédant ainsi je n'aurais pas de problème ?

FEMME : Non, rassurez-vous. Au revoir Monsieur.

GERO : Merci Madame. Au revoir.

30

Le marché aux puces de Saint-Ouen

GILLES DE ROMILLY — C'est l'une des curiosités de Paris comme la tour Eiffel / les Catacombes / les Champs-Élysées ou les égouts / les puces de Saint-Ouen attirent chaque week-end des dizaines de milliers de visiteurs / chineurs professionnels ou simples badauds / l'histoire des puces remonte à plusieurs siècles / elle se confond avec celle des chiffonniers / ce peuple de l'ombre installé aux portes de la ville / au pied des fortifications / ceux que l'on appelait poétiquement les pêcheurs de lune parcouraient la ville la nuit à la recherche de vieux objets jetés aux ordures qu'ils revendaient ensuite sur les marchés / peu à peu certains plus astucieux que d'autres décident de s'associer / de fil en aiguille le nombre des curieux augmente / celui des marchands aussi / une mode est lancée attirant parmi la foule chapeautée du dimanche des mondains collectionneurs en guêtres immaculées qui viennent chiner autour des étalages de bric-à-brac / le marché aux puces est né / nous sommes en 1885 / cent vingt ans plus tard aux puces de Saint-Ouen le reportage de Bart Linner –

BART LINNER — Aux puces c'est bien connu / brocanteurs / chineurs / promeneurs / marchands d'art / tout le monde vous le dira / on trouve de tout et à tous les prix / démonstration avec cet antiquaire de la rue Paul-Bert – C'est le plus grand grenier du monde / c'est qu'il y a des marchands qui s'alimentent aussi bien dans les salles des ventes que chez des particuliers que sur d'autres foires / c'est énorme / il y a trois mille boutiques au total / j'ai de tout ici comme vous le voyez / il y a absolument tout / je fais aussi bien des pots de chambre en faïence de Montereau parce que j'en ai acheté cinquante dans une congrégation religieuse que des tableaux religieux ou que des lustres ou que des sièges / enfin de tout quoi.

B. L. – Avec 7 millions de visiteurs par an le marché est l'un des sites les plus fréquentés de France / les puces s'étalent sur 7 hectares et 11 kilomètres / sans jamais se lasser les chineurs déambulent dans les allées du très chic marché Biron / repaire du Napoléon III et du bronze doré ou fouinent dans les brocantes du marché Jules-Vallès – Dans nos petits vide-greniers c'est complètement différent – C'est une balade dans le temps / c'est une grande vague qui revient constamment et qui laisse sur le sable mille et mille choses / toujours des trouvailles.

B. L. – Au milieu du bric-à-brac de lampes / de buffets / de fripes et d'antiquités le promeneur néophyte perdu dans les allées a parfois du mal à s'y retrouver / alors voici quelques clés pour réussir votre passage aux puces – Venir le matin c'est toujours mieux parce qu'en fait la marchandise est directement sortie des voitures / bien savoir ce que l'on veut acheter / bien avoir une idée de fourchette de tarifs que l'on pense vouloir dépenser.

B. L. – Et surtout surtout ne pas oublier de négocier les prix proposés / cela fait partie du jeu et contribue au charme de la visite.

Fortifications : anciennes murailles qui entouraient Paris, dont même les vestiges, qu'on appelait familièrement «fortifs» ont aujourd'hui disparu – *De fil en aiguille :* petit à petit (expression imagée) – *Vide-greniers :* jours où des particuliers peuvent mettre en vente des objets dont ils n'ont plus l'usage ; par extension, type de déballages ou de brocantes où l'on trouve des marchandises d'occasion de peu de valeur – *Fourchette de tarifs :* écart entre deux valeurs, entre un minimum et un maximum.

31

Le couteau de Laguiole

BART LINNER — De l'acier pour faire une lame / un ressort / un manche taillé dans la corne des bovins de l'Aubrac et voilà comment en 1829 le premier couteau de Laguiole vit le jour / utilisé par les bergers / les éleveurs et les Aveyronnais partis travailler dans les brasseries parisiennes le célèbre couteau à l'abeille évolua ensuite rapidement / Jean-Michel Mazelier est responsable technique à la Forge de Laguiole.

JEAN-MICHEL MAZELIER — Ce couteau petit à petit a évolué / une lame / un tire-bouchon / un poinçon qui était destiné à percer une vache lorsqu'elle avait gonflé et puis le tire-bouchon parce que nous sommes dans une région où beaucoup d'Aveyronnais avaient quitté leur région d'origine pour partir à Paris avec le métier de bougnat / ce qui fait que ces gens-là quand ils ont été introduits dans le métier de la brasserie ont rajouté un tire-bouchon / on comprend pourquoi / à leur couteau.

B. L. — À la Forge de Laguiole les couteaux sont encore fabriqués à l'ancienne / les manches sont taillés dans de la corne ou dans du bois.

J.-M. Mazelier. — On débite des billes de bois / bien souvent c'est du bois précieux qu'on découpe en plaquettes / on choisit le meilleur / sans nœuds et l'on obtient un manche de bois.

B. L. — Tous les jeudis les lames des couteaux sont fabriquées dans la Forge de Laguiole / les lames incandescentes sont écrasées par une énorme presse / la machine exerce une pression de 300 tonnes.

J.-M. M. — On sort donc l'acier / ensuite on le porte à une température de 1000 degrés environ et on le forge pour améliorer le tranchant et la coupe.

B. L. — Les lames sont ensuite trempées / elles sont chauffées puis refroidies brutalement en les plongeant dans un bain d'huile / cette opération permet de durcir le métal / plus de quarante étapes sont nécessaires pour fabriquer le Laguiole qui est monté à la main par les couteliers / les couteaux peuvent aussi être décorés / Virgile Muñoz Caballero est Meilleur Ouvrier de France 1986.

Virgile Muñoz Caballero — Là c'est un couteau que j'ai travaillé moi-même / c'est des volutes / ça va faire la forme d'une tête de cobra / c'est tout fait à la main / un couteau comme ça en principe on met à peu près une semaine pour le faire du début à la fin.

B. L. — Après avoir été polis et affûtés les couteaux sont nettoyés / ils seront ensuite examinés un à un avant d'être proposés à la vente / surtout si vous offrez un couteau à un proche n'oubliez pas de lui réclamer une pièce de monnaie en échange / la légende raconte que ce petit geste permet de ne pas couper l'amitié.

Laguiole : le nom se prononce « laïole » – *Le couteau à l'abeille* : les Laguioles ont une abeille estampée à la naissance du manche, en guise de marque – *Bougnat* : abréviation de « charbougna », charbonnier : nom donné aux Auvergnats partis en ville chercher du travail et devenus marchands de charbon, en imitation de leur manière de prononcer le mot ; de marchands de charbon qu'ils étaient, les bougnats sont peu à peu devenus aussi marchands de boissons.

32
Les cyclones
Gilles de Romilly — Souvenez-vous de notre avant-dernière émission et des sujets sur les tsunamis en Asie du Sud-Est / un an plus tard / une catastrophe plus tard / Dennis / Emily / Irene / Katrina / Rita / Wilma / et plus récemment Alpha / l'année 2005 restera dans les archives de la météo comme une année noire sur le front des cyclones dans l'Atlantique / La Nouvelle-Orléans sous les eaux / des plate-formes pétrolières détruites dans le Golfe du Mexique / des coulées de boue meurtrières en Amérique Centrale / autant d'images qui ont fait le tour du monde rappelant une fois encore qu'aucun pays / riche ou pauvre / n'est à l'abri des fureurs du ciel / certains climatologues pensent que l'effet de serre et le réchauffement de la planète se cachent derrière cette longue série noire / autrement dit l'homme creuserait sa propre tombe / Gaël Letanneux / même s'il est trop tôt pour l'affirmer avec certitude.

Gaël Letanneux — Que l'on parle de cyclone / d'ouragan ou de typhon / les mots désignent tous un même phénomène / redoutable / capable de dégager dix fois la puissance de la bombe larguée sur Hiroshima / vie et mort d'un cyclone avec Frédéric Nathan / prévisionniste à Météo France.

Frédéric Nathan — Pour que naisse un cyclone il faut d'abord une dépression tropicale / si les conditions sont suffisamment favorables / donc température de l'eau de mer suffisamment importante en dépassant 25 degrés sur une cinquantaine de mètres / le nuage orageux va devenir progressivement tempête tropicale / pour que ça devienne cyclone il faut que les vents dépassent 120 kilomètres heure / et à partir de ce moment-là on va pouvoir apercevoir effectivement sur les images satellitaires l'œil du cyclone / donc cette région calme au centre / et puis dès qu'on sort de cet œil du cyclone extrêmement calme c'est là qu'on a les vents et les pluies les plus intenses.

G. L. — Et tant qu'il y a de l'eau chaude pour l'alimenter le cyclone se renforce absorbant toujours plus d'humidité / ce n'est qu'en arrivant au-dessus d'un continent que l'ouragan va s'affaiblir.

F. N. — On a pu voir ça sur Katrina / dès que c'est arrivé sur la Nouvelle-Orléans puis sur le Mississipi / en l'espace de 12 heures en fait les vents sont tombés en-dessous de 100 kilomètres heure.

G. L. — Pour mesurer la puissance d'un ouragan les météorologistes utilisent une échelle graduée de 1 à 5 en fonction de la vitesse du vent / avec des rafales à plus de 300 kilomètres heure Katrina était classé en catégorie 5 / en fait depuis dix ans on observe une activité cyclonique bien plus forte qu'il y a 30 ou 40 ans.

F. N. — On peut pas lier obligatoirement ce qui se passe actuellement au réchauffement climatique / par contre ce que disent les climatologues c'est que d'ici la fin du siècle probablement les cyclones seront plus intenses que ce qu'on peut observer maintenant / on s'aperçoit qu'il y a une période fortement cyclonique entre les années 50 et les années 70 / avec ensuite une baisse du nombre de cyclones des années 70 à 1995 / puis depuis 1995 on observe à nouveau de nombreux cyclones comme dans les années 50 ou les années 60 / c'est absolument pas régulier / donc on peut pas lier obligatoirement ce qui se passe actuellement au réchauffement climatique.

G. L. — La théorie des cycles selon ses partisans / si les ouragans ont été plus violents en 2005 / c'est en raison de variations du taux de sel dans les océans et de changements thermiques dans l'Atlantique / température de l'eau et salinité / deux paramètres qui évolueraient naturellement tous les 40 à 60 ans / a priori donc rien à voir avec l'effet de serre et le réchauffement climatique / mais c'est répondre un peu trop vite à la question car si comme le craignent les climatologues l'eau des océans se réchauffe dans les prochaines décennies / alors on aura là le carburant dont les tempêtes tropicales ont besoin pour se transformer en cyclones.

F. N. — L'énergie du cyclone elle provient d'abord de l'eau de mer / donc effectivement si la température de l'eau de mer augmente / même si elle prend un degré c'est un réservoir d'énergie énorme en plus pour les cyclones.

G. L. — Il est trop tôt donc pour conclure à un lien entre réchauffement climatique et activité cyclonique / la seule chose sur laquelle s'accordent les prévisionnistes c'est l'augmentation très probable de l'intensité des cyclones / la force des vents générée par les ouragans devrait augmenter de 5% environ d'ici la fin du siècle / autrement dit il n'y aura pas forcément plus de cyclones mais les ouragans seront plus puissants et il faut se préparer à affronter d'autres Katrina / d'autres Rita et d'autres Wilma.

Gilles de Romilly — Pour en savoir plus sur les cyclones et suivre leur évolution en temps réel/ un clic sur le site Internet du Centre d'observation des ouragans situé à Miami en Floride avec une excellente galerie de questions-réponses traduites en français / l'adresse www.nhc.noaa.gov.

`33`

Un défi pour la terre

Gilles de Romilly — Vous êtes tous des citoyens de votre pays / mais regardez-moi bien dans les yeux / êtes-vous des éco-citoyens / faites-vous chaque jour le geste qui permet de sauvegarder l'avenir de la planète plutôt que de l'hypothéquer / en France / le plus médiatique de nos éco-concitoyens / l'animateur de télévision Nicolas Hulot / a créé « Défi pour la Terre » / il demande à chacun d'entre nous de s'engager / contractuellement / à choisir les gestes qui protègent notre planète / une douche plutôt qu'un bain / des ampoules électriques basse consommation plutôt que des halogènes / aucun appareil hi-fi en veille pendant

toute une nuit / bref / au moment où nous enregistrons cette émission / Édouard Garzaro / ce sont déjà quelque 500 000 internautes qui ont signé ce « Défi pour la Terre » / ce qui représente près de 240 000 tonnes de gaz carbonique en moins dans l'atmosphère.

ÉDOUARD GARZARO — Depuis un petit peu plus d'un an maintenant l'ADEME et la Fondation Nicolas Hulot / deux structures spécialistes des questions gouvernementales / ont lancé un défi à tous ceux qui souhaitent faire un geste pour la protection de notre planète : le « Défi pour la Terre » / Franck Châtelain de l'ADEME / l'Agence de l'environnement et de la maîtrise de l'énergie / nous explique de quoi il retourne.

FRANCK CHÂTELAIN — On peut apporter des solutions simples et quotidiennes et concrètes à tous les Français qui veulent effectivement faire un geste pour notre planète / et le « Défi pour la Terre » c'est ça / c'est / on apporte des solutions concrètes / quotidiennes / très simples pour que les Français puissent agir en faveur de la planète / non seulement on les informe mais après on leur propose de s'engager / véritablement de s'engager / alors ils s'engagent comment / ils peuvent s'engager sur le site internet le « Défi pour la Terre » sur lequel donc ils peuvent dire / bien voilà / moi je décide à partir d'aujourd'hui d'acheter des lampes basse consommation / ou de faire des petits trajets à pied par exemple / et bien sûr le but du jeu / l'intérêt c'est qu'ils se tiennent à ces engagements en question.

E. G. — Ce « Défi pour la Terre » est à la portée de tous / dans la vie de tous les jours chacun de nous peut avoir une démarche éco-citoyenne / encore faut-il connaître des gestes simples / à faire quotidiennement ou presque.

F. C. — Je vais distinguer on va dire les éco-gestes quotidiens gratuits et puis l'achat d'éco-produits / sachez que si tous les Français éteignaient les veilles de leurs appareils électriques en France cela économiserait l'énergie nécessaire à l'éclairage public de toutes les villes de France / les lampes basse consommation même si elles coûtent un petit peu plus cher à l'achat / eh bien sachez qu'elles consomment trois à cinq fois moins d'électricité et qu'elles durent six à huit fois plus longtemps / pensez à dégivrer régulièrement votre congélateur puisque au-delà de cinq millimètres de givre dans votre congélateur / eh bien vous doublez la consommation d'énergie de celui-ci / il faut savoir que 97 % de l'eau sur la terre c'est de l'eau salée / donc ne restent que 3% d'eau douce / et sur ces 3 % d'eau douce il n'y a que 0,7 % d'eau propre à la consommation humaine / donc il faut vraiment la sauvegarder / prenez une douche plutôt qu'un bain / en éteignant le robinet lorsque vous vous lavez les dents /

cvous économisez douze litres par minute / c'est un petit geste / pareil / mais qui a des conséquences importantes.

G. DE R. — Il ne vous reste plus qu'à relever vous aussi le « Défi pour la Terre » / pour cela rendez-vous sur Internet / www.defipourlaterre.org/ defipourlaterre en seul mot et sans accent

Regardez-moi bien dans les yeux : répondez-moi franchement, soyez sincère, ne mentez pas (expression figée).

34

Des combats pour l'eau

GILLES DE ROMILLY — Elle couvre 70% de la surface de la Terre / elle constitue notre corps à 65% / sans elle / il n'y a plus de vie sur Terre / c'est dire si elle doit être notre première préoccupation / je veux parler de l'eau / c'est pour le rappeler sans cesse aux dirigeants de la planète que l'on a créé à Marseille le Conseil mondial de l'eau / tous les trois ans / un Forum mondial de l'eau réunit experts / ministres et journalistes / en mars dernier à Mexico / Loïc Fauchon / le président du Conseil mondial de l'eau / a établi un constat alarmant sur les conséquences dramatiques du manque d'eau dans certains pays / écoutons-le.

LOÏC FAUCHON — Le rôle du Conseil c'est de savoir convaincre les décideurs à tous les niveaux qu'il faut placer l'eau parmi les premières priorités car on peut se passer de beaucoup de choses mais on ne peut pas se passer d'eau / et c'est une des grandes causes qui attend l'humanité dans les décennies à venir / car une partie du monde n'a pas la quantité d'eau nécessaire aujourd'hui / n'a pas ses ressources en eau pour affronter le développement agricole / industriel / urbain / qui est là à nos portes / non seulement d'ailleurs l'eau tue plus que toutes les guerres / mais l'eau / l'absence d'eau / sa mauvaise qualité sont la première cause de mortalité dans le monde / avant toute autre maladie / environ 25 000 morts par jour selon l'Organisation mondiale de la santé / c'est dire l'ampleur du problème /et puis au-delà / c'est un frein au développement / ce sont des femmes / des enfants qui passent des heures chaque jour à la quête de l'eau / qui pendant ce temps ne peuvent pas recevoir l'éducation / ne peuvent pas participer à la vie économique / donc il n'y a pas de développement humain sans eau.

ROGER ARDUIN — Alors lors de ce Forum de Mexico vous avez proposé des solutions / vous avez lancé des appels – **L. F.** — Oui il y a à la fois des appels et il y a des initiatives / et des appels par exemple pour que dans les cinquante pays les plus pauvres on cesse de prêter de l'argent pour les infrastructures / mais que la communauté internationale les paye / et consacre une

part plus importante de ce qu'elle donne / de ce qu'elle paye / à la maintenance / à l'entretien / à l'exploitation / car il y a trop de pays pauvres dans lesquels on a fait des installations et qui sont arrêtées faute de moyens de les entretenir / et puis il y a des initiatives / l'une d'entre elles / le Water for Schools / qui intéresse le monde de l'enseignement / c'est de dire / peut-il y avoir aujourd'hui des écoles sans eau / donc nous lançons un programme pilote expérimental de mille écoles dans dix pays pour réaliser dans ces écoles une amenée d'eau et des latrines / et puis si les choses dans les trois ans qui viennent se sont faites / si les financements ont été aisément mis en place / c'est un programme de cent mille écoles que nous voudrions lancer / même chose en ce qui concerne les priorités / il y a une formule qui est connue / les robinets avant les fusils / mais au-delà et pour être très concret / rêvons un peu / rêvons que dans les cinq ans qui viennent on consacre autant d'argent que ce que dans les cinq dernières années on a consacré au téléphone portable.

G. DE R. — Pour en savoir plus/ rendez-vous sur le site du Conseil mondial de l'eau /www.worldwatercouncil.org.

35

La disparition des abeilles

GILLES DE ROMILLY — Parmi les victimes de la folie destructrice de l'homme / les abeilles / en 10 ans / la production de miel a baissé d'un tiers en France / dans le même temps / les importations ont quasiment doublé / les causes de cette crise sont connues / pendant des années / l'agriculture a utilisé des pesticides très puissants / comme le Gaucho ou le Régent / qui sont des poisons mortels pour les essaims d'abeilles / et conséquence inattendue / c'est finalement en ville que les abeilles finissent par trouver refuge / écoutez le reportage de Gaël Letanneux –

GAËL LETANNEUX — C'est le monde à l'envers / aujourd'hui les abeilles préfèrent la ville à la campagne / car sur les toits de Paris / de Nantes et de Montpellier l'apiculteur n'a pas à craindre les effets de ces pesticides utilisés en masse pour protéger les cultures de maïs ou de tournesol /en ville les abeilles meurent moins vite et elles produisent du miel en grande quantité / en moyenne 30% de plus qu'à la campagne / c'est ce qu'observe depuis maintenant une dizaine d'années Jean Lacube / apiculteur en Seine-et-Marne.

JEAN LACUBE — C'est un paradoxe assez incroyable / où l'on observe par exemple que les essaims sont plus nombreux en ville que les essaims que nous trouvons à la campagne / la production est meilleure / on perd moins de colonies / Les essaims sont plus nombreux / on voit bien le mal qu'ont apporté ces produits sur nos abeilles.

G. L. — Vous parlez du Gaucho et du Régent.

J. L. — Ben je parle de ces produits qu'on appelle des traitements systémiques / ce sont des neurotoxiques qui agissent sur le système nerveux des insectes / malheureusement ce qui est vrai pour le puceron est vrai pour l'abeille / une fois que l'abeille a ingéré ça / d'une part elle se retrouve désorientée / le système nerveux atteint / et elle en meurt.

G. L. — Et le taux de mortalité atteint parfois les 40% / notamment en Charente et en Vendée / là-bas certains apiculteurs risquent de mettre la clé sous la porte / et si rien ne change d'autres professions pourraient se retrouver en difficulté car l'abeille est au cœur de notre écosystème explique Henri Clément / président de L'UNAF / l'Union nationale de l'apiculture française.

HENRI CLÉMENT — Vous avez la production d'oléagineux / les tournesols / les colzas / vous avez les arboriculteurs / vous avez les maraîchers / qui sont directement concernés par le maintien de l'abeille / s'il n'y a pas ces abeilles / ben ils ont beaucoup de souci à se faire / et nous en tant que consommateurs aussi hein / puisque ces fruits-là et toutes ces productions ne seraient pas à notre portée / et puis également vous avez toutes les plantes sauvages / c'est-à-dire qu'en fait si les abeilles disparaissaient / des quantités colossales de plantes sauvages disparaîtraient également / et qui dit plantes sauvages en train de disparaître / c'est toute une chaîne qui disparaît / c'est-à-dire qu'en fait ce sont des plantes sauvages qui produisent des graines / ces graines qui sont consommées par les oiseaux / les oiseaux qui peuvent être consommés / c'est toute une chaîne qui est mise en cause / peut-être qu'il est temps de prendre des mesures.

G. L. — Et les apiculteurs demandent au gouvernement d'interdire tous les pesticides qui peuvent nuire à la santé des abeilles / depuis l'an dernier le Gaucho n'est plus autorisé dans les champs de maïs / mais selon l'UNAF d'autres insecticides du même type sont prêts à être lancés sur le marché.

G. DE R. — Pour découvrir le monde merveilleux des abeilles / allez visiter la Cité des abeilles / l'écomusée national vivant de l'apiculture / sur les coteaux de Jurançon dans les Pyrénées-Atlantiques / vous pouvez effectuer une visite virtuelle sur internet / www.citedesabeilles.com / citedesabeilles en un seul mot et sans accent.

Mettre la clé sous la porte: faire faillite, fermer, s'en aller (expression imagée).

36 Va-t-on vers une disparition des poissons?

Et pour terminer ce flash d'information et puisque nous sommes aujourd'hui vendredi, le jour où beaucoup d'entre vous mangent du poisson, une question: y aura-t-il encore des poissons dans les océans en 2050? Ce n'est pas une boutade ni un poisson d'avril, même si aujourd'hui, nous sommes le premier! La question est à prendre très au sérieux. Le 3 novembre dernier, une équipe internationale de biologistes, d'océanographes et d'économistes a lancé un vrai cri d'alarme dans la revue *Science*.

Ils ont établi des corrélations indiscutables entre l'évolution du nombre des prises d'une part et, d'autre part, la diminution de la biodiversité dans les océans.

Cette diminution de la biodiversité, qui est gravissime, est due au réchauffement climatique et à la pollution, bien entendu, mais également à une pêche excessive, une surpêche et aussi à certains modes de pêche comme le chalutage de grand fond, par exemple, qui racle les fonds marins et détruit donc les habitats.

Les auteurs de cet article de *Science* font état d'une dégradation très nette de la situation: en dix ans, disent-ils, les prises ont diminué de près de 15 % et ce, malgré une pêche de plus en plus intensive. Dans les zones où l'érosion de la biodiversité est forte, les stocks de certaines espèces ne parviennent plus à se reconstituer et s'épuisent très rapidement, à une vitesse alarmante, bien supérieure à ce que l'on pensait. Si l'on extrapole ces données, en 2050, on pourrait assister à un épuisement total des stocks de toutes les espèces.

Que faire? D'abord contrôler mieux la pêche au chalutage, ce qui permettrait de maintenir les habitats des hauts fonds et réglementer les quotas de pêche, espèce par espèce. Mais aussi créer des réserves pour que certaines espèces puissent se reproduire sans danger, et, naturellement, contrôler plus efficacement les diverses pollutions…

37 La véritable histoire des fourmis

ALI BADDOU — Notre invité ce matin est le professeur Luc Passerat. Il est professeur émérite à l'Université Paul Sabatier de Toulouse et il publie La véritable histoire… *La Véritable Histoire des fourmis*, je vais y arriver! Dans la collection «Le temps des Sciences» chez Fayard.

Luc Passerat, une question: vous parlez d'une réussite écologique extraordinaire pour les fourmis. L'écologie, c'est un thème dont on parle beaucoup aujourd'hui, dans de tout autres contextes. Il en est plutôt question sur la scène politique dans le débat public. Expliquez-nous ce que les fourmis ont réussi qui nous serait, à nous, inaccessible.

LUC PASSERAT — Ah, ce qu'elles ont réussi, euh,… inaccessible à nous…

ALI BADDOU — …Ou difficile, en tout cas.

Luc Passerat — Difficile ? Bon, c'est…, c'est s'adapter à des conditions de vie particulièrement… difficiles. Je sais bien qu'il y a des explorateurs qui… qui vont vers le Pôle Nord… euh… on peut également très bien survivre dans l'Afrique tropicale mais peut-être pas aussi bien que le font… les fourmis.

Par exemple, dans les milieux tropicaux, les fourmis pullulent à raison, par exemple, de… d'à peu près cinquante millions d'individus par hectare, ce qui est quand même un chiffre remarquable.

Plus on va, d'ailleurs, vers les régions équatoriales et plus on rencontre de fourmis. Sur un seul arbre de la forêt amazonienne au Pérou, on trouve quarante-trois espèces de fourmis, ce qui est supérieur au nombre d'espèces de fourmis que l'on trouve dans toutes les Îles britanniques.

Donc, les fourmis savent s'adapter (et mieux que nous sans doute) à des conditions extrêmes.

Ali Baddou — Alors, cette faculté d'adaptation extraordinaire fait qu'elles utilisent ce que vous appelez une boussole astronomique, qu'elles utilisent un podomètre pour évaluer les distances…

Luc Passerat — Alors, là, ce sont des fourmis qui vivent dans des zones désertiques, en plein Sahara, sous des températures, donc, qui peuvent atteindre 55°. Et elles sont… évidemment, il n'y a pas un seul repère topographique visible et, pour retrouver le nid lorsqu'elles sont allées chercher de la nourriture, la nourriture qui est des cadavres d'insectes qui sont morts de sécheresse, tout simplement, eh bien, elles vont utiliser une boussole astronomique, c'est-à-dire qu'elles vont décrire un cap par rapport au soleil et elles sont même capables pendant le chemin aller, c'est-à-dire lorsqu'elles s'éloignent de leur nid, de… elles sont capables d'intégrer le déplacement apparent du soleil et donc, quand elles reviennent, elles tiennent compte de cette déviation.

Ali Baddou — Si on fait un peu de géopolitique des fourmis, toujours pour suivre le penchant anthropomorphiste ou anthropomorphique qui est le mien depuis ce matin, en parlant d'Alexandre Adler, il parlait de la guerre froide, de l'équilibre de la terreur… Elles, les fourmis, elles ajustent le format de leur armée au degré de menace que représente l'adversaire, elles n'ont pas de scrupules à employer des armes chimiques…

Luc Passerat — Effectivement, la guerre… la guerre fait partie du monde des fourmis parce que les fourmis sont extrêmement territoriales… la plupart d'entre elles en tout cas sont très territoriales et défendent donc leur pré carré…

Ali Baddou — Si vous dites *pacem para bellum*, c'est la devise des fourmis…

Luc Passerat — Voilà, c'est la devise… ça pourrait être la devise des fourmis et elles entretiennent, au moins certaines espèces, une armée, une véritable armée, c'est-à-dire des fourmis qui ont une morphologie particulièrement adaptée à la guerre, c'est-à-dire des mandibules surdimensionnées qui peuvent donc couper facilement l'ennemi… Mais ces soldats ne savent faire que la guerre, en quelque sorte. Ils sont donc coûteux à entretenir quand il n'y a pas de guerre. Il faut donc ajuster leur nombre à la menace éventuelle que peut subir la société. Eh bien, certaines fourmis et… ce sont des fourmis euh… mais françaises, hein, que l'on trouve dans le midi de la France… savent parfaitement estimer le degré de dangerosité d'un biotope déterminé par les rencontres qu'elles peuvent faire et si elles rencontrent beaucoup d'animaux qui peuvent leur causer des soucis, elles augmentent le nombre de leurs soldats.

Ali Baddou — Et elles peuvent, par exemple, envoyer au front des individus âgés, devenus inutiles …

Luc Passerat — Alors, effectivement, les soldats ou les individus, en tout cas, qui sont chargés de la défense de la société, sont généralement les individus les plus âgés. Ce sont donc des individus qui ont déjà rendu à la société tout ce qu'elles en avaient reçu, qui ont donc travaillé déjà toute leur vie pour leur société et donc la disparition de ces animaux est sans aucune espèce d'importance pour la société.

On retrouve ça dans les fourmis, par exemple, champignonnistes, qui ont des dépôts d'ordures impressionnants ; il y a des centaines de kilos d'ordures dans ces nids… Manœuvrer dans ces dépôts d'ordures, c'est très dangereux, il y a des bactéries partout, il y a des microbes partout, eh bien les fourmis que l'on envoie faire ce travail d'éboueur, ce sont les fourmis les plus âgées, donc elles vont mourir, c'est sûr, mais c'est pas grave, ce sont les fourmis les plus âgées et elles ne sortiront jamais de leur dépôt, de façon à ne pas contaminer le reste de la société.

Ali Baddou — Et dans ce monde cruel, même si nos auditeurs ne doivent pas y voir une connotation morale, il y a des fourmis kamikazes qui ont un rôle très spécifique…

Luc Passerat — Alors, il y a également des fourmis kamikazes. Alors, on reste toujours dans le compartiment guerrier, si vous voulez ce sont des fourmis…

Ali Baddou — Nous sommes dans la géopolitique.

Luc Passerat — Voilà ! Ce sont des fourmis qui ont des glandes surdimensionnées, des glandes céphaliques logées dans la tête mais tellement longues qu'elles vont jusqu'à l'abdomen et ces fourmis, lorsqu'elles sont au contact d'un intrus, contractent leur abdomen et explosent leur abdomen en projetant sur l'ennemi un liquide qui est évidemment toxique. Donc, elles meurent, c'est sûr, mais l'ennemi également va périr.

Dictons et proverbes

— … ça serait un peu comme un dicton ?

— Oui, mais attention ! attention ! on confond souvent le dicton, le proverbe, la maxime, l'aphorisme… Or, s'il s'agit dans tous les cas d'une pensée ramassée sous une forme brève, quasi définitive, les dictons et les proverbes reflètent, eux, une pensée collective. Ils n'ont pas ou ils n'ont plus d'auteur alors que les maximes, tout comme les aphorismes, sont une création individuelle, ils ont un auteur. On parlera par exemple des *Maximes* de La Rochefoucault, des aphorismes de Chamfort… ou… Et puis souvent, la maxime ou l'aphorisme, c'est plus cynique, plus désabusé… c'est plus… plus dur.

— Mais d'abord, dites-nous un peu… qu'est-ce qu'un dicton, exactement ?

— Alors, le dicton. Le mot vient de « dit-on », comme on dit, quoi, comme tout le monde dit, ce que tous les gens disent. C'est une phrase qui nous vient du fond des temps, de l'expérience de toutes les générations qui nous ont précédés. C'est un peu… comme la matérialisation, si vous voulez, sous une forme simple, avec des mots simples, avec des images de tous les jours, de cette expérience collective. Comme vous le savez, nos ancêtres étaient des paysans, pour la plupart : rien d'étonnant donc, à ce que les dictons concernent souvent le calendrier, le temps qu'il fait ou le temps qu'il fera, les travaux des champs…

— Vous pouvez nous donner un exemple ou deux ?

— Oui, bien sûr. Tiens, puisque c'est bientôt Pâques et qu'il a fait très beau à Noël :

Noël au balcon, Pâques aux tisons. C'est sûr qu'il va faire froid à Pâques !

Ou bien, à propos du printemps :
En avril, ne te découvre pas d'un fil,
En mai, fais ce qu'il te plaît.

I(l) y en a des centaines comme ça !

— Et les proverbes, alors ?

— Alors… le proverbe, il est moins strictement ancré dans la réalité paysanne. Bien sûr qu'il s'agit aussi de « sagesse populaire », d'un condensé d'expériences concrètes, si on veut, mais il s'agit bien souvent aussi de morale. Beaucoup de proverbes par exemple, ceux qu'on utilise tous les jours, nous viennent de La Fontaine. Or, ses fables se terminaient le plus souvent par ce qu'il appelait lui-même une « morale ». La plupart des gens ont oublié l'auteur et c'est normal parce que le proverbe, il appartient à tout le monde. Vous voulez des exemples ?

On a souvent besoin / D'un plus petit que soi
Patience et longueur de temps / Font plus que force ni que rage
Aide-toi / Le ciel t'aidera
etc. etc.

Alors, quelle forme a en général le proverbe ? Eh bien, il s'agit souvent d'un rythme à deux temps, parfois rimé et donc facile à mémoriser.

Par exemple : *Tel père, tel fils* (2/2)

Ou encore, on a des alexandrins, douze pieds, avec la césure au milieu :

Tel qui rit vendredi / dimanche pleurera (6/6) Ça, c'est pas La Fontaine, c'est Racine, *Les Plaideurs.*

La parole est d'argent / mais le silence est d'or (6/6)

Chassez le naturel / Il revient au galop (6/6)

Mais bien sûr, ce n'est pas toujours le cas. Certains proverbes ne présentent pas exactement cette symétrie de forme mais quand même, ils jouent néanmoins sur la rime. Écoutez :

À bon chat / Bon rat

Qui vole un œuf / vole un bœuf

Bonne renommée / Vaut mieux que ceinture dorée

Mais à tous ces proverbes, il y a un point commun : c'est cette simplicité, ce rythme, ce jeu avec les sonorités qui font qu'on s'en souvient très facilement et qu'on ne les oublie pas. La pub a très bien compris ça ! Il y a des slogans qu'on n'a pas oubliés. Par exemple :

Dop, dop, dop,
dop, dop, dop,
Tout le monde adopte Dop.

ou

Du pain, du vin, du Boursin

Ou encore ce slogan qui détournait la morale de La Fontaine :

On a toujours besoin / De petits pois chez soi.

— Ah oui. Ou bien… *(fin chuintée)*

Le Goncourt

Il est treize heures et onze minutes / le Goncourt / comme prévu / si j'ose dire / à Jonathan Littel pour *Les Bienveillantes* / Christine Simeone / bonjour /

C.S. : Bonjour /

PATRICK BOYER : Vous êtes / en direct / du restaurant Drouant / pour France-Inter / et donc le prix annoncé a été remis. /

C.S. : Oui / et je dirai que ça n'a pas fait un pli / Jonathan Littel / *Les Bienveillantes* / couronné au premier tour / avec 7 voix contre 10 (?) / alors Littel était effectivement le grand favori / parce qu'il a suscité l'étonnement dans cette rentrée littéraire / un homme de 40 ans à peine / qui a œuvré dans l'humanitaire et qui a accompli un travail de Titan / pour parcourir au fil de la plume la vie de Max... (?) / officier nazi / depuis sa jeunesse jusqu'à ce qu'il quitte Berlin *in extremis* à la fin de la guerre / beaucoup de choses ont été dites sur ce livre / sur ces *Bienveillantes* / sur l'impossibilité de mettre le lecteur dans la peau du bourreau / sur les invraisemblances aussi / historiens et romanciers ont donné leur avis / Claude Lanzmann auteur de « Shoah » s'est montré franchement réservé / alors que Jorge Semprun l'un des membres / du Goncourt / justement / l'a farouchement défendu considérant que ce livre fera référence pour les générations à venir / ce livre qui se vend actuellement à 300 000 exemplaires / on peut dire qu'effectivement les Goncourt peut-être volent au secours d'une victoire mais il leur était visiblement très difficile d'ignorer le phénomène / et en tout cas de s'en détacher /

PATRICK BOYER : Alors c'est étonnant effectivement ce succès déjà pour un livre de 900 pages / ceux qui vont l'acheter / à nouveau / et à cause en fait de / de ce prix Goncourt / Christine Simeone / vont s'attendre à quoi ?

C.S. : Alors c'est l'histoire de Max ... (?) / donc je vois disais / un Allemand / de langue française / élevé en partie euh / en France / qui a fait ses études en France / très épris de culture française / proche des milieux d'extrême-droite aussi / une histoire familiale très complexe / c'est ce qui fait aussi / que cet officier nazi n'est pas forcément le portrait-type / et c'est ce / c'est qu'en fait il est un criminel tout court / en plus d'être un criminel de guerre / mais c'est vrai que son histoire nous plonge / dans la banalité du mal / il nous entraîne sur les fronts de l'Est pendant la deuxième guerre mondiale / où il s'agit d'exécuter les Juifs / il nous fait pénétrer Auschwitz par exemple / du côté des Allemands / ou bien dans la bureaucratie nazie / à Berlin / Max... est un personnage cynique / bien sûr / mais il est vrai qu'au fil des 908 pages / même si elles sont longues à lire / eh bien elles restent imprimées dans la mémoire du lecteur /

PATRICK BOYER : Christine Simeone / en direct du restaurant Drouant à Paris. Je précise que pour le Renaudot, c'est une surprise...

`40`

Avant d'écouter ce bref discours du général de Gaulle, remettons-nous un peu dans le contexte de l'époque. Nous sommes en 1965, en décembre 1965, exactement, juste avant le deuxième tour des élections présidentielles. Attention, c'est la toute première fois en France que ces élections ont lieu au suffrage universel direct. De Gaulle dirige le pays depuis sept ans (il a été rappelé en 1958 à cause des événements d'Algérie) mais en 1958, il a été élu au suffrage indirect, comme les autres présidents avant lui. C'est lui qui a décidé que désormais, on élirait le président de la République au suffrage universel direct.

En 1965, donc, avant le premier tour, de Gaulle n'a pas jugé utile de faire campagne. « Bah, les Français me connaissent, je n'ai pas besoin de me présenter », disait-il. Il ne voulait pas faire l'acteur, « le bateleur », comme il disait, à la télévision, dont personne, d'ailleurs, n'avait encore vraiment mesuré l'importance. D'autre part, lors des référendums qu'il avait organisés, sur la Constitution, sur l'Algérie, sur... il avait obtenu des scores impressionnants.

Donc : pour lui, aucun doute, il serait élu dans un fauteuil. Eh bien, pas du tout ! il est mis en ballottage par François Mitterrand qui a réussi à rassembler toute la gauche derrière lui. De Gaulle est tellement vexé, blessé dans son orgueil qu'il songe même à tout abandonner. Ses ministres arrivent à le convaincre de continuer.

En décembre 1965, voici le discours qu'il prononce à la télévision française.

La France, c'est tout à la fois, c'est tous les Français. C'est pas la gauche, la France ; c'est pas la droite, la France. Naturellement, les Français comme de tout temps ressentent en eux une courbe.

Vous me dites à droite : Vous faites une politique de gauche, au dehors ; à gauche, du reste, vous le savez bien, on dit : De Gaulle, c'est..., il est là pour la droite, pour les monopoles, pour je ne sais pas quoi.

Le fait que les partisans de droite et les partisans de gauche me déclarent que j'appartiens à l'autre côté prouve précisément ce que je vous dis, c'est-à-dire que maintenant comme toujours, je ne suis pas d'un côté, je ne suis pas de l'autre, je suis pour la France.

Il y a pour ce qui est de la France ce qui se passe dans une maison. La maîtresse de maison, la ménagère, elle veut avoir un aspirateur, elle veut avoir un frigidaire, elle veut avoir une machine à laver et même, si c'est possible, qu'on ait une auto. Ça, c'est le mouvement.

Mais en même temps, elle veut pas que son mari s'en aille bambocher de toutes parts, que les garçons mettent les pieds sur la table et que les filles ne rentrent pas la nuit. Ça, c'est l'ordre.

Et la ménagère, elle veut le progrès mais elle veut pas la pagaille.

Eh bien c'est vrai aussi pour la France : il faut le progrès, il faut pas la pagaille !

42

1. Oui, c'est vrai, le réchauffement climatique c'est préoccupant, mais… 20° en janvier sur la Côte…!

2. T(u)'as pas vu, hier, à la télé, les cigognes (ne) sont pas parties. Tu crois…?

3. Tous les spécialistes sont unanimes, ces changements…

4. Ce temps trop doux, c'est une catastrophe pour les commerçants! Les soldes d'hiver…!

5. Rhumes, grippes, gastroentérites…

43

Nous sommes le 20 novembre 1815. Napoléon Ier est définitivement hors-jeu, il finira ses jours à l'île de Sainte-Hélène, au large de l'Afrique. Les Bourbons sont de retour. Louis XVIII règne. Ce 20 novembre 1815, le traité de Paris rend à la France ses colonies africaines, dont le Sénégal, occupé par les Anglais depuis 1809.

Et c'est ainsi que, le 17 juin suivant, une escadre de quatre navires qui portent les doux noms de *l'Argus*, *l'Écho*, *la Loire* et *la Méduse* appareille du port de Rochefort pour reprendre possession du Sénégal.

L'un des navires, *La Méduse*, transporte 395 personnes à bord. Son commandant, Chaumareys, qui a émigré en 1791, est un royaliste bon teint, certes, mais il n'a pas navigué depuis vingt-cinq ans. Ses erreurs d'appréciation seront fatales à son bâtiment.

Le 29 juin, l'escadre fait escale aux Canaries

Le 1er juillet, *La Méduse* prend un autre chemin que les autres navires, ce qui est très risqué puisqu'il y a beaucoup de bancs de sable dans les parages. Les autres navires qui, eux, suivent un itinéraire un peu plus long mais beaucoup plus sûr, arriveront au Sénégal sans encombre.

Le 2 juillet, le navire s'échoue sur un haut-fond du banc d'Arguin, au large des côtes de Mauritanie. Les tentatives pour le remettre à flot échouent. Un radeau est construit pour alléger la frégate. On oblige des dizaines de soldats à y prendre place mais on les rassure en leur disant qu'il y a des vivres et les instruments de navigation indispensables (boussole etc), ce qui se révélera parfaitement faux : il n'y a sur le radeau que deux tonnelets d'eau douce et quelques tonneaux de vin mais rien à manger et aucun instrument de navigation.

Les autres passagers du navire s'embarquent dans une grande chaloupe, dans quatre canots de sauvetage et dans une petite yole. Dix-sept personnes préfèrent rester à bord de la frégate (trois seront retrouvés vivants le 26 août suivant). Le capitaine, crime suprême pour un marin, abandonne son navire alors qu'il y a encore des personnes à bord et qu'il n'a pas coulé.

3 juillet. Laissons partir chaloupe et canots et intéressons-nous au sort du radeau. Il est petit, mal équilibré et porte 152 passagers Il est relié aux canots par des amarres mais très vite, ces amarres sont volontairement coupées et le radeau est abandonné à lui-même. Or, la mer est très mauvaise et la chaleur accablante.

Dès le 5 juillet, plusieurs naufragés sont blessés, écrasés, emportés par les vagues.

6 juillet : premières scènes d'ivresse, première révolte matée par les quelques officiers présents à bord.

7 juillet : deuxième révolte suivie d'un massacre. Premières scènes de cannibalisme.

8 juillet : une nouvelle émeute éclate, une bataille rangée fait de nombreux morts et blessés. Il ne reste qu'une trentaine de survivants. Les scènes de cannibalisme continuent.

Le 11 juillet : les malades et les mourants sont jetés à la mer. Il reste 16 personnes à bord. Même les officiers se sont finalement résignés à manger de la chair humaine.

Le 17 juillet : apparition de *l'Argus* qui est à la recherche du radeau. Les naufragés ont-ils été aperçus? Pas sûr! L'incertitude est totale. Oui. *l'Argus* fait route vers le radeau. Ils sont sauvés! Il y a quinze survivants.

Quelques semaines ont passé. Nous sommes le 8 septembre. De retour du Sénégal, *L'Écho* arrive à Brest et avertit le ministère de la Marine de la perte de *La Méduse*. Jean-Baptiste Savigny, un jeune chirurgien de marine, l'un des rescapés du radeau de *La Méduse*, a rédigé au cours de ce voyage un premier récit du naufrage. Ce récit sera publié quelques jours plus tard. Le gouvernement ne parvient pas à étouffer l'affaire et l'émotion est très vive.

Le 1er décembre : le commandant de *La Méduse*, Chaumareys, rentre à son tour en France. Il est tranquille car, bien sûr, il ne sait pas que Savigny a déjà fait le récit du naufrage et l'a fortement mis en cause. Sur le même navire que lui, se trouve Alexandre Corréard, un jeune géographe, qui est, comme Savigny, l'un des quinze survivants du radeau.

Le commandant Chaumareys arrive le 27 décembre dans le port de La Rochelle. À sa grande surprise, il est aussitôt consigné. Un procès a lieu en février 1817 : il est rayé des cadres de la marine et condamné à trois ans de prison.

Quant à Savigny et Corréard, ils se retrouvent avec émotion et décident qu'il ne faut pas que l'histoire de ce naufrage tombe dans l'oubli. Corréard, à son tour, rédige donc un récit détaillé du drame qui paraît en novembre 1817. Le succès est énorme, l'indignation également.

Fin 1817. Un jeune peintre de 26 ans, Géricault, décide

de mettre en scène le naufrage de *La Méduse*. Il rencontre à plusieurs reprises Savigny et Corréard et choisit de représenter le moment, entre agonie, espérance et terreur, où les quinze derniers survivants du radeau aperçoivent *L'Argus* mais ne savent pas s'ils ont été vus ou non.

La réalisation du tableau dure neuf mois. Elle est d'un réalisme saisissant et choque bien des esprits sensibles. En janvier 1824, à la mort de Géricault, le tableau est finalement acheté par le musée du Louvre où il se trouve encore aujourd'hui.

46

Les Européens consacrent désormais plus de temps à surfer sur Internet qu'à lire journaux et magazines sur papier, selon une étude publiée, lundi 9 octobre, dans le *Financial Times*. En moyenne, les Européens passeraient quatre heures par semaine sur Internet, mais n'en consacreraient que trois à lire la presse, selon l'étude réalisée par le cabinet Jupiter Research auprès de plus de 5 000 personnes, au Royaume-Uni, en France, en Allemagne, en Italie et en Espagne. Le temps passé sur le Web a doublé par rapport à 2003, passant de deux à quatre heures par semaine, tandis que le temps hebdomadaire de lecture est resté stable (3 heures)

La télévision reste toutefois le premier média, les Européens passant trois fois plus de temps à la regarder qu'à surfer sur Internet, selon cette étude. Aux États-Unis, en revanche, le temps consacré à Internet atteint 14 heures par semaine, soit autant que celui passé devant la télévision, contre seulement trois heures par semaine à lire les journaux.

La connexion à haut débit accélère cette tendance. La France enregistre le plus fort taux de consommation d'Internet, avec 5 heures par semaine. Sur les 27,3 millions d'internautes français, selon Médiamétrie, 18,6 millions se sont connectés en haut débit en juillet 2006. L'Allemagne est en revanche à l'autre bout de l'échelle.

Pascale Santi
Le Monde, 11/10/06

INTERACTION ORALE

61

Complainte amoureuse

« Oui, dès l'instant où je vous vis,
Beauté farouche, vous me plûtes;
De l'amour qu'en vos yeux je pris,
Sur-le-champ, vous aperçûtes.

Mais de quel air froid vous reçûtes,
Tous les soins que je vous offris!
Combien de soupirs je rendis?
De quelle cruauté vous fûtes?
Et quel profond dédain vous eûtes
Des gros tourments que je souffris!
En vain je priai, je gémis.

Dans votre dureté vous sûtes,
Mépriser tout ce que je fis;
Mais un jour je vous écrivis
Un billet tendre que vous lûtes
Et je ne sais comment vous pûtes
De sang-froid voir ce que j'y mis.
Ah, fallait-il que je vous visse,
Qu'ingénument je vous le disse,
Qu'avec orgueil vous vous tussiez!

Fallait-il que je vous aimasse,
Que vous me désespérassiez.
Et qu'en vain je m'opiniâtrasse,
Qu'à vos pieds je me prosternasse

Pour que vous m'assassinassiez! »

Alphonse Allais

62

Prêter l'oreille

« Mesdames et messieurs,
si vous voulez bien me prêter une oreille attentive... »
Quelle phrase !
Voulez-vous me prêter l'oreille ?
Il paraît que quand on prête l'oreille,
On entend mieux.
C'est faux !
Il m'est arrivé de prêter l'oreille à un sourd,
Il n'entendait pas mieux !
Il y a des phrases comme ça...
Par exemple, j'ai ouï dire qu'il y a des choses
Qui entrent par une oreille
Et qui sortent par l'autre.
Je n'ai jamais rien vu entrer par une oreille
et encore moins en sortir !
Il n'y a qu'en littérature qu'on voit ça.
Dans Rabelais, nous lisons que
Gargamelle a mis Gargantua au monde
Par l'oreille gauche.
Ce qui sous-entend que par l'oreille droite...
Il devait se passer des choses !
Des cris et des chuchotements !
De quoi vous faire dresser l'oreille !
Alors, on me dit:
Mais monsieur, quand on parle de choses qui entrent
Par une oreille et qui ressortent par l'autre,

On ne parle pas de choses vues mais de choses entendues.

J'entends bien !

Un son peut entrer par une oreille

Mais il n'en sort pas !

Par exemple, un air peut très bien entrer

Dans le pavillon de l'oreille.

Une fois entré, il ne sort plus

reprends un air au hasard,

un air qui me traverse… la tête :

Viens dans mon joli pavillon !

Eh bien, dès qu'il est entré dans le pavillon,

Il n'en sort plus ! C'est fini

C'est ce qu'on appelle une rengaine.

Une rengaine, c'est un air qui commence

Par vous entrer par une oreille

Et qui finit par vous sortir par…

les yeux ! »

Raymond Devos, *Matière à rire*

`63 64 65`

Bonjour à tous « À plus d'un titre » est accueilli aujourd'hui à Rochetaillée pour sa troisième étape du prix Exbrayat. Troisième livre en concours *Pitié pour le mal* de Bernard Tirtiaux paru chez Jean-Claude Lattès : un livre superbe où les sentiments évoqués ont d'autant plus de force qu'ils sont évoqués avec pudeur.

Je rappelle qu'aujourd'hui donc c'est la troisième étape n'est-ce pas Jacques de ce prix Exbrayat que nous avons parmi nous bien sûr les organisateurs de ce prix donc Jean-Pierre Duhamel de l'association souvenir Exbrayat, Madame Souchon de l'association les bonheurs d'Exbrayat et puis 2 maires ce soir le Maire de Rochetaillée et le maire de Planfoit que nous remercions pour leur présence et pour leur accueil bien sûr.

Alors je reprends, Bernard Tirtiaux vous êtes Belge et vous avez une vie quand même un peu hors du commun. On va voir ça avec Jacques Plaine tout de suite.

Jacques Plaine : Oui, alors Bernard Tirtiaux vous êtes un type extraordinaire. Vous êtes un type extraordinaire, vous êtes né en Belgique, à Fleurus dans une maison qui s'appelle Martinrou ; vous y avez fait des vitraux pendant fort longtemps, maintenant vous avez transformé cette maison en théâtre avec un théâtre de 260 places, un autre de 100 places qui sont toujours pleins donc et vous avez un parcours extrêmement varié.

Trois parcours en quelque sorte : un parcours de verrier et à ce titre-là vous venez de temps en temps à Saint-Étienne puisque votre principal fournisseur c'est les verreries de Saint-Just, c'était les verreries Saint-Just, vous avez un parcours d'écrivain et un parcours de comédien. Alors on commence par le parcours de verrier : vous avez commencé ce métier de verrier à 17 ans.

Bernard Tirtiaux : Oui, j'ai dans la petite chapelle qu'a construite mon grand-père donc, dans cette ferme de Martinrou en 1938 des vitraux avaient été détruits en… fin 44 en septembre au moment où Lucien s'en va… qui s'est passé ça parce qu'en fait je n'ai pas raconté l'histoire véritable mais il y a eu vraiment une très très grosse destruction de la ferme à cette époque et en 68 je vivais de remettre des vitraux là-bas donc il a fallu que je trouve un artisan qui m'explique et j'étais un petit gamin têtu comme ça et puis je m'y suis mis et ces vitraux sont toujours là. Y en a… mes 8 premiers vitraux qui sont là de soixante-huit et en nonante-huit, trente ans après donc, trente-huit, soixante-huit, nonante-huit j'ai tout transformé dans cette chapelle je l'ai retournée et le portail est devenu une rosace.

— Oui et vous avez commencé à faire des vitraux, sans formation, à 17 ans maintenant vous avez fait plus de 500 vitraux, vous en avez fait dans des églises, vous en avez fait dans des mosquées, vous en avez fait dans des casinos, en particulier le casino de Namur un vitrail à Namur qui fait 60m^2 quand même

B.T. — Oui, c'est une course de chevaux oui, m'enfin les casinos, vous savez que le casino enfin la roulette en tout cas, vous savez que la roulette a été inventée par un moine donc, mon Dieu, l'église a sa petite part là-dedans.

— Alors votre parcours littéraire, votre premier livre c'était une pièce de théâtre que vous avez écrite très jeune avec votre frère.

B.T. — Oui, mon frère qui est aussi écrivain, qui signe sous le nom François Emmanuel, qui a publié une dizaine de romans chez Stock et qui est maintenant au Seuil, c'est assez amusant parce qu'on a deux écritures, deux univers totalement différents, mais on est tous les 2 de l'écriture et je crois un peu par mon père. J'ai un père qui est un conteur patenté comme ça qui est toujours en train dès qu'on commence à parler avec lui il raconte une histoire .

Et d'ailleurs *Pitié pour le mal* est, au départ, une histoire qu'on a entendue, mes frères et moi, on en parlera tout à l'heure.

— Le départ est une histoire vraie.

— C'est ça la petite graine qui a germé.

— Votre premier livre, votre premier roman était un livre sur les verriers qui a eu plusieurs prix dont le prix de la ville de Metz l'été du livre à Metz et ce livre lorsque vous êtes venu un jour à la verrerie de saint-Just vous vous êtes aperçu que tous les verriers l'avaient lu.

— Oui, ils l'avaient lu. Ils m'ont fait d'ailleurs des cadeaux. Oui, j'ai été vraiment accueilli comme un roi. J'arrivais là par hasard avec quelqu'un et ils m'ont donné un canon de bleu, un bleu qui est très proche du bleu de Chartres parce que, ils obtiennent cette couleur quand la brume se pose sur la cheminée de la verrerie, donc c'est une question d'humidité de l'air, de pression atmosphérique qui fait qu'on attrape cette couleur extraordinaire et y en a un qui m'a donné une canne donc je suis rentré avec mes cadeaux et en fait ils ont pris ce livre un peu pour eux comme une sorte de viatique et ça les a, ça leur a donné du cœur au ventre.

— C'est ce qu'on a pas dit c'est qu'en tant que verrier quand vous travaillez le verre vous avez 700 couleurs de verres différents à votre disposition.

— Oui, des verres de Saint-Just, des verres allemands, des verres qui viennent d'un peu partout, mais j'ai une très belle palette, donc ça veut dire que par exemple si on pense au rouge, au bleu, 700 ça fait chaque fois 60 - 70 tons différents dans lesquels je vais choisir le ton précis puisqu'on a, ce n'est pas comme la peinture à l'huile où on mélange ses tons, là on va les choisir.

— Alors, avant d'être écrivain parce que si on veut parler de toute votre vie on ne parlerait pas du livre. Mais avant d'être écrivain de roman vous avez été écrivain de chansons et tout à l'heure vous m'avez promis qu'après l'émission vous en chanteriez une. Vous avez été écrivain de chansons et vous avez écrit 60 chansons, vous avez fait des CD, vous dites des disques et pas des CD

— Oui, c'est-à-dire que j'ai d'abord commencé avec des vinyles et en Belgique, j'ai même, c'est même moi qui ai fait le dernier 45 tours le jour où ça a disparu de la circulation j'ai été les chercher donc j'en ai peut-être vendu 2, mais j'ai fait des CD après et ici dernièrement on a fait un très beau travail que j'aurais pu amener : 2 CD autour de la musique du verre donc ça fait des années aussi que je travaille sur des instruments en verre, les sonorités du verre avec une musicienne, le chant, la harpe et voilà ça donne des oui, c'est très beau parce que la lumière chante, le verre chante, mais le verre a aussi son propre chant hein.

— Alors, en deux mots, le théâtre. Donc vous avez écrit 8 pièces de théâtre qui sont jouées, vous avez donc ce théâtre qui est votre théâtre, vos 2 théâtres alors vous avez inventé un truc formidable, c'est que vous avez les 2 théâtres qui fonctionnent en même temps l'un pour les enfants pendant que les parents, alors le petit théâtre de 100 pour les enfants avec des pièces et du cinéma pour eux pendant que les parents vont dans l'autre théâtre pour des pièces plus sérieuses.

— C'est à dire qu'on a dû trouver des tas d'astuces pour avoir les…

— Parce que vous n'êtes pas subventionné ?

— On n'est pas subventionné puis c'est un théâtre privé mais qui est tout le temps plein et en Belgique tout le monde le connaît et tout le monde vient dans ce lieu parce qu'il est très beau. C'est une grande ferme carrée qui est complètement aménagée et je l'ai fait moi-même pendant des années j'ai travaillé, j'ai récupéré des matériaux. J'ai toujours fait ça en donnant une seconde vie aux matériaux et avec je crois beaucoup de soin, de goût quoi, je n'ai pas du carton, des portes comme on peut voir…

— Alors, vous m'avez dit que la dernière pierre de votre théâtre vous l'avez fait poser par un comédien qui est venu à la fête du livre de Saint-Étienne, Julos Beaucarne, et qui est tout petit et vous aviez fait l'emplacement pour mettre la pierre, il pouvait pas y atteindre.

— Un matin, oui, quand j'ai dû me mettre derrière lui pour l'aider à la hisser, à la mettre dans le trou. Oui, mais c'est un homme adorable et que je vois encore souvent. On est très amis.

— Alors, un tout petit mot sur le jour extraordinaire où vous avez vu par hasard votre père à la télévision en train de couper un ruban.

— Je vous raconterai ça tout à l'heure. En fait en Belgique il y a toujours eu des bagarres entre Wallons et Flamands et les Wallons ont toujours été très débonnaires, acceptant ce qui leur arrivait comme ça et un jour on a chassé les Wallons de Louvain, la ville universitaire de Louvain en leur disant de rebâtir une ville dans les champs et personne ne s'est vraiment opposé sauf mon père qui, à l'occasion de l'inauguration de l'autoroute Wallonie, quand il a vu le ministre flamand qui était responsable de ce déménagement il lui a pris les ciseaux des mains et il les a brandis au public en disant : n'y a-t-il pas un Wallon pour couper ce ruban à la place d'un de ceux qui sabotent l'unité du pays ? Et comme personne n'a répondu, il a coupé le ruban et il s'est fait embarquer et moi au collège j'ai vu apparaître une mauvaise photo d'identité de mon père qui était terrible à l'écran disant : un perturbateur a empêché le ministre De Zager d'inaugurer l'autoroute.

— Alors vous m'avez dit aussi que votre père tout dernièrement venait de reprendre ses études à l'université.

— Oui, oui il s'est inscrit en faculté de philosophie pour terminer sa thèse de doctorat et quand la femme un peu surprise de… lui a demandé son âge il a répondu à cette femme « l'âge de faire une thèse, Madame ».

« Je relis ton histoire. Elle est tout autre. Elle commence à 13 ans. À bâbord, l'impardonné, à tribord l'impar-donnable. Tu colmates les voies d'eau d'un voilier sans équipage, tu sillonnes les mers à l'affût d'un phare brisé, d'un port assiégé, d'une embarcation en détresse. Tu pourrais cabrioler avec le vent mais il y a la charge d'âmes en soute. Elle pèse sur l'eau, sur tes épaules, t'accable et tu as mal. Tu fus frappé en tes jeunes années et cela t'a ouvert des yeux trop grands sur les détresses du monde. Comme Gaillard et son grand charroi, tu vas obstinément ta route sans chercher où elle mène. Vous êtes géants tous les deux, de beaux et fragiles géants soumis aux fouets de la vie. Aujourd'hui m'indiffère que vous soyez vivants ou morts. Vous êtes en moi. Vous ne me quittez pas. »

Merci beaucoup Bernard Tirtiaux pour cette lecture et je serais tenté de dire aussi pour ce texte très beau qui se trouve à la fin du livre, plutôt à la fin du livre on va dire et qui en fait donne une idée du thème du roman qui est un peu en écho entre le passé et le présent et qui est essentiellement l'histoire de deux frères très jeunes 8, 8 ans le narrateur et 13 ans le grand frère que vous venez d'évoquer dans ce passage qui vont se retrouver dans la tourmente de la débâcle allemande de la Deuxième Guerre mondiale et qui vont comme ça quitter la Belgique pour aller justement en Allemagne entre autre à la poursuite de ce fameux cheval Gaillard, un cheval de trait magnifique, un champion que le grand garçon ne peut se résoudre à laisser aux Allemands.

— Comment cette idée a germé ? Vous parliez tout à l'heure du petit grain qui a fait naître l'histoire.

— Mais oui, c'est une histoire qui a été maintes fois racontée dans ma famille par mon père, donc effectivement fin août 44, ma grand-mère avait perdu son mari un an plus tôt et une colonne d'Allemands en déroute s'est arrêtée dans la ferme et est partie avec les chevaux. 28 chevaux en fait. Et c'est une histoire qui s'est terminée un peu en queue de poisson. J'ai bien une tante qui a suivi la colonne sur 2-3 kilomètres jusqu'au village voisin, mais elle est rentrée en pleurant et ses chevaux étaient perdus. Et moi, j'ai toujours regretté, j'ai toujours regretté que ça n'ait pas été plus loin. En fait très souvent les histoires de guerre, elles se situent d'un côté, elles se situent de l'autre côté et la détresse, elle a été des 2 côtés en fait. Et depuis quelques années je suis beaucoup en Allemagne. J'ai beaucoup d'amis allemands. J'ai même écrit un roman là-bas et j'ai toujours été très sensible au fait que cette blessure de guerre ne s'est toujours pas refermée. C'est-à-dire que ce grand peuple qu'est l'Allemagne, hein, qui nous a donné de merveilleux poètes, philosophes et musiciens nous a oui c'est ça, est toujours blessé de nous avoir donné des barbares et donc y a cela qui était très présent et je me suis dit pourquoi pas pourquoi pas rentrer dans ce pays et je vais entrer dans ce pays avec mes petits bonshommes, mes 2 petits hommes là, Lucien et Belo, en fin de guerre. Et je raconte en fait un conte, mais un conte qui

se boucle d'ailleurs qui est une belle boucle qui est mais qui va qui est lui-même enfermé dans une histoire qui ne se boucle pas ou qui s'ouvre. Il y a 2 histoires. Il y a 50 ans plus tôt et 50 ans après.

— Alors il faut dire aussi que tout repose sur la personnalité des 2 garçons qui est relue par le narrateur, donc Abel, Belo comme on l'appelait quand il était petit qui sont issus d'une famille nombreuse : 9 enfants. Très chrétienne. Ça a des conséquences sur le plus petit qui est toujours hanté par l'idée de ne pas s'être confessé par exemple et puis un frère extrêmement différent, le plus grand, dont on oublie et peine à penser parfois qu'il a, qu'il a seulement 14 ans, seulement 13– 4 ans.

— Oui, qui est une tête brûlée, oui. Mais il se tient, je veux dire à 13–14 ans, je ne veux pas dire que j'étais comme ça, mais je vois autour de moi des enfants de 13-14 ans qui sont des déterminés alors il y a aussi le fait qu'ils se mettent à la suite , ils se mettent derrière cette colonne et puis à un moment donné l'irréparable est fait. Ils sont passés de l'autre côté. Ils sont en pays ennemi et là ils peuvent pas s'en tirer tout seuls et il va y avoir cet Allemand qui les prend en sympathie et qui va finalement être une sorte d'ange gardien, de protecteur et qui leur fait des promesses qu'il tiendra à moitié d'ailleurs, hein, qu'il aura du mal à tenir parce que bon la débâcle est difficile et il y a aussi un tel poids de souffrance de leur côté que ils sont vraiment aussi perdants.

— Alors dans ce convoi allemand il y a tout type d'hommes. Il y a l'officier qui commande, qui est obnubilé par son devoir et qui fait les choses très bien, enfin les choses mal comme les choses bien toujours guidé par son sens du devoir. Il y a Gunther, le celui que vous venez d'évoquer et puis il y en a d'autres qui correspondent finalement à la palette humaine et on est au-delà de la barrière ennemis–amis.

— Oui, on est dans l'humain et je trouve que c'est ça qui devient intéressant parce que bon de remettre toujours les choses à l'échelle des nations bon, c'est un peu aussi finalement les enfermer d'une certaine manière. Revenir à l'humain c'est revenir au temps, c'est revenir à la fragilité, c'est revenir à cet homme qui doit rentrer chez lui, mais cet homme aussi dont on a vendu son piano. Il était pianiste parce que…

— Voilà tous ces soldats rentrent chez eux et le fameux officier d'ailleurs fait ça très bien parce qu'il a à cœur d'accompagner, de faire accompagner chaque soldat qui rentre chez lui parce qu'il va être confronté au drame individuel qu'est la guerre hein quand on voit avec les médias on parle souvent du drame collectif, mais il y a bien sûr tous les drames individuels.

— Oui c'était très fort aussi en Allemagne. Si vous voulez les femmes ont vraiment pris le pouvoir, les hommes étant absents et moi j'ai rencontré notamment un, c'est un ami allemand qui disait « mon père est rentré en 48 et il était… il n'avait plus sa place quoi. » Les femmes avaient complétement pris le pouvoir et pendant toute sa vie il était poussé d'un coin à l'autre de la maison. C'est-à-dire qu'il n'était plus personne. Et il a dû vivre avec ça et il a dû résoudre un peu ce problème-là qui était un des grands problèmes de sa vie d'homme.

— Alors moi j'ai beaucoup aimé votre livre, Bernard Tirtiaux, je dois le dire, entre autres justement à cause de l'écriture qui fait rentrer dans les personnages, dans ce qu'ils ressentent parfois dans les non-dits justement qui sont vécus et que vous réussissez vous réussissez à faire vivre les silences, à faire parler les silences et qui fait que chacun de ces personnages nous posent aussi à nous des questions aujourd'hui en 2006 on peut aussi se projeter dans ce qu'ils ont vécu, ça aurait pu être l'un d'entre nous, face à ce mal.

— J'espère oui, enfin j'espère, j'ai besoin de ce regard en tout cas ce regard sur le monde. Je suis fatigué moi des images de violence en fait donc je cherche par tous les moyens d'autres regards.

66

— Dis donc, ça (n')a pas l'air d'aller, toi ! Qu'est-ce qui (ne) va pas ?

— Non, non, … ça va. Ça va…

— (Ne) dis pas de bêtises. Je vois bien que t(u) as quelque chose qui (ne) va pas !

— C'est Clara, elle a recommencé hier soir.

— Ah non ! C(e) (n') est pas vrai ! Encore ! Et toujours avec la même idée ?

— Oui et non. Toujours ses soupçons, ça oui mais en plus, elle broie du noir, elle parle de se foutre à l'eau, elle dit qu'elle (ne) sert à rien, qu'elle (n')est bonne à rien, elle dit que… (Et puis (il) y a aussi le temps, novembre, elle (n')a jamais supporté, tu sais bien… Bof, c'est juste un sale moment à passer…

— En fait, moi, je crois que ce qu'elle a, c'est que depuis les jumeaux, elle est absolument crevée. Trois bébés, parce que Nina, ben c'est encore un bébé quand même, hein, trois petiots, tu sais, c'est lourd.

— Oui et puis de rester à la maison, comme ça, elle cafarde. Elle a l'impression qu'elle (ne) sert à rien, que… Moi, je fais comme je peux, hein, mais c'est sûr que dans la journée, dans la journée, moi, je (ne suis pas là. Je (ne) sais pas quoi faire… J'ai beau lui dire que… elle (n')y croit pas. Dès que j'ai dix minutes de retard, c'est le drame ! C'est des histoires à n'en plus finir ! C'est un peu la galère, tu sais !

— Oui, je sais. Moi aussi, j'ai essayé de la raisonner mais il (n')y a pas grand chose à faire… Dommage que

maman (ne) puisse pas venir. Mais d'un autre côté, vu comme elles s'entendent, c'est peut-être mieux comme ça ! Moi, avec mon boulot, je (ne) peux rien faire ou pas grand chose. Et Judith pareil. Et ta mère, elle… ?

— Ah non, ça, c'est exclu ! Elle lui ferait une vie impossible. Tu la connais ! Ah non, pour Clara, ça, ça serait le pompon ! Ah non, alors ! Ça non !

— Et elle reprend quand ? En janvier ?

— Oui, le 15. Encore deux mois. Ça lui fera du bien de revoir ses copines et de (ne) plus avoir les petits sur les bras du matin au soir. J'ai hâte qu'on y soit !

67

TUTEUR : Bon alors, Alex, si on faisait un peu le point. Ça fait trois semaines… Ça va comment ?

ALEX : Bien, c'est bien, j'ai l'impression que j'ai appris plein de choses. Bon, bien sûr, euh…, c'est sûr que j'ai encore plein de choses à apprendre mais…

TUTEUR : Attends, il te reste un bon mois et demi. Tu (ne) peux pas tout savoir d'un coup. Ça va venir, (ne) t'inquiète pas ! Tu veux toujours aller plus vite que la musique !

ALEX : Oui, vous avez raison, c'est mon défaut, je suis toujours trop impatient. Mais en tout, je crois que j'ai vraiment déjà bien profité de ces trois semaines.

TUTEUR : Et avec les autres… ?

ALEX : Non, ça, ils sont vraiment sympas. Ils m'ont très bien accueilli et à chaque fois que j'ai eu besoin, ils m'ont donné un coup de main…

TUTEUR : Perruchot ?

ALEX : Non, finalement, avec lui, ça s'est un peu arrangé. Euh… c'était peut-être aussi un peu de ma faute… Maintenant, ça va un peu mieux, je crois.

TUTEUR : OK, c'est bien. Je préfère ça. Il a son caractère, c'est sûr, mais… Tu sais, mon petit, dans la vie, faut savoir faire des concessions, hein ! Perruchot, (il) faut le comprendre, il est là depuis des années et il (ne) supporte pas d'avoir tort. Et toi, tu déboules comme ça… Alors, bien sûr… Bon, alors, et ton rapport de stage, tu l'as commencé ?

ALEX : Oui, j'ai écrit quelques pages. Une vingtaine. Justement, j'aurais bien voulu…

TUTEUR : Oui, bien sûr, montre-moi ça. Des stagiaires, tu sais, on en a chaque année. Alors, les rapports… (Ne) t'inquiète pas, je vais jeter un coup d'œil. Mais pas tout de suite. Aujourd'hui, je (ne) peux pas, j(e) (n') ai pas le temps. Mais… Et ça va ? T(u) (n')as pas eu trop de mal ?

ALEX : Non, j'ai juste eu un problème pour les comptes clients N.P. 3. Je (ne) sais pas trop comment présenter ça. Euh… je (ne) sais pas trop comment m'y prendre. Je fais ça en colonnes ou… ?

Tuteur : Oui, en colonnes, c'est mieux. Je (ne) sais pas pourquoi mais c'est toujours sur ces comptes-là, les N.P. 3, que vous…, qu'(il) y a des problèmes avec les stagiaires. Ils (ne) sont pourtant pas plus compliqués… Et (il) y a toujours un problème !

Alex : Non, c'est pas vraiment que j'ai un problème, c'est seulement pour la manière de présenter.

Tuteur : Ok, Ok, tu me montreras ça. Mercredi, ça te va ? Vers midi, ça va ?

Alex : Oui, très bien. Merci beaucoup. C'est vraiment gentil.

68

— Bon, qu'est-ce qu'on fait pour le 31 ? Vous avez un plan ? Chez moi, (il) (n') y a personne. Si vous voulez, vous pouvez tous venir. Ça serait sympa, non ?

— Moi, j'ai bien envie de rester chez moi et de (ne) rien faire du tout. . J'en ai un peu ras-le-bol de … On (ne) fait que manger et boire depuis des jours et des jours … C'est sympa, Paul, de…. mais moi, je crois que je vais…

— Idem pour moi. Enfin, euh …c'est pas que je (ne) veuille pas mais je (ne) sais pas trop si je pourrai parce que… avec ma thèse, tu sais… C'est pas que j'aie pas envie mais…

— Eh, ça va les rabat-joie. On dirait que vous avez quatre-vingt-dix ans ! Allez, quoi, sérieusement, (il) faut faire quelque chose ! Bon, alors, qu'est-ce qu'on fait ? On va chez Paul ? On peut aussi faire ça chez moi… mais c'est plus loin.

— Non, c(e) (n') est pas une blague… Moi, vraiment, tu sais…

— Bon, écoute, en tout cas, Karine, elle, elle vient. Ça c'est sûr. Toi, tu fais comme tu veux…

— Non, je disais ça… Bon, OK. Alors, qu'est-ce qu'on apporte ?

— Ben voilà ! Tu vois bien ! Alors, Karine et toi, deux. Chris et Anna, quatre. Laure et sa copine, six. Niels, si tu viens, tu viens avec Carol ?

— Quoi ? Ah, Carol, oui ; elle, elle est toujours partante pour faire la fête.

— Moi, si ça ne t'ennuie pas, je viendrai avec mes deux cousines du Québec. Elles arrivent après-demain. Mais elles sont très sympas, très très marrantes, tu verras. Et puis Lou, bien sûr.

— Attends, attends ! Bon. Alors huit, neuf, dix, onze. Avec Lou, douze. Et moi, treize. Treize à table ! Ah non, treize, ça (ne) va pas. (Il) faut un quatorzième. Pierre, tu (n')as pas une autre cousine québécoise ?

— Non mais toi, tu…

— Non, c'est fini avec elle. Ah, je sais ! La petite Coréenne du sixième, elle est très sympa et elle (ne) connaît pas grand monde, elle vient d'arriver. Je suis sûr qu'elle (n')a rien prévu. Bon, ben voilà, ça fait quatorze.

— Bon alors, qu'est-ce qu'on apporte ? Moi, je peux apporter les huîtres, du vin blanc… Mais (il) faudra qu'on m'aide pour les ouvrir.

— Moi, du champagne. Ah, j'ai eu aussi du super foie gras de ma tante du Gers. J'en apporte deux, OK.

— Moi, j'apporte le fromage et le dessert. Qu'est-ce que je prends ? Des glaces et un gâteau. Une bûche, quoi. Classique. Ou deux, peut-être. Ça ira ? Et des fruits.

— Super. Bon, moi, je m'occupe de la viande. Un gigot, non ? ça nous changera de la dinde. Et du vin rouge, mais ça, pas de problème, il y en a plein dans la cave. On fera une descente. Mon père m'a dit que je pouvais me servir…

Crédits photographiques

17 Ph. © J. C. Pattacini. / URBA IMAGES SERVER – 18 Ph. © Scott T. Baxter / GETTY IMAGES France –
19 Ph. © NOWAK GÜNTER et D.R. – 20 Ph. © D. Paillard / URBA IMAGES SERVER – 22 Ph.© Francesco
Acerbis / EDITINGSERVER.COM – 27 Ph. © Daniel Besson / REA – 28 © Éditions BOS – 29 BIS / Ph. © NASA /
Archives Bordas. – 32 ht BIS / Ph. Jeanbor © Archives Larbor – 32 bas Ph. Mark Webster / BSIP –
33 Ph. © Martin Gilles / BIOS – 34 Ph. Coll. Archives CLE © Adagp, Paris 2007, pour Benjamin Rabier(1864-
1939) – 35 Ph. © AFP – 36 Ph. © RUE DES ARCHIVES / AGIP – 37 Ph. © Eric Robert / VIP Production /
CORBIS – 38 *Le Radeau de la Méduse*, 1819 - Théodore Géricault (1791-1824) Musée du Louvre, Paris BIS /
Ph. H. Josse © Archives Larbor – 41 et p 42 Ph. © Bernard Tirtiaux – 47 *Les Quatre Saisons : l'Été*, 1563 -
Giuseppe Arcimboldo ou Arcimboldi (1527-1593) Musée du Louvre, Paris, BIS / © Archives Larbor –
48 Ph. Coll Médiathèque de l'Orangerie, Vichy – 51 Ph. © Jean-Pierre Muller / AFP – 53 © REUTERS –
55 ht Ph. © Bertrand GARDEL / HEMIS.fr – 55 ht d Ph. © L. Cheviet / KR Images Presse – 58 Ph © Bettmann /
CORBIS – 60 Ph. © Jean-Baptiste RABOUAN / HEMIS.fr – 61 Ph. © Benelux / ZEFA / CORBIS –
62 Ph. © Jean-Didier Risler / FRANCEDIAS.COM – 64 Ph. Coll. Kharbine-Tapabor © ADAGP, Paris 2007 pour
Leonetto Cappiello (1875-1942) – 65 Ph. © David Lefranc / CORBIS KIPA – 67 Ph. © Bernard Tirtiaux –
69 Ph. © Gérard Guittot / REA – 71 Photo Ville de Cesson-Sévigné – 72 Ph. © Corinne Kober-Kleinert –
75 bas Ph. © Juanjo Marton / AP /SIPA PRESS – 75 bas d Ph. © Mario Fourmy / REA – 76 © MINISTÈRE DE
LA CULTURE ET DE LA COMMUNICATION – 86 Ph. Jean-Pierre Delagarde © Archives SEJER – 87 © SINÉ –
92 Ph. © André Bogaerts – 96 Ph. © Catherine Cabrol / GAMMA / EYEDEA – 99 g Ph. © MaximilianStock Ltd
/ Photocuisine / CORBIS – 99 m g Ph. © Lew Robertson / CORBIS – 99 m m Ph. Goodshoot / CORBIS – 99 m d
Ph © F. Jalain / SCOPE – 99 d Ph © SSAMBRAUS&LUDDINGTON / SPL / COSMOS – 111 Ph. © F. Achdou URBA
IMAGES / SERVER – 119 *Madame Bovary*, 1857, Gustave Flaubert (1821-1880) - Albert Fourié, Gravure
à l'eau-forte de E. Abot et D., Bibliothèque nationale de France, Paris, BIS / Ph. Coll. Archives Larbor –
128 Ph. © Images.com / CORBIS – 129 Ph. © Martin Parr / MAGNUM – 133 Ph. © Sinclair Stammers / SPL /
COSMOS – 134 g Ph. © PHOTO12 / ALAMY – 134 m Ph. © Pierre Huguet / SUNSET – 134 d Ph. © PHOTO12 /
ALAMY – 136 g Ph. © ÉDITIONS ARTAUD – 136 d BIS / Ph. Jeanbor © Archives Larbor – 137 BIS / Ph. © x -
DR - Archives Larbor – 140 Illustration : Rémi Malingrey / *Science et vie Junior* n°134, novembre 2000 –
145 Ph. © Gero Kleinert – 150 Edmond (1822-1896) et Jules (1830-1870) Huot de Goncourt, écrivains
français. lithographie par Paul Gavarni (Sulpice Guillaume Chevalier, dit), (1804-1866) Bibliothèque
nationale de France, Paris, BIS / Ph. Coll. Archives Larbor – 154 Ph. © Maximilien Lamy / AFP –
155 Ph. © Stephane de Sakutin / AFP – 157 © Ousmane Sow, « Le batteur », série Nouba. –
158 © FONDATION GREFFE DE VIE – 160 © DÉLÉGATION GÉNÉRALE DE LA LANGUE FRANCAISE –
162 BIS / Ph. Sonneville © Archives Nathan – 164 © WIAZ – 165 *Le Loup et l'Agneau* par Jean-Baptiste Oudry,
Ph. © Photos12.com - ARJ – 167 Ph. © Vincent Leloup / FEDEPHOTO – 168 *Une histoire sans nom, (*1882),
Barbey d'Aurevilly (1808-1889) - Georges Leduc, Gravure Le capucin Riculf, musée Barbey d'Aurevilly, Saint-
Sauveur-le-Vicomte, BIS / Ph. Coll. Archives Larbor – 171 *Little Brother and Little Sister,* les frères Grimm
(1800-1899) - estampe par Arthur Rackham (1867-1939), Bibliothèque de l'Heure Joyeuse, Paris, BIS /
Ph. Michel Didier © Archives Larbor – 172 *Ondine*, Friedrich de La Motte-Fouqué (1777-1843) - estampe
par Arthur Rackham (1867-1939) *Ondine au fond de la mer*, Bibliothèque des Arts décoratifs, Paris, BIS /
Ph. J.-L. Charmet © Archives Larbor, DR – 176 Ph. © Gero Kleinert – 179 Ph. © DPPI / TDF –
180 – Ph. © Hansjörg Jung – 185 Ph. © LAGUIOLE – 186 BIS / © NASA / Photothèque planétaire d'Orsay,
Archives Larbor – 187 ht Ph. © N.A.S.A. / SPL / COSMOS – 187 bas Michel Eyquem de Montaigne,
Bibliothèque nationale de France, Paris, BIS / Ph. Jeanbor © Archives Larbor – 192 Ph. © Hervé de Gueltzl /
PHOTONONSTOP – 194 Ph. © Nicolas MARQUES / KR Images Presse – 198 Paul Verlaine et Arthur Rimbaud
à Londes, dessin de Félix Ramey, Ph. © Coll. ROGER-VIOLLET – 200 Ph. © Bernard Tirtiaux.

Crédits des documents sonores

• Extrait du discours du général de Gaulle, en novembre 1965, entre les deux tours de l'élection
présidentielle, tiré du coffret « Général de Gaulle. Anthologie des discours de 1949 à 1969 », disque
Frémeaux et Associés, en coédition avec Plon et l'Ina en accord avec la succession de Gaulle.

• Sketch « Prêter l'oreille » de Raymond Devos, Momus productions, D.R.

N° d'éditeur : 10160134 - Avril 2009
Imprimé en France par I.M.E. - 25110 Baume-les-Dames

COLLECTION

ACTIVITÉS POUR LE CADRE COMMUN

C1- C2

Corrigés

Corinne KOBER-KLEINERT
Marie-Louise PARIZET
Sylvie POISSON-QUINTON

CLE
INTERNATIONAL
www.cle-inter.com

ISBN 209-035387-1

Corrigés de l'oral

I. COMPRÉHENSION ORALE

1 (Accent régional : caractéristiques) Locuteur 1 : prononciation des e muets ; locuteur 2 : le [r] est peu marqué ; locuteur 3 : le [e] et le [ɛ] sont proches, le [ɛ] et le [a] aussi + parler très rapide ; locuteur 4 : le [e] est proche du [a], le [v][est proche du [f] et le [b] du [p].

2 (Accent régional : identification) **1.** le basilic – **2.** la métropole. – **3.** Les embouteillages sur les boulevards périphériques. – **4.** Le désir de se réunir, de se retrouver ensemble.

3 (Accent francophone : caractéristiques) locuteur 1 : le [e] est long, le parler très lent ; locuteur 2 : le [i] est prononcé [wi] ; locuteur 3 : le [r] est roulé.

4 (Accent francophone: identification) **1.** Ce n'est pas exactement le froid, c'est plutôt l'humidité qui lui semble difficile à supporter. – Les garçons de café jouent à être arrogants, peut-être pour correspondre au stéréotype, c'est plutôt amusant. – **2.** Les frites + c'est un pays près de la France (elle y va souvent) et au bord de la mer –> la Belgique. **3.** Oui, c'est un « vieux Parisien » + il a été élevé à la campagne, il regrette de ne plus avoir le temps de se promener.

5

	0	1	2	3	4	5	6	7	8
Phrase déclarative				X	X				
Phrase interrogative		X				X		X	X
Phrase injonctive/ exclamative	X		X				X		

6 0 c – 1 f – 2 d – 3 h – 4 a – 5 i – 6 g – 7 b – 8 e

7

	0	1	2	3	4	5	6	7	8
L'ironie					X			X	
Le doute		X							X
La satisfaction			X			X			
L'étonnement	X								
L'hésitation							X		
L'irritation				X					

	0	1	2	3	4	5	6	7	8
Plutôt pour	X		X				X	X	
Plutôt contre		X			X	X			
Indifférent(e)				X					X

9	0	1	2	3	4	5	6	7	8	9	10
Registre familier	✗			✗		✗		✗	✗		
Registre standard		✗	✗		✗		✗			✗	✗

10 1.	0	1	2	3	4	5	6	7	8
Registre standard		✗	✗		✗			✗	
Registre soutenu	✗			✗		✗	✗		✗

2.

Phrases 1 et 3 : il faut absolument / il faut absolument ; expliquer à / expliquer à ; servent à/ servent à

Phrases 5 et 7 : serions égoïstes / serions encore ; en était autrement / était autre chose ; hésiter à donner / hésiter à participer

Phrases 2 et 8 : trop invalidantes / trop important ; ne pas être considérées / ne pas être encouragé

Phrases 4 et 6 : les jeunes enfants / les jeunes enfants ; manifestent un / constituent un

11 A.

	0	1	2	3	4	5	6	7	8
Teen radio (familier)	✗		✗		✗				
Notre Info (standard)		✗			✗			✗	
Cult'écoute (soutenu)				✗		✗			✗

B.

N°	Mot(s)/expression(s)	N°	Mot(s)/expression(s)	N°	Mot(s)/expression(s)
0	*furax, c'est une blague, ont pris la pâtée*	3	Met en garde, les usagers, un chantier de réfection, la chaussée, à compter du…	6	Vous ne l'ignorez pas, je crois utile, désormais vous contrevenez, vous vous exposez à
1	Week-end, Vous pourriez Que diriez-vous	4	Pickpockets, attention, un agent de police a arrêté, la main dans le sac, voler, mauvaise pioche, policier	7	Vous le jetez par les fenêtres, vous courez les soldes, en réalité
2	Bouquinons, un tuyau, un bouquin extra, mon bahut, mes potes	5	Salut, moi c'est, sympas, bagnole	8	À l'aube, une conduite intérieure, la voie publique, une jeune fille, des contusions a pris la fuite, tout témoin est invité à se faire connaître auprès des services de police

12 a 4 – b 5 – c 7 – d 2 – e 9 – f 1 – g 10 – h 6 – i 3 – j 8

13 1. 1 : 1 c – 2 a – 3 b   6 : 1 b – 2 a
2 : 1 c – 2 a – 3 b   7 : 1 a – 2 b
3 : 1 b – 2 a   8 : 1 b – 2 c – 3 a
4 : 1 a – 2 c – 3 b   9 : 1 c – 2 a – 3 b
5 : 1 b – 2 a – 3 c   10 : 1 b – 2 a

14 1 b – 2 a – 3 b – 4 b – 5 a – 6 b – 7 b – 8 a

15
1. Les Français,
   • sont parfois incompréhensibles,
   • aiment beaucoup employer la litote,
   • l'emploient volontiers.
2. Les politiciens,
   • sont parmi les plus nombreux à l'utiliser,
   • savent pertinemment que
   • leurs paroles seront sans aucun doute mieux acceptées.
3. La litote est très présente dans les propos des personnes de pouvoir.
4. Les personnes de pouvoir,
   • tiennent pleinement leur rôle de décideurs,
   • aiment bien donner l'impression d'être proches de leurs employés.
   • n'avoueront pas vraiment qu'ils ont pris aisément leur décision.
   • afin d'éviter la catastrophe.
5. Tout le monde sait que l'emploi de la litote est plus adroit.
6. que cet enfant doit beaucoup apprendre.
7. que cet étudiant manque d'intelligence.
8. que ce collaborateur est plutôt nul.
9. Les Français et les francophones sont nombreux à l'utiliser.
10. Cette figure de style sera encore longtemps employée.

16 1. a – 2. a – 3. b – 4. a – 5. a – 6. b – 7. a – 8. b – 9. a – 10. a – 11. a – 12. a – 13. b – 14. a – 15. b – 16. a – 17. a
1. a – 2. b – 3. b – 4. a. – 5. a – 6. b – 7. a – 8. b

17 1. Le maire, monsieur Brossard, ingénieur, conseiller municipal d'Autun, deux hommes, une femme, sans doute conseillers municipaux.

2. Cette réunion est publique.
3. Il y a au moins deux sujets abordés.
4. Le remplacement de la chaufferie du réseau de chauffage urbain, l'organisation de la fête du muguet.
5. La biomasse est une technologie écologique qui produit de l'énergie à partir de la combustion des végétaux, des résidus agricoles, de tous produits issus du bois.
6. Une énergie verte est une énergie écologique, à partir de végétaux, du bois.
7. La réduction de la pollution atmosphérique, la valorisation d'une ressource locale, le maintien ou la réduction du coût de l'énergie.
8. Elle ne favorise pas l'effet de serre car, en se reconstituant, elle absorbe du CO_2.
9. La préservation de l'environnement : moins de rejets de CO_2 (11000 t/an), de SO_2 (280 t/an) ou de poussières (près de 25 %).
L'économie réalisée sur le coût de l'énergie et celle réalisée par la filière bois grâce à la suppression des coûts de l'élimination des sous-produits du bois.
La création d'emplois nouveaux.
10. Des subventions du Conseil régional ou encore du FEDER, le Fonds européen de développement des régions.

18 **1.** Fin août. – **2.** Elle voudrait passer son master en octobre et non fin septembre. – **3.** Oui, elle suit le travail de cette étudiante (elle a déjà lu en partie son travail). – **4.** Elle a trouvé un stage en septembre. – **5.** À Bergerac (dans le Sud-Ouest). – **6.** Elle va faire des cours, être professeur. – **7.** Elle n'est pas contente de son premier stage, elle veut en faire un second ; c'est une bonne expérience. – **8.** Elle doit faire son rapport de stage, l'introduction et la conclusion. Elle a déjà rédigé son option.

19 **1.** On ne sait pas. – **2.** Oui, elles ont les mêmes étudiants. – **3.** On ne sait pas. – **4.** Si, elles sont d'accord. – **5.** Oui, elle l'a eue comme étudiante. – **6.** Oui. Elle veut bien à condition que ce soit à charge de revanche.

20 **a)** 2 amies – **b)** à l'occasion de son anniversaire – **c)** parce que son ami Günter est chanteur à l'opéra de Karlsruhe – **d)** Mefistofele – **e)** Faust – **f)** le flûtiste – **g)** le violon, la harpe, la flûte, les timbales, le cor, le basson – **h)** en italien – **i)** Le public était tellement enthousiaste qu'elle a crû qu'ils allaient recommencer à chanter. – **j)** parce qu'après le spectacle les artistes viennent aussi à la cantine

21 **A. a)** Une jeune femme et son frère, Jacky. – Le rendez-vous de Jacky, pour un travail ; le rendez-vous de la jeune femme chez un médecin ; les enfants de la jeune femme.

A. 1. La conversation est interrompue cinq fois. – Par Jacky pour demander une chaise, par la serveuse qui vient prendre la commande, par un coup de freins et des cris, par un coup de téléphone pour Jacky.
« Alors ? » / « Pardon ? » ; « Qu'est-ce que je disais ? » ; « Oui, bon, finis donc ! » ; (« Elle t'embrasse » / « Merci »)

2. Jacky avait rendez-vous pour un travail. – La jeune femme avait rendez-vous chez un médecin, une femme, pour une allergie, une réaction allergique cutanée.

3. Du sud de la France : Jacky dit qu'il devra « monter » de nouveau à Paris pour une formation.

4. Lorsque Jacky répond au téléphone. Quand ils parlent d'aller au musée Grévin, où ils allaient avec leur père.

5. Jacky, après une formation de trois semaines va pouvoir ouvrir un magasin (une boutique) en franchise dans sa ville : la société qui l'a reçu devrait lui accorder leur enseigne.
La jeune femme a consulté un médecin (une femme). Celle-ci lui a dit qu'elle était guérie et elle lui a remis une lettre pour son dermatologue. Elle sait désormais ce qui est mauvais pour sa santé.

6. À sa belle-sœur, Sylvie, la femme de Jacky. Pour garder ses enfants : la (les ?) fois précédente(s) cela ne s'était pas très bien passé : le père des enfants a moins de patience que Sylvie.

7. Jusqu'au lendemain matin. Ils rentreront en train et arriveront à 11h45.

8. Ils vont aller au musée Grévin puis faire un bon dîner ensemble.

22

L'info	concerne			
	quel pays ?	qui ? / quoi ?	qui a décidé / veut...	dans quel but ?
n°1	La Belgique	Une compagnie d'aviation	de modifier son logo : 14 pastilles et non 13 pour former le B du logo	pour rassurer certains passagers superstitieux
n°2	La France	Un artiste danois	Colorer le mont Blanc en rouge	Pour attirer l'attention sur la pollution des Alpes par les touristes
n°3	La France	Une compagnie d'assurance	de proposer un nouveau contrat d'assurance	qui couvre les risques de la cérémonie de mariage

2.

Info n°1 :

a) Une nouvelle compagnie aérienne : regroupement de SN Brussels Airlines et Virgin Express.

b) La modification du logo est due à l'observation de passagers.   Oui

La modification du logo a entraîné la réfection des uniformes.   Non

c) • aux États-Unis : dans de nombreux immeubles il n'y a pas de 13e étage

• en Europe : dans certains grands hôtels il n'y a pas de chambre n°13, sur certaines compagnies aériennes, dont Air France, il n'y a pas de siège n°13.

d) • nouveau nom (nouvelle enseigne)

• nouvelles couleurs.

Info n°2 :

a) Nom : Evaristti   Prénom : Marco

Âge : 42 ans   Nationalité : Danoise

Origine : Chilienne   Lieu de résidence : Un petit hameau près de Copenhague

b) Le projet concerne le plus haut sommet du massif du mont Blanc :   Non

Surface : 2500 m^2

Coût : 50 000 €

Elle nécessite : 1 200 litres d'eau colorée à base de fruits rouges.

c) • ce sont des supports célèbres, visibles, des « symboles » : le mont Blanc, une oasis, des tableaux de maîtres.

• Chaque œuvre coûte cher : projet du mont Blanc : 50 000 €, tableaux : 375 000 €

• Leurs « messages » : Dénoncer la pollution des Alpes par les touristes, proposer un hymne à la fraternité entre les peuples, apporter une touche de renouveau à des œuvres devenues « classiques », achetées par snobisme.

d) Des remous, des vagues.

Info n°3 :

a) Établissez une fiche signalétique de la compagnie d'assurances.

Nom : SPB   Siège : Nantes

Âge : 42 ans (créée en 1965)   Chiffre d'affaires : 46 millions d'euros.

Nombre d'employés : 500   Originalité : proposer des assurances nouvelles : téléphones portables, moyens de paiement , voyages, achats sur Internet.

b) Le nouveau contrat couvre le vol ou la perte d'alliance, la détérioration de la robe de mariée, le désistement d'un témoin, les locations de véhicules, les conditions climatiques, l'empêchement du traiteur, les photos ratées de la cérémonie.

c) Le coût est de 199 à 1329 €.

d) Un courtier (d'assurance).

23 1. Une guide-conférencière – 2. Au Louvre, dans la salle où est exposée la Joconde. – 3. une équipe de scientifiques canadiens – 4. la réflectographie – 5. On a découvert que Monna Lisa portait un voile de gaze très fin par-dessus sa robe – 6. Cela signifie qu'elle venait d'accoucher quand elle a posé pour Léonard de Vinci. – 7. Elle avait les cheveux attachés en chignon – 8. Le mystère de la Joconde a un peu disparu.

24 1. Le rapport concerne le dépistage précoce des troubles du comportement – 2. Beaucoup de spé-cialistes de la petite enfance (pédopsychiatres, professeurs…) et des parents – 3. manque de rigueur / réducteur / dangereux / trop axé sur le biologique… – 4. Stigmatiser un enfant est très dangereux : il peut intérioriser ce regard dévalorisant – 5. la polémique peut se réveiller d'un moment à l'autre – 6. (a) – 7. (b) – 8. cette opposition est indispensable à la construction de sa personnalité.

25 **I.** Élodie Lesueur était en BTA élevage canin – **2.** Le brevet de technicien agricole – **3.** La formation en alternance allie théorie et pratique : 10 semaines de formation dans le centre pour la partie théorique et le reste du temps en structure vétérinaire. Elle dure 2 ans. – **4.** Élodie Lesueur a longtemps hésité et pesé le pour et le contre. Elle ne savait pas ce qui l'attendait d'une part et d'autre part, elle devait abandonner son BTA et reprendre une nouvelle formation de 2 ans. – **5.** Elle a appris des tas de nouvelles choses, vu beaucoup de cas différents. – **6.** La personne interviewée a eu la possibilité de voir différentes façons de travailler, des structures différentes. – **7.** Le gros avantage de la formation en alternance est de pouvoir allier la théorie à la pratique et de pouvoir mettre tout de suite en pratique ce qu'on a appris.

26 **I.** Après l'obtention de son diplôme Élodie Lesueur a ressenti une grande fierté. – **2.** le vétérinaire lui a proposé un contrat à durée indéterminée. – **3.** Elle a posé sa candidature au CNFA, le centre de formation où elle avait fait sa formation. – **4.** Elle est formatrice. – **5.** Elle dit qu'elle a la chance de pouvoir transmettre son expérience et son vécu. – **6.** Elle conseille aux autres d'être audacieux. – **7.** Il n'y a aucune limite d'âge pour cette formation. – **8.** Parce qu'on se lance dans une nouvelle direction et sans être passionné(e) par ce que l'on fait on ne pourra pas y arriver.

27 **I.** La formation à distance est une formation que l'on peut faire tout en travaillant avec peu de rendez-vous présentiels.
4. a) Gilles Royer était formateur sur les risques professionnels – **b)** Il faisait ses présentations avec des transparents – **c)** Il a évolué petit à petit en utilisant l'ordinateur et les nouvelles technologies. – **d)** Une formation en ligne est une formation qui se fait par l'intermédiaire d'un ordinateur et donc à distance – **e)** La formation a duré 6 mois – **f)** La formation s'est déroulée en grande partie à distance avec des rendez-vous présentiels. Elle se fait dans le cadre d'une activité. – **g)** Il a obtenu un diplôme universitaire.

28 **I. a)** Cette formation a prouvé à Gilles Royer qu'il était encore capable, à 45 ans, de se former. – **b)** La formation a eu des incidences sur sa vie professionnelle parce qu'il a dû beaucoup s'investir et que la « formation n'était pas gratuite ». – **c)** Cela veut dire qu'il se sentait en compétition avec ses enfants. – **d)** Le fait de voir son père reçu avec une mention très bien a donné un coup de fouet à son fils qui passait son bac. Gilles Royer était d'autre part sur un pied d'égalité avec ses enfants puisqu'ils se retrouvaient tous étudiants. Cela lui a également permis de corriger certains points. – **e)** Il conseille d'abord d'avoir vraiment envie de faire cette formation et ensuite « d'avoir envie de ce qu'on a envie de faire » après la formation. – **f)** Non, d'après lui on a toujours tout à gagner.
2. • J'ai chopé le virus = j'ai attrapé le virus : il s'est découvert un goût très prononcé, une passion pour...
• Lier l'utile à l'agréable ou joindre l'utile à l'agréable : il fait en même temps quelque chose qui lui fait plaisir et qui lui est utile
• Ça lui a donné un coup de fouet : ça l'a stimulé

29 **A. I.** L'hôtel des Impôts est fermé : il a appelé peu après l'heure de fermeture. – **2.** De 8 h 30 à 12 h 00 et de 13 h 30 à 16 h 30. – **3.** Il peut y aller sans rendez-vous, du lundi au vendredi, de 8 h 45 à 12 h 00 et de 13 h 30 à 16 h 15.
B. I. Le service de la taxe d'habitation parce qu'il a dit vouloir des renseignements sur la taxe d'habitation. – **2.** Parce qu'il n'a pas de téléviseur et que la même situation s'était produite l'année précédente.– **3.** Non. Le service envoie automatiquement l'avis d'imposition de la redevance à toutes les personnes qui ne sont pas exonérées : elles auraient pu acquérir un poste entre temps. – **4.** Son nom et son adresse pour vérifier son dossier. – **5.** Qu'il lui adresse une déclaration sur l'honneur précisant qu'il n'a pas de téléviseur. – **6.** Un dégrèvement. – **7.** Au Trésor Public. Envoyer un chèque ou barrer le montant de la redevance sur le TIP.

30 Vers 1880, un chineur inconnu, regardant du haut des fortifications les étalages de ferraille, de vieux meubles et de haillons se serait exclamé : « Mais ma parole, c'est un marché aux puces ».
I. L'histoire des marchés aux puces remonte à plusieurs siècles. Le marché de Saint-Ouen date de 1885 – **2.** On appelait les chiffonniers « pêcheurs de lune ». – **3.** Quelques astucieux se sont associés, des marchands également, des collectionneurs viennent chiner le dimanche autour des étalages de bric et de broc – **4.** Il y a aussi bien des marchands d'art, des promeneurs, des brocanteurs, des chineurs, il y a trois mille

boutiques et on y trouve tout ce qu'on veut. – **5.** Dans des salles de vente, chez des particuliers et sur d'autres foires. – **6.** Un bric-à-brac est un amas de vieux objets hétéroclites destinés à la vente. – **7.** Venir tôt le matin, savoir ce que l'on veut acheter, avoir une idée des fourchettes de prix que l'on est prêt à dépenser, négocier les prix. – **8.** le plaisir de la découverte, celui de faire des affaires.

31 **1.** Les couteaux, le fromage, les vaches. – **2.** Dans l'Aveyron
Après écoute. **1.** En 1829 – **2.** Le manche est taillé dans de la corne ou dans du bois. – **3.** Les couteaux sont faits à la main et sont ornés d'une abeille à la jonction du manche et de la lame. – **4.** Le poinçon était destiné à percer une vache quand elle avait gonflé – **5.** Parce que beaucoup d'Aveyronnais avaient quitté leur région pour s'installer à Paris comme bougnats et y ont introduit le métier de la brasserie. – **6.** Les lames incandescentes sont écrasées par une presse, on sort l'acier, on le porte à 1000 degrés, les lames sont trempées, chauffées puis refroidies. Il y a plus de 40 étapes. – **7.** Il a des volutes pour lui donner la forme d'une tête de cobra – **8.** Il faut lui réclamer une pièce de monnaie. Ce geste permet de ne pas couper l'amitié.

32 **2.** Des ouragans, des typhons. – **3.** Ils sont classés sur une échelle graduée de 1 à 5 en fonction de la vitesse du vent. (300 kilomètres / heure correspond à la catégorie 5) – **4.** L'œil. C'est la zone, la région la plus calme du cyclone. – **5.** Dennis, Emily, Irene, Katrina, Wilma, Rita, Alpha – Dans l'Atlantique, dans le Golfe du Mexique, à la Nouvelle Orléans. – Des plateformes pétrolières ont été détruites, il y a eu des coulées de boue meurtrières en Amérique Centrale, La Nouvelle-Orléans a été dévastée. – **6.** Une température de l'eau de mer supérieure à 25 degrés sur une cinquantaine de mètres et des vents dépassant 120 kilomètres/heure. – Quand il arrive au-dessus d'un continent car alors les vents faiblissent. – **7.** Non, car on enregistre des séries de cyclones violents tous les 40 à 60 ans. – **8.** Les scientifiques avancent plusieurs explications : le réchauffement climatique de la planète, l'augmentation de la température de l'eau et du taux de sel dans les océans, les changements thermiques dans l'Atlantique.

33 **1.** Nicolas Hulot, un animateur de télévision (célèbre pour ses émissions sur l'environnement et la Terre) avec sa Fondation. L'ADEME : l'Agence de l'environnement et de la maîtrise de l'énergie. – **2.** Il s'agit de demander à chacun de nous de s'engager à faire les gestes qui protègent notre planète. – **3.** N'importe qui : cet engagement est à la portée de tous. – **4.** Un éco-citoyen. La personne s'engage par contrat à faire un geste quotidien qui permette de protéger la planète – **5.** Prendre une douche plutôt qu'un bain, employer des ampoules basse consommation plutôt que des halogènes, ne pas laisser les appareils hi-fi en veille, faire les petits trajets à pied. – **6.** 500 000 personnes se sont engagées ont signé le « Défi pour la Terre » sur Internet. Il permet d'éviter le rejet de 240 000 tonnes de gaz carbonique dans l'atmosphère. – **7.** Quels sont les gestes conseillés : a) Éteindre les veilles des appareils. b) Acheter des lampes basse consommation, même si elles coûtent un peu plus cher. c) Les dégivrer régulièrement. d) Prendre des douches plutôt que des bains, fermer le robinet lorsqu'on se lave les dents. – **8.** La veille des appareils permet d'économiser l'énergie nécessaire à l'éclairage public de toutes les villes de France ; les lampes basse consommation durent 6 à 8 fois plus longtemps et consomment trois à cinq fois moins d'électricité ; fermer le robinet économise 12 litres d'eau par minute.

34 **1.** Le Conseil mondial de l'eau. À Marseille. – **2.** Convaincre les dirigeants de la planète, tous les décideurs, que l'eau est l'une des priorités les plus importantes, qu'elle est une des grandes causes des décennies à venir. – **3.** Un forum est organisé pour proposer des solutions aux problèmes de l'eau. Le dernier a eu lieu à Mexico. – **4.** 65 % : c'est la proportion de l'eau dans notre corps. – 70 % : c'est la surface occupée par l'eau sur la Terre. – 25 000 : nombre de morts par jour (selon l'OMS), dues aux problèmes de l'eau. – **5.** a) Le manque d'eau, la sècheresse. b) La mauvaise qualité de l'eau. c) La quête de l'eau est un frein au développement. – **6.** Pendant que les enfants se consacrent à cette quête, à cette recherche de l'eau, ils ne peuvent aller à l'école recevoir une éducation et ils ne peuvent, comme les femmes, participer à la vie économique. – **7.** Que la communauté internationale prenne complètement en charge, paie, les infrastructures nécessaires ainsi que leur maintenance et leur entretien. – **8.** Il s'agit du programme « Water for Schools » qui consiste à réaliser des amenées d'eau dans les écoles afin d'y construire des latrines. Le programme pilote a concerné mille écoles dans dix pays. L'objectif est de cent mille écoles. –

9. Que l'argent consacré à l'eau dans les cinq prochaines années soit équivalent aux dépenses liées au téléphone portable au cours des cinq dernières années.

35 **1.** Parce que l'agriculture a utilisé pendant des années des pesticides très puissants. – **2.** Le Gaucho est un pesticide, un poison mortel pour les essaims d'abeilles. – **3.** Les abeilles ont trouvé refuge sur les toits de Paris, Nantes et Montpellier parce que les apiculteurs n'ont pas à craindre les pesticides dans les villes et elles y produisent beaucoup plus de miel. – **4.** Ils agissent sur le système nerveux des insectes. – **5.** En Charente et en Vendée. – **6.** D'autres professions pourraient se retrouver en difficulté : les maraîchers et les arboriculteurs sont directement concernés par le maintien des abeilles. – **7.** La production d'oléagineux comme les tournesols ou les colzas est menacée. Les consommateurs également puisqu'il n'y aurait plus de fruits, plus de plantes sauvages, plus de graines et les oiseaux qui mangent les graines seraient également touchés. Si les abeilles disparaissaient toute une chaîne serait mise en cause. – **8.** Les apiculteurs demandent au gouvernement d'interdire l'usage des pesticides. – **9.** À l'écomusée national de l'apiculture dans les Pyrénées-Atlantiques.

36 **1.** Science – **2.** le vendredi 1er avril – **3.** Il y a corrélation entre la baisse des prises et la diminution de la biodiversité des océans – **4.** la pollution, le réchauffement climatique, la surpêche, le chalutage… – **5.** c'est pêcher très profond, en raclant les fonds marins – **6.** où la biodiversité a le plus diminué – **7.** (c) – **8.** essayer de réduire la pollution, instaurer des quotas de pêche par espèce, faire des réserves…

37 **1.** Elles peuvent s'adapter aux conditions de vie extrêmes (froid, chaleur…) – **2.** elles ont comme une boussole astronomique interne – **3.** elles mangent les insectes morts de sécheresse – **4.** leur territoire – **5.** les fourmis âgées sont sacrifiées (envoyées au front ou dans des dépôts d'ordures comme éboueurs) – **6.** pour ne pas contaminer les autres – **7.** elles se sacrifient pour les autres : en tuant l'ennemi, elles se tuent elles-mêmes – **8.** les fourmis soldats ont des mandibules énormes ; les fourmis kamikazes ont des glandes toxiques surdimensionnées.

38 **1.** en mars (« C'est bientôt Pâques ») – **2.** la météo, les travaux des champs… – **3.** ce sont des créations individuelles, d'un auteur – **4.** c'est la leçon qu'on peut tirer des fables ou des histoires – **5.** Ils jouent souvent sur le rythme et sur la rime – **6.** On a toujours besoin de petits pois chez soi – **7.** (e) – **8. a)** : Celui qui a été attrapé une fois se méfie de tout – **b)** : quand on veut rejeter une personne, une idée…, on trouve mille bonnes raisons de le faire – **c)** : les personnes expérimentées ne se laissent pas tromper par les plus jeunes – **d)** : Attention à vos fréquentations : on finit par ressembler à ceux qu'on fréquente.

39 **1.** Au restaurant Drouant, à Paris. – **2.** À 13 heures et onze minutes. – **3.** Jonathan Littell. *Les Bienveillantes* – **4.** Nom : Littell, Prénom : Jonathan, Âge : 40 ans – Occupations antérieures : a travaillé dans l'humanitaire. – **5.** Vrai : a – e ; Faux : b – c- d – **6.** Titre : *Les Bienveillantes* / Auteur : Jonathan Littell. / Nombre de pages : 908 pages. Nombre de lecteurs au moment de l'attribution du prix : 300 000 / Thème : Les confessions d'un ancien officier nazi, depuis sa jeunesse jusqu'à ce qu'il quitte Berlin. / Le héros : Max Aue, né dans une famille à l'histoire complexe, est un ancien officier nazi qui parle parfaitement le français (« de langue française ») mais est aussi très épris de culture française. Élevé en France, il y a fait ses études. Proche des milieux d'extrême droite, Max Aue est un personnage cynique qui devient non seulement un criminel de guerre mais encore « un criminel tout court ». Que ce soit dans la bureaucratie nazie à Berlin ou à Auschwitz, il participe à l'exécution des Juifs pendant la Seconde Guerre mondiale.

40 **1.** Il y a ballottage quand aucun des candidats n'a obtenu la majorité au premier tour – **2.** Il disait que les Français le connaissaient bien (il dirigeait le pays depuis sept ans) – **3.** très facilement, sans difficulté – **4.** le désordre, l'anarchie, le manque de politesse… – **5.** c'est une vision un peu simpliste et un peu « machiste » – **6.** Le style est familier, très proche des gens : de Gaulle aimait s'adresser directement aux Français – **7.** (b) – **8.** (a)

II. PRODUCTION ORALE

41 *Propositions* (registre standard) :
• *Le doute :* Vous croyez que cela changera grand chose ? / Je ne suis pas sûr(e) que cette opération aura les résultats attendus. / Je ne pense pas que toutes ces bonnes intentions dureront…
• *L'ironie :* Vous avez vu ces nouveaux SDF ? Ils ne partagent pas la vie des SDF, ils veillent surtout à ne pas partager leurs tentes ! / Ce n'est pas « Reine d'un jour » mais SDF d'une nuit ! / Quelle idée de se réclamer de Don Quichotte ! Et qui sont les moulins ? Les pouvoirs publics ? Avec ça, il y a de l'espoir !…
• *L'étonnement :* C'est insensé ! Quelle idée ! Plus de deux cents tentes !
• *La satisfaction :* Enfin un geste qui a du sens ! C'est bien la meilleure façon de rendre les gens conscients du problème ! /
• *L'hésitation :* Une nuit sous la tente… Une seule nuit en sachant que ce n'est que pour une nuit… Est-ce vraiment ce qu'il fallait faire ? / Je ne sais pas quoi dire… Bien sûr, on en parle beaucoup, mais… les gens vont s'habituer… comme ils se sont habitués à voir des SDF dans les rues…
• *L'irritation :* Ah non ! C'est trop facile ! Une nuit dehors mais sans doute dans un duvet douillet et on a bonne conscience !… / Et pourquoi ne pas accueillir les SDF un soir chez soi ? Ce serait trop demander ? / Il faut vraiment en arriver là pour que les pouvoirs publics fassent quelque chose ? Avec tous les logements vides qui existent !…

42 *Propositions*
1. Oui, c'est vrai, le réchauffement climatique c'est préoccupant, mais… 20° en janvier sur la Côte… ce n'est tout de même pas désagréable ! Ça fait du bien, cette température, en plein hiver !…
2. T(u)'as pas vu, hier, à la télé, les cigognes (ne) sont pas parties. Tu crois…qu'elles font la grève de la livraison des bébés ? Non, je blague, bien sûr !… C'est bizarre, quand même ? J'espère que cela ne va pas menacer leur survie ?
3. Tous les spécialistes sont unanimes, ces changements sont dus à l'effet de serre ! Ça n'annonce rien de bon pour l'avenir ! Toute notre atmosphère va changer ! Quelle terre est-ce qu'on va laisser à nos enfants ?
4. Ce temps trop doux, c'est une catastrophe pour les commerçants ! Les soldes d'hiver n'ont pas marché : ils n'ont presque rien vendu ! Les gens n'ont pas besoin de vêtements chauds, ils pensent plutôt à la mode du printemps !
5. Rhumes, grippes, gastroentérites… mais, ma parole, ce sont les médecins qui ont « commandé » ce temps ! Leurs salles d'attente débordent !

43 **44**
1. 20 nov 1815. = traité de Paris ; la France récupère ses colonies africaines – 17 juin 1816 = 4 navires partent reprendre possession du Sénégal. 2 juillet = *La Méduse* s'échoue – 4 juillet = le radeau est abandonné – 17 juillet = *L'Argus* retrouve le radeau – 8 septembre = *L'Écho* arrive à Brest – 1er décembre = Chaumareys, le commandant de *La Méduse*, rentre en France – février 1817 = procès de Chaumareys – fin 1817 = Géricault commence son tableau – janvier 1824 = mort de Géricault.
2. T. Géricault, peintre ; J-B Savigny, médecin ; Chaumareys, commandant de navire ; A. Corréard, géographe.
3. Au large de la Mauritanie, sur le banc d'Arguin. – **4.** Un commandant ne doit jamais abandonner son bâtiment. – **5.** 15 survivants. – **6.** Il ne savait pas que le naufrage de *La Méduse* était connu en France.
7. Quand les naufragés voient *L'Argus* mais ne savent pas encore s'ils ont été aperçus ou non.
8. C'est un moment très pathétique, plein de suspense.

45 *Proposition*
Avant tout je voudrais vous remercier de m'avoir invité(e) à cette soirée littéraire. Je vais vous présenter ce soir Bernard Tirtiaux, un auteur belge, qui a un parcours particulièrement intéressant. Il a, en fait, trois parcours : un parcours de maître verrier, un parcours littéraire et un parcours théâtral. Commençons par son parcours verrier.

Bernard Tirtiaux est né à Fleurus, dans le sud de la Belgique, le 11 avril 1951. Après des humanités gréco-latines il s'est inscrit à l'académie des Beaux-Arts de Louvain où il il suit des cours de dessin, de peinture et de gravure. Parallèlement à cela il fait des études de droit.

Il passe ensuite un an à l'Institut supérieur artistique de la Cambre, à Bruxelles. Mais l'atmosphère de cette école lui convient mal. Il préfère la pratique directe et part se former en France où il apprend son métier dans différents ateliers. Il s'arrête sept mois au village médiéval de La Hume, près d'Arcachon, puis, à la demande des Monuments historiques du Limousin, il réalise une grande verrière pour le château classé de Couzeix, près de Limoges. Il exécute ensuite les vitraux de la synagogue de Livry-Gargan, près de Paris, et expose au Salon des artisans d'art à Paris.

Revenu en Belgique en 1975, il installe son atelier à Fleurus, dans la ferme familiale de Martinrou.

En mai 1984, il est retenu pour le prix Jules-Marie Destrée au musée du Verre de Charleroi, et obtient une importante commande de grands vitraux pour des bâtiments privés en Suisse. En novembre 1984, il expose en solo au musée du Verre de Charleroi.

Rompu aux techniques anciennes, Bernard Tirtiaux développe aussi bien d'autres formes d'assemblage et d'utilisation du verre comme la maçonnerie, le collage, le sablage, le travail sur miroirs. En 1985, une de ses œuvres, alliant verre, miroir et inox participe à l'exposition « Art verrier en Wallonie de 1802 à nos jours », qui se tiendra à Paris en 1985 au Centre Wallonie-Bruxelles avant d'être présentée à Mons, Charleroi, Liège et Namur en 1987, ainsi qu'au Québec et en Finlande.

Bernard Tirtiaux a dessiné et réalisé plus de 500 vitraux, tous originaux, pour des maisons particulières, des édifices religieux, des bâtiments publics. Je signalerais tout particulièrement les vitraux du Casino de Namur. Bernard Tirtiaux en avait fait une première série sur le thème des cartes à jouer en 1986, et puis, en 1994, il réalisa une fresque de 60 mètres carrés représentant une course de chevaux.

En mai 1996, il implanta une « cathédrale de lumière » de sept tonnes au Centre de l'Europe des Quinze, à Viroinval. En 1997, il a exposé des sculptures de verre à Viroinval, à Namur et à Bruxelles.

Deux ans plus tard il a réalisé des vitraux pour le Château du Val Saint-Lambert, un parcours-spectacle sur l'art du verre et du cristal.

En 2000, il a créé des vitraux pour l'église romane d'Esquelmes.

L'année suivante, il a installé cinq sculptures de verre musicales avec orgues, harpe-carillon, fontaine, sphère géante et kaléidoscope dans le parcours ludique du Val Saint-Lambert.

Son parcours littéraire débute en 1972 avec *La Profanation*, une pièce coécrite avec son frère, François Emmanuel.

Pendant près de vingt ans, Bernard Tirtiaux se cantonnera à la création de poèmes, de chansons et de pièces de théâtre. Plusieurs disques verront d'ailleurs le jour : ce sont des chansons tirées de « La Loge », « Gris-vert, gris-bleu », « Allumette », « Entre le ciel et l'ombre ». Parmi les pièces montées à ce jour, il y a *La Loge*, créée en 1981 et reprise en 2001, *Westerbork 43*, créée en 1991, *Parole de pierre* créée en 1996 à Tourinnes-la-Grosse et *Vol d'éternité*, créée en 2000.

Son premier roman, *Le Passeur de lumière*, a vu le jour en 1993. Sorti chez Denoël, il est consacré « Livre de l'été » à Metz en juin de la même année, il a obtenu également le Prix « Lire Élire » et le Prix des Lycéens pour ce premier roman.

Suit en février 1995 le Prix littéraire du Quartier latin, le Prix « Relais H » du roman d'évasion, le Prix des auditeurs de la RTBF, le Prix de la Bibliothèque centrale du Hainaut 1996 lui ont été décernés pour *Les Sept Couleurs du vent*, publié en 1995.

Le Puisatier des abîmes sortira en mai 1998. Publiés par Denoël, les trois romans sont également édités en livre de poche. Les deux premiers ont été traduits en allemand, *Le Passeur de lumière* également en roumain et en croate. Un quatrième roman, *Aubertin d'Avalon*, est paru en mars 2002 aux Éditions Jean-Claude Lattès.

Parlons maintenant de son parcours théâtral.

Bernard Tirtiaux est aussi fondateur de la Ferme de Martinrou, où il a bâti son propre espace théâtral constitué de deux salles : l'une de 100 places et l'autre de 260 places.

Il y organise également des stages, il y a un atelier polyvalent où il a construit de nombreux décors. Il y éprouve depuis vingt ans ses textes et ses musiques et, entouré d'une équipe enthousiaste et dynamique, il accueille chaque année une quinzaine de spectacles originaux. Son objectif ? « Fidéliser un public et partager avec lui émotion et passion. »

Bernard Tirtiaux a aussi travaillé comme comédien avec entre autres son frère, François Emmanuel.

En tant que metteur en scène, il a monté *Tais-toi et chante*, *Bas les masques…*, *Sanguines*, et bien d'autres pièces. Scénographe de ses propres spectacles, Bernard Tirtiaux a construit et imaginé plusieurs décors pour, entre autres, *Le Théâtre de la vie*.

J'espère avoir pu éveiller votre curiosité et que vous lirez bientôt une œuvre de cet auteur aux mille facettes, passionnant et fascinant.

46 **1.** *Voir transcription du texte.*

2. *Proposition :*

1. Je préfère lire les journaux. Je vois la page en entier et même deux pages à la fois. Les caractères sont plus grands, j'aime le contact du papier, je peux feuilleter le journal. – 2. Je ne regarde que rarement la télévision parce que je préfère lire. Si je la regarde, c'est pour le journal télévisé. Les émissions qui m'intéresseraient seraient des émissions culturelles sur ARTE. – 3. Je lis aussi beaucoup de romans, des pièces de théâtre et des poèmes. Parfois aussi des bandes dessinées. – 4. Je trouve regrettable que les gens lisent de moins en moins. – 5. Je ne pense pas que l'on puisse y changer grand-chose. Tout va en s'accélérant, les gens ont besoin de plus en plus d'informations et ce n'est que grâce à Internet qu'ils peuvent se les procurer. – 6. J'essayerais de les convaincre de faire autre chose. S'ils ne veulent pas lire des journaux ou des livres, qu'ils sortent, qu'ils fassent du sport, qu'ils aillent au cinéma, au théâtre. – 7. Il y a, je pense, un véritable danger de dépendance et, à mon avis, c'est très inquiétant.

47 *Proposition :*

• Il vous faut d'abord introduire votre exposé. *Par exemple :* Vous êtes au courant du projet japonais ? Non ? Ils veulent traverser la croûte terrestre !

• Vous situerez ensuite le projet : le lieu, la date, l'auteur ou les auteurs du projet. *Par exemple :* En fait ce n'est pas vraiment un projet japonais : il s'agit d'un programme international de forages océaniques auquel participent 21 pays, dont la France et 16 pays européens. Le projet est placé sous les auspices du Japan's Center for Deep Earth Exploration, dirigé par Asahiko Taira – Il s'agit de faire un forage dans la croûte océanique pour atteindre la couche profonde, le manteau, qui, comme vous le savez, représente 80% de la masse de la planète. Les scientifiques espèrent ainsi découvrir de nouveaux indices sur l'origine de la vie... Les travaux devraient commencer début 2007. Ils espèrent atteindre le manteau en 2012.

• Vous devrez alors expliquer comment se fera le forage. Pour cela, il vous est possible de le représenter schématiquement, au fur et à mesure de vos explications. Si vous le souhaitez vous pouvez montrer le schéma après vos explications. (Dans le cas contraire vous pouvez utiliser le schéma pour vos explications). *Par exemple :* Comme vous le savez, la croûte terrestre est moins épaisse sous les mers. C'est là le principal avantage de ce projet : il est possible d'atteindre plus vite le manteau. Mais c'est aussi un inconvénient : à partir de 2 000 m de profondeur, les effondrements sont plus fréquents. Il faut donc injecter de la boue pour évacuer les débris du forage. Comment ? Eh bien voilà : le bateau se présente... d'énormes trains de tiges.... *(explication avec l'appui du schéma).*

• Pensez à conclure. N'hésitez pas à « interpeller » votre auditoire. *Par exemple :* Vous avez peut-être des questions ?... Non ?... C'est, vous l'avez compris, un projet énorme ! Par sa réalisation mais aussi par les moyens qu'il nécessite, sans parler des informations que les scientifiques en retireront. Qu'en pensez-vous ?

48 *Proposition :* Il s'agit d'un sondage sur la création ou non d'un enseignement spécifique d'histoire des religions dans les collèges et lycées publics.

Donnez le pourcentage des gens qui sont pour ou contre cet enseignement spécifique.– Dites quel devrait être le contenu de cet enseignement. – Parlez des avantages et des inconvénients d'un tel enseignement.

49 **1.** « Avoir la fraîch'atittude », c'est manger, consommer une dizaine de fruits et légumes par jour.

2. *Proposition :* Commencez par dire comment conserver son capital santé et ensuite ce que les diverses études ont mis en évidence. – Décrivez les bienfaits des fruits et légumes. – Terminez par la façon d'atteindre l'objectif de dix fruits et légumes par jour.

50

Vous pouvez « utiliser » votre situation, profiter du fait que vous connaissez bien vos auditeurs : ce sont vos camarades de cours. L'humour peut rendre plus vivant et plus agréable votre exposé.

Proposition : Comme vous le savez, je suis architecte et j'ai une passion, les bâtiments anciens, surtout ceux du début du xxᵉ siècle. J'ai donc décidé de vous parler d'un lieu que vous connaissez bien... Essayez de deviner ! Il se trouve tout près de notre salle... Vous y allez souvent... Vous trouvez ? Non ? Deux indices supplémentaires : vous appréciez son confort et son calme... Mais non, ce n'est pas la cantine !... Bon, vous devriez d'abord y aller pour travailler... mais vous y allez pour surfer sur Internet.... C'est ça, bien sûr ! C'est la médiathèque ! Regardez par la fenêtre, regardez comme elle est belle ! Elle n'a presque pas changé depuis sa construction… Mais, connaissez-vous son nom ? Maï ? Soo-Na ? Oui, c'est la média-thèque de l'Orangerie. Et vous savez pourquoi ? Non ? Eh bien voilà. Elle a été construite en 1900, dans le style Art Nouveau, le style de la majorité des bâtiments thermaux, de l'Opéra aussi… C'était une oran-gerie, c'est-à-dire une serre, un bâtiment chauffé en hiver, où on gardait les orangers et les plantes fragi-les. À l'époque l'Impasse Lardy était une rue. Tenez, regardez cette photo : on voit bien la rue, avec, en face de l'orangerie, la source Lardy et les Bains construits en 1937… Vous voyez les orangers sur la ter-rasse ? Il y avait aussi une autre serre sur la terrasse, au fond… L'orangerie a été utilisée comme telle jusque dans les années 60. Ensuite, jusqu'en 1998, le bâtiment a été utilisé comme un magasin, un entre-pôt où on gardait les chaises des parcs… Eh oui, il y avait de jolies chaises blanches en fer forgé dans les parcs… Pour s'y asseoir il fallait payer un ticket, il était valable pour tous les parcs, toute la journée… Les chaises ont disparu… comme la rue Lardy. Quand le Pôle universitaire a été construit, on a « fermé » la rue. On a remodelé les bâtiments : on a transformé les bains en salles de cours, l'ancienne tour de chauf-fage a été refaite et aménagée en salles et en laboratoires et on a relié la médiathèque aux salles, grâce à cette sorte de pont, avec l'entrée au rez-de-chaussée et les bureaux au-dessus… Vous voyez, l'extérieur de l'orangerie n'a pas changé : seul l'intérieur a été transformé, avec la grande salle de travail et de lectu-re au rez-de-chaussée et l'espace « Internet » dans la mezzanine. Maintenant vous savez pourquoi la médiathèque a de si hautes fenêtres, pourquoi elle est si claire… C'est vraiment un beau bâtiment, non ? Et il est toujours un lieu de « culture » : après les orangers… nos esprits !

51 Réponse libre.

52 *Pour :* À mon avis, en ce qui me concerne, pour moi, il est important que les gens puissent sortir de chez eux. Ça leur permet de s'enrichir personnellement, surtout s'ils voyagent en groupe. Ils peuvent ainsi partager leurs impressions, faire connaissance avec d'autres personnes qui ont les mêmes centres d'in-térêt…
Contre : Je ne suis pas du tout de cet avis, je suis tout à fait contre ces hordes touristiques. Moi, au contraire, je trouve inconcevable que… Pensez un peu à la pollution… C'est une honte de voir ça… ce manque de respect me choque, me heurte… Pensez un peu aux autochtones… Respectez les coutumes des autres…

53 Réponse libre.

54 *Proposition : Une brève introduction annonçant le thème de l'exposé :*
Les derniers hommes de Néandertal auraient vécu à Gibraltar jusqu'à il y a 24000 ans.
Possibilité ensuite de « suivre » l'article ayant servi de base à l'exposé : Les preuves de cette survie ont été obtenues au terme d'une nouvelle campagne de fouilles menées entre 1999 et 2005 dans la grotte de Gorham. Malgré les interrogations sur une possible disparition des Néandertaliens bien plus tardive, aucu-ne preuve irréfutable n'existait au-delà des 35000 ans avant notre ère.
La datation des pièces archéologiques trouvées lors des dernières fouilles opérées entre 1999 et 2005, notamment des restes de charbon de bois, au moyen d'un spectromètre de masse par accélérateur, vient de confirmer ces hypothèses : les hommes préhistoriques étaient « certainement présents » à Gibraltar jusqu'à moins 28 000 ans et « probablement » encore il y a 24 000 ans, écrivent les auteurs de l'article, Clive Finlayson, du Musée de Gibraltar, et ses collègues. Ce qui est aujourd'hui un minuscule territoire britannique surplombant le détroit de Gibraltar où se mélangent les eaux de l'Atlantique et de la Méditerranée a, semble-t-il, fourni un environnement privilégié, dans lequel ils ont pu survivre bien après la disparition de leurs frères perdus dans la toundra qui couvrait à l'ère glaciaire une grande partie de l'Europe. Les derniers occupants de la grotte de Gorham, expliquent les auteurs de l'étude, ont eu accès à une flore et à une faune variées, vivant dans un milieu où alternaient plaines sablonneuses, zones boi-sées, marécages et falaises. « Une telle diversité écologique pourrait avoir facilité leur longue survie », selon l'équipe de Clive Finlayson. Le site portant le nom d'un officier anglais, le capitaine Gorham, qui le découvrit en 1907, a livré les premiers vestiges néandertaliens, des outils de pierre, il y a plus d'un demi-siècle. La grotte se situe par ailleurs non loin d'un autre lieu, la carrière de Forbes, où avaient été trou-vés, en 1848, les restes d'une femme néandertalienne.
En effet, alors que les hommes de Néandertal ont été décrits à partir d'ossements fossiles mis au jour

dans la vallée de Neander, en Allemagne, il y a tout juste 150 ans, en août 1856, deux autres crânes avaient été déterrés, sans être reconnus, avant cette date historique. Le fossile de Gibraltar a même été précédé par celui d'un enfant trouvé en Belgique, dès 1830. Par ailleurs, selon une théorie proposée récemment par des chercheurs espagnols, c'est en traversant le détroit de Gibraltar à l'aide d'embarcations primitives ou à la nage que les hommes de Néandertal archaïques venant d'Afrique pourraient avoir gagné le continent européen. Alors que d'autres scientifiques imaginent l'arrivée d'hommes de Néandertal en Europe plutôt via le Moyen-Orient, les anthropologues espagnols attirent l'attention sur la similitude de vestiges remontant à la période supposée de cette migration et trouvés de part et d'autre du détroit : dans l'enclave de Ceuta, au nord du Maroc, et dans le sud de l'Espagne. Si cela se confirmait, la boucle serait bouclée : les premiers et les derniers Néandertaliens européens auraient vécu dans l'extrême sud du vieux continent, sur lequel ils ont régné en maîtres absolus pendant quelques 250 millénaires, avant d'y céder la place, au terme d'une longue cohabitation énigmatique, à de nouveaux hommes, nos ancêtres.

55 *Proposition :* Extraits de l'article ayant servi de base à l'activité :
« Le clan Al-Sayyid, un groupe de 3 500 Bédouins vivant dans le désert du Néguev, dans le sud d'Israël, a été fondé il y a deux cents ans par un seul homme. Venu d'Égypte, il a épousé une femme de la région, dont il a eu cinq enfants. À la troisième génération (celle de ses petits-enfants), les cousins ont commencé à se marier entre eux. Les premiers sourds profonds sont nés à la cinquième génération et aujourd'hui, après deux cycles supplémentaires d'unions endogames, on compte déjà 150 adultes et enfants souffrant de ce handicap. […] Ce qui a stupéfié les scientifiques, c'est la langue des signes des Al-Sayyid : inventée « de A à Z » il y a soixante-dix ans, elle ne ressemble à aucun des langages parlés ou gestuels de la région, et pourtant elle a développé en une seule génération une syntaxe tout à fait complète et très semblable à celle de n'importe quel langage évolué de la planète. « Nos résultats indiquent que le cerveau humain est équipé pour donner une structure formelle à n'importe quel système de communication humain », explique Wendy Sandler, de l'université de Haïfa, en Israël, principal auteur de l'étude sur ce sujet publiée dans la revue *Proceedings of the National Academy of Sciences*. […]Dans la langue des signes des Bédouins Al-Sayyid, la fonction grammaticale d'un mot est marquée par sa place dans la phrase, dont l'ordre est toujours sujet-verbe-complément. Il s'agit de l'ordre le plus courant dans les 5 000 langues du monde. Or les Bédouins Al-Sayyid ne peuvent pas l'avoir copié, car ce n'est pas celui que suivent les langues parlées dans la région, y compris la leur, ni les langues des signes utilisées en Israël et en Jordanie. Leurs signes de ponctuation sont tout aussi étonnants (ils se serrent la main, répètent le dernier signe), ainsi que leur version silencieuse de l'intonation de la phrase (marquée par l'inclinaison de la tête ou le changement d'expression du visage).
Les scientifiques avaient déjà déterminé au cours des dernières années que les systèmes de signes utilisés par les sourds ont une structure aussi complexe que les langages parlés et qu'ils se fondent sur les mêmes mécanismes cérébraux, à l'exception des mécanismes spécifiques de la phonation. Pour Sandler et ses collaborateurs, le langage gestuel des Al-Sayyid fournit une occasion unique d'étudier en direct la naissance d'une nouvelle langue, et de voir dans quelle mesure ce processus se fonde sur une capacité innée de l'être humain. « Il y a en ce moment un grand débat pour savoir quelles sont les parties innées du langage », précise Carol Paden, de l'université de Californie à San Diego, coauteur de l'étude. « Nos résultats ne disent pas quelles sont les architectures linguistiques qui sont génétiques. Ce que nous apportons, c'est une description de la façon dont se développe une nouvelle langue. Elle nous montre que la distinction entre sujet et complément et l'ordre des mots dans la phrase apparaissent très tôt, alors que certains aspects de la morphologie, comme les inflexions ou les désinences, tardent davantage à se développer. Mais cela ne veut pas dire nécessairement que les premiers éléments sont innés et les seconds acquis. Il se peut simplement que les premiers soient plus faciles à apprendre. »
« Les données que nous avons publiées concernent la langue des signes utilisée par la deuxième génération, ajoute Wendy Sandler. Nous la comparons actuellement avec celle de la troisième génération, et nous avons déjà constaté certaines différences intéressantes ». Comme on le voit, les langues peuvent évoluer vite, et cela même en l'absence d'influences extérieures notables.

56 Réponse libre.

57 *Proposition :*

Si j'ai choisi ce sujet pour mon exposé, c'est parce qu'il est, je crois d'un intérêt général. L'ordinateur est actuellement tellement répandu, présent dans presque tous les foyers… mais nombreux sont ceux qui seraient bien embarrassés si on leur demandait de quand date le premier ordinateur.

L'ancêtre de l'ordinateur est bien sûr, le boulier compteur, que l'on appelle aussi abaque. Il date de l'an 700 et est encore utilisé de nos jours par les Asiatiques.

En 1623, William Schickard inventa la première machine à calculer mécanique.

Plus proche de nous, Blaise Pascal inventa la Pascaline en 1642. Cette machine, capable d'effectuer des additions et des soustractions, était destinée à l'origine à faciliter la tâche de son père qui était percepteur.

Gottfried Wilhelm Von Leibniz ajouta à la Pascaline la multiplication et la division en 1673. Sept ans plus tard, en 1834, Charles Babbage mit au point une machine inspirée du principe des cartes perforées du métier à tisser de Joseph-Marie Jacquard. Il se lança alors dans la construction d'une machine à calculer et exploita cette idée révolutionnaire qui allait rester pour longtemps dans les mémoires.

Les premiers calculateurs mécaniques à quatre fonctions : addition, soustraction, multiplication, et division apparaissent en 1820. En 1885, ces calculateurs furent agrémentés de claviers permettant la saisie des données avant que des moteurs électriques ne viennent supplanter les manivelles.

Mais la première véritable révolution du monde informatique nous vient de l'Allemand Konrad Zuse qui, en 1938, inventa un ordinateur fonctionnant avec des relais électromécaniques, le Z3, qui était le premier à utiliser le système binaire au lieu du système décimal comme mode de calcul. Et c'est à partir de là que tout allait se précipiter.

Le Mark I d'IBM allait voir le jour en 1944, sous l'impulsion de Howard Aiken. Ce dernier mit au point cet ordinateur programmable qui mesurait 17 mètres de long et 2,50 mètres de hauteur et qui permettait de calculer 5 fois plus vite que l'homme.

En 1948, le transistor fut créé par les ingénieurs John Bardeen, Walter Brattain et William Shockley de la firme Bell Labs. Ce transistor permettait, dans les années 50, de rendre les ordinateurs moins encombrants, moins gourmands en énergie et donc moins chers : c'était la révolution dans l'histoire de l'ordinateur. Ils reçurent le prix Nobel de physique en 1956 pour cette découverte.

Texas Instruments mit au point dix ans plus tard, en 1958, le circuit intégré, qui permettait de réduire encore la taille et le coût des ordinateurs en intégrant sur un même circuit électronique plusieurs transistors sans utiliser de fil électrique.

C'est en 1960, qu'on trouve l'IBM 7000, le premier ordinateur à base de transistors.

IBM conçut alors en 1964, une série d'ordinateurs de tailles variées et c'est là que le 360 fait son apparition. Il fallut toutefois attendre 1971 pour qu'apparaisse le premier micro-ordinateur : Le Kenback 1, avec une mémoire de 256 octets. La même année, le premier microprocesseur, l'Intel 4004, vit le jour. Il permettait d'effectuer des opérations sur 4 bits en même temps. Presque simultanément, la calculatrice HP-35 fut inventée et le processeur 8008 d'Intel qui permettait de traiter 8 bits simultanément apparut en 1972.

En 1973, le processeur 8080 d'Intel garnit les premiers micro-ordinateurs : le Micral et l'Altair 8800, avec 256 octets de mémoire. C'est le premier ordinateur de Bill Gates…

Steve Wozniak et Steve Jobs créèrent le Apple I dans un garage en 1976.

Cet ordinateur possédait un clavier, un microprocesseur d' 1 Mhz, 4 kilo octet de RAM et 1 kilo octet de mémoire vidéo. La petite histoire dit que les deux compères ne savaient pas comment appeler l'ordinateur, Steve Jobs voyant alors un pommier dans le jardin décida d'appeler l'ordinateur Apple, ce qui signifie pomme en anglais, s'il ne trouvait pas de nom pour celui-ci dans les cinq minutes suivantes…

En 1981 c'est au tour d'IBM de sortir un PC composé d'un processeur 8080 cadencé à 5 Mhz.

Il est très difficile de nos jours de suivre l'évolution de l'ordinateur tellement les techniques modernes évoluent à grande vitesse. En effet, cette évolution suit la loi de Moore : « On peut placer quatre fois plus de transistors sur une puce tous les trois ans ». On devrait ainsi avoir un milliard de transistors sur une puce aux alentours de 2010.

58 *Proposition :*

Je vais vous présenter un jeu de boules qui se joue en Anjou. Il s'agit de la boule de fort. Pourquoi ce nom ? Parce que la boule a une forme un peu particulière. Elle possède un côté faible légèrement évidé et un côté fort – d'où le nom du jeu – chargé d'une petite masse de plomb. La boule est donc constamment en déséquilibre et tombe toujours sur son fort. Elle est cerclée de fer sur le tiers de sa largeur. On l'utilise par paires. Le terrain de jeu s'appelle un jeu. Il a la forme d'une gouttière et ses bords sont relevés.

Le jeu mesure entre 25 et 30 mètres de long et a une largeur de 6 à 7 mètres. Aux deux extrémités du jeu il y a des planches qui arrêtent les boules. Autrefois, les jeux étaient faits en terre battue, bien damée et ils étaient recouverts d'une couche de sablon très fin. Ils se trouvaient à l'extérieur et étaient exposés aux intempéries ce qui les dégradaient rapidement. Mais à partir de 1965, les jeux sont devenus couverts et quasiment tous en plastique. L'entretien en est plus simple. Mais le port de chaussons y est obligatoire. Les règles et les points sont les mêmes qu'à la pétanque. Le but du jeu est de s'approcher le plus près du cochonnet que l'on appelle ici « maître ». C'est une petite boule ronde en plomb. Il existe deux sortes de joueurs : les rouleurs approchent leur boule du maître et les tireurs. Ceux-ci sont chargés de dégager les boules gênantes en expédiant leur coup à toute vitesse. Les équipes sont généralement constituées de 2 joueurs. Contrairement à la pétanque, le lancer de la boule de fort se fait la paume vers l'avant.
On dit que c'est sur la Loire que ce jeu a été inventé. Les mariniers auraient inventé le jeu en jouant à la boule dans le fond de leur bateau quand ils s'ennuyaient. Comme le fleuve était plus mouvant que la terre ferme, il a bien fallu inventer un système de lest dissymétrique de façon à pouvoir corriger la trajectoire des boules soumises au roulis : de là, la curieuse ligne des boules que l'on connaît. La boule de fort serait née aux environs de 1715.
Une société est une réunion de copains, qui se regroupent pour jouer à la boule de fort mais aussi et surtout pour se détendre. C'est surtout un lieu de convivialité qui a ses traditions et ses propres règles.

59 *Proposition :*
Je suis de toutes les fêtes, de tous les événements un peu particuliers, je suis le plus connu et le plus prestigieux des vins… Vous l'avez compris, je suis le Champagne !
Mon nom vient de la région où je suis produit : la Champagne, autour de Reims, d'Épernay, de Château-Thierry et de Bar-sur-Aube, c'est-à-dire 324 villages viticoles nommés « crus ». Le vin produit en dehors de ce périmètre ne peut pas être appelé « Champagne » : c'est une imitation.
Le plus souvent blanc, je peux aussi être rosé. Je me présente sous quatre identités différentes. Si je suis millésimé, j'ai vieilli au moins trois ans, je suis un vin d'une seule et même année, considérée comme exceptionnelle ; on me réserve pour les grandes occasions et les connaisseurs. Si je suis une cuvée spéciale, je suis le résultat d'un assemblage de vins raffinés ; les amateurs éclairés m'apprécient beaucoup. Je peux aussi être brut : dans ce cas j'ai vieilli au moins 15 mois et je suis un assemblage de trois cépages autorisés. Je peux enfin être demi-sec : je suis alors plus sucré. À mon origine, trois cépages seulement : le Pinot noir, puissant, le Pinot meunier, plus doux et le Chardonnay, aux notes florales et subtiles. Il faut six étapes pour me fabriquer : la fermentation classique du jus de raisin, puis le soutirage et le filtrage, ensuite l'assemblage, suivi de la mise en bouteilles, puis je vieillis au moins 15 mois. Mes bulles se forment. Mes bouteilles, placées col vers le bas, sont régulièrement tournées une par une à la main. La dernière étape consiste à m'ajouter une « liqueur d'expédition », c'est-à-dire un « élixir magique » (au secret jalousement gardé).
Mon prix peut varier de 1 à 10 mais « cher » ne veut pas toujours dire « bon ». Le savoir-faire de mon caviste fait la différence et non mon prix, ma bouteille ou mon étiquette. Attention ! Surtout ne me consommez pas glacé mais frais, entre 8° et 10°. Et si vous ne voulez pas vous tromper, me savourer, choisissez-moi brut, sauf si vous mangez du foie gras : dans ce cas choisissez-moi demi-sec : ce sera superbe !
Voilà, vous connaissez presque tout de moi ! Il ne vous reste plus… qu'à me déguster ! À votre santé !

60 Réponse libre.

III. INTERACTION ORALE

62
1. passé simple : n°1 à 16 inclus – subjonctif imparfait : n° 17 à 23
2. 1) voir – 2) plaire – 3) prendre 4) apercevoir – 5) recevoir – 6) offrir – 7) rendre – 8) être – 9) avoir 10) souffrir – 11) gémir – 12) savoir – 13) faire – 14) écrire – 15) lire – 16) pouvoir – 17) voir – 18) dire – 19) se taire – 20) aimer – 21) s'opiniâtrer – 22) se prosterner – 23) assassiner
3. On utilise l'imparfait du subjonctif et le passé simple à l'écrit et non à l'oral. L'imparfait du subjonctif tend d'ailleurs à disparaître. Le fait de s'en servir, et surtout pour faire une déclaration d'amour est ridicule et de ce fait amusant.

62 I. 1. b 2. e 3. d 4. a 5. c – 2. b – 3. d – 4. c, d – 5. c – 6. b – 7. d

Après écoute. – 1. Un air entre dans le pavillon de l'oreille mais il n'en sort plus. – 2. « J'entends bien » = je comprends. Il utilise le mot entendre plutôt que comprendre parce que tout le sketch est basé sur ce verbe. « Des choses entendues » : il utilise de nouveau le verbe entendre (cf plus haut). « Viens dans mon joli pavillon » : il joue sur le mot pavillon : le pavillon de l'oreille et le pavillon : petite maison.

63 a) À l'occasion de la troisième étape du prix Exbrayat. b) Bernard Tirtiaux a fait des vitraux, il a transformé une maison en théâtre, il est écrivain et comédien. c) Il est né à Fleurus, en Belgique. d) La ferme de Martinrou a été construite par son grand-père en 1938. e) Bernard Tirtiaux est maître verrier, écrivain, auteur de chansons et comédien. f) Fin 44 les vitraux de la ferme avaient été détruits. g) Dans des églises, dans des mosquées, dans des casinos. h) Une course de chevaux.

64 a) Une pièce de théâtre. b) Son frère est aussi écrivain. Il écrit sous le nom de François Emmanuel et a publié une dizaine de romans. c) C'était un livre sur les verriers. d) Ils obtiennent cette couleur quand la brume se pose sur la cheminée de la verrerie. e) Bernard Tirtiaux travaille sur des instruments de verre, avec une musicienne qui joue de la harpe. Il dit que la lumière chante, le verre chante et que le verre a aussi son propre chant. f) Avant tout dans son théâtre. g) Il y a deux théâtres qui fonctionnent en même temps. Un pour les enfants avec des spectacles adaptés pour eux et un pour leurs parents où sont jouées des pièces plus sérieuses. h) Le jour de l'inauguration de l'autoroute de Wallonie quand le père de B.T. a vu le ministre flamand qui était responsable du déménagement des Wallons de la ville de Louvain, il lui a pris les ciseaux des mains et a coupé lui-même le ruban. C'est pour cette raison qu'il a été embarqué par la police.

65 a) Deux frères : Abel qu'on appelle Belo, 8 ans et Mutien, 13 ans. b) Les deux enfants, pris dans la tourmente de la Seconde Guerre mondiale vont quitter la Belgique pour aller en Allemagne à la poursuite de leur cheval, Gaillard, volé par les Allemands. c) Bernard Tirtiaux est très sensible au fait que la blessure de guerre ne s'est jamais refermée pour les Allemands. d) Les deux enfants sont issus d'une famille nombreuse très chrétienne. Le plus jeune est hanté par l'idée de ne pas s'être confessé et l'aîné, très différent, est une tête brûlée. e) Revenir à l'humain, c'est revenir au temps, à la fragilité, c'est revenir au sort de chaque homme en particulier, à tous les drames individuels. f) Son ami allemand disait « mon père est rentré en 48 et il était… il n'avait plus sa place. » Les femmes avaient complètement pris le pouvoir et pendant toute sa vie il a été poussé d'un coin à l'autre de la maison. C'est-à-dire qu'il n'était plus personne. g) à cause de l'écriture, parce qu'il sait faire vivre les silences, parce que c'est actuel.

66 1. le mari et la sœur de Clara – 2. elle est fatiguée après son accouchement, elle s'ennuie, elle a le « baby blues » – 3. elle se plaint de son absence et elle le soupçonne d'infidélité – 4. il est fatigué et inquiet pour sa femme – 5. sa mère, sa belle-mère, ses sœurs – 6. ses sœurs travaillent ; elle ne s'entend pas bien avec sa mère ; sa belle-mère a un caractère difficile – 7. Clara reprend son travail – 8. Ce n'est pas nécessaire que tu te déranges, on se débrouille bien tous les deux. Et puis Clara a besoin de se retrouver un peu toute seule avec les petits…

67 1. faire le point après trois semaines de stage – 2. un jeune stagiaire et son tuteur de stage – 3. il est gentil, un peu paternaliste – 4. entre 9 et 10 semaines de stage – 5. oui, il a appris beaucoup de choses – 6. Ils ont dû avoir une discussion un peu vive. M. Perruchot avait tort, ce qu'il supporte mal – 7. le jeune homme préfère ne pas revenir sur ce sujet ; le tuteur de stage essaie d'excuser l'attitude du vieil employé – 8. il a des difficultés à présenter correctement un compte clients.

68 1. quatre locuteurs différents – 2. Paul ; Niels – 3. l'organisation d'un dîner entre amis – 4. le 31 décembre, la soirée du Réveillon – 5. le premier est fatigué de ces fêtes : on boit et on mange trop ; le second invoque sa thèse – 6. on dit souvent qu'être 13 à table porte malheur – 7. il va inviter sa jeune voisine coréenne – 8. des huîtres et du foie gras – un gigot d'agneau – comme dessert : une bûche, des glaces, des fruits… Comme boisson, champagne et vin rouge.

69 *Propositions :*

• *Accueil :* Bonjour Mesdames, bonjour Messieurs. Je vous remercie beaucoup pour votre accueil et vos bons souhaits. Je suis vraiment très heureux(euse) de vous rencontrer enfin et de vous transmettre les vœux du comité de ma ville.

• *Les projets :*

– C'est une excellente idée ! Les frais seraient ainsi regroupés… Vous envisagez ces activités le même jour ? La même semaine ? Pourquoi pas à l'occasion de l'Ascension ? Cela pourrait faire un week-end prolongé.

– Le loto permettrait de collecter des fonds pour les différents voyages. On pourrait l'organiser à l'automne ? En octobre ? Nous avons pensé que le gros lot pourrait être un séjour d'une semaine pour deux personnes et les autres lots, des produits du terroir ?

– Pour participer à votre foire commerciale, que faut-il faire ? Il faut poser sa candidature ? Avant quelle date ? Combien coûte la location d'un stand ?

– Je pense qu'il est préférable que les échanges scolaires aient lieu successivement : les enfants pourraient être logés dans la famille de leur « correspondant » et comme ils se connaîtraient déjà, cela faciliterait la communication entre eux.

– Des échanges de professionnels seraient très intéressants, c'est vrai, mais sans doute plus difficiles à mettre en place que des échanges entre étudiants vous ne croyez pas ? Ils ont moins de contraintes de temps… Pour les professionnels, il ne faudrait pas qu'il y ait de grands problèmes linguistiques…

• *Remerciements :*

Encore merci pour votre accueil… Je pense que nous avons bien progressé dans nos projets… Mais il faudrait qu'on se revoie bientôt : à quelle date pourrait-on fixer notre prochaine rencontre ?

70 *Propositions :*

• En surfant sur Internet j'ai découvert le site de la ville de Cesson-Sévigné et j'ai donc pu voir leur i-panneau. Un ami m'en avait parlé : il était passé par Cesson pendant ses vacances.

• Faire deux i-panneaux identiques pour chacune de nos villes, avec les caractéristiques de chacune et les renseignements essentiels pour savoir où s'adresser.

• Tous les visiteurs de la ville en auraient connaissance ! Les renseignements seraient regroupés et cela placerait la ville dans la modernité, en accord avec l'époque.

• Ce ne serait pas très cher. De plus, je suis stagiaire, vous n'auriez pas de salaire à me verser. J'aimerais bien loger chez des habitants, gratuitement si possible, c'est-à-dire pris(e) en charge par votre commune pour le logement, et par la mienne pour les frais de voyage. Qu'en pensez-vous ?

• Je pense qu'il faudrait compter un bon mois, c'est-à-dire quatre à cinq semaines, six au maximum.

• La municipalité de ma ville est très favorable ! Mon idée leur a plu tout de suite. Ils m'ont assuré(e) de leur soutien.

71 *Proposition :*

Qu'est-ce que je dois faire pour commencer ? / Et ensuite ? / Pourquoi est-ce qu'il faut faire ça ? / Avec quoi est-ce qu'on fait ça ? / Comment est-ce qu'on obtient cette fumée / de la fumée ? / On enlève tout le miel de la ruche ? / Et comment on fait pour récolter le miel maintenant ? / Qu'est-ce que c'est les cadres ? / Qu'est-ce qu'on fait avec la cire ? / Qu'est-ce que ça veut dire désoperculer ? Je ne comprends pas / On dit une alvéole ? / Et après, qu'est-ce qu'on fait avec les cadres ? / Ah, alors si j'ai bien compris, la force centrifuge permet de récupérer le miel. On peut alors le manger tout de suite ? / Qu'est-ce qu'on fait avec cette cire ? / Et qu'est-ce qu'on fait avec le miel après ? / Pourquoi est-ce qu'il y a des miels de couleurs différentes et des miels qui sont liquides et d'autres plus ou moins solides ? / Quand est-ce qu'on récolte le miel ? À quelle moment de l'année ? / J'ai entendu dire que la gelée royale était très bonne pour la santé. C'est vrai ?

72 *Proposition :*

— L'an dernier j'ai réveillonné chez des amis français. C'était vraiment sympa ! Ils avaient tenu à respecter toutes les traditions !

— Tu as dû faire un bon repas ?

— Un dîner fabuleux avec foie gras, huîtres, chapon rôti, flans de légumes, fromages… et champagne bien sûr !

— Et comme dessert ?

— Un Opéra, (c'est un merveilleux gâteau au chocolat), un soufflé à la mandarine, des chocolats, des marrons glacés… Après le repas, à minuit, nous nous sommes tous embrassés sous la boule de gui…

— La boule de quoi ?

— Oui, tu sais, c'est ce que les druides dans *Astérix* cueillent dans les arbres, avec Panoramix, pour fabriquer la potion magique…
— Ah oui !… Et ça porte bonheur ça ?
— Il paraît… Après nous avons échangé des petits cadeaux – les étrennes – et nous sommes allés danser en boîte ! Et chez toi, en Espagne, qu'est-ce que vous faites ?
— Comme en France, et je pense dans ton pays, nous faisons aussi un grand et bon repas.
— Vous mangez quelque chose de spécial ? / Qu'est-ce que vous mangez de particulier ?
— Des hors-d'œuvre variés avec bien sûr du jambon cru, si possible du jabugo, le meilleur des jambons, du manchego, un fromage de brebis…
— Du fromage, en entrée ? / En hors-d'œuvre ?
— Oui, le manchego, toujours. Ensuite il y a traditionnellement de l'agneau rôti ou mieux, du cochon de lait rôti. Mais ce qui est rituel, c'est le dessert, ou plutôt les desserts.
— Qu'est-ce que c'est ? Un gâteau ?/ Ce sont des gâteaux, des confiseries ?
— Les mêmes que pour Noël : le massepain, les polvorones, les mantecados, mais surtout le délicieux turron sous toutes ses formes… Ensuite on se prépare à manger les douze grains de raisin aux douze coups de minuit. C'est le plus important de la soirée !
— Comment ça ? / Qu'est-ce que c'est, cette tradition ? / Comment ça se passe ?/ Tout le monde fait ça à minuit ?
— Quand l'horloge de la Puerta del Sol sonne, à chaque coup on mange un grain en faisant un vœu. Quand on a réussi à avaler les douze grains au douzième coup, on dit que les vœux se réaliseront. Enfin… on l'espère !
— Mais tout le monde fait ça ? / Tout le monde respecte cette tradition ?
— Oh oui ! Nous sommes très attachés à cette tradition ! Les Madrilènes se rendent à la Puerta del Sol, la place centrale de Madrid, noire de monde, et les autres regardent la retransmission à la télévision. Et les Espagnols qui sont à l'étranger écoutent la radio !
— Cette tradition est ancienne ? / Quelle est l'origine de cette tradition ?/ Cette tradition existe depuis longtemps ?
— Eh bien en fait, non, pas tout à fait un siècle, depuis 1909.
— Pourquoi ? Qu'est-ce qui s'est passé ?
— Eh bien, cette année-là, les vendanges ont été exceptionnelles et il y a eu un excédent de raisin. Pour parvenir à le vendre, les agriculteurs ont eu l'idée de dire que consommer du raisin le 31 décembre portait chance pour l'année à venir.
— C'est du raisin frais ou sec ?
— Du raisin frais. On égrène des grappes et on prépare une « portion » de douze grains pour chacun. Maintenant on trouve même des petites boîtes de conserve avec des grains pelés et épépinés, prêts à être consommés !
— Qu'est-ce que vous faites ensuite ? Vous allez aussi danser ?
— Tout comme vous ! Nous rentrons très tard… ou plus exactement très tôt ! Mais nous, avant d'aller nous coucher nous allons dans une cafeteria ou une « churreria » pour prendre un bon chocolat chaud avec des churros, nos beignets traditionnels.

🧱 *Propositions :*

Nicolas : Tu ne te trompes pas, ce sont les biens hérités du père, des ancêtres et cela peut aussi être, au sens juridique, la valeur en argent de ces biens. Mais le patrimoine de ces journées est un patrimoine intellectuel et sentimental. C'est un héritage culturel. Nous n'en sommes pas propriétaires mais nous y sommes attachés, nous nous l'approprions. Tu sais, c'est difficile de définir le patrimoine. Ce qui est sûr, c'est que ce mot s'accompagne d'une quantité d'adjectifs ! Notre patrimoine est culturel, artistique, pictural, architectural, musical…
Vous : Tout ça ? Pas seulement architectural ? Chez nous, en général, quand on parle de patrimoine on pense aux villes, aux monuments… Qu'est-ce que c'est pour toi le patrimoine culturel ? Tout est culturel non ?
Nicolas : Là je verrais plutôt tout ce qui touche à notre façon de vivre, nos croyances, nos superstitions, mais aussi nos traditions, nos fêtes…
Vous : Alors, la cuisine est un patrimoine ! Dans ce patrimoine culinaire, qu'est-ce que tu retiens ? Des spécialités ? Des produits ? Lesquels ?
Autres questions possibles : À qui penses-tu dans le domaine pictural ? À Chardin ? À Géricault ? Aux impressionnistes ? À des peintres actuels ? À Klein, par exemple ?

Et pour le patrimoine musical ? Tu ne penses pas qu'en dehors des classiques, il faudrait mettre davantage en valeur notre folklore ? Nos instruments traditionnels ? Le biniou, la vielle, par exemple ?

74 *Propositions :*
— Des études scientifiques ? Mais vous êtes professeur de français ? C'est possible ? C(e n')est pas les mêmes diplômes ?
— Non, bien sûr, mais j'ai fait aussi des études de lettres…
— Je ne comprends pas… Vous aimiez les sciences ou les lettres ? / Vous vouliez une profession scientifique ou littéraire ?
— Oui, je sais, ce n'est pas facile à comprendre. Je vais vous expliquer… mon parcours universitaire est tout à fait atypique…
— C'est à la fac que ça a commencé ? / Vous avez changé d'idée à la fac ? Vous avez commencé par les lettres ou les sciences ?
— En fait, cela a commencé au lycée. J'étais en C, en sciences, et après mon premier bac…
— Vous avez passé plusieurs fois le bac ? / Vous avez préféré repasser le bac pour avoir une mention ? Vous avez combien de bacs ?
— Non, je ne l'ai pas passé plusieurs fois… À cette époque il y avait deux parties de bac : une à la fin de la première et la deuxième l'année suivante. Il y avait le choix entre philo pour les lettres, sciences ex (sciences expérimentales) pour des études de biologie ou de médecine par exemple et math élem (mathématiques élémentaires) pour les orientations scientifiques.
— Mais pourquoi deux parties ? C'est plus simple maintenant ! / À quoi servaient ces deux parties ?
— Eh bien, avec la 1re partie il était possible de faire certaines études. Mais pour entrer en fac il fallait avoir les deux parties.
— Alors qu'est-ce que vous avez fait, un bac sciences ? / Alors vous avez dû faire math élem, non ?
— C'est ça. J'ai passé math élem et je suis rentrée en fac de sciences. J'avais 17 ans. La première année était très difficile… et j'ai échoué… J'ai recommencé mon année mais je suis tombée malade. Et je n'ai pas réussi. À cause de la chimie, parce qu'en maths et en physique ça allait. Il a donc fallu que je change d'orientation…
— C'est là que vous êtes allée en lettres ? / Alors vous êtes allée en lettres ?
— Pas tout de suite. Je suis d'abord allée dans une école des Beaux-Arts pour étudier l'architecture que j'ai toujours beaucoup aimée. D'ailleurs j'avais hésité avant d'entrer en fac… Mais là j'étais la première fille dans ce cours… Je n'ai pas supporté le bizutage et je suis partie à la fin du premier trimestre…
— Vous n'avez pas eu de chance ! / Et les lettres ? / Alors qu'est-ce que vous avez fait ? On vous a conseillé d'aller en lettres ?
— J'ai demandé une dérogation pour m'inscrire… et voilà ! J'ai réussi à tous mes examens sans problème, j'ai fait une maîtrise d'espagnol…
— Vous avez enseigné l'espagnol dans un lycée ? / L'espagnol ? Et le français langue étrangère ?
— En même temps que la maîtrise j'ai préparé un diplôme en gestion d'entreprise à la fac de droit.
— Du droit, maintenant ? / Comment, du droit aussi ?
— Oui, mes expériences de remplacement dans deux collèges ne m'avaient pas plu… Je me préparais donc à travailler dans une entreprise… mais en 68, pour une femme, trouver du travail, même avec des diplômes, ce n'était pas facile…
— Vous êtes revenue à l'enseignement ? / Qu'est-ce que vous avez fait ? / Vous n'avez pas trouvé de travail ?
— Une école de langues cherchait un prof d'espagnol pour des cours du soir… et là j'ai découvert le français pour les étrangers, comme on disait alors… J'ai tout de suite aimé ! Vous voyez, ce n'est pas courant comme parcours !…
— En effet ! / C'est vraiment intéressant ! / Vous en avez fait des choses !

75 *Pas de propositions de réponses car chaque situation est différente.*
Toutefois, en France, certaines questions ne peuvent vous être posées car elles ne sont pas acceptées dans le droit du travail. Ce sont les questions touchant à la vie privée, aux origines, à la religion ou aux opinions politiques.

Corrigés de l'écrit

I. COMPRÉHENSION ÉCRITE

76 1. *Le Rempart des Béguines* – **2.** *Les Mains Sales* – **3.** *L'Écume des jours* – **4.** *Les Maîtres sonneurs* – **5.** *L'Arbre au trésor* – **6.** *Griffe au nez* – **7.** *Coup de torchon* – **8.** *La Vie rêvée des Anges*.

77 2. L'humour de ces palimpsestes consiste en ce que tout le monde (re)connaît soit le titre du livre, le refrain de la chanson ou le titre du film, même sans en savoir l'origine exacte. On les réutilise dans un autre contexte pour s'amuser, pour jouer avec la langue, pour faire des jeux de mots. De là résulte l'humour de ces palimpsestes.

78 1. **a)** coiffeur – **b)** agent immobilier / prêt immobilier / banque – **c)** bar / café – **d)** et **e)** librairie. **2.** De gauche à droite et de haut en bas : 1. Chat peau – 2. Chat teau – 3. Chat pitre – 4. Chat sseur – 5. Chat meau – **3.** les étoiles – un diamant – une encyclopédie – **4. a)** un bon cru = un bon vin + une bonne cuite = l'ivresse – **b)** cf. le mieux est l'ennemi du bien – **c)** un guéridon (une petite table ronde) – **d)** maladie / ma lady – **e)** l'eau de là / l'au-delà.

79 3. – 1. emploi du temps – **2.** Très occupée – 3. Chaussures de sport – **4.** Un survêtement de sport – **5.** courir – **6.** une « course à pied » (trad. approximative) – **7.** sauter de chaîne en chaîne – **8.** joueurs de rugby – **9.** joueurs de tennis – **10.** faire des courses – **11.** un « parc (une zone) de stationnement » – **12.** Un « nettoyage à sec », une teinturerie – **13.** Une tenue de soirée – **14.** Une mise en forme, un séchage à la brosse – **15.** Les « célébrités » – **16.** Un « restylage » – **17.** Un « lissage », un « déridage » – **18.** Une « nounou » – **19.** Une discothèque, une boîte de nuit, une salle de bal – **20.** « sélectif », « fermé », assimilé à « de classe » – **21.** Super – **22.** Un « rôti » – **23.** Un brunch – **24.** randonnée en montagne – **25.** Le « caravanage » – **26.** Une « voiture roulotte »

80 **a)** 1j – 2o – 3n – 4f – 5h – 6b – 7a – 8l – 9k – 10g – 11m – 12i – 13d – 14c – 15e. **b)** 1 : j'ai choisi de vivre en province – 2 : les jeunes de banlieue – 3 : les tués à la suite de bombardements – 4 : la mort de son mari – 5 : les sourds – 6 : le cancer – 7 : un entretien orageux, un désaccord – 8 : les familles pauvres.

81 Sally ? Elle avait un amant caché ? – un employé de bureau – maintenant, elle me snobe, elle prend de grands airs – elle me croise sans même me reconnaître – je suis revenu chez ma femme (légitime) mais elle m'exaspère… si ça continue, je vais m'enfuir – je risque d'être licencié – mon entreprise va fermer – ça m'est pénible – je vais retomber dans la misère (« galérer ») – il faut faire grève (se mettre en grève) – les autres sont des ploucs, des péquenauds.

82 1. 1 d – 2 j – 3 p – 4 e – 5 m – 6 v – 7 b – 8 z – 9 i – 10 g – 11 f – 12 h – 13 o – 14 s – 15 r – 16 q – 17 c – 18 a – 19 n – 20 l – 21 k – 22 y – 23 u – 24 x – 25 w – 26 t
2. Odette Toulemonde et moi
Mon amie Marie-Louise et moi sommes allées voir *Odette Toulemonde*, une comédie de Éric-Emmanuel Schmitt avec Catherine Frot et Albert Dupontel, à Paris. La majeure partie du film a été tournée sous le ciel de Belgique. Les scènes qui se passent à la mer m'ont rappelé mon enfance. Nous habitions Bruxelles et allions souvent au Zoute. Ma tante y possédait une villa. Nous lui apportions systématiquement une boîte de pralines et elle nous embrassait pour nous remercier. Avec mes cousins et cousines on jouait au jeu de fléchettes, on faisait du quadricycle sur la digue, et nous rentrions à midi pour déjeuner. Au menu il y avait souvent des endives, du fromage de tête ou du farci de veau, mais ce que je préférais c'était cette entrée typique au parmesan et le steak tartare. Comme sa femme de ménage était en vacances, pour aider ma tante, nous rapportions les bouteilles consignées chez l'épicier, nous passions la serpillière dans la salle de séjour ou alors nous cirions les chaussures. L'après-midi nous allions au kiosque à journaux acheter le magazine *Tintin* pour mon oncle. Il y avait chez ma tante un petit chien, un bâtard, qui ne pensait qu'à jouer et qui ramenait du sable dans toute la maison. Heureusement qu'avec la petite pelle à poussière, tout était vite enlevé.

Quand il pleuvait à verse, ce qui arrive souvent en Belgique, on écrivait des cartes postales. Pour le goûter, ma tante achetait toujours des chaussons aux pommes, des pains aux raisins, de la brioche aux raisins ou au sucre. Au dîner, nous nous régalions avec des moules-frites.

Le dimanche, nous allions à l'église et à la sortie de la messe, nous passions chez le marchand des quatre saisons et chez le poissonnier. En rentrant, nous mangions nos petits pains fourrés avec des crevettes. Rien que d'y penser, un sentiment de nostalgie m'envahit…

83 Il était ivre, il avait des vertiges – il a dû aller au lit tout droit – il doit être fatigué – il ressemble de plus en plus à son père – il commençait par une gorgée (un verre) le matin et le soir il était ivre – c'est dommage, c'est un garçon sympathique et généreux – il va neiger – je ferais mieux de me dépêcher, j'habite loin – Excusez-moi – Je vous en prie – À bientôt.

84 Avant qu'on aille faire des courses, tu peux passer la serpillière ? – je suis fatiguée (j'en ai assez) – il y a toujours un monde fou – je préfère aller marcher – ou alors, on prend la voiture… On ne va pas se disputer – toi, mets le linge dans la machine – Il m'énerve, cet espèce de crétin, toujours à câliner sa copine – ce n'est pas un travail pour les garçons – c'est une blague, non ?

85 1. a) 1828 – b) 800 – c) L'Eau de Cologne Impériale – d) L'Heure bleue, Mitsouko, Shalimar, Habit Rouge, Samsara – 2. Vrai : b, d, g, i – Faux : a, c, e, f, h – 3. La composition musicale et la peinture.

86 1. Fragrances – parfums – parfumer – nez – olfactives – le sillage – la prégnance – essences – sentir – effluves – odeur. – 2. Chypré – floral – hespéridé – oriental. – 3. a) bois, cuir – b) fleurs – c) essences d'agrumes – d) musc, vanille, bois, essences exotiques. – 4. Ambrées, sensuelles, vanillées, musquées, chyprée, miellée, poudrée, lavandé. – 5. 1 d – 2 h – 3 g – 4 f – 5 c – 6 i – 7 a – 8 b – 9 e. – 6. Les accords – les notes – les notes récurrentes

87 1. A : De gauche à droite : un cognac, le champagne, le bourgogne, le bordeaux, de l'eau. – B : vin rouge à température ambiante ; les autres frais mais non glacés – D : 1 : lourd ; 2 : harmonieuse, ronde, souple, vive. – II. 1. : rouge = fruits rouges, rondeur fruitée, notes épicées – blanc : paille, reflets verts, minéralité – 2. – que l'on peut conserver plusieurs années dans sa cave – 3. le palais conserve longtemps la saveur du vin – 4. description (1) = le nez ➛ en bouche (d'abord, ensuite) ➛ vin de garde ou non ? ➛ conclusion description (2) = la robe ➛ le nez ➛ en bouche (d'abord, ensuite) ➛ vin de garde ou non ?

88

APPELLATION	NOM / ADRESSE DU PROPRIÉTAIRE	MISE AU DOMAINE	MILLÉSIME	NOM DU CRU
Bordeaux contrôlée	Domaine de La Grâce 33420 France	Château de La Grâce	2006	Grand vin de Bordeaux
Bordeaux supérieur contrôlée	Château de Guxcac 32420 France	Château de Guxcac	2006	Grand vin de Bordeaux

89

	EDITORIAL A	EDITORIAL B
a) sont-ils signés ou non ?	Non	Oui
b) présentation : nombre de colonnes, nombre de paragraphes…	Présenté verticalement 3 colonnes, 4 paragraphes	Présenté verticalement 3 colonnes, 7 paragraphes
c) structuration du texte : quels sont les connecteurs logico-temporels	Anaphores (ces colonnes – cette logique)	Anaphores (cette interdiction – cette nouvelle réglementation)
d) forme de l'introduction : est-ce une citation ? Une phrase choc ? Un exemple ?	Mention de fumeurs célèbres (Sartre, Pompidou…)	Une phrase choc : Donc, c'est fini.

2. *Conclusion 1* = mise en cause de l'État qui esquive ses responsabilités et se défausse sur les consommateurs – *Conclusion 2* = il faut aider les pays pauvres qui risquent d'être la prochaine cible des cigarettiers.

3. *Le premier éditorial* approuve cette mesure mais attire l'attention sur les risques d'un interventionnisme exagéré de l'État qui, par ailleurs, a tiré d'énormes profits des taxes sur l'alcool et les cigarettes (soulever des questions, culpabiliser / exclure, liberté individuelle, responsabilités collectives et de l'État, schizophrénie…)

Le second éditorial approuve plus entièrement cette mesure et dénonce l'attitude de ceux qui, au nom de la liberté de choix, la réprouvent. (un vice, un défaut, une déviance, une anomalie, un tournant de civilisation, une révolution culturelle, des lapalissades, de mauvais arguments, un progrès).

90 **1.** *Le titre* = on va nous parler de quelque chose qui est contre la domination de l'argent. – *Le chapeau* = on nous explique ce que signifie le sigle S.E.L. et on précise en quoi c'est original. – *Intertitre 1* ➤ on reprend ce qu'indique le titre (argent-roi / le « tout fric ») – *Intertitre 2* ➤ l'État n'accepte pas vraiment les SEL, il les « tolère » – *Intertitre 3* ➤ les SEL ont l'air « anti-fric », justes mais… est-ce vrai ? – *Le chapeau* qui explique ce que sont les SEL est avant le titre lui-même ; il y a de nombreuses citations en italiques = des témoignages de « sélistes »

2. (a) *Introduction* : l'auteur attaque avec un « témoignage vécu » (on ne donne que le prénom de ce témoin) – (b) *Premier intertitre* : oui (= « la vraie richesse », « les agios et intérêts n'ont pas droit de cité »…) – *Deuxième intertitre* : oui (= « Après avoir analysé et compris le phénomène… ») – *Troisième intertitre* : oui (« pas adapté pour les plus démunis… ») – (c) *Conclusion* : à nouveau une citation, cette fois d'une responsable, une coordinatrice. Cependant, comme dans l'introduction, il est question d'une histoire particulière, concrète, d'un témoignage vécu.

3. (a) permet de donner un coup de main – (b) savoir pouvoir compter sur une communauté de personnes – (c) pourfendre le « tout fric » – (d) un seul procès a été intenté…) – (e) il y a très peu de pauvres.

Exemple de résumé : Il existe en France environ 400 SEL qui permettent à leurs membres d'échanger des produits, des savoir-faire, des services… Ce système leur permet d'échapper à la domination de l'argent comme seule valeur d'échange – L'État ne considère pas les SEL comme du véritable travail au noir et ferme les yeux sur son manque à gagner. Un bémol cependant : seules les personnes disposant d'un certain capital social, celles qui ont une compétence à échanger, profitent vraiment de ce système.

91 **a)** *Le titre, le chapeau, l'introduction, l'argumentation, la conclusion*

b) *Le titre et le chapeau* captent l'intérêt du lecteur. – *L'introduction* donne des informations sur le thème qui va être traité. – *L'argumentation* sert à exprimer le pour et le contre, les avantages et les inconvénients *La conclusion* termine l'article.

1. L'ambition du laboratoire de chimie verte Biotec est de remplacer totalement le pétrole par de la pomme de terre pour fabriquer des objets en plastique. – **2.** Ce projet devrait permettre de s'affranchir de la dépendance pétrolière tout en créant un produit plus respectueux de l'environnement. – **3.** Réponse libre. – **4.** Les arguments favorables utilisés sont d'une part sa biodégradabilité : les sacs produits jusqu'à présent se dégradent en moins de 90 jours. D'autre part, à épaisseur égale le sac a une densité supérieure. Il est en outre antistatique et présente des aspérités qui facilitent son utilisation comme support d'impression et son incinération est moins coûteuse en énergie. – **5.** Les arguments défavorables sont le délai de fabrication très long et le coût du sac vert encore très élevé. Par respect pour l'environnement et pour s'affranchir de la dépendance pétrolière, la pomme de terre servira à la fabrication des objets en plastique dès 2015. **6.** Le remplacement de la totalité des produits pétroliers nécessitera l'utilisation de 4 % des surfaces agricoles françaises.

92 **2.** L'article présente les différentes façons d'acquérir la nationalité française : il y a trois possibilités.

3. a) Les deux premières lignes expliquent ce que sont le droit du sol et le droit du sang. – **b)** Exposer l'évolution du concept de nationalité. – **c)** *Droit du sol* : Moyen Âge ; Révolution française ; Constitution girondine. *Droit du sang* : après le Moyen Âge : influence du droit romain ; Le Code civil de 1804 à 1927 – **d)** Le Code de la nationalité n'est plus réservé à l'homme. – **e)** Les Présidentielles d'avril 2007. – **f)** Deux nouvelles notions : immigration choisie et intégration réussie. – **g)** Le choix des immigrés en fonction des besoins et des possibilités, la restriction du regroupement familial, l'interdiction faite aux enfants de parler leur langue maternelle. – **h)** Non. Ton ironique, caustique : « Judicieuse initiative pour l'enrichissement culturel de la France, de l'Europe… »

93 1. a) D'une relation entre fiction et référence. – Fiction et référence, fonction référentielle de la fiction, fiction artistique : pas de prétention référentielle. – b) « Statut référentiel de la fiction » – c) La science, la philosophie et l'art.

2. a) Une introduction. – 3 parties : la fiction selon Platon, la fiction selon Aristote mais aussi « les tenants actuels de la théorie des mondes possibles », une question – Pour Platon, la fiction donne l'impression de référer à la réalité, or il n'en est rien ; pour Aristote la fiction a une valeur de vérité car elle se réfère à ce qui est possible ou nécessaire ; admettre la fiction, cela veut-il dire admettre toutes sortes de mondes possibles ?
b) Les différents sens de la notion de fiction et la pertinence de la référence – chaque sous-rubrique est marquée, introduite par un signe, un point – elles sont au nombre de cinq : les cinq types de fiction, les cinq « usages » du mot fiction pour lesquels la notion de référence est essentielle –
c) Elle présente la fiction ludique et la fiction artistique. – une introduction, les caractéristiques de la fiction artistique, comment il convient de considérer la fiction artistique, la différence entre la fiction artistique et le discours référentiel.
d) « (En élargissant le champ de nos alternatives, les représentations fictionnelles augmentent la flexibilité de notre capacité imaginative. En ce sens,) la fiction est bien un outil cognitif, mais sa fonction est projective – elle projette des scénarios possibles – et non reproductive – elle ne rend pas compte d'une réalité existante. » – Il s'agit d'un « résumé » de ce qu'est la fiction : « la fiction est bien un outil… »
3. a) La référence à la réalité – b) « Fiction » est en général interprété comme le contraire de la réalité – c) Le domaine des sciences – d) 1. Fiction = des « êtres de convention » ou des « entités non observables directement », outil cognitif permettant « d'expliquer de façon cohérente un certain nombre de constatations factuelles ». 2. Fiction = « des notions ou des modèles heuristiques », outil cognitif permettant de « rendre compte des présupposés implicites […] (de) l'état de contrat social, sans pour autant affirmer son existence ». 3. Fiction = des « expériences de pensée », outil cognitif permettant de faire des « hypothèses explicitement […] posées comme contraires à la réalité » – e) La fonction ludique : « s'annonce toujours comme fiction », « n'interagit pas avec des propositions référentielles », « elle s'oppose au vrai et au faux », « La différence entre fiction artistique et discours référentiel […] (est) d'ordre pragmatique » – f) « la fiction est bien un outil cognitif » […] « elle ne rend pas compte d'une réalité existante » – g) Les fictions « n'ont pas de fonction assertive », elles nous permettent de penser que si elles étaient réelles, elles seraient telles qu'elles sont décrites.

94 La lettre : 1. a) En haut, à gauche de la page. – b) En haut, à droite de la page, un peu plus bas que l'adresse de l'expéditeur. – c) Un peu au-dessous de l'adresse du destinataire. Nom du lieu + virgule + le + date – d) L'objet de la lettre. – e) L'appel est repris tel quel dans la formule de politesse. – f) Au-dessous de la lettre, en bas, à droite. – g) Au bas de la page, à gauche. P.J. = Pièce(s) jointe(s)

2. a) Je vous prie de bien vouloir trouver ci-joint – b) et me concernant, une déclaration sur l'honneur – c) Suite à mon entretien téléphonique […] avec le service de la redevance audiovisuelle de votre Centre – d) Je vous serais très obligé de bien vouloir m'accorder un dégrèvement pour cette imposition – e) Dans l'attente de votre réponse et vous en remerciant par avance – 3. a) Ses nom, prénom et adresse. – b) Je soussigné, demeurant, déclare sur l'honneur…

95 1. Un avis de dégrèvement. – 2. Non. Il s'agit d'un imprimé complété avec les éléments relatifs à M. Gero Bauer. – 3. La trésorerie (ici celle de Cusset) – 4. a) Au contrôleur des impôts qui lui a adressé ce courrier ; b) Au conciliateur fiscal de son département – 5. Des intérêts sur les sommes versées indûment par le contribuable, perçues avec le remboursement de ces sommes. – 6. Non – La case correspondant à la rubrique « intérêts moratoires » n'est pas cochée – 7. La Charte du contribuable : elle précise les droits de clui-ci – 8. les articles 34, 35 et 36 de la loi n°78-17 du 6 janvier 1978.

96 1. Manière de travailler = lentement, avec peine, douloureusement mais aussi passionnément, fougueusement. Flaubert « dit » (ou plutôt « crie », « gueule ») ses textes au fur et à mesure qu'il les écrit – quand il écrit, il est « hors de lui-même » – 2. ses désespoirs : ne pas réussir à être léger, amusant ; penser qu'on ne saura jamais le mal que lui auront donné ses œuvres – son espoir : la certitude d'avoir compris que « tout est affaire de style » – 3. Il juge certaines pages, certains paragraphes parfaits ; il se voit un peu comme un architecte ou comme un capitaine de bateau.

97 1. a) Matériellement, elle est parfaitement correcte, à commencer par la formule d'appel : « J'ai l'honneur de vous informer de… » – b) la lettre est très structurée, très argumentée, il y a de nombreux connecteurs : plusieurs donc, en effet, de ce fait, c'est ainsi que…, ainsi que des anaphores – c) le lexique est typique d'une lettre de style administratif. Par exemple, la perception de l'impôt, formuler un grief, avoir la charge des affaires, occasionner au Trésor public les frais d'une poursuite… – 2. *Plan* – Introduction : j'ai déchiré votre formulaire – 1 = j'estime que payer ses impôts appauvrit le citoyen – 2 = je préfère dépenser mon argent à autre chose – 3 = je paie des impôts indirects – 4 = je ne suis pas d'accord avec ce que l'État fait de l'argent public – 5 = me poursuivre (et peut-être m'incarcérer) coûterait cher à l'État. – 3. *Arguments* = a) je préfère dépenser mon argent pour mes plaisirs – b) je ne me sens pas lié à la société – c) je réprouve la manière dont l'État dépense l'argent public – 4. Avec les taxes que l'État prélève sur l'alcool et le tabac, vous remplissez déjà suffisamment vos caisses – 5. faire endosser par l'État, faire supporter par l'État les frais… – 6. obligé = serviteur, à votre service

98 A. 1. Le locataire, le propriétaire, le représentant du propriétaire (en général, un agent immobilier). – 2. Les droits et obligations réciproques du propriétaire (ou du mandataire) et du locataire. – B. Assertions exactes : 3, 4, 6, 7, 8 – C. 1. Ils doivent être rendus en bon état (compte tenu de l'usure normale) – 2. Les objets cassés, les nettoyages nécessaires (tapis, couvertures, matelas, literie…) – 3. Le linge de maison – 4. Non (Interdiction d'entreposer des « meubles meublants ») – 5. Le nombre de personnes ne peut être supérieur à celui mentionné dans le contrat ; dans le cas contraire il est possible de demander une autorisation au mandataire – 6. Non, en aucun cas – 7. Ne pas gêner les autres habitants de la résidence et en respecter le règlement intérieur (bruit, propreté…) – 8. S'assurer contre les risques de vol, d'incendie et de dégâts des eaux. – 9. À mettre à la disposition du locataire un logement conforme au descriptif du contrat de location. – 10. Trois jours à partir de la prise de possession.

99 1. Vrai : 1, 3, 4, 5, 7, 9 ; Faux : 2, 6, 8, 10 – 2. *Indispensables* : Penser le partenariat comme une réelle coopération, laisser une place à l'expertise des partenaires, promouvoir le commerce équitable, évaluer ou faire évaluer l'action internationale et ses retombées, mettre en œuvre la méthodologie décrite dans le Guide – *Possibles* : introduire pour les marchés publics « dans le cahier des charges des critères sociaux et environnementaux dans les conditions d'exécution », équilibrer le partenariat – *Souhaitables* : Penser durable, participer à la création d'un réseau de villes consommatrices éthiques, construire la coopération, ne pas faire à la place des autres, mobiliser les compétences présentes,

100 Proposition

1. Le titre évoque pour moi une jeune femme adorable, toujours prête à rendre service à tout le monde. À première vue on pourrait penser au contraire que ce titre est ironique et que la jeune femme est tout à fait détestable. – 2. Il s'agit soit de quelqu'un de très peu modeste ou alors d'une personne qui se moque d'elle-même. – 3. Je trouve que cette personne est absolument adorable et qu'il doit faire bon vivre avec elle. Elle est aux petits soins pour chacun. On aimerait être à leur place. – 4. Au premier abord cette personne me semble très sympathique, mais je ne pense pas qu'on la prenne fort au sérieux. Tout le monde profite de sa gentillesse. – 5. Si j'étais à sa place je ne ferais pas la même chose. J'essayerais, bien sûr, de faire plaisir à ceux qui m'entourent, mais je ne voudrais pas être leur esclave. – 6. Je ne pense pas que cette personne soit heureuse. Personne ne la respecte et plus elle se donne du mal pour rendre les gens heureux, plus on profite d'elle. – 7. J'aimerais lui dire de penser un peu plus à elle-même, de ne pas faire tous les caprices de ceux qui vivent avec elle et surtout j'essayerais de lui expliquer que ce n'est pas comme ça que les siens l'aimeront ou la respecteront.

101 Proposition

1. Il s'agit, à mon avis, de souvenirs de vacances. – 2. a) « Il revient de… » explique et excuse en quelque sorte le comportement de la personne qui va parler de ses souvenirs. « C'est un statut en soi ». Le fait de dire que cette personne revient de… (en général un pays lointain), implique qu'il n'y a rien à ajouter de plus. – b) « L'exploraseur » est un mot composé de : explorateur et raseur. Ce jeu de mots donne le ton de l'article et rend bien l'opinion de l'auteur. – c) « Là-bas, tout fait sens ». Le voyageur fraîchement rentré garde parfois les gestes, les comportements et les habitudes typiques du pays qu'il vient de visiter. On peut, par exemple, l'imaginer mangeant du couscous avec les doigts chez les amis à qui il raconte son

séjour. Ce faisant, il ne respecte plus les codes de comportement usuels de son pays d'origine. De même, les expériences qu'il a faites n'ont aucun lien avec la réalité d'ici. Ce qui était dans le domaine du possible ou normal « là-bas » devient absurde. – **d)** « L'éloge de la lenteur ». Faut-il aller au bout du monde pour découvrir ce que l'homme fait naturellement dès qu'il peut tenir sur ses deux jambes : marcher ? Notre globe-trotter, citadin au carnet de rendez-vous bien chargé, perpétuellement stressé dans les stransports en commun ou les embouteillages sur l'autoroute vante les mérites de la marche sans but, de la flânerie. Mais n'est-ce pas le même qui prend sa voiture pour aller chercher son pain à la boulangerie du coin pour soi-disant gagner du temps ? – **e)** Les « vraies gens ». Avec ce terme, le voyageur désigne des personnes avec lesquelles il n'a en réalité rien en commun et c'est justement pour cela qu'il s'intéresse à eux. Il s'agit de marginaux, eux-mêmes souvent mal intégrés dans leur propre société et qui ne sont pas représentatifs de la population locale en général. Ces rencontres le confirment dans l'idée qu'il s'est faite de la civilisation du pays visité. Mais a-t-il seulement jeté un regard sur l'aveugle qui, chez lui, joue de l'orgue de Barbarie au coin de la rue ? – **3.** Cela m'énerve particulièrement. Je me sens importunée et envahie, mais je n'ose rien dire à mes amis de peur de les vexer. La seule solution pour moi est de les effacer dès que je les reçois, même si cela me donne mauvaise conscience. – **4.** Je pense que cette forme d'exhibitionnisme est intolérable et fait preuve d'un manque de tact de la part de ses auteurs. C'est aussi une preuve flagrante d'un manque d'éducation. – **5.** Jamais je ne ferais une chose pareille, car je sais combien c'est envahissant et que je ne voudrais pas ennuyer les autres avec mes histoires. – **6.** Les gens qui infligent leurs impressions de voyage à leurs proches sont égoïstes et mal élevés. Ils n'imaginent pas un seul instant que leurs souvenirs n'intéressent personne et qu'au contraire ils les importunent. – **7.** L'auteur pense que ces souvenirs rasent tout le monde. C'est pour cette raison qu'il surnomme ces gens des « exploraseurs ». Je suis tout à fait de son avis, car même si j'étais allée aux mêmes endroits l'expérience des autres ne m'intéresserait pas. Je souhaite garder mes souvenirs et mes impressions comme je les ai vécus sans qu'ils soient « entachés » de l'opinion des autres.

102 *L'organisation sociale des abeilles*

I. Le titre sert à éveiller l'intérêt du lecteur. L'intertitre incite le lecteur à continuer la lecture.– **2.** Il s'agit d'un texte informatif. Il nous informe sur le rôle bien défini des abeilles au sein de la ruche, sur l'origine de l'*Apis mellifera*, sur les gènes des abeilles et sur la pollinisation. – **3.** Il y a 5 parties dans le texte. *La première partie* nous explique ce qui fascine les scientifiques. *La deuxième partie* expose le moyen de percer le mystère des abeilles. *La troisième partie* nous informe sur ce que l'étude génétique de l'abeille a permis d'établir. *La quatrième partie* nous parle du peu de résistance des abeilles aux parasites et aux produits chimiques. *La cinquième partie* est consacrée à la faculté pollinisatrice des abeilles.– **4.** La complexité de l'activité des abeilles organisées en colonie et comment des insectes au cerveau minuscule ont pu acquérir une organisation sociale aussi élaborée. – **5.** La reine a pour seule activité de pérenniser l'espèce tandis que les ouvrières assurent le bon fonctionnement de la ruche. – **6.** L'étude génétique de l'abeille a permis d'identifier 10 500 gènes et est venue compléter le séquençage du génome de la drosophile, de l'anophèle et du ver à soie. Elle a permis également d'établir qu'*Apis mellifera* est originaire d'Afrique et que les abeilles possèdent beaucoup de gènes relatifs à l'odorat mais peu concernant le goût. – **7.** L'*Apis mellifera*, à cause d'un important déficit en enzymes de désintoxication, est moins bien armée que les autres insectes pour lutter contre les produits chimiques et a également une mauvaise résistance aux parasites. – **8.** L'activité pollinisatrice des abeilles a eu un effet considérable sur l'évolution de la vie, car elle a contribué à l'expansion rapide et à la diversification des plantes à fleurs qui donnent des fruits. – **9.** Les abeilles ont une organisation sociale élaborée et, grâce à leur activité pollinisatrice, elles ont eu un effet considérable sur l'évolution de la vie.

103 **I.** a, b et peut-être d (« bien souvent inhibés... ») – **2.** le â évoque une bouche largement ouverte ; la prononciation des mots bâiller, bâillement aussi – **3.** c'est comme un étirement musculaire ; on libère l'hormone de l'attachement affectif, l'ocytocine – **4.** c'est un signal qui nous avertit que nous sommes fatigués ; il redonne du tonus musculaire et ouvre les voies respiratoires – **5.** chez les macaques, le bâillement a une signification explicitement sexuelle, ce qui n'est pas le cas chez l'homme – **6.** ce réflexe est conditionné par la libération d'hormones comme par exemple la testostérone – **7.** la dopamine, l'ocytocine, la testostérone, la progestérone. – **8.** *Par exemple* : Tout le monde bâille, même les bébés avant de naître. C'est très utile parce que bâiller, ça te prévient que tu es fatigué. C'est comme un signal : attention ! Repose-toi ! C'est utile et c'est agréable : quand tu bâilles, c'est un peu comme quand tu t'étires le matin pour réveiller tout ton corps.

104 *La carte postale « fait de la résistance ».*
1. Malgré la concurrence du courrier électronique, des textos et des téléphones portables la carte postale n'a pas pris une ride. – **2.** La carte postale est un « moyen universel de communication ». Tout le monde, jeunes ou moins jeunes, intellectuels ou non, dans tous les pays, on écrit des cartes postales. – **3.** « La carte postale fait rêver ». Oui, car on y voit des paysages de rêve, le ciel est toujours bleu, la mer également. Les cartes postales sont synonymes de vacances. – **4.** La carte postale trouve son origine en Autriche en 1860. Un employé de commerce marseillais aurait eu le premier l'idée de la carte illustrée photographique en 1920. Elle passera à la quadrichromie à la fin des années 60. – **5.** Les motifs eux aussi sont universels : mer, montagne, villages, châteaux, vieux métiers, lieux historiques… – **6.** Oui. C'est une occasion de dire à ceux qui me sont chers que je pense à eux, que je ne les oublie pas. La carte postale permet de garder le contact avec les amis. Et si j'envoie des cartes, j'en recevrai aussi. – **7.** Oui, j'adore recevoir des cartes postales. Je les garde toutes. Je les épingle dans ma cuisine pour les avoir toujours à portée de main. Je les relis souvent et je pense à ceux qui me les ont envoyées. – **8.** Les gens écrivent des cartes postales pour garder le contact avec leurs proches, leurs amis, leurs collègues et pour leur dire qu'ils pensent à eux, qu'ils ne les oublient pas.

105 **1.** Le texte commence par une question, provocatrice, faussement ingénue – **2.** ringard – un has been – cela ne se fait plus du tout – c'est dépassé – **3.** C'est perdre son temps, interrompre le fil de la vie – **4.** le dandy déteste tout ce qui est naturel – **5.** dormir 12 h d'affilée – **6.** un cloporte, un pauvre hère ; honteux ; ordinairement, bêtement, grassement – **7.** en envoyant des messages en pleine nuit – **8.** Elle se vantait de ne jamais dormir.

106 **A. 1.** Des mots sont surlignés dans le texte. – **2.** Ce sont des exemples de féminisation de fonctions – **3.** Le texte traite des formes lexicales féminines des fonctions et professions.
B. 1. La féminisation de noms. – **2.** La féminisation de noms de métiers jusque là masculins. – **3.** À la fois linguistiques et « politiques » : reconnaître l'égalité des hommes et des femmes dans la vie professionnelle. – **4.** Pompier, officier, facteur, postier, comédien, chimiste, président, académicien, maire, poète, infirmier, policier, gendarme, instituteur, manipulateur, avocat, chirurgien, conseiller, ministre, préfet, prêtre, ogre, soldat, conducteur, menuisier, acteur, pharmacien, pilote, secrétaire, écrivain, hôte, docteur. – **5.** En général, ajout d'un -e final. – **6.** Ceux qui représentent des fonctions occupées depuis relativement longtemps par les femmes. – **7.** L'ambiguïté repose sur des homonymies ou encore sur la confusion entre la féminisation d'une fonction et le terme désignant la femme d'un professionnel. – **8.** Les noms masculins se transformant en « -esse » au féminin ainsi que les noms se terminant en « eur » au masculin : ils présentent trois possibilités de féminisation (-eure, -oresse ou -eresse, euse) : les formes féminines sont souvent péjoratives ou peu « esthétiques ». – **9.** Tout simplement ajouter un « e » à la forme masculine : c'est la solution adoptée par les Québécois. – **10.** Il semble trouver cette féminisation naturelle, dès lors qu'elle n'est ni péjorative, ni inesthétique et qu'elle reconnaît une fonction exercée par une femme. Les débats autour de la féminisation des fonctions l'amusent, il semble les trouver ridicules : pour preuve, ce qu'il écrit dans les troisième et quatrième paragraphes, l'ironie et les mots utilisés.

107 **1.** Les modes d'emploi sont souvent incompréhensibles, mal traduits ou sont de véritables « lapalissades* ». – **2.** Cacahuètes Sansburry : « Avertissement : contient des cacahuètes » ; Biscuits apéritifs remis à bord des vols American Airlines : « Instruction : 1. ouvrir paquet. 2. manger biscuits. » ; Sèche-cheveux Sears : « Ne pas utiliser en dormant. » – **3.** Oui. Dans le mode d'emploi d'un ouvre-boîte, dans celui d'un compteur kilométrique et d'un lecteur de DVD. – **4.** Parce que ce sont des lapalissades. – **5.** Parce que les gens qui les écrivent ne comprennent pas ce qu'ils écrivent. – **6.** Oui. Parce qu'il peut y avoir des malentendus ou des fautes d'interprétation. – **7.** Parce que ceux qui écrivent les modes d'emploi ne savent pas se mettre à la place de ceux qui vont les lire et ne demandent à personne de les expérimenter. Il peut parfois aussi s'agir de mauvaises traductions, mot à mot, qui n'ont plus aucun sens. – **8.** En général j'écris au fabricant et je lui demande qu'il m'explique dans un langage clair comment je dois utiliser le produit. Si je ne reçois pas de réponse, je renvoie le paquet ou j'essaye d'échanger l'article.
*Une lapalissade : affirmation dont l'évidence prête à rire (ex. Un quart d'heure avant sa mort, il était encore en vie).

108 **2.** L'objectif du billet est d'amuser le lecteur et de lui faire prendre conscience de l'ineptie de certaines mentions que l'on trouve souvent sur les emballages. – **3.** Il s'agit d'un sujet universel que l'on retrouve au quotidien. – **4.** Alain Rémond parle d'escroquerie parce qu'il se sent trompé par la mention « ouverture et fermeture faciles ». – **5.** L'auteur parle de l'immense progrès de pouvoir ouvrir et fermer facilement un paquet de nouilles, alors que le consommateur sait parfaitement qu'il va être confronté aux pires difficultés. Il décrit les indications qu'il suit au pied de la lettre et le désastre qui s'en suit.

109 **1.** « Écartez les poignées > centre de la boîte ». – **2.** Pas de corrigé. – **3.** Ce billet est amusant parce que nous nous sentons concernés en le lisant. Qui n'a pas, en effet, vécu ce genre de mésaventure ? Alain Rémond nous montre que nous ne sommes pas seuls à ne pas comprendre les modes d'emploi. – **4.** Non. Le mode d'emploi est incompréhensible. – **5.** Non, je ne lis jamais les modes d'emploi parce que je ne les comprends pas. J'attends que quelqu'un me montre comment je dois utiliser l'appareil. – **6.** Prenez une demi-baguette. Coupez-la dans le sens de la longueur. Beurrez les deux moitiés. Découpez une tranche de jambon à la même dimension que votre baguette. Déposez-la sur une des moitiés sans faire un faux pli. Refaites la même opération avec une tranche de fromage. Fermez alors le sandwich avec l'autre moitié de baguette. Bon appétit !

II. PRODUCTION ÉCRITE

110 **1.** déposer – garer – poster – enfiler – semer – placer – consacrer – poser – installer – glisser – investir – ranger – **2.** mettre en jeu, en question, en échec, en cause, en lumière, en évidence, en œuvre… ; mettre à jour, à l'épreuve, à contribution, à mort, à mal…, au point, au jour ; mettre sur pied, sur la table… ;
3. 1 b, 2 a, 3 b, 4 b, 5 b, 6 a, 7 b, 8 a.

111 *Exemple d' « allègement » :* une entreprise agro-alimentaire, AGRIMAX, Oscar 2007 (ou 2008…) de l'exportation ; …accompagné de plusieurs ministres dont ceux de l'agriculture et de l'emploi. *Proposition de « texte allégé » :* En visite dans le Pas-de-Calais, le Premier ministre, accompagné de plusieurs ministres dont ceux de l'Agriculture et de l'Emploi, visitera demain matin une entreprise agro-alimentaire, l'AGRIMAX, Oscar 2007 de l'exportation. Il se rendra ensuite à la Préfecture où, vers 11 h, il prononcera un discours qui devrait porter sur la « modernisation sociale » et plus particulièrement sur les licenciements économiques, sujet très sensible dans cette région traumatisée par les difficultés liées à l'emploi.

112 *Exemple de texte remanié :* Paradoxalement, les médias peuvent renforcer les préjugés : s'ils apportent parfois des informations objectives qui permettent de fonder une culture authentique, ils développent en parallèle, une sous-culture pleine de préjugés. En effet, les médias, même publics, obéissent à la loi du marché et cherchent à répondre, de manière plus ou moins consciente, à la demande du public. Ils peuvent donc alimenter les préjugés au lieu de chercher à les détruire, comme cela devrait être leur mission. Ainsi voit-on des journaux se spécialiser dans la parapsychologie, l'astrologie, l'occultisme, entretenant par là l'ignorance et accréditant des préjugés vieux de plusieurs siècles. Mais les médias n'exploitent pas uniquement l'ignorance, ils exploitent aussi des préjugés plus inquiétants, liés à l'ethnocentrisme ou au racisme, par exemple. Ce phénomène est particulièrement grave car les médias, à la manière du tam-tam, diffusent les préjugés, mais leur confèrent au passage, de surcroît, une manière d'aura, de majesté ou simplement de sérieux. Par conséquent, on peut dire que la technologie la plus sophistiquée peut se mettre au service des préjugés les plus archaïques. Ne serait-il pas plus logique que le progrès technique se mette au service du progrès intellectuel et, au-delà, de la vérité ?

113 *Proposition :* Connaissez-vous la formation en alternance ? Le cas d'Élodie Lesueur en constitue un excellent exemple. C'est alors qu'elle venait d'effectuer un stage de trois semaines dans une clinique vétérinaire, dans le cadre du Brevet de Technicien Agricole élevage canin, qu'Élodie Lesueur se vit proposer une formation en alternance. Il s'agissait de suivre une formation d'auxiliaire spécialisé vétérinaire. Après avoir mûrement réfléchi, Élodie Lesueur décida d'accepter la proposition de faire deux années d'études supplémentaires alors qu'elle s'apprêtait à présenter son Brevet. Cette formation, qui alliait la théorie et la pratique, comportait dix semaines de cours en Centre de formation, le CNFA d'Aix-en-Provence, et de la pratique en structure vétérinaire le reste du temps. Pour Élodie, le grand avantage de cette formation était de pouvoir mettre tout de suite en application ce qu'elle apprenait au plan théorique. Bien encadrée dans son travail, Élodie eut la fierté d'obtenir son diplôme. Le vétérinaire chez qui elle effectuait sa formation lui proposa alors un contrat de travail à durée indéterminée. Dix ans plus tard, après avoir acquis une bonne expérience dans les différents domaines de sa profession, Élodie posa sa candidature pour être à son tour formatrice au CNFA d'Aix-en-Provence. Acceptée à ce poste, Élodie retransmet désormais son expérience et encourage quiconque qui désire se lancer dans une formation à se montrer audacieux, à suivre sa passion.

114 *Proposition :*

Elles ont réussi à s'adapter à des conditions de vie particulièrement difficiles, elles savent utiliser une boussole astronomique et un podomètre, ou encore elles ajustent le format de leur armée au degré de menace que représente l'adversaire. Qui sont ces créatures aussi douées ? Non, vous ne devinerez jamais… Il s'agit des fourmis dont le professeur Luc Passerat nous présente la véritable histoire dans un ouvrage au titre éponyme, paru dans la collection « Le temps des sciences », chez Fayard.

Les fourmis savent en effet s'adapter, mieux que les hommes sans doute, à des conditions de vie extrêmes. Il y a des explorateurs qui vont vers le Pôle Nord, et on peut bien survivre en Afrique tropicale mais pas aussi bien que le font les fourmis. Ainsi, c'est dans les régions équatoriales que l'on rencontre le plus de fourmis. Sur un seul arbre de la forêt amazonienne au Pérou, on trouve quarante trois espèces de fourmis, ce qui est supérieur au nombre d'espèces que l'on trouve dans toutes les Iles britanniques. Cette faculté d'adaptation extraordinaire se manifeste également chez les fourmis qui vivent dans les zones désertiques, en plein Sahara, sous des températures qui peuvent atteindre 55°. Comme dans cet environnement elles ne disposent d'aucun repère topographique visible pour retrouver leur nid quand elles sont allées chercher de la nourriture (des cadavres d'insectes morts de sècheresse), elles utilisent une boussole astronomique. De fait, elles décrivent un cap par rapport au soleil. Quand elles s'éloignent de leur nid, elles sont même capables d'intégrer le déplacement apparent du soleil et, au moment du retour, de tenir compte de cette déviation.

Les fourmis, par exemple celles que l'on trouve dans le midi de la France, savent parfaitement estimer le degré de dangerosité d'un biotope déterminé par les rencontres qu'elles peuvent faire. Comme elles entretiennent une véritable armée, si elles rencontrent beaucoup d'animaux qui peuvent leur nuire, elles augmentent immédiatement le nombre de leurs soldats, des fourmis à la morphologie particulière, aux mandibules surdimensionnées. En effet, ces soldats sont coûteux à entretenir quand il n'y a pas de guerre car il ne savent rien faire d'autre : il convient donc d'ajuster leur nombre à la menace éventuelle que peut subir la société. Ces individus chargés de la défense de la société sont par ailleurs généralement les plus âgés. Grâce à leur travail, ils ont déjà rendu à la société ce qu'ils en avaient reçu : leur disparition n'a donc pas une grande importance pour la société. Les fourmis champignonnistes procèdent de la même façon. Pour nettoyer leurs nids encombrés de centaines de kilos d'ordures, une tâche dangereuse parmi les bactéries et les microbes, on envoie les fourmis les plus âgées. Afin de ne pas contaminer la société, celles-ci ne sortiront jamais de leur dépôt d'ordures où elles mourront.

Dans ce monde cruel des fourmis, on trouve aussi de fourmis kamikazes. Dotées de glandes céphaliques surdimensionnées, logées dans la tête, mais tellement longues qu'elles vont jusqu'à leur abdomen, lorsqu'elles sont au contact d'un intrus, elles contractent leur abdomen et l'explosent, projetant sur leur ennemi un liquide toxique. En procédant ainsi, elles meurent, mais elles entraînent aussi leur ennemi dans la mort. Ce sont bien des créatures surprenantes, aux formidables capacités d'adaptation que vous découvrirez dans *La Véritable Histoire des fourmis* racontée par le professeur Luc Passerat.

115 *Conseil :* Vous pouvez, lors d'une rédaction à partir d'un document oral, utiliser des extraits plus ou moins longs de celui-ci dès lors que la langue employée se présente comme une langue écrite oralisée, c'est-à-dire exempte des traits caractéristiques de la langue orale.

Proposition : (en 305 mots) Le lundi 6 novembre 2006, à 13 h 11 exactement le secrétaire général de l'académie Goncourt révélait le nom du 103e lauréat du plus prestigieux et célèbre prix littéraire français. Réuni traditionnellement au restaurant Drouant, le jury, par 7 voix contre 10 venait de couronner au premier tour, *Les Bienveillantes* de Jonathan Littell. Grand favori de la rentrée littéraire, cet écrivain américain francophone de 40 ans, qui a œuvré dans l'humanitaire, a accompli un véritable travail de Titan pour parvenir, au fil de la plume, à évoquer la vie de Max Aue, officier nazi, depuis sa jeunesse jusqu'à ce qu'il quitte Berlin à la fin de la guerre. Max Aue est un Allemand de langue française, élevé en partie en France et y ayant fait ses études. L'histoire complexe de sa famille mais aussi son goût affirmé pour la culture française font de cet homme, proche des milieux d'extrême-droite, un officier nazi qui ne correspond pas au ment » un criminel. Son histoire plonge le lecteur dans la banalité du mal. Elle l'entraîne sur les fronts de l'Est pendant la Seconde Guerre mondiale – où il s'agit d'exécuter les Juifs. Elle fait pénétrer le lecteur à Auschwitz à côté des Allemands – ou encore dans la bureaucratie nazie à Berlin. Ce livre suscite déjà de nombreuses réactions tant pour ses invraisemblances que pour l'impossibilité de mettre le lecteur dans la peau du bourreau. Les avis de certains historiens et romanciers divergent. Pour Jorge Semprun, membre du Goncourt, ce livre fera référence à l'avenir, alors que Claude Lanzmann, auteur de *Shoah* s'est montré franchement réservé. Une chose est certaine : ce roman de 908 pages, s'il est long à lire, déjà un succès en librairie, reste imprimé dans la mémoire du lecteur.

116 **2.** Une mauvaise critique – Trahi et défiguré ; déshonorante par sa bêtise et sa violence – ce désastre. **3. a)** la mise en scène : à gros sabots – outrée (outrance) – se veut à grand spectacle – scènes grotesques – mauvais goût – nouvelle version de Dracula – situations invraisemblables – violence – castagne. **b)** les dialogues : d'une bêtise abyssale – stupidité intense – bêtise. **c)** l'adaptation, la fidélité au roman : adaptation déshonorante – œuvre mutilée, défigurée, portée historique ignorée – roman détruit sans vergogne – un désastre –péripéties affligeantes de niaiserie. **d)** l'image : des chromos de calendrier – même lumière que celle des pubs pour yaourts. **e)** la musique : à décorner les bœufs – ne laisse aucun répit. **f)** ce que ressent le spectateur, la façon dont il est traité : colère, rage, indignation, blessé, maltraité (aucun animal… cela ne s'applique pas au spectateur).

117

EXPRESSIONS ET ADJECTIFS				EXPRESSIONS ET ADJECTIFS DU TEXTE
très positifs	positifs	neutres	plutôt négatifs	
Passionnantes	Intéressantes	Étranges	Ridicules	Grotesques
Opulente	Riche	Neutre	Plate	Indigente
Embellir		Modifier		Défigurer
	Respecté		Peu conforme	Trahi
	Soulignant	Effaçant	Écrasant	Piétinant
Réussite, succès	Œuvre	Film	Échec	Désastre
Intelligence	Finesse	Esprit	La mièvrerie	Bêtise / niaiserie / stupidité
		Transformer	Abîmer	Mutiler
	Bon goût			Mauvais goût
Enthousiasme	Joie	Satisfaction	Irritation, agacement	Colère, rage
Magnifié	Embelli		Méconnaissable	Défiguré
Scrupuleusement	Avec application	Directement	Sans hésitation	Sans vergogne
Un feu d'artifice de	Une multiplication de	Un grand nombre de	Un recours fatigant à	Un très pénible bombardement
Admirable	Belle, bonne	Honnête		Déshonorante
	Respecte	Présente	Écorché	Détruit
	Réalistes	Inouïes	Incroyables	Invraisemblables
Délicate, subtile	Fine		Grosse, grossière	À gros sabots
	L'impartialité	La neutralité	La partialité	Le manichéisme
Merveilleuses	Intéressantes	Regrettables	Embellir	Affligeantes

117 *Propositions :*

1. *Critique négative :* Encore un classique assassiné à l'écran. Que dire de cette désolante adaptation de *Jacquou le Croquant* ? Que sont devenus les splendides héros de l'œuvre d'Eugène Le Roy ? Un scénario qui prend trop de libertés, des aventures sans aucun souffle, des situations incroyables, un roman que l'on ne retrouve pas, une histoire affadie… Que dire de cette parodie de film à grand spectacle ? Une accumulation d'effets spéciaux et une musique trop forte qui ne permettent pas au spectateur d'adhérer à l'histoire, de partager les sentiments des personnages. Comment les comédiens ont-ils pu accepter de jouer dans cette mascarade ? Des images prétentieuses qui ressemblent à de pâles et grossières copies de tableaux de Maîtres… Un seul conseil : épargnez votre temps et votre argent, épargnez-vous ce spectacle !

2. *Critique positive :* Belle adaptation au goût du jour d'une célèbre œuvre littéraire. Ce nouveau *Jacquou le Croquant* ne manquera pas d'inciter bon nombre de spectateurs à lire ou relire le roman d'Eugène Le Roy. Tout y est : une mise en scène conforme à l'atmosphère de l'époque (que d'aucuns esprits chagrins considèreront misérabiliste) de nombreux effets spéciaux pour souligner les aventures des personnages, de beaux décors et de belles images – tableaux à la façon de Millet, Greuze ou Géricault… La musique, peut-être un peu trop forte, vient parachever l'ambiance du film. Si quelques libertés ont été prises avec le roman, elles ne le dénaturent point. Les aventures amoureuses du héros et la portée historique de l'œuvre d'Eugène Le Roy sont évoquées habilement. Autant de (bons) points qui devraient concourir au succès de ce film !

118 *Proposition :*

Monsieur,

J'ai bien reçu votre lettre me demandant d'acquitter l'impôt sur le revenu. Je n'ai pas l'intention de le faire. D'abord, je suis sans revenu ni possessions d'aucune sorte et le peu d'argent que j'ai, je préfère le consacrer à des choses plus utiles pour moi, comme fumer ou boire.

D'autre part, je ne suis pas d'accord avec l'emploi que vous faites de nos impôts.

Inutile de lancer la justice à mes trousses : ça coûtera cher à l'État pour rien !

Cordialement, J. R.

119 **1. a)** « Comme on dit ». La lectrice refuse un nouveau langage qu'elle qualifie de snobisme.

b) « Drôle d'allure » a pour thème la tenue vestimentaire des personnes publiques.

c) « Sauver l'orthographe » fait état de la réforme de l'orthographe.

2. Merci Stéphanie pour votre témoignage. Je partage entièrement votre opinion. On ne devrait pas tolérer ces tenues pour des personnes publiques. Quel manque de savoir-vivre, de respect des autres ! Les bonnes manières n'ont jamais été une question de modernisme ou de ringardise. Un peu de tenue, messieurs-dames ! Merci.

120 **1.** *Arguments pour :*

• les citoyens ont le droit de réclamer la vérité sur la vie privée des hommes et des femmes politiques.

• Si les hommes politiques ont fait de leur vie privée un élément de communication politique, ils doivent aller jusqu'au bout.

• Il n'y a pas de démocratie sans liberté de la presse.

Arguments contre :

• Il faut laisser tranquille ceux qui n'ont à aucun moment utilisé leur vie privée comme élément de communication.

• Il faut protéger son entourage, ses enfants, son conjoint.

• L'humanité ne peut survivre sans un peu d'intimité.

2. *Je ne suis ni pour ni contre :* je pense, en effet, que les hommes et les femmes politiques ont droit à une vie privée. La presse, et les médias en général, devraient respecter l'intimité de ceux qui nous gouvernent. Cela me choque de voir avec quelle avidité les gens se précipitent sur les journaux si l'on peut lire en première page qu'il est arrivé malheur à telle ou telle personne. Les politiques sont devenus une véritable pâture pour les journalistes. Il suffit d'ailleurs de voir comme les ventes de magazines augmentent dès que la photo de couverture incite les lecteurs à croire qu'ils vont enfin apprendre ce qu'ils avaient toujours voulu savoir.

D'autre part, je comprends qu'il faille informer le public et qu'il ne faudrait pas creuser un trop grand écart entre les élus et leurs électeurs.

En fin de compte, les dirigeants devraient avoir la possibilité de vivre comme tout un chacun, sans devoir systématiquement se cacher pour ne pas être la proie des médias. Mais ils ne devraient pas non plus avoir le droit d'exhiber leur vie privée.

121 *Par exemple* : Nous vous conseillons, pour ce week-end, une visite au musée Dapper. Ce musée parisien, rappelons-le, est presque entièrement consacré aux divers aspects de l'art africain. Actuellement est organisée une superbe exposition autour de l'œuvre d'Ousmane Sow, célèbre sculpteur sénégalais qui puise l'essentiel de son inspiration dans les tribus d'Afrique, Peuls en particulier. Ses grandes figures très expressives, faites de paille, de tissu et de glaise, ont fait le tour du monde. On se souvient par exemple de l'extraordinaire exposition en plein air que la mairie de Paris avait présentée en 1999.

L'exposition du musée Dapper permet aux visiteurs de bien comprendre la diversité des talents d'Ousmane Sow ainsi que l'évolution de sa « manière ». Certaines de ses œuvres sont particulièrement saisissantes ; par exemple, dans la dernière salle, le visiteur est accueilli par la sculpture d'un être de douleur, figure criante de vérité, dont la violence nous frappe de plein fouet.

122 **I. a)** Faire connaître la fondation Greffe de Vie. – **b)** Aux lecteurs – **c)** Demander son « passeport de vie » auprès de la fondation. – **d)** Le visage radieux d'Yves est celui d'un homme en excellente santé : il s'oppose au texte de la publicité : « Il y a un an Yves était mort » : une greffe d'organe peut redonner la vie à un malade. – **e)** pour le donneur (écrit sur le passeport, en bas à droite = après ma mort ; pour le receveur : en attente de…

2. *Proposition* :

Le don d'organes est sans doute le plus beau cadeau que l'on puisse faire après sa mort : redonner la vie à des malades qui n'ont pas d'autre moyen de guérir, de survivre. Il s'agit d'un acte qui, pour être de plus en plus fréquent, ne se banalise pas pour autant. Les raisons varient d'un pays à l'autre, mais relèvent essentiellement de la morale ou de la religion. C'est à la famille du donneur que le don d'organe pose généralement un cas de conscience. En effet, si le donneur n'a rien spécifié avant son décès, certains hésitent à prendre cette décision qui leur semble appartenir au défunt. Il est également des religions qui interdisent le don ou la greffe d'organes. D'autre part, pour beaucoup, il est difficile de « faire leur deuil » lorsque l'être qui leur était cher continue, d'une certaine façon, de vivre en quelqu'un d'autre dont ils ignorent l'identité. Toutefois, de plus en plus de gens admettent que les progrès de la médecine et de la chirurgie entraînent une augmentation d'actes de ce genre, et qu'il est paradoxal d'approuver les greffes d'organes, d'admirer les prouesses chirurgicales tout en hésitant à devenir soi-même donneur. La multiplication de ces actes nous fait rencontrer de plus en plus de personnes greffées, ce qui contribue à une évolution des mentalités. En ce sens, cette publicité semble être nécessaire : elle interpelle tout un chacun, l'oblige à penser à une décision fondamentale pour son prochain.

123 *Propositions* :

a) Connaissez-vous le clown Abricot ? Ce n'est pas un bachi-bouzouk. Tout juste un homme devenu clown par amour. Un goût bizarre pour les bijoux et les tenues extravagantes de son métier. Comment comprendre qu'un homme au naturel si élégant, toujours chic, aux costumes discrets et passe-partout prenne autant de plaisir à valser, au centre de la piste, dans une salopette de couleur abricot, large de plus d'un mètre ?

b) L'abricot serait-il le symbole de l'amour pour ce bachi-bouzouk couvert de bijoux bizarres ? Chic pour les uns ou clown pour les autres, « son » mètre quatre-vingt-dix n'est guère passe-partout… pour aller valser !

124 *Propositions* :

Cravate	Virevoltez	Ananas
Haut de forme	Aériennes et	Banane
Imperméable	Légères	Raisin
Casquette… c'est quoi le chic ?	Silhouettes,	Igname
	Évadez-vous et	Cerise
	Rêvez	Orange
		Tomate

Amour
Baroque, bizarre
Ridicule, ravissant
Incongru,
Courtois,
Ombrageux,
Timide ou torride… mais amour toujours !

125 *Propositions :*
1. Be… Be… Bredouillait Brigitte, au Bureau on Bosse Beaucoup. On Bavarde et on Blague, Bien sûr, mais on ne Boit ni Bière ni Brandy !
2. Ah, Annie, mon Amie, Achète des Ananas et des Abricots, des Amandes et des Avelines, des Asperges et des Avocats, Apprends À t'Alimenter !
3. Comment Croire Ces Contes Cocasses ou Comiques, Ces Chimères Colportées Comme Certaines Causeries Chuchotées au Coin des Cheminées ? Courez, Car Commérages et Cancans Causent Confusions et Crises Chez les Couples et les Copains…

126 *Propositions :*

J'	À
Ai	Ce
Une	Bal
Idée,	Nous
AMOUR,	Irons
Allons,	VALSER
Partons	Bientôt !
Ensemble !	

127 *Proposition :* (avec les mots donnés dans l'exercice) :
Mots d'ailleurs et clichés
Accordéon et béret ou cravate et délicatesse : est-ce la France ? Geisha, haïkus et ikebana : est-ce le Japon ? Kiwis et litchis, mousselines, nacres et oranges : serait-ce les Philippines ? Un quorum pour la rumba et la sieste, pas de tabous ni d'ukases : peut-être le Venezuela ? Au bord d'un wharf, un xylophone sur un yacht : ce ne peut-être la Zambie !

128 **1.** Les deux textes se ressemblent par leur contenu, la longueur des phrases et le style.
2. Les phrases sont difficiles à comprendre parce qu'elles sont très longues et sinueuses et peuvent ainsi paraître confuses.
3. Marcel Proust est une cible idéale pour un pastiche parce qu'il est connu du grand public. Il est facilement imitable car son style montre des caractéristiques connues de tous.
4. Ce pastiche est amusant parce qu'il imite très bien le style de Marcel Proust. Jean-Louis Curtis se moque de l'auteur dans un esprit de bonne humeur divertissante. Il a lu toute l'œuvre de Proust et insiste sur les obsessions de l'auteur et sur ses phrases longues et sinueuses.

129 **1.** La raison du plus fort est toujours la meilleure. La morale exprime que, dans la vie, celui qui est le plus fort gagne toujours. Que ce soit dans le milieu du travail, en politique, dans le milieu scolaire ou autre.
2. Le loup avait décidé dès le départ de manger l'agneau, mais pour se donner bonne conscience, il accuse l'agneau d'avoir « troublé son breuvage ». Il se donne ainsi une excuse pour se venger de l'agneau.
3. L'agneau est humble, modeste. Il s'adresse au loup en l'appelant « Sire » ou « Votre majesté » et parle à la troisième personne.
4. Le loup, lui, est vil, sournois et de mauvaise foi. Il tutoie l'agneau, pour lui montrer sa supériorité.
5. *Proposition :*
Le jeune homme et le contrôleur
Un jeune homme rêvait sur un banc du métro
Capuche relevée sur ses cheveux d'ébène
La couleur de sa peau ? – Un peu noire, mais pas trop

Mais il était bien français quand même.
Un contrôleur survient : « Contrôle des billets, s'il vous plaît »
« À coup sûr, pense-t-il, voilà du beau gibier. »
Le jeune homme sursaute, cherche en vain son ticket RER
« J'ai payé, je le jure sur la tête de ma mère. »
« Si ce n'est toi, c'est donc ton frère. »
Se moque l'agent en colère
« Allez, ouste, j't'emmène au commissariat,
Tu raconteras tes histoires là-bas. »

Le jeune homme se débat, clame son innocence
Il est en règle, il a bonne conscience
« J'suis pas une racaille, j'bosse du matin au soir.
Mais voilà qu'en sortant son mouchoir
Pour essuyer la sueur qui perle sur son front
Tombe en tourbillonnant le petit bout de carton.

Il se baisse, le ramasse, le tient comme un étendard,
Le contrôleur lui dit : « Rentre chez toi, il est tard… »

La morale de cette histoire
C'est que quelle que soit la circonstance
Il ne faut point juger sur les seules apparences

130 *Voici un résumé de la nouvelle d'Anna Gavalda pour vous inciter à la lire.*
Ils entrent chez Mc Donald et il s'en suit une description de l'atmosphère bruyante, des personnes atta-blées laides ou trop grosses ainsi que des serveuses.
Au moment de commander la « jolie fille » hésite et change plusieurs fois d'avis.
Il y a une relation remplie d'amour et d'affection entre les deux personnages.
L'homme se demande ce qu'il aime le plus chez elle, si elle s'est fait belle pour lui. Il est prêt à tout pour elle et elle aussi aime lui faire plaisir. Elle mange tranquillement son dessert et picore les noisettes et les morceaux de caramel. Il n'a d'yeux que pour elle.
Il ne sait pas où il pourrait l'emmener après le repas.
Quand ils sortent de chez Mc Donald, elle ne lui donne pas la main, mais elle lui prend le bras. Il aime cette fille, c'est la sienne.

131 **1.** petite bourgade, ombre des montagnes, parois d'un calice, cône renversé, chemin à pic, abîme, gouffre de cristal ; angoissée, assombrie ; étreindre, descendre, se tordre, ne plus pouvoir sortir ; à pic, bas, au fond.
2. un capucin, des habitants reclus, angoissés
3. entre vêpres et complies, vers la fin de l'après-midi
4. un récit, sans doute tragique
5. une histoire tragique, probablement étouffée dans ce décor sinistre, dans le silence de ce puits sans fond : un crime caché aux yeux du monde extérieur, par exemple

132 *Voici la version originale du conte :*
Ifa l'avait défendu. Aussi, dès leur première rencontre, le jeune homme mourut. Apprenant ce qui s'était passé, la famille vint trouver la jeune femme, lui reprocha sa conduite et la somma de rendre la vie au défunt.
Ifa, consulté, répondit : —Votre enfant peut vous être rendu, mais, pour cela, creusez une fosse, jetez-y du bois, mettez le feu, et que l'un des parents passe à travers la flamme. Le bokono*, suivi de la famille, creu-sa la fosse, y mit le bois, l'alluma et l'arrosa d'huile. Mais ni le père ni la mère ni les autres parents n'eu-rent le courage de passer à travers la flamme.
Par affection pour celui qu'elle avait pris comme mari et se reconnaissant coupable de sa mort, la jeune fille se plaça devant le feu et se mit à chanter. Elle s'avança dans les flammes, mais elle tomba et tout le monde de dire : — C'est fini, elle brûle.

On jeta du bois, de l'huile, le bois s'enflamma ; on jeta encore du bois, on versa encore de l'huile et ainsi jusqu'au matin.

À la pointe du jour, que vit-on arriver ? Le jeune homme et la jeune fille. Ils venaient se donnant la main, et le jeune homme chantait :

Si mon père qui a travaillé
Qui a peiné pour m'élever
A refusé,
Si ma mère qui a veillé,
Passé, ses nuits près de moi,
A refusé,
Cette jeune femme
M'a délivré, m'a rendu libre :
Je suis comme les autres hommes
L'amour est plus fort que la mort.

*Bokono = Prêtre du Fa ou du Ifa

133 *Proposition :*

Il était une fois un pauvre paysan qui vivait seul dans une vieille maison un peu délabrée. Il était triste et malheureux parce qu'il n'y avait personne qui s'occupait de lui et il n'avait personne à aimer et dont il aurait pu s'occuper. Sa vie, il la passait dans les champs, mais de plus en plus souvent il se demandait ce que deviendrait son bien puisqu'il n'avait pas d'enfants. Il se désolait chaque jour davantage. Une nuit, il vit en songe une jolie jeune fille qui lui faisait signe de venir la chercher dans un pays lointain.

À son réveil, il décida de tout abandonner pour se mettre à la recherche de la jeune fille qu'il avait vue en rêve.

Il se mit en route avec pour tout bagage un petit baluchon et quelques vivres. Il emporta aussi un couteau que son grand-père lui avait offert, car la route était longue et il ne savait qui il pourrait rencontrer. Il traversa d'abord des villages et des villes et s'enfonça ensuite dans une forêt profonde.

Un orage éclata. Le vent sifflait dans les branches des arbres et notre pauvre paysan n'en menait pas large. Il se sentait encore plus seul que d'habitude et se mit à pleurer sur son sort. Devait-il continuer sa route ou rentrer chez lui ? Il ne savait que faire. L'image de la jeune fille lui revint alors à l'esprit et il reprit courage.

Quelques jours plus tard, il fut attaqué par des brigands qui lui réclamèrent son argent. Le pauvre n'en avait pas. Ils le frappèrent au visage et à la poitrine, mais notre ami se défendit comme un diable et ils prirent la fuite. Le lendemain, c'est un sanglier qui tenta de le piétiner, mais il lui asséna un tel coup sur la tête que celui-ci s'écroula. Il dépeça l'animal avec son couteau, fit un feu et mangea de bon appétit cette viande toute fraîche. Il vit là un signe du destin et se remit en route. Il erra ainsi pendant des jours et des jours dans la forêt.

Et puis un jour, tout à coup, un halo de lumière l'aveugla. Il ferma les yeux, et quand il les rouvrit il vit devant lui la jeune fille dont il rêvait depuis si longtemps. Il lui prit la main puis la serra dans ses bras. Ils reprirent alors ensemble le chemin du retour.

Arrivé au terme de son voyage le jeune paysan constata que son blé avait poussé, que les mauvaises herbes qui entouraient sa maison avaient disparu et que le soleil brillait de tous ses feux. Il fit entrer la jeune fille dans sa maison et quand ils se furent réchauffés et furent rassasiés il lui demanda de l'épouser. Le mariage fut célébré quelques semaines plus tard. Les festivités durèrent 7 jours et 7 nuits. Un an plus tard, la jeune femme mit une petite fille au monde. Ils la prénommèrent Marguerite.

Les années passèrent. Notre pauvre paysan était heureux avec sa femme et ses enfants.

La morale de cette histoire est qu'il ne faut jamais désespérer dans la vie et que chacun est l'artisan de son propre bonheur.

134 *Proposition :* (480 mots)

Il y a de cela des années, des années, des années, beaucoup d'années… dans un merveilleux château entouré de parcs et de jardins vivait une très belle princesse mais elle ne pouvait pas voir toute cette splendeur : elle était aveugle… Incapable de reconnaître les fleurs sans les toucher, elle pleurait souvent et rien ni personne ne parvenait à la consoler… Le roi son père se désespérait de ne pouvoir l'aider à percevoir toutes les beautés qui l'entouraient… Un jour il eut l'idée de promettre de réaliser le vœu le plus cher de celui ou celle qui y parviendrait et de le combler de richesses. Il fit proclamer sa décision dans tout le royaume et dans les royaumes avoisinants. Très vite, des gens de toutes sortes se pressèrent aux portes du château, chacun proposant sa solution, la solution qui lui semblait être la meilleure. Un vieil homme offrit d'accompagner la princesse en permanence et de lui décrire ce qu'il voyait, les formes et les couleurs… Le sourire éclaira de nouveau le visage de la princesse pendant deux jours. Le troisième jour le vieil homme tomba malade et demanda à sa fille de le remplacer. Celle-ci décrivit à son tour ce qu'elle voyait mais la princesse se rendit compte que pour une même réalité les descriptions ne concordaient pas… et elle congédia la jeune fille. Des jeunes gens avides de richesses et d'honneurs proposèrent de nombreuses autres solutions mais aucune ne s'avéra convenir : ni les chants, ni la musique, ni les poèmes associés à l'environnement de la princesse ne lui permettaient de percevoir ce qu'elle souhaitait approcher, ce qu'elle appréciait. Un jeune cuisinier vint un jour avec un grand sac plein d'épices, des fioles remplies de liquides de toutes couleurs, et d'outres débordant de l'eau la plus pure qui soit. Il s'installa dans la grande cour et commença à élaborer des mélanges aux couleurs très variées et nuancées avec lesquels il arrosa chaque plante et chaque espèce de fleurs, puis il rentra chez lui et il attendit. Huit jours plus tard, les liquides mystérieux versés sur les plantes commencèrent à faire leur effet : des parfums légers ou forts, suaves, sucrés, acidulés… de toutes sortes, plus délicieux les uns que les autres s'exhalaient des plantes et des fleurs… Cette nouvelle sensation ravit la princesse qui fit appeler le jeune cuisinier. Lorsqu'il arriva, elle eut une violente crise d'éternuements provoquée par le mélange des parfums… Elle éternua tant et tant que des larmes abondantes coulèrent de ses yeux, les lavant si bien qu'elle recouvrit la vue et perçut enfin la beauté de tout ce qui l'entourait. Le jeune homme réclama son dû : le privilège d'épouser la princesse qu'il aimait en secret depuis longtemps. La princesse, amoureuse du jeune cuisinier dès leur rencontre, accepta immédiatement. Et c'est ainsi qu'une grande fête célébra ce mariage et la création des parfums des fleurs.

135 *Par exemple, en 100 mots :*
À l'heure où différents candidats à l'élection présidentielle, soucieux de capitaliser les peurs diffuses de leurs concitoyens, dénoncent bruyamment les incivilités, rappelons quelques vérités de bon sens. S'il est vrai que le nombre des petites incivilités est en augmentation, celui des délits et a fortiori celui des crimes ne cesse de diminuer. Certes, les incivilités (insultes, crachats, bousculades, impolitesses diverses…) nous empoisonnent la vie au quotidien mais ne dramatisons pas pour autant ! Cela nous irrite, mais ne met pas notre sécurité en question. Il s'agit plutôt, à la base de ces comportements « incivils », d'un manque d'éducation.

136 *Par exemple, en 100 mots :*
Quand on évoque les inégalités, on pense immédiatement aux différences de salaires. Certes, cette inégalité est bien réelle mais elle n'est ni la seule ni même peut-être la plus importante. En effet, comptent aussi sinon plus les différences de patrimoines et de capital social (relations, éducation, etc.). Le niveau et le type d'études sont également déterminants, eux-mêmes liés à l'appartenance à telle ou telle classe. N'oublions pas les différences dues au sexe et à l'âge, les femmes et les jeunes étant particulièrement défavorisés, ou encore celles liées à l'origine géographique ou ethnique.
Ces divers handicaps se cumulent bien souvent.

137 *Par exemple, en 200 mots :*
Va-t-on vers une guerre des générations ? Ce n'est pas totalement exclu. En effet, le taux d'activité des plus de 60 ans est l'un des plus bas, voire le plus bas, d'Europe.
Qui donc va payer les pensions de ces millions de retraités qui, par ailleurs, voient leur espérance de vie atteindre des sommets ? En France rappelons-le, le système est basé sur le principe de la répartition : les actifs, grâce à leurs cotisations, paient les pensions des personnes retraitées.
Cela fonctionne très bien en période de plein emploi, lorsque le nombre d'actifs excède largement celui des inactifs. Mais la situation actuelle est bien différente : le taux de chômage reste élevé et la plupart des clignotants économiques sont au rouge. Les caisses de retraite sont loin d'être excédentaires ! Il semble impossible de garantir plus longtemps la retraite à 60 ans pour tous. Que faire pour remédier à cette situation critique ? Il faudra se résoudre soit à relever de manière significative l'âge de départ à la retraite, comme cela a été fait en Allemagne ou dans les pays scandinaves, soit à convaincre les Français d'épargner en vue de leurs vieux jours. On passerait alors à un système de retraite mixte, mi-répartition, mi-capitalisation. C'est ce à quoi nous invitent tous les jours les compagnies d'assurances et les banques.

138 *Par exemple, en 200 mots :*

Le Tour de France a fêté ses cent ans en fanfare en juillet 2003. C'est en effet au tournant du siècle (de l'autre siècle !) que fut créée la Grande Boucle par un journal qui était, détail amusant, consacré à l'automobile. Le Tour de France était alors (il l'est resté) la plus grande course cycliste du monde. Mais les conditions faites aux « héros » de la petite reine étaient terriblement dures : pas de dérailleur ni de roue libre sur leurs bicyclettes, des étapes quotidiennes de 400 km en moyenne… le tout à une vitesse moyenne de 25 km/h, ce qui paraissait fantastique pour l'époque ! Ceux qui parvenaient sur la ligne d'arrivée étaient fêtés comme des surhommes, des prodiges !

Le célébrissime maillot jaune n'existait pas encore, il n'apparut qu'en 1919, et le circuit restait dans les frontières de l'Hexagone. Ce n'est qu'après la Seconde Guerre mondiale en effet (en 1947) que l'on s'aventura peu à peu au-dehors, d'abord en Italie, puis en Belgique, en Grande-Bretagne… Quant à la non moins célèbre arrivée sur les Champs-Élysées, elle est relativement récente (1975).

Parmi les vainqueurs du Tour de France, certains ont laissé un souvenir très fort : le quartet des « cinq fois vainqueurs » bien sûr (Jacques Anquetil, Eddy Merckx, Bernard Hinault, Miguel Indurain) et, plus encore, le champion des champions, Lance Armstrong, qui remporta sept fois l'épreuve.

En un siècle, le matériel a beaucoup évolué, bien sûr, tout comme la préparation physique des hommes : c'est ce qui explique que la vitesse moyenne des coureurs dépasse aujourd'hui les 40km/h.

Un problème récurrent vient assombrir cette grande fête du sport qu'est le Tour de France, celui du dopage. Chaque année ou presque éclate un scandale. qui éclabousse l'ensemble du monde cycliste, à commencer par les plus grands champions accusés d'avoir « triché ». Les amateurs de sport risquent fort de se détourner du cyclisme sur lequel plane de tels doutes.

139 *Proposition :*

Mon beau sapin, roi des forêts…

Qui aurait imaginé une chose pareille ? Les Allemands, réputés pour être disciplinés et respectueux de la loi, ont décidé cette année de ruer dans les brancards.

Que s'est-il passé dans la ville de B. ? Le conseil municipal avait décrété que cette année, pour des raisons d'économies, il n'y aurait plus de ramassage des sapins de Noël début janvier.

Les habitants étaient sommés de transporter leurs conifères à un endroit défini par la mairie et ce, à des dates et heures précises : les 12, 13 et 19 janvier entre 9 et 18 heures. Ce service, gratuit jusqu'à présent, coûterait dorénavant 2 € par arbre.

S'agissait-il d'un canular ? Nous n'étions pourtant pas le 1er avril.

Imaginons un instant le ballet des Mercédès bloquant la circulation dans toute la ville, la queue devant le palais des sports où devaient être déposés les sapins et l'attente interminable pour payer ses 2 euros. Sans compter les épines dans les voitures dont on n'arriverait que difficilement à se débarrasser.

Le 12 janvier, à 9 heures, pas un chat ni un sapin à l'horizon.

Que s'était-il passé ? La municipalité n'avait pas communiqué à temps cette nouvelle mesure et beaucoup de gens étaient partis en vacances. Ils avaient déposé leur arbre, comme d'habitude, près de chez eux, sans se soucier des pancartes : interdit de déposer les arbres de Noël à cet endroit sous peine d'amende. D'autres sapins les y ont rejoints et chaque jour davantage.

La mairie ne l'a pas entendu de cette oreille-là et a refusé de venir les enlever. Ne vous étonnez donc pas, si vous voyez des montagnes de sapins, vous n'êtes pas en Forêt-Noire, ce ne sont que les arbres de Noël qui ont été « oubliés ».

140 *Proposition :* *(329 mots)*

(D'après l'article du CREDOC accompagnant les tableaux)

Les Français soucieux de la relation entre leur alimentation et leur santé

Selon une enquête du CREDOC, faite en 2004, 85% des Français interrogés estiment que la manière dont ils mangent influence leur état de santé. Cette opinion, en très nette augmentation depuis 1997, est désormais partagée par l'ensemble de la population, quels que soient les critères socio- démographiques. Parmi les neuf catégories de consommateurs créées à partir de l'enquête, trois d'entre elles émergent particulièrement pour la préoccupation que leurs membres ont de leur santé, c'est-à-dire les « adeptes de la nutrition », les « obsédés de la balance » et « les innovants ».

Dans la première et la plus importante de ces catégories, représentée par un peu plus d'un adulte sur cinq, les « adeptes de la nutrition » recherchent une alimentation saine et équilibrée à base de produits frais et de qualité. Pour eux l'obésité, le surpoids ou encore les maladies cardio-vasculaires constituent les risques majeurs liés à l'alimentation.

Les « obsédés de la balance », 5% des adultes, privilégient l'achat et la consommation de produits allégés, que ce soit en sucre ou en graisses. La moitié d'entre eux font un régime alors que, paradoxalement, 58% consomment des produits enrichis et que plus du tiers d'entre eux prennent des compléments alimentaires. Leur principale inquiétude concerne les risques alimentaires, notamment ceux de la viande.

La dernière catégorie, « les innovants », constituée par plus de célibataires et de familles monoparentales que les autres catégories, représentent 7 % des adultes. Ils recherchent la nouveauté dans tout ce qui touche à l'alimentation. Ainsi la moitié d'entre eux sont sensibles à la marque, alors que 25 % environ manifestent de l'intérêt pour l'emballage, l'innovation ou encore la nouveauté des produits proposés.

Il faut toutefois souligner que si cette préoccupation liée à la santé est en augmentation, plus du tiers des adultes sont des « seniors traditionnels » (17 %), des « familiaux classiques » (11 %), ou encore des « bons vivants » (9 %).

141 1. La fabrication du couteau de Laguiole
2. *Document 1* (activité 31)
• Le laguiole, un couteau de berger, a vu le jour en 1829.
• Évolution du couteau à l'abeille : une lame, un poinçon pour percer une vache, un tire-bouchon pour les Aveyronnais partis à Paris et introduits dans le métier de la brasserie.
• Les couteaux sont encore fabriqués à l'ancienne.
• Description de sa fabrication
• Virgile Muñoz Caballero, meilleur ouvrier de France 1986
• Tradition : que faut-il faire quand on offre un couteau ?
Document 2
• Prononciation du nom « Laguiole »
• Origine du couteau
• L'abeille, caractéristique du couteau
• Concurrence avec Thiers, véritable industrie du couteau
• Création de l'association « le couteau de Laguiole »
• Renaissance du couteau
3. Les idées semblables sont :
• L'origine du couteau
• La description de la fabrication
• Les différents modèles de couteaux

4. *Proposition :*
Le laguiole, « objet authentique et de plaisir ».
Le couteau de Laguiole, le célèbre couteau à l'abeille, a vu le jour sur les monts de l'Aubrac, dans l'Aveyron, en 1829. Le couteau n'était muni, à l'origine, que d'une lame et d'un manche taillé dans la corne des bovins et était utilisé principalement par les bergers. Plus tard, on y ajouta un poinçon destiné à percer les vaches lorsqu'elles avaient gonflé. Ce n'est qu'en 1880 qu'on rajouta un tire-bouchon au manche. Beaucoup de paysans aveyronnais avaient, en effet, quité leur région pour aller s'installer à Paris en tant que bougnats. C'est là aussi qu'ils apprirent le métier de la brasserie. Le couteau devint alors très vite un outil populaire à cause de la libération du vin dans les villes.
Fabriqué dans les forges de la ville de Laguiole le couteau est en acier trempé dont on dit que la dureté et la longévité seraient dues aux propriétés volcaniques des eaux de la région. Le Laguiole est fabriqué et entièrement monté à la main. La concurrence de Thiers, où de véritables industries s'installèrent, provoqua le déclin des laguioles qui disparurent complètement dans les années 60.
Ce n'est qu'en 1981, grâce à la création de l'association « le couteau de laguiole » que sa production peut reprendre et connaître un nouvel essor. Le nom se prononce « Laïole », comme la ville et le fromage.
La coutume veut que pour ne pas couper l'amitié, quand on offre un couteau à une personne, celle-ci doit vous donner une pièce de monnaie en échange.

142 *Par exemple, en 300 mots :*
Mars, la belle planète rouge escortée de ses deux satellites, Deimos et Phobos, n'a pas fini de nous étonner !

De tout temps, cette planète a intrigué les Terriens : les livres ou les films qui lui ont été consacrés ne se comptent plus ! Les petits hommes verts, étrangement semblables à nous, nous sont devenus familiers.

Sept fois moins volumineuse que la Terre, recouverte d'une couche d'oxyde de fer (c'est ce qui lui donne sa couleur si caractéristique), Mars a un relief très accidenté, beaucoup plus que notre planète, surtout dans son hémisphère sud : les sommets peuvent atteindre 20 000 mètres de haut.

La planète Mars n'est pas très hospitalière : glaciale, elle est balayée en permanence par des vents très violents. Et malgré tout, elle nous fait rêver ! Pourquoi ? C'est un peu notre « grande sœur », c'est, de toutes les planètes, celle dont l'histoire est la plus semblable à la nôtre. Comprendre pourquoi la vie s'est un jour arrêtée sur Mars (car de la vie, il y en a eu, les récentes découvertes en font foi !) nous permettrait sans doute de comprendre comment la Terre s'est formée… et ce qui risque de lui arriver !

Une question a longtemps préoccupé les chercheurs : y a-t-il ou y a-t-il eu de l'eau sur Mars ? Oui, les expéditions spatiales de 1976, 2004, 2005… l'ont démontré. Or, qui dit eau dit existence. C'est pourquoi les prochaines expéditions vont tenter de prélever, dans la croûte martienne, des « carottes » qui seront ensuite réexpédiées vers la Terre à des fins d'analyse. Les chercheurs voudraient savoir s'il subsisterait dans l'écorce martienne quelque bactérie qui aurait réussi à survivre.

143

Sujets	Plan			
	Chrono-logique	Analytique	Thématique	Critique
1. Y a-t-il une ou plusieurs manières d'apprendre ? Que révèlent-elles sur la personne qui les adopte ?			✗	
2. En quoi le mieux est-il parfois l'ennemi du bien ?			✗	
3. L'écriture révèle-t-elle le caractère d'une personne, comme le prétendent les graphologues ? L'étude graphologique devrait-elle faire partie de toute embauche ?				✗
4. Pourquoi, à notre époque dite de communication est-il de plus en plus difficile de communiquer ?	✗			
5. Ce sont la quête, le combat et non pas l'exploit, ni la victoire qui nous apportent ce qu'on appelle le bonheur. (J.-Y. Cousteau)				✗
6. L'égalité, la parité entre les hommes et les femmes peuvent-elles devenir réalité ?		✗		
7. Nous n'héritons pas de la terre de nos ancêtres, nous l'empruntons à nos enfants. (A. de Saint-Exupéry)			✗	
8. La vérité doit-elle toujours l'emporter ? Peut-on tout dire à tout le monde et à tout moment ?	✗			✗

144 *Proposition : (250 mots)*

Parmi les sentiments que nous éprouvons, il en est trois qui dominent tous les autres : l'amour, la haine et le sentiment du mystérieux. Le premier nous exalte et nous conduit parfois à des actes irréfléchis, tout comme le fait la haine. Le sentiment du mystérieux, lui, est tout au contraire positif, constructif.

Positif, ce sentiment l'est dans la mesure où il est à l'origine de l'émerveillement qui, à tout âge, nous habite dès que nous sommes en présence d'un phénomène que nous ne comprenons pas. Cela va de ce que nous éprouvons à quatre ans devant les cadeaux au pied de l'arbre de Noël, au tour de passe-passe de l'illusionniste ou encore aux phénomènes naturels comme les arcs-en-ciel ou les aurores boréales.

C'est également un sentiment constructif car, passé l'étonnement que le mystère éveille en nous, nous cherchons généralement à le percer. C'est là effectivement l'origine de ce qu'Einstein appelle la vraie science, celle dont les découvertes ne sont pas le rare et seul fruit du hasard, comme l'invention du verre mais sont le résultat d'un constat, parfois inattendu, suivi d'une recherche. L'inventeur, le scientifique qui se trouve sous l'emprise de ce sentiment n'a de cesse de trouver une explication à sa découverte, une « mise en équation » de son processus. La plupart des découvertes scientifiques s'inscrivent dans ce schéma, que ce soit par exemple la poussée d'Archimède ou encore la pasteurisation.

Le sentiment du mystérieux est ainsi un moteur essentiel du progrès, à son tour source d'étonnement.

145 *Proposition :*

L'ordinateur s'est progressivement imposé dans notre vie quotidienne, aussi bien dans le cadre professionnel que dans le cadre familial : il est difficile d'imaginer qu'il en disparaisse un jour, même si son emploi peut parfois sembler exagéré.

Le domaine familial est celui où l'on pourrait apparemment se passer plus facilement de l'ordinateur. Pour gérer le budget ou encore faire le courrier, on peut sans doute procéder de façon traditionnelle. Néanmoins, compte tenu de l'informatisation générale des services publics ou des banques, par exemple, l'absence d'ordinateur constituerait un handicap certain. De même, le fait de ne pouvoir accéder à Internet reviendrait à se priver d'une source appréciable d'information, d'un accès facile à la culture. Dans le domaine professionnel, qu'il s'agisse d'une petite, ou, a fortiori d'une grande entreprise, l'ordinateur est devenu indispensable. Actuellement, tous les aspects de la gestion administrative ne sauraient être conçus autrement que de façon informatique, tant ils en sont simplifiés. L'informatisation permet aussi de mieux archiver les données tout en réduisant considérablement la masse des documents écrits. Enfin, du fait de sa rapidité, l'ordinateur joue un rôle essentiel dans la communication, que ce soit à l'intérieur de l'entreprise, grâce à l'Intranet, ou avec l'extérieur, avec les partenaires économiques ou administratifs de l'entreprise. Il faut cependant admettre que certaines activités ne justifient pas le recours automatique à l'informatique. Il est ainsi souvent plus rapide et plus agréable de téléphoner.

Si toutefois l'ordinateur disparaissait, le génie des hommes trouverait sans doute un autre système, tout aussi pratique que lui.

146 *Proposition : (250 mots)*

Régulières ou occasionnelles, de nombreuses manifestations de solidarité jalonnent l'année, faisant appel à notre générosité. Si notre réaction est en général immédiate et positive, leur fréquence peut toutefois nuire à leur succès.

La charité a toujours existé, mais, dans le passé, elle s'effectuait à une échelle plus réduite, dans un environnement proche du donateur : son quartier, sa ville, généralement, ou encore son pays, exceptionnellement. Le développement des médias et la rapidité de l'information font qu'actuellement tout événement est presque immédiatement connu de tous. Le corollaire de ce fait est qu'en cas de besoin, l'appel à l'entraide est également immédiat. Cela fut le cas, par exemple, lors du tsunami dans le sud-est asiatique ou lors du désastre de la Nouvelle-Orléans. De telles situations se résolvent au plan mondial car c'est une solidarité mondiale qui se met alors en place. De la même façon les grandes causes humanitaires comme la lutte contre le Sida ou les maladies orphelines font appel à l'entraide de tous. Toutefois, la multiplication et la répétition des collectes ont des limites. En effet, en le banalisant, elles modifient le caractère dramatique ou urgent des appels à la solidarité, et donc le montant des aides. Par ailleurs, la publicité faite autour de ces opérations informe sur la destination réelle des dons, provoquant le regret ou la colère du public qui voit ses dons mal employés.

Si les gens donnent, c'est qu'ils pensent que cela est juste. Il faut donc veiller à ne pas les lasser ni les tromper.

	Rapport de réunion	Rapport de stage
1. Une introduction présentant le projet ou la mission fixée		X
2. Une introduction précisant l'ordre du jour	X	
3. Un sommaire et des remerciements		X
4. Mentionner le lieu et la date	X	
5. Mentionner les dates		X
6. Mentionner les participants	X	
7. Un développement présentant les étapes du travail réalisé		X
8. Un développement faisant état des discussions et de l'atmosphère dans laquelle	X	
9. Une conclusion précisant ce qui est prévu pour la suite ainsi que les remerciements	X	
10. Une conclusion soulignant les résultats et les perspectives qui en découlent		X
11. Une bibliographie		X
12. Éventuellement un calendrier prévisionnel	X	
13. Des annexes avec des documents d'appui		X
14. Un lexique technique si nécessaire		X

148 *Proposition :*

Rapport sur la réunion des comités de jumelage des villes françaises d'A… et allemande de B….

Cette réunion s'est tenue à A… le 8 janvier 2007.

Huit projets étaient inscrits à l'ordre du jour, quatre pour chaque ville.

Le comité d'A… proposait un voyage pour le « 3e âge », une foire commerciale, une classe verte et une rencontre sportive, alors que le comité de B… proposait un échange scolaire, un marché artisanal, des stages professionnels et un loto. « X » (nombre) personnes participaient à cette réunion présidée par Monsieur le Maire d'A… : « X » (nombre) représentants du comité français, mesdames et messieurs….. et « X » (nombre) représentants du comité de B…, mesdames et messieurs….

Après un chaleureux et amical accueil de Monsieur le Maire d'A… les activités culturelles et sportives furent d'abord examinées. Pour des raisons pratiques d'organisation (possibilité de ne réserver qu'un seul autocar), il fut décidé de faire correspondre la date de la rencontre sportive (ayant lieu en France) avec celle du voyage des personnes du 3e âge, dans la deuxième quinzaine du mois de mai. Le représentant du comité français précisa que leur loto, dont les lots seraient des spécialités gastronomiques ou des produits de l'artisanat français, serait organisé fin mars début avril afin de pouvoir récolter des fonds pour subventionner le voyage. Il fut ensuite question des manifestations commerciales. Sur ce point un accord fut très vite trouvé, chaque ville désirant participer à la manifestation de l'autre, étant entendu que les produits présentés et vendus seraient des produits de qualité, représentatifs de chaque ville ou de sa région. Pour les stages professionnels les représentants du comité français ont suggéré, ce qui a tout de suite été accepté, que les personnes intéressées aient ou acquièrent au préalable des connaissances de base dans la langue de leurs homologues. Enfin, pour ce qui est des échanges scolaires il fut arrêté que ceux-ci auraient lieu consécutivement afin que les enfants puissent être respectivement accueillis dans la famille de leur camarade étranger.

Cette séance des comités de jumelage s'est enfin terminée sur le choix de la date de la réunion suivante. Celle-ci aura lieu en soirée, le jour même de la rencontre sportive, courant mai. Elle sera suivie d'un dîner réunissant les comités de jumelage, les sportifs, et, bien sûr, les personnes du 3e âge en voyage en France.

Je ne saurais conclure ce rapport sans remercier le comité français ainsi que son président, Monsieur le Maire d'A… pour leur chaleureuse hospitalité ainsi que pour l'amitié qu'ils ont manifestée à notre égard.

149 *Proposition :*

Rapport du stage effectué par (Monsieur / Madame / Mademoiselle…) dans les services de la municipalité de (nom de la ville française) du…. au… (dates) pour l'obtention du diplôme de webmestre

Avec mes (bien) sincères remerciements à

– Monsieur le Maire de B… qui a soutenu mon projet,

– Monsieur le Maire d'A… qui en a facilité la réalisation,

– Mesdames et Messieurs les membres des deux comités de jumelage, ainsi que Mesdames et Messieurs les commerçants et artisans des deux villes pour l'aide qu'ils m'ont apportée.

Étudiant(e) en informatique, dans le cadre de ma formation de webmestre, j'ai sollicité, auprès de la direction de mon école, l'autorisation d'effectuer mon stage pratique dans la ville d'A…, jumelée avec ma ville, B…. Les raisons de mon choix sont simples, étroitement dépendantes les unes des autres. En effet, lors de mes dernières vacances en Bretagne j'ai eu mon attention attirée par le panneau installé à l'entrée de Cesson-Sévigné, petite ville près de Rennes. Sur ce panneau annonçant la ville figurait aussi l'adresse du site Internet de la cité, permettant ainsi aux personnes de passage d'en avoir connaissance et d'accéder rapidement aux informations municipales. Séduit(e) par ce « i-panneau » j'ai alors proposé au maire de ma commune d'en adopter le concept, tout en l'améliorant. À l'entrée de notre ville figure déjà un panneau sur lequel est inscrit le nom de notre ville jumelle française : pourquoi ne pas désormais y faire figurer le site de cette ville et le nôtre, la ville française en faisant autant ? Mon projet de stage était tout trouvé : proposer mes services à chaque ville afin de restructurer les deux sites existants, de développer les liens entre eux et par voie de conséquence entre les deux villes. Mon travail et mon séjour à A… ne présenteraient aucune difficulté logistique, du fait de son statut de ville jumelle de ma ville, B…. Ils seraient aussi facilités par ma bonne connaissance des deux langues. Ce projet, accepté par mes professeurs et adopté par les édiles de B… l'a été ensuite par ceux d'A… à qui je suis allé(e) le présenter.

Mon travail a consisté :
– à harmoniser la présentation des deux sites pour faciliter l'accès à la rubrique « jumelage »,
– à simplifier et traduire (dans la langue de l'autre) les informations pratiques sur les deux villes (noms des hôtels, restaurants, et commerces ainsi que leurs caractéristiques),
– à y faire figurer le calendrier des activités commerciales ou culturelles des deux villes,
– à créer un mini-magazine trimestriel présentant les traditions, les produits de la ville et de sa région mais aussi des recettes, des propositions de visites et d'activités.

Pour ce faire, j'ai tout d'abord étudié les deux sites, m'entretenant avec leurs concepteurs pour connaître leurs objectifs et leur exposer mes idées. La réunion des deux comités de jumelage, au mois de mai dernier, et à laquelle j'assistais, a permis de présenter le projet aux commerçants et artisans de la ville et de décider du choix des éléments et des informations qui y seraient portés. Ceci étant arrêté par les deux comités et les représentants des deux villes, j'ai pu procéder à la restructuration des deux sites. Cette tâche a été riche d'enseignements pour moi car j'ai pu effectuer un réel travail de webmestre avec tout ce qu'il comporte de réflexion et de précision dans la mise en œuvre. La particularité de ce projet résidait dans sa double réalisation, française et allemande, source de quelques difficultés tenant à la nécessité de les harmoniser. Toutefois, les solutions ont toujours été assez vite trouvées, grâce à la bonne volonté de tous et à l'aide que j'ai reçue des différents acteurs.

Les deux sites sont actuellement terminés et les « i-panneaux » sont en place à l'entrée des deux villes. Le nombre toujours croissant des personnes qui consultent ces sites atteste de leur succès et donc de la justesse du concept. Les réactions que nous sollicitons devraient nous permettre d'améliorer encore ces deux sites, de les rendre plus conformes aux attentes des personnes qui les consultent.

III. INTERACTION ÉCRITE

150 Chère Pauline,

Toi qui, comme moi, vis à l'étranger, tu comprendras ce que j'ai ressenti en lisant cet article dans *Marianne* la semaine dernière. Des gens, pour la plupart des Africains, faisaient la queue devant la poste à Aubervilliers un samedi matin pour venir, les uns récupérer un paquet, les autres pour envoyer de l'argent ou en retirer. Tu imagines la scène : des étrangers qui ne parlent pas français, des employées énervées et pressées d'en finir, d'autres clients qui attendent et finissent par s'en prendre à tout le monde. Quelle cohue ! À midi tapant, on ferme. Peu importe qu'il y ait encore du monde devant la porte. C'est comme dans la chanson : « Vous reviendrez lundi ». J'étais hors de moi et le suis encore au moment de t'écrire. Comment n'ont-ils pas honte de traiter ces gens de couleur de cette façon ? Cela ne se passerait pas comme ça avec des Français. Ce n'est pas de leur faute après tout s'ils ne parlent pas la langue ou s'ils ne savent pas écrire. Je voudrais bien voir comment ces préposées à la poste se débrouilleraient dans un autre pays. Il faudrait leur faire faire des stages de politesse et de langues avant de leur proposer un emploi. C'est cette France-là dont les candidats aux élections présidentielles devraient s'occuper ! Comment veux-tu que ces pauvres malheureux, car ils sont malheureux, j'en suis sûre, arrivent à s'intégrer s'ils ne parlent que leur propre langue ?

Tu me diras que ce n'est pas toujours facile non plus pour les employées, mais ce n'est pas une raison pour se comporter de cette manière à leur égard.

Cela m'a fait du bien de t'écrire ces quelque lignes, car je sais que tu partages mon opinion.

J'espère que nous nous reverrons bientôt.

En attendant, je t'envoie mille grosses bises,
Lucie

151 *Proposition « pour » : (268 mots)*

Monsieur,

Je m'adresse à vous, en écho à votre article paru dans « Sciences et Vie Junior », à propos de la féminisation des noms de fonctions et de professions. À l'heure de la parité, contre toute discrimination sexiste, cette féminisation me semble également tout à fait justifiée. Elle marque (enfin !) la reconnaissance de la place des femmes dans le monde du travail. Les femmes qui exercent une fonction ou une profession jusque-là réservée généralement aux hommes n'usurpent pas leur place. Ce qui était considéré comme normal en temps de guerre (les femmes ont alors assuré le travail des hommes partis au combat) serait-il « anormal » en temps de paix ? Il est bien des professions féminines exercées par des hommes. On va même parfois, dans ce cas jusqu'à créer un nom spécial, tel le maïeuticien, que l'on ne saurait appeler un « sage-homme » ! Pourquoi dès lors s'émouvoir de certains noms ou de certaines féminisations ? On dit bien un homme au foyer comme on a coutume de dire une femme au foyer ? Au plan linguistique, lexical, cette féminisation ne pose aucun problème. Suivons donc les propositions de nos cousins québécois : pour les noms qui seraient ambigus ou bizarres, ajoutons tout simplement un « e » à la forme masculine écrite. Accoler le mot « femme » à ces professions jusque là « masculines », exercées de façon aussi compétente par des femmes, ce serait non seulement ridicule mais discriminatoire. Cette féminisation toute lexicale n'est que la manifestation linguistique d'une réalité qui, de nos jours, ne saurait surprendre. »

« Fémininement » vôtre,...

Proposition « contre » : (205 mots)

Monsieur,
Votre article illustre bien l'attitude soit disant « politiquement correcte » en vigueur de nos jours. Vous semblez justifier cette féminisation des fonctions et professions du seul fait que celles-ci sont de plus en plus exercées par les femmes. C'est là une fausse reconnaissance du rôle des femmes dans la société, une façon de les satisfaire à bon compte. Cette féminisation à « tout va » est ridicule et peut entraîner des moqueries ou des confusions préjudiciables pour les femmes. Imaginez un peu : « Ma plombière est excellente » (Ah bon, vous aimez cette glace ?) ou encore « Madame X est une merveilleuse ambassadrice de notre pays. C'est une parfaite diplomate ! » (Elle se mêle de politique ?). Non, un métier n'est ni féminin ni masculin. Il peut être exercé par n'importe qui. Pourquoi, par conséquent féminiser des noms ? Pour faciliter la rédaction des offres d'emploi ? Il suffit d'écrire : « Recherche un(e) ingénieur, un(e) pharmacien ». Quant aux fonctions où prédomine le masculin, suivons l'exemple de Madame Hélène Carrère-d'Encausse, Madame le Secrétaire perpétuel de l'Académie française (excusez du peu !) et adoptons Madame le ministre ou Madame le conseiller qui suppriment toute ambiguïté ! Mes meilleures salutations...

152 Proposition : (172 mots)

Chère amie et collègue,
Je suis sincèrement désolée d'avoir à t'annoncer qu'il me sera impossible, ainsi que je te l'avais promis, de faire partie du jury de Master de ton étudiante. Cela aurait été pour moi un double plaisir : celui de te rendre service mais aussi d'assister à une soutenance sans doute intéressante compte tenu de la qualité de son auteur. Je suis en effet contrainte, pour des raisons familiales importantes, de renoncer à toutes mes obligations professionnelles pendant les quinze jours où doit avoir lieu cette soutenance. Toutefois mon désistement ne devrait pas perturber celle-ci car il est heureusement encore temps de modifier la composition du jury. J'ai parlé de cette situation à nos deux collègues Évelyne Longin et Michèle Pille qui veulent bien me remplacer pour certains de mes engagements. Tu pourrais t'adresser à elles : je suis sûre qu'elles accepteraient de faire partie du jury. Dans l'espoir que cette proposition sera à ta convenance, je te prie de bien vouloir m'excuser pour ce contretemps bien involontaire et je t'adresse mes amicales salutations...

153 Proposition :

Bonjour Michèle,
C'est sur les conseils de notre collègue Chantal que je m'adresse à toi afin de te demander ton aide.
En effet, comme tu le sais, Chantal ne peut, pour des raisons personnelles, faire partie du jury de soutenance du Master de mon étudiante, Séverine Gourmelon. La date de cette soutenance est le 20 octobre. Serais-tu libre à cette date pour remplacer Chantal, comme tu as déjà accepté de le faire pour certains de ses engagements ? Je t'en serais sincèrement reconnaissante car je regretterais que ces contretemps nuisent à Séverine. C'est une bonne étudiante, sérieuse, qui a fait du bon travail, comme le prouvent son rapport de stage (effectué à l'école Accor) et l'option qu'elle a choisie. Elle compte également intégrer à sa soutenance un compte rendu du travail qu'elle va faire pendant le mois de septembre près de Bergerac, dans le Sud-Ouest : l'enseignement d'un français « basique » à des étrangers qui viennent s'installer en France. Dès que j'aurai ta réponse, que j'espère positive, je te transmettrai les documents nécessaires, relatifs à cette soutenance.
En te remerciant par avance, je t'adresse mes amicales salutations...

154 1. Verlaine part pour échapper à « cette vie violente et toute de scènes sans motif » et pour tenter de se réconcilier avec sa femme – Il menace de se tuer (de se « brûler la gueule ») – Il éprouve pour Rimbaud un amour malheureux mais immense (« ma dernière pensée sera pour toi »).
2. Dans la première lettre de Rimbaud, c'est le remords qui domine : il comprend qu'il est allé trop loin – Sa lettre est mi-lettre mi-poème – Il menace de s'engager dans la marine ou dans l'armée – Il est à la rue, il n'a « plus un penny », c'est Verlaine qui subvenait à leurs besoins.
3. Mépris, rancune, pitié – Rimbaud est évidemment le « dominant », il a révélé Verlaine à lui-même. (« Resonge à ce que tu étais avant de me connaître ») – Il le plaint car, s'il renonce à leur relation, il se condamne à une vie médiocre, étriquée, banale, la vie de petit-bourgeois qu'il menait avant leur rencontre.

155 *Proposition :*
Cher Monsieur Tirtiaux,
Quelques jours passés en Belgique m'ont permis d'apprécier un autre de vos talents.
Je vous connaissais déjà en tant qu'écrivain, mais je ne savais pas que vous étiez maître verrier. Je comprends mieux à présent comment vous avez pu écrire de façon aussi détaillée les périples de Nivard de Chassepierre dans *Le Passeur de lumière*.
La sculpture que j'ai découverte, tout à fait par hasard, m'a particulièrement impressionnée. Je ne sais pas ce qu'elle représente, mais elle m'a tout de suite fait penser à une vague, une énorme vague, comme on n'en voit qu'en mer du Nord, en Belgique.
Comment arrivez-vous à sculpter des œuvres d'une telle dimension ? En avez-vous fait d'autres ?
Si j'osais, je vous demanderais de pouvoir visiter votre atelier. Je serais heureuse de vous rencontrer et de bavarder avec vous.
                                          Avec toute mon admiration,
                                                Marguerite Blavier

156 *Proposition :*
1. Ah ! Monsieur Allais, fallait-il que vous écrivassiez
   Une lettre aussi sotte et aussi mysogine
   Fallait-il que vous vous défoulassiez
   Sur ces pauvres êtres qu'est la gent féminine
   Fallait-il que je vous le disse
   Pour que vous le comprenassiez
   Que l'âme-sœur que vous convoitez
   Ne se laissera pas ainsi envoûter
   Qu'à ses pieds vous vous prosternassiez
   Ne saurait une femme que rebuter
   Sincèrement, Monsieur Allais,
   Fermez plutôt votre clapet !   Olympe

4. Ah ! Monsieur Allais, dès l'instant où je vous lus
   Votre style et votre humour me plurent
   Aussitôt je m'épris de vous et de votre impromptu
   Et depuis, chaque jour, votre absence me torture
   Comment vous dire ce que chaque nuit j'endure
   Mais sans doute n'en aurez-vous cure
   Fallait-il que je vous l'écrivisse
   Pour que vous me répondissiez
   Fallait-il que je vous sourisse
   Pour que vous m'aimassiez
   Fallait-il que je rompisse
   Pour que vous m'acceptassiez ?   Juliette

157 *Propositions :*
1. Je vous serai très obligé(e) de bien vouloir me dire si j'ai droit à un congé pour aller enterrer ma belle-mère qui est mourante… / Je vous serai très obligé(e) de bien vouloir m'accorder un congé pour aller enterrer ma belle-mère qui est mourante… – 2. Depuis que je vous ai écrit pour vous faire part de ma surdité, je n'ai plus eu de nouvelles de ma retraite complémentaire… / Depuis que je vous ai

écrit pour vous dire que j'étais sourde, je n'ai plus eu de nouvelles de ma retraite complémentaire... – **3.** Alors que je circulais à bicyclette, j'ai été victime d'un accident de la circulation provoqué par un chien... – **4.** Madame, Monsieur, Je vous écris afin de vous faire part de l'accusation d'une dame qui affirme que j'ai éraflé sa voiture avec mon vélo... – **5.** Alors que j'étais en stationnement, ma voiture a été heurtée par le véhicule d'un automobiliste qui faisait marche arrière. En rédigeant le constat amiable j'ai signalé que j'étais à l'arrêt et non en stationnement. Puis-je revenir sur ma déclaration ? – **6.** Alors que son maître le tenait en laisse, je me suis fait mordre par un chien que je repoussais. – **7.** Sur le point de reprendre mes occupations professionnelles alors que je viens de sortir de l'hôpital, je vais à nouveau utiliser ma voiture. Je vous serai donc obligé(e) (je vous demanderai donc) de bien vouloir « réactiver » mon assurance, suspendue pendant mon hospitalisation. – **8.** Alors que j'étais en vacances, une fuite s'est produite dans la salle de bains de mon voisin du dessus. Mon voisin du dessous a cru que l'eau venait de chez moi mais il a été détrompé par son frère, alerté lui-même par son voisin, le responsable du sinistre.

158 **1.** Les dates sont correctes dans les deux lettres où elles figurent.
2. L'adresse (semble-t-il incomplète) n'est pas à la bonne place dans la lettre de Monsieur Taro Yamada : elle figure avec la signature et non en tête de lettre. / Les adresses de l'expéditeur sont à la bonne place dans les deux autres lettres. / Les adresses du destinataire sont à la bonne place dans les trois lettres. / Une seule adresse est correcte : celle de Yoko Suzuki.
Corrections des adresses :

Monsieur le Directeur Commercial	Mastoura Azimi
Entreprise ABC	Studio 114
1 avenue des Célestins	Résidence Claudius Petit
03200 Vichy	76 avenue des Célestins
	03200 Vichy

ARPEJ   (Il manque l'adresse de la SNCF)
Résidence Claudius Petit
76 avenue des Célestins
03200 Vichy

3. L'objet figure dans une seule lettre. Il est à sa place mais mal rédigé. Correction : Objet : Réclamation
4. L'appel est à peu près à sa place dans les trois lettres.
Monsieur Yamada écrit au Directeur commercial de ABC. L'appel doit être : Monsieur le Directeur,
Dans les deux autres cas, ne sachant pas qui lira la lettre, il convient d'écrire : Madame, Monsieur,
5. La présentation de l'enveloppe : l'adresse de l'expéditeur peut figurer (en petit) en haut et à gauche du recto ou encore au dos de l'enveloppe. L'adresse du destinataire doit figurer dans la partie inférieure de l'enveloppe : à la première ligne, le nom et le prénom ; à la deuxième ligne, l'adresse ; à la troisième ligne, le code postal, suivi du nom de la ville. Pour faciliter le traitement informatisé du courrier, la Poste préconise de rédiger les adresses en lettres majuscules, sans points ni virgules.

159 **1.** Il n'y a pas de réelles erreurs de structuration dans ces lettres : l'ordre adopté pour la présentation des éléments peut se justifier dans les trois cas.
2. Les maladresses de formulation sont relativement nombreuses : il est dès lors préférable de proposer une correction pour chaque lettre.
Propositions :
Lettre de Monsieur Taro Yamada :
Monsieur le Directeur, J'ai acheté il y a trois mois une voiture de votre marque. Peu de temps après, alors que je me trouvais dans un carrefour, j'ai failli provoquer un accident car le moteur de mon véhicule s'est brusquement arrêté. Dans la mesure où ma voiture est indispensable à mon travail, j'ai téléphoné tout de suite à votre service après-vente afin de prier ses responsables de l'examiner et de la réparer au plus vite. Toutefois votre ingénieur n'est venu que trois jours plus tard, et, alors que je me plaignais de la lenteur de son intervention, il n'a su avancer que quelques fallacieux prétextes. Une semaine après la réparation, je suis de nouveau tombé en panne sur la route, dans les mêmes conditions. Cette fois-là l'ingénieur est tout de suite venu mais il a déclaré qu'il était nécessaire de renvoyer la voiture à l'usine, la panne étant certainement due au système électronique central de contrôle. Cela me paraît incroyable et inacceptable ! En conséquence je vous prie de remplacer ma voiture par une autre, neuve. Si vraiment, ainsi que

vous le proclamez dans vos publicités, votre principal objectif est de satisfaire vos clients, j'espère que vous accéderez à ma demande. Je vous prie, Monsieur le Directeur, de bien vouloir agréer mes salutations distinguées,

Lettre de Madame Matsoura Azimi :

Madame, Monsieur, Je me permets de vous écrire afin de vous faire part de différents problèmes que je rencontre dans la résidence que vous gérez. Je tiens à vous signaler que je ne parviens pas à dormir la nuit à cause du bruit causé par certains résidents qui courent et crient dans les couloirs. Par ailleurs je tiens à ce que vous sachiez que diverses dégradations sont apparues récemment dans mon studio. En effet, la salle de bain ne possède pas de système d'aération et les murs moisissent à une vitesse inquiétante. De plus, le chauffage ne fonctionne plus à partir de 20 heures et il est horrible de dormir dans une humidité permanente. J'espère donc, en m'adressant directement à vous, attirer votre attention sur ces problèmes et que vous pourrez leur trouver une solution. Dans l'attente de votre réponse que j'espère positive, je vous prie de croire, Madame, Monsieur, en l'assurance de mes sentiments les meilleurs,

Lettre de Yoko Suzuki :

Madame, Monsieur, J'ai réservé depuis le Japon un billet de train (Réservation n°59877). De retour en France le 15 janvier, je me suis rendu compte que j'avais oublié ma carte bancaire chez mes parents, au Japon. De ce fait, je ne peux malheureusement retirer à vos bornes automatiques le billet que j'avais réservé. Vous serait-il possible de me rembourser ce billet ? Dans l'attente d'une réponse que j'espère favorable, je vous prie, Madame, Monsieur, de bien vouloir agréer mes sincères salutations.

160 **Situation 1.** *Proposition de « cadre » de lettre :*

Deux possibilités de destinataire : le (la) Président(e) de la Commission d'équivalence de l'ENSAM ou le Directeur de l'ED Sciences des métiers de l'ingénieur.

Monsieur le Directeur,

Je m'adresse à vous afin de vous présenter une demande de dérogation d'inscription en thèse à l'ENSAM, dans l'École doctorale, en Sciences des Métiers de l'Ingénieur. Je souhaiterais en effet préparer une thèse en [domaine] sur [sujet].

Étudiant(e) [nationalité] à l'université [nom] de [ville], je suis titulaire [d'un master en… / du diplôme de… en…]. Dans le cadre de mes études j'ai effectué des recherches sur [sujet] pendant [durée] avec [Monsieur / Madame le Professeur (nom)]. Par ailleurs j'ai [fait / participé à] une (des) publication(s) parue(s) dans [nom de la revue].

Je vous adresse ci-joint mon dossier de demande de dérogation comprenant ma lettre de motivation, mon curriculum vitae, une copie de mon diplôme, le programme détaillé des enseignements que j'ai suivis ainsi que le sujet de la thèse pour laquelle je fais cette demande de dérogation. Je joins également à mon dossier la liste de mes travaux et de mes publications.

Dans l'attente de la réponse de la commission d'équivalence de l'ENSAM, que j'espère positive, je vous prie, Monsieur le Directeur, de bien vouloir agréer l'expression de mes respectueuses salutations,

Situation 2. *Proposition de « cadre » de lettre :*

Destinataire de la lettre : le maire de l'arrondissement de Lyon où vous résidez.

Monsieur le Maire,

Je vous adresse cette lettre afin de vous présenter une demande de dérogation géographique pour l'inscription scolaire de ma fille à l'école primaire de la commune où je travaille, c'est-à-dire à [nom de la commune]. De nationalité [nom de la nationalité] je travaille dans la société [nom de la société] en qualité de [poste occupé]. Ma société vient de me nommer [au même poste / au poste de…] dans sa filiale française située à [nom de la commune] mais mon logement de fonction se trouve dans votre arrondissement. Ma fille devrait être scolarisée là où je réside mais les horaires de l'école sont peu compatibles avec mes horaires de travail, alors que ceux-ci me permettraient d'accompagner et d'aller chercher ma fille sans problème si elle était scolarisée à [nom de la commune du lieu de travail]. Monsieur le Maire (Madame le Maire) de cette commune que j'ai contacté(e) à ce sujet, m'a, pour sa part, déjà donné son accord, ainsi qu'en témoigne sa lettre que je vous adresse ci-joint.

Dans l'attente de votre réponse, que j'espère positive, je vous prie, Monsieur le Maire (Madame le Maire), de bien vouloir agréer l'expression de mes salutations distinguées,

N° d'éditeur : 10160134 - Avril 2009
Imprimé en France par I.M.E. - 25110 Baume-les-Dames